역사로의 초대

김호연 지음

UUP

역사로의 초대

■

- 2018년 2월 28일 **초판 3쇄 발행**
- 2016년 2월 24일 **초판 2쇄 발행**
- 2014년 2월 28일 **초판 1쇄 발행**
- **지은이** 김호연 ▪ **펴낸이** 오연천
- **펴낸곳** **UUP**(울산대학교출판부) 680-749 울산광역시 남구 대학로 93(무거동) 울산대학교 출판부
- 전화 (052)259-2488 팩스 (052)277-3011 ▪ **홈페이지** http://uup.ulsan.ac.kr
- **출판등록** 제370-1996-000001호(1996.3.13)
- ₩ 15,000

■

이 도서의 국립중앙도서관 출판시도서목록(CIP)은 e-CIP 홈페이지(http://www.nl.go.kr/ecip)에서 이용하실 수 있습니다.
(CIP제어번호: CIP2014005535)

ISBN 978.89.7868.337.1 (93900)

책을 내며

역사는 매우 흥미롭고 유익한 분야이다. 아주 오랜 옛날부터 인류의 경험과 지혜를 간직하고 있기 때문이다. 그래서 우리는 역사로부터 배우고, 교훈을 얻으려 하고 있다.

물론 역사가 건축이나 토목처럼 직업과 직접 연결되는 실용적인 학문은 아니다. 그럼에도 역사는 차원 높은 효용성을 갖는다. 역사를 통하여 현재의 삶을 올바르게 통찰하고, 미래를 살아가는 지침을 얻을 수 있기 때문이다.

이 책은 특히 대학에서 처음 역사를 접하는 학생들을 위하여 써졌다. 1부에서는 인류가 역사상 이룩한 위대한 문화들을 다루고 있다. 인간과 기후, 달력, 시간 측정, 신화, 종교, 예술 등이다. 역사에 대한 새로운 이해와 관심에 도움이 되기를 희망한다. 2부에서는 역사학에 대하여 다루고 있다. 저자의 『역사란 무엇인가』를 기반으로 하였다. 역사 연구의 목적, 사실, 사료, 사관과 시대구분, 진보 등이다. 이를 통하여 역사와 역사학에 대한 폭넓은 이해에 도움이 되기를 바란다.

대학에 입학한 젊은이들은 새로운 미래를 꿈꾼다. 역사의 경험과 지혜가 인생항로의 길잡이가 될 것으로 기대한다. 이 책이 행복한 미래를 꿈꾸는 수많은 젊은이들에게 도움이 되기를 기원한다.

2014년 2월 저자

목 차

2부 역사학의 이해

제8장 역사의 의미와 연구목적

제9장 사실과 역사

제10장 사료의 분류와 비판

제11장 역사서술

제12장 역사관과 시대구분

제13장 역사연구 동향

제14장 역사의 진보

1부

역사와 인간의 이해

인간은 역사 속에서 삶을 영위해 왔다. 오랜 옛날 인류의 조상들로부터 현재의 우리들에 이르기까지 인류는 온갖 악조건의 기후변화 속에서도 잘 적응해 왔다. 마지막 빙하기 이후 현생인류의 조상들은 곡물을 파종하고 가축을 길들이기 시작했다. 오늘날 고도로 발달된 현대문명의 초석이 놓인 것이다.

언제부터인가 우리 인류의 조상들은 신들을 섬기고, 신들에게 바치는 노래와 춤, 조각품과 건축물을 만들어 왔다. 오늘날의 종교와 예술의 길은 연 것이다.

1부에서는 이처럼 인류가 이룩한 위대하고도 중요한 문화의 역사에 대하여 다룬다. 인류는 기후에 어떻게 적응해 왔고, 또 어떤 영향을 미쳤는가? 시간을 어떻게 측정해 왔으며, 달력을 어떻게 만들었는가? 신화와 종교, 그리고 예술은 어떻게 형성되었고, 또 어떤 영향을 미치고 있는가?

| 제1장 |

기후와 인간

1. 기후의 관측

기후가 인간생활 즉, 인간의 역사에 막대한 영향을 미쳤다는 것은 의심할 여지가 없다. 기후가 인간에 미친 영향은 현대의 문명화된 도시생활 이전의 삶의 형태를 살펴보면 더 정확히 알 수 있다. 특히 농업의 형태를 살펴보면, 기후가 인간생활과 활동에 미친 결정적인 영향을 잘 알 수가 있다.

기후(climate)란 특정한 장소에서 장기간에 걸쳐서 나타나는 대기의 종합적인 평균상태를 의미한다. 반면 날씨(weather)란 기온, 바람, 강수, 습도, 구름 등의 지역적이고 단기간의 다양한 대기의 상태를 표현한다. 즉, 어느 장소에서 단기간에 걸쳐 일어나는 대기의 변화 상태를 말한다. 우리는 기후의 기초자료를 가지고 일기예보에 반영하고, 산업, 농업, 교통, 건축, 생물 의학 등에 응용하고 있다.

기후를 이해하기 위한 대기의 과학적 분석이 시작된 것은 17세기에 이르러서였다. 대기 상태를 측정할 수 있는 기구가 발명되었기 때문이다. 갈릴레오(Galileo Galilei, 1564~1642)가 1593년에 온도계의 전신이 된 기구를 만들었고, 토리첼리(Evangelista Torricelli, 1608～1647)가 1643년에 기압계를 만들었다. 1661년에는 보일(Boyle)이 기체의 압력과 부피 사이의 기본 원리를 발견하였다. 연구자들은 이런 기구들을 이용하여 대기에 관한 법칙을 정립하였다. 18세기에 들어서는 각종 기구가 개량되고 표준화되어, 지역별로 기후를 이해하는데 더 많은 자료 수집과 설명이 가능하게 되었다. 19세기부터는 물리적 과정에 대한 기후 현상을 과학적으로 설명하게 되었다.

오늘날 기후를 관측하는 대부분의 관측소는 100년도 채 안 되는 자료를 축적하고 있다. 해상의 기상자료 축적은 1854년부터 시작되었다. 19세기 초까지 고공 대기상태에 관한 자료는 대부분 산지에 있는 관측소에서 얻을 수 있었다. 풍선기구를 이용하여 기류와 온도를 지속적으로 관측할 수 있었던 것은 1885년부터이다. 1차 세계대전 기간(1914~1918)에는 기구, 연, 비행기를 이용하여 자료를 얻을 수 있었고, 2차 세계대전 중에 몇몇 국가가 전 지구적인 관측망을 구축하게 되었다. 즉 라디오존데(radiosonde)[1]라 부르는 기구로서, 특정 시간에 대기 상태를 파악하기 위하여 상층에 띄어졌다. 오늘날에는 1000여 곳의 관측소에서 라디오존데를 이용하여 정기적으로 상층의 기온, 이슬점 온도, 풍향, 풍속을 측정하고 있다. 최근에는 위성사진을 이용하고 있다.

2. 기후요소와 기후인자

기후에 영향을 미치는 요인들은 기후요소(climatic element)와 기후인자(climatic factor)로 나뉜다. 기후요소는 기후를 구성하는 요소로, 기온, 강수량, 풍향, 풍속, 습도, 구름량, 증발량, 일사량, 일조시간, 기압 등을 말한다. 이들 기후요소는 기후인자의 영향을 강하게 받는다. 기후인자는 기후요소의 지리적 분포에 영향을 직접 미치는 요인으로, 여기에는 위도, 해발고도, 해륙의 분포, 해류 그리고 지리적 위치 등을 들 수 있다. 기후인자 가운데 위도, 해발고도, 지형, 해륙의 분포, 해류, 지표면

1) 상층의 기상요소를 측정해 그 값을 전파로 전송하는 장치로, 기압, 기온, 습도 등을 자동적으로 측정하는 센서와 소형 무선발전기를 한 조로 한다. 헬륨이나 수소를 넣은 기구에 붙여서 로켓 등에 매달아 공중에 띄우는데, 강우나 주야에 관계없이 해상이나 사막 등에서도 사용할 수 있다.

의 성질 등을 지리적 인자라 하고, 고기압, 저기압, 기단, 전선, 등을 기상학적(동적) 인자라 한다. 대표적인 기후인자인 위도, 해발고도, 해류에 대하여 살펴보면 다음과 같다.

위도는 기후에 큰 영향을 주는 대표적인 기후인자이다. 그런데 지구상에서 가장 높은 온도는 적도에서 나타나는 것이 아니라, 북회귀선과 남회귀선 부근에서 나타난다. 이런 현상의 부분적인 이유는 수직으로 내리쬐는 태양광선이 남·북위 23.5° 사이를 이동하기 때문이다. 수직으로 들어오는 태양 빛은 적도 부근에서 빠르게 움직이고, 남쪽 혹은 북쪽으로 진행할 때는 천천히 움직인다. 태양이 춘분과 추분 경인 남·북위 6°사이에서는 30일 정도 수직으로 햇볕을 내리쬔다. 그런데 남·북위 17.5°와 23.5° 사이의 6°사이에서는 즉, 하지나 동지쯤에는 86일 정도 수직으로 햇볕을 내리쬔다. 태양고도가 높을 때 내리쬐는 기간이 길어지는 것과 동시에 길어지는 낮 시간이 지표면이 많은 열을 축적할 수 있게 해준다. 또한 회귀선 부근에서의 맑은 하늘과 구름 낀 적도 하늘을 비교해 볼 때, 회귀선 부근에서 지표면의 가열이 훨씬 잘된다.

해발고도 역시 기후에 큰 영향을 주는 기후인자이다. 고도가 1km 높아지면 약 5.5℃ 기온이 감소한다. 이는 지구 전체로 보면 일부지역에 해당하나, 해발고도의 차이에 따라 식물이나 동물의 수직적 분포가 달라지고, 강수량이나 풍속에도 많은 영향을 미친다.

해류 역시 마찬가지다. 해류의 영향으로 위도가 높은 지역이 낮은 지역보다 오히려 더 따뜻한 경우도 나타난다. 예컨대 서울과 영국의 런던을 비교해 보면 서울이 북위 37°33′, 런던이 북위 51°30′로, 런던의 위도가 훨씬 높아도 겨울철에 더 따뜻하다. 이유는 북대서양 해류(멕시코 만류)의 영향 때문이다.

3. 지구상의 기후 변화

현재 기상학자들은 여러 관련학문의 도움으로 과거의 기후변화를 알아내고 있다. 극지방이나 고산지대의 빙하 시추, 늪지 시추를 통한 각종 식물의 화분(꽃가루) 분석, 나무의 나이테 분석, 호수나 하구의 흔적 분석 등이다. 그런데 이런 측정방법에 의한 기후변화의 연구는 거의 유럽이나 미국에 한정되어 있다. 따라서 다음에 설명하는 기후변화의 역사는 메소포타미아 문명 지역과 유럽을 중심으로 한 것이다.

인류는 오랜 동안 기후의 변화에 자신의 모든 존재를 내맡기고 살아왔다. 지난 73만년 동안 최소 8~9번 정도의 빙하기(glacial episode)를 겪으면서도 생존에 성공했다. 우리 인류는 마지막 빙하기 이후 불규칙하게 찾아오는 범지구적인 기후변화에도 잘 적응해왔다. 현재 지구는 범지구적인 온난화 현상을 겪고 있다. 인간들이 숲을 개간하고 농경을 대규모로 산업화하고, 석탄, 석유 등의 화석연료를 사용함으로써 대기 중의 온실가스 농도가 그 어느 때보다도 높은 상태이다. 이들 온실가스가 지구상의 기후변화를 주도하고 있다. 지구의 온도는 1850년대부터 서서히 올라가기 시작했으며, 20세기에 들어와 화석연료의 사용이 확산되면서 더욱 급속하게 상승하고 있다. 온실가스 수준 역시 계속해서 올라가고 있다. 이 증가 추세는 1980년대 이후 한층 가파른 양상을 보이며, 드디어 1990년에 들어와서는 기록적인 더운 여름과 기록적인 따뜻한 겨울을 보이기 시작했다. 소빙하기가 완전히 물러가고 이제 지구는 새로운 기후 변화의 주기로 들어섰다.

지구의 온난화는 대재앙을 예고하고 있다. 실제로 얼음 녹은 물 때문에 지난 90년 동안 오세아니아의 피지 섬(Republic of Fiji)이 해마다 1.5cm씩 해수면이 올라갔다. 인도양에 위치한 몰디브(Republic of Maldives)는 섬의 고도가 낮고 어느 곳이나 6m를 넘지 않아, 현재 국가 전체가 수몰의 위험에 처해 있다.

그런데 지구의 온난화는 동시에 다른 이상기후를 동반하고 있다. 지구촌 전체가 5급 이상의 태풍이라든가 전례 없이 강력한 한파와 홍수, 엘리뇨 같은 극단적인 기후 사건이 자주 일어나는, 새로운 기후 주기의 특징을 보이고 있다. 이 같은 이상기후 현상은 이 글을 작성하는 2014년 1월 초에도 나타나고 있다. 미국이 20년 만의 한파로 꽁꽁 얼어붙었고, 영국 등 유럽 일부 지역이 겨울 폭풍으로 피해가 속출하고 있다. 반면 남미는 50도가 넘는 살인적인 더위로 신음하고 있다.

2014년 1월 7일(현지시간) 미국 국립기상청과 언론에 따르면 전날 밤부터 이날 오전 사이에 중서부와 북동부 지역 수은주가 최저 영하 30도까지 떨어졌다. 바람까지 강해 체감온도는 영하 40도에 달했다. 중서부는 영하 51도까지 떨어졌다. 이런 한파는 강한 냉기를 가진 북극의 '극 소용돌이'(polar vortex)가 남하하면서 발생한 것으로 분석되고 있다.

반대로 남미는 100년 만의 찜통더위에 시달리고 있다. 아르헨티나 북부 산티아고 델 에스테로주는 2014년 1월 6일 1906년 이래 가장 높은 50도를 기록했으며, 수도 부에노스아이레스는 수은주가 40도까지 상승했다. 아르헨티나에서 열사병 증세로 치료를 받는 주민이 수백 명에 이르고, 그 중 10여 명이 숨졌다. 브라질 리우데자네이루도 지난 4~5일 낮 최고 기온이 40.4도까지 올라갔으며, 체감온도는 50도에 달했다.

이 같은 이상기후 현상은 유럽이나 남북 아메리카만이 아니다. 동남아와 중동에는 이상한파가 엄습했다. 라오스 북부 후아판과 퐁살리 지역은 기온이 영하로 떨어졌으며, 필리핀 북부 농장지대에는 서리가 내렸다. 지난달(2013년 12월)에는 이집트, 이스라엘 등 중동지역에 이례적으로 폭설이 쏟아졌다.

그러면 이 같은 기후변화에 인류는 어떻게 적응하며 살아왔는가?

1) 마지막 빙하기

지구상의 기후는 오랜 기간 동안 주기적으로 변화해온 것으로 알려져 있다. 2000년 러시아의 보스토크 남극 기지에서 얼음층을 3623m 뚫고 가장 깊은 얼음 샘플을 파내는데 성공하였다. 120m만 더 들어가면 커다란 빙하 호수가 나오는데, 천공액이 오염을 초래할지 모른다는 우려에서 작업을 중단하였다. 그럼에도 이 샘플은 우리를 약 42만 년 전으로 안내하고 있다. 이에 따르면 그 동안 지구상에는 빙하기에서 온난기로 4차례의 이행이 있었다. 처음은 약 33만 5천 년 전이고, 두 번째는 24만 5천 년 전, 세 번째는 13만 5천 년 전, 네 번째가 1만 8천 년 전이다.[2)]

1만 8천 년 전 크로마뇽인들이 살던 세계는 오늘날과는 달랐다. 겨울이 9개월이나 되었다. 짧은 여름에 교역을 하고 결혼도 하였다. 또 오랜 전설과 신화가 낭송되고, 동굴 벽에 동물 그림들이 그려졌을 것이다. 이 때 지구상에는 한 종류의 인간만

2) 브라이언 페이건, 『기후, 문명의 지도를 바꾸다』, 남경태 옮김(예지 2007), pp. 53~55.

이 살고 있었는데, 이들이 우리와 같은 호모 사피엔스 사피엔스이다. 이들 우리의 직접적인 조상은 약 15만 년 전 열대 아프리카에서 태어나 무리지어 살다가, 10만 년 전쯤 당시 물이 풍부했던 사하라로 들어갔다. 이들은 얕은 민물 호숫가에 터잡고, 건조한 초원에서 사냥하며 살았다. 그러다가 북아프리카 추워지고 건조해지자, 북쪽 지중해 연안과 동쪽 나일강 유역, 그리고 서남아시아 지역으로 밀려났다. 현생인류는 서남아시아의 동굴에서 네안데르탈인과 5만년 동안 어울려 살았다.

인류학자들은 이시기 호모 사피엔스 사피엔스가 완전한 인지 능력을 획득했다고 생각한다. 유럽으로 들어간 크로마뇽인들은 추론능력과 계획능력을 가졌고, 언어도 사용했을 것이다. 복잡한 상징을 통해 세계와 관계를 맺었고, 기술적 능력도 가졌다. 4만 5천 년 전에 현생인류는 더 추운 지역으로 이동했는데, 아마도 비교적 따뜻한 시기를 이용했을 것이다. 5천년 뒤 인류는 유럽 서부의 강 유역에 정착하였고, 이후 1만년 동안 번영하면서 네안데르탈인을 서서히 제압하기 시작하였다. 네안데르탈인은 민첩하고 강인한 사냥꾼으로 대형 짐승을 사냥할 수 있었으나, 지능이 현생인류에 비해 뒤졌다. 현생인류는 전문적이고 정교한 도구를 만들어 기후조건에 적응하였다. 결국 네안데르탈인은 변방으로 내몰려 멸종되었다. 약 3만 년 전 크로마뇽인이 유럽의 주인으로 군림했다.

1만 8천 년 전부터 기후 변동이 심해졌다. 이 빙하기 마지막 수천 년 동안 크로마뇽인들의 사회가 정교하게 발달하여, 동굴 석실에 그림을 그리고 주술의식도 치러졌다. 이들이 남긴 동굴벽화는 '사냥의 주술을 위한 그림'이었다. 1만 5천 년 전쯤 기온이 극적으로 상승하면서 그런 의식이 사라졌다. 매머드, 들소, 순록 등 빙하기의 동물들이 북쪽으로 이동하면서, 일부 무리들도 사냥감을 따라 북으로 이동하였다. 또 일부는 바위동굴은 버리고 더 작은 무리로 나뉘어 사슴같은 동물은 사냥하면서, 점점 더 식물에 의존하게 되었다. 1만 2천 년 전경 마지막 빙하기에 크로마뇽 사냥꾼 집단을 사라지고, 전 지국적인 온난화가 시작되었다.

보스토크 샘플은 온실가스인 이산화탄소(CO_2)와 메탄(CH_4)의 대기 중 농도가 크게 변했다는 것을 보여준다. 빙하기에서 온난기로 이행할 때마다 매번 대기 중의 이산화탄소가 180ppmv(parts per million by volume)에서 300ppmv로 증가했다. 동시에 대기 중 메탄은 320～350ppb(parts per billiom)에서 650～770ppb로 증가했다.[3] 네 차례 이행에서 이산화탄소 농도가 그렇게 급속히 증가한 이유는 아직 밝혀지지 않았다. 전문가들은 남극의 해수면 온도가 대기의 변화를 유발하는데 중요한 역할을 한 것으로 생각한다. 그런데 계속적으로 동요했던 지구의 기후가 충적세(沖積世: alluvium period)부터 패턴을 달리하고 있다. 과거 1만 5천 년간은 온난화의 지속성, 안정성, 온실가스의 농도에서 보스토크의 기록을 넘어선다. 이 특이하게 기나긴 여름을 틈타 인류 문명이 성장했다. 그렇지만 현재 이 문명 속에 살고 있는 우리들은 이 여름이 언제 어떻게 끝날지 알지 못하고 있다.

2) 유럽과 서남아시아

현생인류가 아메리카로 이주한 시기와 경로는 고고학상의 쟁점이다. 4만 년 전 또는 2만 년 전이라는 주장도 제기되고 있으나, 대다수 견해에 따르면 1만 5천 년 전으로 추정된다. 이들이 아시아 북동부에서 왔다는 것은 유전적, 언어적, 고고학적 증거로 명백하다. 즉, 미트콘드리아의 DNA 연구, 치아 연구, 언어적 뿌리 등이 아메리카 원주민의 조상이 시베리아서 왔다고 말해주고 있다.

1만 5천 년 전 유럽은 여전히 추웠다. 거대한 빙상이 스칸디나비아, 독일 북부, 저지대, 그리고 당시까지 대륙에 속했던 영국의 대부분을 덮고 있었다. 해수면은 오늘날보다 90m나 낮았다. 그러나 온난화가 시작된 지 2천년 만에 풍경이 크게 달라졌다. 기원전 1만 3천년 경까지 영국의 7월 평균 기온이 약 10℃가 되었고, 기원전 1만 1천년 경에는 14℃ 정도가 되었다. 이 기간에 크로마뇽인들의 사냥감이던 매머드, 콜뿔소, 큰뿔사슴 등이 온난화로 사라졌다. 일부 크로마뇽인들은 사냥감을 따라 북으로 이동했고, 일부는 식용식물에 더 의존하게 되었다. 온난화가 시작된 지 4000년이 지난 기원전 9000년 무렵부터 유럽지역에는 수렵과 채집의 무리들이 개활지에서 모여 살았으며, 해변에 사는 경우도 점점 빈번해졌다. 레반트 지역 역시

---

3) ppmv는 부피를 통해서 본 기준물질에 대한 해당물질의 백만분률(parts per million by volume)을 말하다. 대기 중에 CO2의 부피가 전체 대기의 0.03 %를 차지한다고 하면 300ppmv로 표시된다. 이는 대기 1㎥ 중에 이산화탄소가 300㎤가 함유되어 있다는 뜻이다. ppb는 parts per billion의 약어로, 십억분율이라고도 한다. 극히 미량으로 함유하는 성분의 농도나 존재비를 나타낼 때 등에 쓰인다. 예컨대 대기 중의 메탄의 농도가 320ppb 라고 하면, 대기 1㎥ 중에 오존 320㎣가 함유되어 있다는 뜻이다.

기원전 1만 3천년 이후 온난한 환경으로 바뀌면서 도토리를 품은 참나무 숲이 크게 늘었다. 이곳의 인류 역시 견과와 씨앗을 먹으며 생존했다. 당시 도토리는 주요한 식량이었고, 19세기 유럽에서도 마찬가지였다. 도토리는 영양가가 높고, 탄수화물 70%, 단백질 5%, 지방 4.5~18%를 함유한다. 당시 견과를 수확하는 일은 남성과 여성이 공동으로 담당했으나, 저장하고 가공하는 일은 여성의 몫이었다.

기원전 11500~10600년경 이른바 영거 드리아스(Younger Dryas) 시기에 스칸디나비아 반도의 빙상이 다시 진출하여 멕시코 만류의 흐름을 막았다. 이로 인해 유럽은 1천년 동안 추위가 지속되었고, 서남아시아는 길고 심한 가뭄에 시달렸다. 사람들은 풀씨나 비상용 식량으로 건조한 상황에 대처하기 시작했고, 결국은 식물을 재배하여 수확하기에 이르렀다. 샤니다르(Shanidar) 동굴[4]의 고고학적 증거와 터키, 시리아, 이라크, 이란의 국경 지역에 위치한 자그로스 산맥(Zagros Mountains)에 위치한 호수들에서 나온 화분의 분석 결과는, 기원전 9000년경에 인간이 동물을 사육하고 식량으로 사용할 곡물들을 재배하기 시작했다는 것을 알려주고 있다.

기원전 1만 년까지 이 지역에 거주하는 사람들은 혈거하였고, 대체로 양과 염소 같은 야생 동물을 사냥하였다. 그 이후 양은 그들의 음식물로 다른 동물보다 더 중요해졌고, 높은 비율의 어린 양의 뼈는 양이 사육되기 시작했다는 것을 암시하고 있다. 기원전 9000년경에 자그로스 산맥의 과거 빙하는 높은 고도로 후퇴했고, 식생대는 산지에서 점점 더 높은 고도로 올라갔다. 야생보리(wild barley)가 산지의 기저부 스텝에서 자랐고, 야생 밀(einkorn wheat: 신석기 시대 밀의 일종)이 내륙고원과 산지 사이에서 존재했다. 그런데 산지 부근의 메소포타미아 스텝은 기후와 지형 모두에서 밀과 보리의 야생에 적합하지 않은 지역이었다. 경작이 시작된 것이다.[5] 이제 사람들이 염소, 양, 돼지, 개와 함께 최초의 농촌인 영구 취락의 가옥에서 거주하였다. 이른바 '신석기 혁명'이 일어난 것이다.

---

4) 현재 이란, 이라크, 터키의 국경이 맞닿는 부근의 이라크 티그리스강 상류 부분에 위치한 동굴로, 기원전 10만 년부터 약 1만 3천년까지 이 지역에 거주하던 인류의 기록이 차곡차곡 보전되어 있었다. 대체로 7만 5천년~5만 년 전으로 측정되는 네안데르탈인의 유골 9개가 발견되었다. 기원전 2만 7천년~기원전 1만 1천년 사이에는 거주의 흔적에 공백을 보이고 있으며, 이후 다시 이 지역에 갑자기 현생인류가 나타나 생활을 한 흔적을 보인다. 샤니다르 유적에서는 기원전 9000년경으로 밝혀진 양의 뼈들이 발견되었는데, 이때 이미 양이 가축화되었음을 의미하고 있다.

5) H.H. 램, 『기후와 역사』, 김종규 옮김(한울 2004), p. 143.

3) 대홍수

멕시코 만류의 흐름이 재개되자 영거 드리아스 시기가 끝나고 지중해 동부의 날씨가 다시 따뜻해졌다. 이제 농부로 변한 주민들은 에머밀, 호밀, 보리 등을 재배하는 식량 생산자가 되어 있었다. 야생 염소와 야생 양이 처음 길들여진 동물이었고, 소와 말도 길들여졌다. 기원전 6000년경 번성했던 터키 중부 아나톨리아 고원의 차탈휘이크(Çatal Hüyük) 유적지[6]에서 사당을 장식하던 황소나 양은 남성의 번식력을 상징했다.

기원전 6200년경 엄청난 양의 빙하 녹은 물인 캐나다 북부에서 후퇴하는 로렌타이드 빙상(Laurentide ice sheet)을 덮쳤다. 그 압력으로 빙상 내부가 파열되면서 녹은 물이 남쪽 멕시코만으로 쏟아져 들어갔다. 그 결과 멕시코만류의 흐름이 400년간 멈추게 되어, 유럽이 영거 드리아스기보다 더 춥고 건조해졌다. 지중해 동부에 비를 가져오던, 습한 서쪽 기단이 차가운 북풍에 밀려났기 때문이었다. 발칸과 지중해 동부가 4천 년 전과 같은 심한 가뭄에 시달렸다. 이 400년간의 소빙하기는 전 지구적 사건이었다. 로렌타이드 붕괴가 전 세계의 해수면을 급격히 상승시켜, 스칸디나비아 남부의 넓은 땅덩어리가 바다 밑으로 가라앉았다. 이 때 영국이 대륙에서 분리되었다. 400년간 유럽 남동부, 아나톨리아, 지중해 동부가 가뭄에 시달렸다. 차탈휘이크도 버려지고, 주민들은 건조한 고원지대보다 900m 낮은 에욱시네(Euxine) 호수의 서쪽과 남쪽으로 이주했다. 소빙하기 400년간 에욱시네는 거대한 오아시스였다.

기원전 5800년경 대서양 순환이 재개되고, 갑자기 온난화가 재개되었다. 온대의 유럽은 이후 2천 년 간 지속되는 기후의 최적조건을 맞이했다. 기원전 5600년경에 인류에게 닥친 최대의 재앙 가운데 하나가 일어났다. 지중해가 상승하더니 마르마라해(Sea of Marmara)보다 150m나 낮은 에욱시네 호수 유역을 삼켜버려 흑해로 만들

---

6) 터키 중부지방의 신석기 유적지로, 1958년에 영국의 고고학자 제임스 멜라트(James Mellaart)가 발견하여 1961~1965년에 발굴하였다. 사람들은 진흙 벽돌로 지은 직사각형의 집에서 살았는데, 지붕에서 나무 사다리를 타고 집 안으로 들어갔던 것으로 보인다. 곡물과 과일을 재배하고 가축을 길렀던 흔적도 남아 있다. 종교 구역에서는 뛰어난 벽화가 그려진 신전들이 발굴되었다. 가장 오래된 건축물은 BC 6700년경, 그리고 가장 후기의 건축물은 BC 5650년경의 것으로 추정된다. 인구 약 6천 명 정도 되었던 이 도시는 무슨 이유인지는 정확하지는 않지만 1000여 년 동안 지속되다가 갑자기 사라졌다.

어 버린 것이다. 이 같은 증거는 지질학자, 고고학자, 해양학자 등의 공동연구로 밝혀졌다.7)

에욱시네는 유라시아 빙상이 물러남에 따라 형성되었다. 빙상이 누르던 지표면이 낮아 빙하의 녹은 물을 가두어 오늘날 흑해를 형성했다. 빙하의 녹은 물은 2천 년간 남쪽으로 흘러 에욱시네 호수를 거쳐 현재 보스포러스 해협에 해당하는 출구를 통해 지중해로 빠졌다. 그러나 영거 드리아스기에 물의 유입이 그쳤고, 염분을 약간 함유한 담수 에욱시네 호수는 낮아져 지중해보다 수면이 150m까지 내려갔다. 그 같은 상태에서 빙하기가 끝나자 에욱시네 호수의 수면이 계속 상승했고, 로렌타이드 빙상마저 붕괴하자 수면이 더 상승했다. 기원전 5600년경 마르마라해는 지중해와 에욱시네의 둑의 가장자리를 형성했다. 어느 시점에 폭풍으로 물이 가장자리를 넘어 아래의 호수로 흐르기 시작했다. 결국 물줄기는 시속 90km를 넘는 격류로 변했고, 마침내 둑 밑으로 85~144m 깊이의 수로를 뚫었다. 2년이 지나자 한 때 에욱시네 호수였던 곳이 지중해와 같은 수위가 되어, 지금의 흑해로 변하였다. 세계 최대의 민물 호수가 짠물의 바다가 되는 어마어마한 환경 재앙을 일으켰다. 페이건은 이 사건이 성서에서 전하는 대홍수 사건으로 추정한다.8)

4) 도시문명 건설

기원전 5800년경 로렌타이드 빙상이 녹고 멕시코만류의 흐름이 재개되자 페르시아만의 수위가 높아졌다. 기원전 4000~3000년에 현재보다 2m 가량 높았다. 1920~1930년대 메소포타미아 문명을 발굴한 고고학자 울리(Leonard Woolley)가 도시국가 우르(Ur)를 발굴하였는데, 최초의 거주지는 기원전 5800년으로 거슬러 오른다. 이들은 관개시설을 이용하여 식량을 생산했고, 진흙벽돌과 갈대를 이용하여 벽을 쌓고 막대로 지붕을 얹은 오두막에서 살았다. 후대에 설형문자로 써진 점토판 기록

---

7) 브라이언 페이건, 『기후, 문명의 지도를 바꾸다』, p. 171. 심해 샘플, 꽃가루 샘플, 고대 조개껍질, 해수면이 낮아지면서 형성된 자갈 침전물, 급속히 상승하는 물에 침수되었던 띠 모양의 사구 등의 증거를 질량분광가속기를 이용해 방사성 탄소측정을 한 결과 기원전 5600경에 갑자기 민물에서 바닷물로 바뀌었다는 것을 알아냈다.

8) 브라이언 페이건, 『기후, 문명의 지도를 바꾸다』, p. 174.

에 의하면 이 무렵 종교가 뿌리를 내렸다.

메소포타미아 문명도 기후에 따라 부침하였다. 예컨대 기원전 3200~3000년 두 세기 동안 대서양 순환의 차단으로 급속한 건조화와 한랭화가 일어나 정치적 혼란을 야기했다. 가뭄으로 우르크가 수백 년 동안 장악했던 북부 교역로의 거점들이 붕괴된 것이다. 그렇지만 기원전 3100년경 남부 도시들은 세계 최초의 문명권을 이루었다. 도시국가는 자체의 세속 지도자와 종교적 지도자, 수호신, 수천 명의 인구가 있었다. 에리두(Eridu), 우르, 니푸르(Nippur) 등 이른바 '수메르 문명'이 시작된 것이다.

기원전 2350년경 수메르는 북쪽의 셈족 아카드인(Akkads)에 의해 무너졌으나, 아카드 지배는 기원전 2200년경에 시작된 가뭄으로 수메르인에 의해 다시 전복되었다. 기원전 2200년경의 재앙은 북쪽 어디선가의 대규모 화산 폭발 때문이었다. 1815년 인도네시아 탐보라(Tambora) 화산 폭발[9] 때처럼 겨울이 몹시 추웠고, 몇 년 동안 여름이 없었다. 이 사태는 서남아시아 일대에 278년간 영향을 주게 될 가뭄이 시작될 무렵과 일치한다. 그린란드 빙상과 페루 남부의 안데스 빙하에서 채취한 샘플에서도 당시의 수백 년 간의 건조한 시기가 확인되고 있다. 수세기 동안 이어진 가뭄으로 이집트의 나일강도 크게 줄었다. 중앙 정부가 무너지고 멤피스에서 파라오들만 교체되었다.

메소포타미아와 이집트의 건조화된 환경이 기원전 1900년경 이스라엘 선조들이 이주한 배경으로 생각된다. 칼데아(Chaldea)의 우루(Ur)에서 아브라함이 유대인을 이끌고, 지금의 팔레스타인 지방인 가나안으로 이주하였다. 이주에는 양떼와 소떼가 동반하였으며, 사실상 이리저리 유랑하였다. 멈추었던 여러 지역에서 가축을 위한 충분한 초목이 없었기 때문으로 생각된다. 창세기 4장의 농부 카인과 양치기 아벨의 경쟁과 갈등도 당시의 기후와 관련이 있는 것으로 보인다. 일본의 기상학자 히데오 스즈키(Hideo Susuki)는 고대 이집트의 집약적 농업과 대규모 건축공사가, 대가뭄의

9) 1815년 4월 5일 인도네시아 숨바와 섬의 탐보라 화산이 폭발하였다. 그 당시 인도네시아는 화산재로 뒤덮혀 농사를 제대로 지을 수 없었고, 9만 2천명이 사망하였다. 그리고 1816년에는 이른바 '여름이 없던 해'가 되었다. 화산재가 하늘을 뒤덮어 태양빛을 차단하고, 점차 기류를 타고 지구 전역으로 이동하여, 이듬해 여름에는 유럽에 눈과 서리가 내리는 등 극심한 추위를 가져왔다. 지구 전체가 지독한 추위로 빙하기의 도래를 걱정해야 했다. 19세기에 일어났던 가장 강력한 화산 폭발이었다.

시기 사막지역에서 피신해온 목동과 농부들이 노예화되어 가능했다고 생각한다.[10)]

기후학자 램(H.H. Lamb)에 의하면 노아의 홍수(Noah's Flood)나 출애굽도 기후변화와 깊은 관련이 있다. 램은 계절풍에 의한 홍수가 노아의 홍수와 관련된다고 생각한다. 그에 의하면 고고학적 증거는 우루, 키쉬(Kish), 니네베(Nineveh)에서 기원전 4000년과 24000년 사이에 홍수가 있었다. 또 람세스 2세(Ramses II, 기원전 1304-1237) 때는 후빙기의 최 온난기로 해면이 최고 수위에 이른 시기였다. 이 시기가 바로 구약의 출애굽기의 배경시대로, 기원전 1230경이다.

5) 유럽

대륙성 기후대와 지중해성 기후대의 경계인 추이대(推移帶: ecotone)가 현재는 프랑스 마시프 상트랄(Massif Central)의 남쪽 가장자리에 위치한다. 이곳에서는 몇 미터만 이동해도 온대에서 지중해성 기후대로 변해 식생이 달라진다. 고고학자 크럼리(Carole Crumley)가 추적한 지난 3천 년간의 추이대 이동에 의하면, 기온이 낮았던 시대에는 지금보다 훨씬 남쪽인 북위 36도에 해당하는 북아프리카 해안에 위치했었다는 사실이 밝혀졌다. 그 거리는 약 880km로, 위도 차이가 12도나 된다. 크럼리는 이러한 추이대의 남북 이동이 유럽의 역사에 지금까지 생각하지 못했던 극적인 영향을 주었다고 주장한다.[11)]

크럼리에 의하면 기원전 1200년~기원전 300년에는 추이대가 아프리카 서북단, 시칠리아 섬, 그리스 반도 남부와 크레타 섬 사이, 키프로스 섬과 터키 연안 사이, 카스피해 남단으로 이어졌다. 기원전 300년~기원후 300년에는 이베리아 반도 북쪽 끝단, 네덜란드 해안, 발틱해 남부 연안, 흑해와 카스피해 조금 윗부분으로 이어졌다. 그러다가 서기 500년~900년에는 아프리카 대륙 북단과 지중해 해안을 따라 튀니지 아래로 통과하여 수에즈에서 걸프만 북단으로 이어졌다. 이는 [그림 1-1]처럼 표시된다.[12)]

---

10) H.H. 램, 『기후와 역사』, 7장 참고.
11) 브라이언 페이건, 『기후, 문명의 지도를 바꾸다』, pp. 279~280.
12) 브라이언 페이건, 『기후, 문명의 지도를 바꾸다』, p. 281.

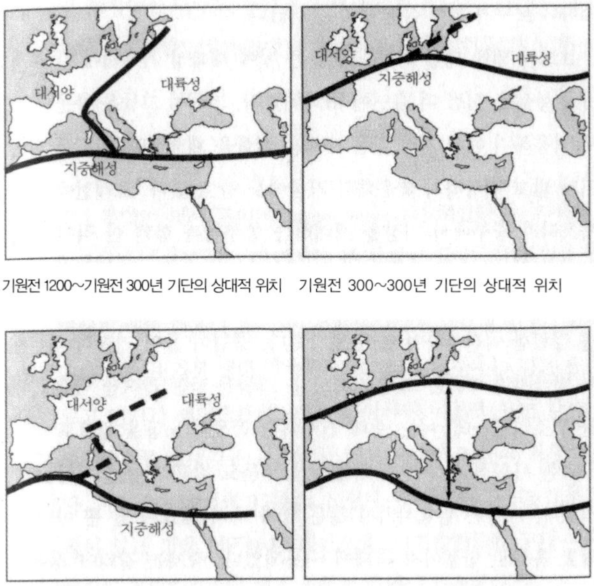

기원전 1200~기원전 300년 기단의 상대적 위치 기원전 300~300년 기단의 상대적 위치

500~900년 기단의 상대적 위치 충적세 후기 온대 지중해 추이대의 위치

[그림 1-1] 유럽의 추이대의 변화

이 같은 추이대의 변화에 따라 기원전 800년경 유럽의 기후가 서늘해지고 상당히 습해졌다. 대륙성 기후대와 지중해성 기후대의 추이대가 멀리 남쪽의 북아프리카로 이동했기 때문이었다. 유럽의 초원지대가 한랭·건조해져 목축이 어렵게 되었다. 켈트족이 남하하여 기원전 4세기에 그 정점에 달하였다. 갈리아 지역으로 남하하여 포강 지역에서 공동체를 이루고 있던 켈트족이, 기원전 390년 로마가 에트루리아를 정복하는 틈을 타서 아펜니노 산맥을 넘어 로마시를 공격했다. 로마시는 7개월간의 저항 끝에 함락되었다. 갈리아족은 이탈리아에 정착할 생각이었으나, 기후변동의 힘이 그것을 허용치 않았다. 기원전 300년경 대륙성 기후대와 지중해성 기후대의 추이대가 이동하여 지금의 부르고뉴까지 북상했기 때문이다. 그 결과 켈트 지역의 남쪽에 온난·건조한 여름과 습한 겨울의 지중해성 기후가 자리 잡았다. 남유럽의 환경이 밀과 기장 같은 작물을 재배하는 로마식 농경에 매우 적합한 환경으로 변하였다. 추이대가 북상함에 따라 조성된 그 같은 환경은 로마의 힘을 급격히 증대시켰다. 기원전 2세기 로마가 북아프리카 카르타고(Carthago)를 정복하고, 그리스 식민

도시들의 지중해 제해권을 장악했다. 곧 이어 로마는 북상하는 추이대를 따라 가면서 꾸준히 켈트족의 땅을 잠식했다. 그 결과 기원전 2세기 중반 현재 프랑스 남부에 해당하는 켈트족의 땅이 로마의 속주가 되었다. 기원전 1세기에서 기원후 1세기 사이에 브리튼 섬도 로마의 속주로 변하였다.

서기 500년경 대륙성 기후대와 지중해성 기후대 사이의 추이대가 다시 남쪽으로 내려가자, 로마는 심한 곤경에 빠졌다. 서유럽의 날씨가 더 추워지고 습해졌으며, 갈리아 지역에서 곡물 생산이 전보다 훨씬 어렵게 되었다. 이제 그 지역은 추위를 피해 남하한 게르만 부족인 프랑크족(Franks)과 고트족(Goths)이 대부분을 장악했다. 서로마제국은 결국 이들 게르만 족의 침공에 의하여 476년 멸망하였다.

900년경 지중해 추이대가 다시 북상하였다. 이후 4세기 동안 유럽은 풍요를 누렸다. 중세 온난기라 할 이 4세기 동안 서유럽 여름의 평균 기온이 20세기 평균 기온보다 0.7℃~1.0℃ 가량 높았다. 심경쟁기의 발명, 삼포제, 마구의 개선 등과 더불어 농업생산성이 크게 향상되고 곡물 생산량이 크게 늘어났다. 이른바 '중세의 농업혁명'이 일어난 것이다. 아울러 이 시기에 영국과 프랑스의 포도주 생산이 크게 늘었다. 도시의 발달과 원격지 상업의 발달로 축적된 유럽의 부가 찬란한 중세의 고딕문화를 만들어내는 원동력이 되었다.

1315년 부활절이 지나고 7주 뒤 유럽에 큰비가 내려, 파종된 밭이 웅덩이와 진창으로 변하며 흉년이 시작되었다. 기후학자들이 소빙하기라 부르는 시대의 서막을 알린 것이다. 나이테와 얼음분석에 의하면 소빙하기의 한랭화는 그린란드와 북극권 지역에서는 서기 1200경부터 시작되었다. 1315년에서 1319년 사이에 보다 춥고 비가 잦은 날씨가 유럽을 뒤덮었고, 그 바람에 전 유럽에서는 기근으로 10분의 1정도의 사람들이 굶어 죽었다. 1400년경부터는 기후가 훨씬 더 예측 불능의 변덕을 부리기 시작했으며 폭풍과 갑작스런 강추위가 잦아졌는데, 이런 갑작스런 강추위는 16세기말 수십 년간에 특히 심했다. 곡식이 부족하여 먹을 것이 초미의 관심사였던 도시와 마을에서는 바닷물고기가 중요한 식품으로 등장했다. 말린 대구와 청어가 중요한 식품 거래 품목이 되었다. 그리고 기후가 변동함에 따라 어선들이 점점 먼 바다까지 나가는 일이 잦아졌다. 16세기 말의 추운 날씨는 알프스 지역을 특히 위협했는데, 그 지역은 빙하가 산골짜기 아랫마을과 농토까지 전진해 내려와 전 마을을 유린하기 일쑤였다. 그런가 하면 북부 유럽은 이례적인 폭풍에 시달렸다. 1588년 8월 스페인의 무적함대를 궤멸시킨 것은 영국 전함의 대포가 아니라 실은 그들을 강타한 광풍이었다.

이 소빙하기의 위기 속에서 식량증산에 대한 연구가 절박해졌다. 그 결과 '농업혁명'이 15～16세기 저지대에서 시작되어, 100년 뒤에 영국으로 확산되었다. 프랑스의 상황은 위태로웠다. 18세기 말까지도 프랑스 농부들은 약간의 기후불순에도 식량부족에 허덕였다. 수백만의 농민과 도시 거주자들이 중세기 소빙하기 초에 그들 선조들이 그랬던 것처럼, 여전히 아사 직전의 상태에서 연명하고 있었다. 그러다가 1788년의 흉작으로 농촌 빈곤층이 궐기하여 프랑스혁명이 일어났고, 그제야 프랑스에서도 농업혁신이 시작되었다. 이 소빙하기의 기후변동은 1840년대까지 계속되었다. 1815년 인도네시아의 탐보라 화산폭발로 1816년은 유명한 '여름 없는 해'가 되었다. 1829년 8월은 이례적으로 춥고 습했다. 그해에 스위스의 콩스탕스(Constance) 호수가 1740년 이후 처음 얼어붙었다. 이 호수는 1963년 이례적인 추위가 닥칠 때까지 다시 얼지 않았다.

1850년 이후 기후가 서서히 그리고 거의 계속적으로 더워졌다. 그와 동시에 새로운 기후 조작자인 인간이 등장했다. 뉴질랜드, 오스트레일리아, 북아메리카, 남아프리카 등지로 이주한 유럽인들이 농장을 일구거나 연료와 목재를 위해, 그리고 도시 건설이나 산업혁명을 위해 수많은 나무를 베었다. 이 미증유의 대규모 토지개간으로 엄청난 양의 이산화탄소가 대기 중에 방출되어, 사상 처음으로 인간에 의한 기후변화 즉, 지구 온난화의 문제가 대두되었다. 지구의 온도가 1850년대부터 서서히 올라가기 시작했으며, 20세기에 들어와 화석연료의 사용이 확산되면서 더욱 급속하게 상승하고 있다. 온실가스 수준 역시 계속해서 올라가고 있다. 이 증가 추세는 1980년대 이후 한층 가파른 양상을 보이며, 1990년대 이후 기록적인 여름 더위와 기록적인 따뜻한 겨울을 보이기 시작했다. 지난 150년간 지구의 기온이 점진적으로 상승한 것은 우연이 아닌 것이다. 1988년 6월 23일 기후학자 제임스 한센(James E. Hansen)이 미국 상원의 청문회에서 증언한 바에 의하면, 인간들이 화석연료를 마구 사용하여 지구가 점점 더워지고 있고, 앞으로 열파나 한파 등 극단적인 기후 상황이 더 자주 나타날 것으로 예상된다.

오늘날 대기 중의 이산화탄소 농도는 산업혁명 시작될 무렵보다 30%나 높다. 메탄의 농도는 배로 높아졌다. 질소 산화물의 농도도 15% 높아졌다. 반대로 오존의 양은 감소했다. 남극 하늘에 오존 구멍이 생겼으며, 세계 도처에서 오존 양이 최고 10% 감소했다. 지표면의 평균온도가 1860년 이후 0.4℃~0.8℃ 가량 상승했다. 어떤 지역은 1900년 이후 0.2℃~0.3℃ 상승했다. 현 추세를 유지한다면 2100년에는 이산화탄소의 농도가 현재보다 30%~150% 높아질 전망이다. 그렇게 되면 지구의 기온은 지역에 따라 1.6℃~5.0℃까지 올라갈 것이다. 또 북반구와 북극에서 빙하와 만년설이 감소하여, 해수면이 과거 6천 년 간 최대치였던 10~25센티미터 상승을 능가하며, 해수면이 더 높아질 것이다. 아울러 예외적인 폭풍 등의 극단적인 기후변화가 훨씬 자주 일어나고, 특히 아프리카의 열대 지방에는 극심한 한발이 일어날 것이다.[13)]

온난화가 150년이나 계속된 것은 천년 만에 처음 있는 일이다. 현재 여름 기온은 중세 온난기의 평균치와 같다. 컴퓨터 시뮬레이션 결과 1600년부터 현재까지 태양 복사열의 변동으로 인한 지표면의 온도 상승은 0.45℃ 정도이고, 그 중 1900~1990년까지의 변화폭은 0.25℃ 미만이다. 이 기간에 지표면의 온도는 0.6℃ 상승했다. 지표면의 온도를 상승시킨 주 요인은 삼림훼손과 온실가스의 영향이다. 삼림은 평방킬로미터 당 3만 톤의 탄소를 저장하고 처녀지인 초지는 평방킬로미터 당 5천 톤의 유기물을 함유하나, 경작될 경우에는 6개월 이내에 절반이 사라질 수 있다.[14)]삼림자원을 보존하고 화석연료를 줄이자는 기후변화협약(氣候變化協約: framework convention of climate change)[15)]에 전 세계 국가들이 협력해야 하는 절실한 이유이다.

---

13) H.H. 램, 『기후와 역사』, pp. 335~336.

14) H.H. 램, 『기후와 역사』, p. 327.

15) 지구온난화로 인한 재앙을 방지하기 위하여 온실가스의 배출을 감축하는 것을 목적으로 하는 국제협약이다. 1992년 6월 브라질 리우 데 자네이로에서 개최된 유엔환경개발회의에서 160여 개 국가의 서명으로 채택되었으며, 1994년 3월 21일 공식 발효되었다. 우리나라는 지난 1993년 12월 47번째로 가입하였다. 기후변화협약의 구체적인 이행방안으로 온실가스 배출량 감축을 규정한 것은 1997년 일본 교토에서 열린 제3차 기후변화협약에서이다. 이를 '교토의정서'(京都議定書: Kyoto protocol)라 한다. 2005년 2월 16일 공식 발효되었다. 전 세계 이산화탄소 배출량의 28%를 차지하고 있는 미국은 자국의 산업보호를 위해 2001년 3월 탈퇴하였다. 2002년 IEA(국제에너지기구)의 통계에 따르면 한국의 연간 이산화탄소 배출량은 2000년을 기준으로 했을 때 4억 3400만 톤으로 세계 9위이며, 세계 전체 배출량의 1.8%를 차지한다.

4. 기후변화와 아일랜드 대기근

기후가 인간의 역사에 미치는 영향은 막대한 것이다. 1840년대 아일랜드의 감자 흉작이 가져온 대기근의 비극은 기후가 인간 역사에 얼마나 비극적인 영향을 미칠 수 있는가를 보여주는 대표적인 사례이다.[16] 기후변화에 의한 기근의 문제는 1840년대 아일랜드에만 국한된 것이 아니다. 기후변화에 민감한 영향을 받는 식량의 문제는 전 지구적 차원에서 볼 때 아직도 미해결의 문제이다. 1970년대 이후 녹색혁명(green revolution)으로 수확량이 많은 품종들이 개발되었음에도, 세계의 총 곡물 생산량은 인구성장과 보조를 맞추지 못하고 있는 실정이다. 기후변화에 복잡한 국제정세까지 겹쳐지는 오늘날 식량문제는 우리에게도 잠재적인 위험요소이다. 2012년 현재 우리나라의 식량자급률은 45.3%로 사상 최저 수준이다.

아일랜드는 일찍이 1169년 잉글랜드에 정복되었다. 1607년 반란이 진압된 후 스코틀랜드와 잉글랜드로부터 대규모의 이민이 시작되었다. 1801년 '그레이트브리튼과 아일랜드 연합왕국'이 된 이후에도 아일랜드 땅은 잉글랜드 지주들의 소유 하에 놓여 있었다. 아일랜드의 기후는 멕시코만류의 영향으로 겨울과 봄이 온화하고 습기가 많은 온건한 기후이다. 곡식 재배가 쉽지 않아서 항상 가축사육을 겸했고, 여름에는 우유와 버터 등으로 겨울에는 귀리로 연명하였다.

아일랜드에 감자가 들어온 것은 16세기 마지막 15년 중 어느 때로 알려져 있다. 기온변동이 심하지 않고 경작 기간이 긴 아일랜드가 감자재배지로 적합하였다. 긴 여름과 가을에 서리가 없는 것이 안데스 지방과 유산한 기후조건이었다. 대서양의 저기압이 몰고 오는 비 때문에 귀리가 흉작인 해에 오히려 작황이 좋았다. 덕분에 구황작물(救荒作物)로 등장하여 곡물농사 흉작의 안전판이 되어, 반세기만에 재배면적이 20배로 늘었다.

1800년 잉글랜드와 아일랜드의 통합 법안이 제정되자, 아일랜드는 자율성을 상실하고 요람기 산업마저 침식당했다. 거대한 공장의 건설로 작은 땅에서 옹기종기 방적과 방직업에 종사하던 수천 명의 소규모 가내 자영업자들이 일자리를 잃었다.

---

16) 자세한 사항은 테오 W. 무디(Theo W. Moody), 프랭크 X. 마틴(Frank X. Martin), 『아일랜드의 역사』, 박일우 옮김(한울 2009)의 17장 '대기근' 참고.

이들은 이제 전 재산인 작은 땅뙈기에서 나는 감자에 의존하며 살아가야 했다.

1845년 여름은 춥고 해가 나지 않고 예년보다 비가 잦았다. 이런 날씨가 동고병(胴枯病: blight) 포자가 확산되는데 크게 기여했다. 특히 말감자들이 취약했다. 1843년 미국 동부해안에서 발생한 동고병이 어떻게 대서양을 건넜는지는 알 수 없으나, 처음 보고된 것은 1845년 7월로 벨기에였다. 한 달 뒤 잉글랜드와 아일랜드 감자밭에도 감염되었다. 10월 들어 들판의 감자가 온통 썩어 문드러지자 사람들이 공포에 떨기 시작했다. 그해 아일랜드 감자의 손실률이 약 40%에 달했다. 즉각적으로 기근의 위협이 닥쳤다. 농부들이 씨감자를 먹어치워 1846년 감자밭의 3분의 1이 씨가 없어 놀게 되었다. 1846년은 철저한 흉작이었다. 굶주림을 극복할 햇감자가 턱없이 모자랐다. 사람들은 옷가지와 가재도구, 심지어는 침구까지도 먹을 것을 위해 저당잡거나 팔아치웠다. 그 해 9월 2일자 런던의 신문 Times에는 감자라는 식물이 '완전히 사라졌다'라고 보도했다. 그럼에도 영국 본토의 고관들은 아일랜드를 중국만큼도 몰랐다. 감자가 없으면 곡식을 먹으면 될 것 아니냐는 식이었다. 아일랜드의 시련은 11월부터의 강추위로 더해졌다. 그해 11월 28만 5천명이 보잘 것 없는 품삯을 받고 구제기관이 실시하는 근로사업에 나갔다. 많은 수가 일하다 죽었다. 더 많은 수의 난민들이 도시로 몰려들었다. 농장에 남아있는 농부들도 밭을 갈지 않았다. 밭에 손을 댔다가는 혹시라도 지주가 소작료를 요구할지 몰랐기 때문이었다.

기근은 1847년에도 계속되었다. 씨감자 부족으로 정상적인 재배면적의 5분의 1에서만 감자가 재배되었기 때문이었다. 그럼에도 영국 정부는 자유주의를 신성시하여 개입을 최소화했다. 위정자들은 가난이란 스스로 극복해야 한다고 믿었다. '하늘은 스스로 돕는 자를 돕는다'가 그들의 신념이었다. 그들이 빈곤층에게 관심을 갖는 이유는 빈곤층으로 인하여 사회불안이 일어나지 않을까하는 염려와, 그로 인해 곡물상인이나 산업자본가 같은 정치적으로 강력한 이익집단의 비위를 상하게 하면 어쩌나 하는 우려에서였다. 당시 영국은 재정적자를 이유로 아일랜드에 대한 구제자금 방출을 중단했다. 사람들이 구빈원 문 앞에서 죽어나갔다. 막판에 몰린 소작인들에 지주들이 암살되기도 하자, 당국은 1만 5천명이나 되는 군대를 투입했다.

1848년 5월과 6월에는 날씨가 좋았다. 그러나 7월에 들어 냉랭해지면서 비가 자주 내렸다. 그러자 동고병이 발생했다. 8월이 되자 비가 더 많이 내려 밀과 귀리

농사를 망치는 새로운 재앙이 추가되었다. 1848년의 감자 흉작은 처참했던 1846년에 필적했다. 수천 농가가가 지대를 내지 못해 지주들에 의해 쫓겨났다. 지주들 역시 빚더미에 올라앉아 파산이 임박한 상태였다. 푼돈이라도 마련할 수 있는 사람은 누구나 이민을 생각했다. 빈곤층만이 아니라 영세 자작농들조차 이민을 떠났다. 시골이 점점 비어갔다. 문스터 지방에서는 지주들이 버려진 땅을 팔고 싶어도 팔 수가 없었다. 어디에서도 상거래라는 것이 이루어지지 않았기 때문이었다.

1841년 인구조사에서 8백 17만 5천 1백 24명이던 인구가 1851년에는 6백 55만 2천 3백 85명으로 감소했다. 정상적인 인구증가율을 감안하면 900만 명을 살짝 넘어야 했다. 250만 명이 줄어든 것이다. 1백만 명은 이민을 떠났다. 나머지는 1백 50만 명은 기근과 그로 인한 병으로 죽은 것이다. 이민, 결혼 및 출산율 저하로 아일랜드 인구는 19세기 내내 줄어들었다. 1860년대에도 매년 9만 명 정도가 이민을 떠나, 1870년대 이탈리아 이민이 급증하기 전까지 유럽에서 최고 이민국이었다. 1900년에 이르자 아일랜드 인구가 대기근 이전의 절반 이하 수준으로 떨어졌다. 인구감소 추세가 반전된 것은 1960년대에 이르러서였다. 대기근의 깊은 상처는 영국에 대한 증오심으로 남아 아일랜드인들의 가슴속을 깊이 흐르고 있다.

| 제2장 |

달력과 절기

1. 달력

1) 달력의 기원

우리들은 일정한 시간에 학교에 등교하거나 직장에 출근하고 있다. 또 일정한 시간만큼 학교에서 공부를 하거나 직장에서 근무를 하고 있다. 친구와의 약속도 시간을 정해서 한다. 이처럼 우리들의 삶은 시간과 뗄 수 없는 관계 속에서 영위되고 있다. 만약 시간을 나타내는 달력이 없다든가, 혹은 서로 사용하는 시간의 개념이 다르거나 달력이 다르다고 가정해 보면 어떻게 될까? 시험이나 축구시합, 음악회 같은 행사에 정해진 날 정해진 시간에 여러 사람이 제대로 참석할 수 있을까? 기차나 버스 비행기의 운행은 어떻게 될까? 과거에 일어난 일들은 어떻게 정리할 수 있을까?

현재 우리들은 날짜와 요일, 그리고 달과 년을 표시하여, 모든 사람들이 공통으로 시간의 흐름을 인식할 수 있는 달력을 사용하고 있다. 달력은 날짜를 한 해와 한 달, 그리고 한 주(週) 안에 순서대로 정리하여 위치시키는 인간의 지적 발명품이다.

이 같은 달력의 흔적은 멀리 구석기시대로 거슬러 오를 수 있다. 지금까지 발견된 가장 오래된 달력은 약 3만 년 전 프랑스의 라스코(Lascaux) 근방 아브리 블랑샤르(Abri Blanchard)에서 발견된 것으로, 다량의 눈금표시 돌판을 연구한 알렉상드르 마샤크(Alexander Marshak)에 의하면 이들은 태음주기를 표시한 것이다. 마샤크에 의하면 많은 눈금이 표시된 것은 59의 주기성을 보여주는데, 이는 29일과 30일의 달의 삭망주기를 표기한 것이다.[1] 그런가 하면 유럽에서 찾아 볼 수 있는 환상열석(環狀列石: cromlech)은 특정 시간에 일어난 천체의 시간에 맞추어 배열되었다고 생각된다. 즉 종교적, 계절적 변화를 태양과 달의 운행과 연관하여 제의를 행하고, 천체를 관측했던 것으로 알려져 있다. 대표적인 것인 영국의 스톤헨지(Stonehenge)로, 기원전 3100년경에서 기원전 1600경까지 건설되었다.

신석기시대에 접어들자 사람들은 계절의 변화에 더 큰 관심을 기울일 수밖에 없게 되었다. 농사를 지으며 언제 파종하고 언제 수확해야 하는지를 알아야 했기 때문이다. 식량 생산이 늘어나자 비옥한 강 유역에 모여 살던 사람들이 도시를 형성하고, 이를 효율적으로 다스리기 위해 행정관리들이 생산자들에게 과세하게 되었다. 이들은 과세를 정확하게 하기 위해 날짜를 기록해야 했으며, 이를 위해 달력이 필요했다. 최초의 문명과 도시가 발생한 티그리스와 유프라테스 강 사이의 비옥한 메소포타미아 지역에서는 적어도 기원전 4000년경부터 하나의 왕조가 건설되어 주민들을 지배하였다. 수메르인들은 적어도 기원전 3000년경에는 쐐기문자를 발명하여 점토판에 기록했다. 이후 60진법을 발명하였는데, 세금징수 내용의 기록과 밀접한 관련이 있다. 또 이런 수 체계는 천체의 관측과 기록에도 기여하여 천문학의 발달과 달력 제작에 기여하였다.

2) 하루, 한 달, 일 년

우리들이 인식하는 하루는 지구가 1회 자전하는 기간이고, 한 달은 달이 지구를 한 바퀴 도는 기간이다. 마찬가지로 한 해는 지구가 태양을 한 바퀴 도는 기간을 말한다. 이를 현재의 정확한 시간 개념으로 표시하면 다음과 같다.

---

1) E. G. 리처즈, 『시간의 지도: 달력』, 이민아 옮김(까치 2003), p. 163.

하루 = 24시간 = 1,440분 = 86,400초

한 달 = 29.530589일(29일 12시간 44분 2.9초)

일 년 = 365.242190일(365일 5시간 48분 46초)

일 년 = 12.368266달(12달 10.875112일=12달 10일 21시간 9.7초)

12 삭망월 날 = 354.367066일

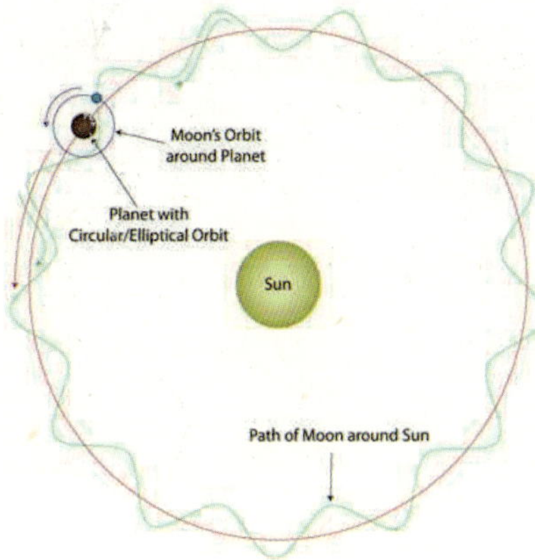

[그림 2-1] 지구와 달의 자전과 공전

그러므로 한 달은 29일도 아니고 30일도 아니며, 일 년은 365일도 366일도 아니다. 마찬가지로 일 년은 12달도 아니고 13달도 아니다. 그러면 한 달이나 일 년이 정수로 하루의 몇 배수가 아니고, 또 일 년이 정수로 달수의 몇 배수의 관계도 아닌 이들 하루와 한 달, 그리고 일 년 사이의 관계를 어떻게 연관시킬 수 있을까? 이 문제는 천체를 관측하던 초기 인류로부터 오랜 세월 동안 연구자들을 괴롭혀온 문제였다. 물론 시대를 거스를수록 천체의 운행과 계절의 변화는 신 및 종교의식과 관련이 있었고, 또 일반인들은 천체의 운행에 관한 지식을 도저히 알 수 없었던 고급 사제들의 독점물이었다. 그랬던 것이 하루, 한 달, 일 년의 관계를 모든 사람들이 알 수 있는 달력으로 정리하여 오늘날처럼 사용하게 된 것은 비교적 최근의 일이다. 현재 우리들이 사용하고 있는 달력은 그레고리력(Gregorian calendar)으로 1582년부터 사용되기 시작한 것이다. 우리나라에서 그레고리력을 사용하기 시작한 것은 1896년 1월 1일부터이다. 그 때부터 우리는 태양력(太陽曆: the solar calendar)을 사용하여 1년 365일, 4년마다 윤년으로 2월에 하루 윤일을 두어 29일로 했다. 또 일요일을 일주일의 첫날로 시작하는 요일의 개념을 사용하기 시작했다.

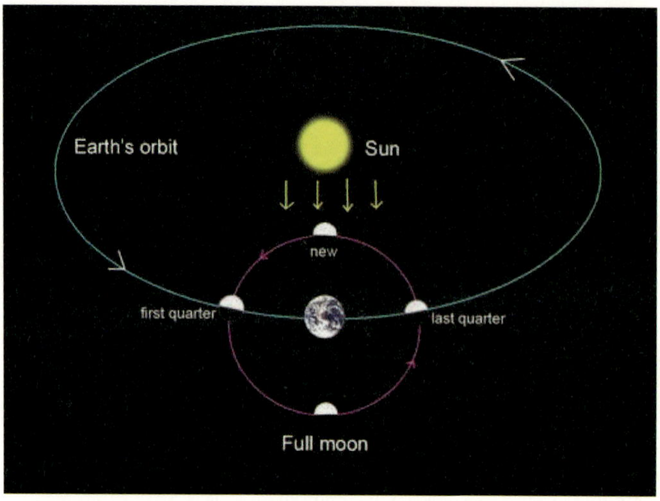

[그림 2-2] 달의 위상 변화

	서기 2013년	癸巳年 (계사년)	10월 October		음. 8월 신유(대) 음. 9월 임술(소)	단기 4346 불기 2557
日/Sun	月/Mon	火/Tue	水/Wed	木/Thu	金/Fri	土/Sat
		1 음8 27	2 신축 28	3 개천절 임인 29	4 계묘 30	5 음9 1
6 을사 2	7 병오 3	8 한로	9 한글날 무신 5	10 기유 6	11 경술 7	12 신해 8
13 임자 9	14 계축 10	15 갑인 11	16 을묘 12	17 병진 13	18 정사 14	19 무오 15
20 기미 16	21 경신 17	22 신유 18	23 상강	24 계해 20	25 갑자 21	26 을축 22
27 병인 23	28 정묘 24	29 무진 25	30 기사 26	31 경오 27		

[그림 2-3] 서기 2013년 10월 달력

물론 태양력인 그레고리력 이전부터 사용하던 태음태양력(太陰太陽曆: the lunisolar calendar)도 여전히 사용하고 있다. 현재 우리가 사용하고 있는 태음태양력은 달의 삭망(朔望)에 기준을 두면서 계절에도 맞춘 역법이다. 음력 한 달은 1삭망월(朔望月)을 기준으로 하는데, 1삭망월은 달이 만월이 되었다가 다시 만월이 될 때까지의 시간을 말한다. 삭(朔)은 지구에서 보아 달과 태양이 같은 방향에 있을 때, 즉 달이 태양과 지구 사이에 들어가 일직선을 이루어 달과 태양의 각도(황경의 차)가 0°일 때이고, 망(望)은 달의 황경이 태양의 황경보다 180° 클 때를 말한다. 따라서 삭일(朔日: the first day of the lunar month)은 매달 음력 초하루이고, 망일(望日: a full-moon day)은 매달 음력 보름이다. 그런데 1삭망월은 29.53059일인 반면 1태양년은 365.24219일이므로, 음력 12달은 1태양년보다 약 11일(정확하게는 10.87512일)이 짧다. 음력에 윤달을 넣어야 하는 이유가 여기에 있다. 현재 윤달은 '19년7윤법'(十九年七閏法)으로, 19태양년에 7개월의 윤달을 두는 방법을 사용하고 있다.

3) 달력의 표기

[그림 2-3]으로 예를 든 2013년 10월의 달력에는 우리나라에서 현재 공식적으로(관공서에서 사용하는 것을 의미함) 혹은 비공식적으로 사용하고 있는 여러 종류의 달력을 동시에 표시하고 있다. 서기 2013년 10월과 요일은 그레고리력에 따른 것이다. 음력은 19년 주기의 태음태양력을 따른 것이다. 한로(寒露)와 상강(霜降)은 24절기(節氣: solar term)에 따른 것이다. 또 중국력(Chinese calendar)에 따라 년과 월과 일을 60갑자(六十甲子)로 표시하였다. 이 같은 달력의 표기에 대하여 좀 더 자세히 알아보자.

우리나라에서 사용해 온 달력은 중국을 통해서 전래된 것이다. 중국은 기원전 1400년경 상(商)나라 시대의 갑골문에 의하면 10일 주기와 12일 주기의 60진법을 사용하였다. 이는 10천간(天干)인 갑(甲), 을(乙), 병(丙), 정(丁), 무(戊), 기(己), 경(庚), 신(辛), 임(壬), 계(癸)와 12지지(地支)인 자(子), 축(丑), 인(寅), 묘(卯), 진(辰), 사(巳), 오(午), 미(未), 신(申), 유(酉), 술(戌), 해(亥)를 조합하여 이루어진 것이다. 12지지는 차례로 쥐, 소, 호랑이, 토끼, 용, 뱀, 말, 양, 원숭이, 닭, 개, 돼지와 관련이 있다. 주(周나)라 때에는 해의 이름에도 이를 적용하여 표기하였고, 여기서 오늘날 태어난 해를 상징하는 12지지의 동물을 의미하는 띠의 개념이 만들어졌다. 예컨대 갑오(甲午)년 9월 을묘(乙卯)일처럼 사용하였고, 이 해에 태어난 사람들은 말띠이다. 10천간과 12지지가 조합된 갑자(甲子), 을축(乙丑)으로 … 이어지는 60진법은 60일 또는 60년 주기로 되풀이 된다. 민간전승에 의하면 이 같은 60갑자는 기원전 2637년부터 시작되었다 한다. 현재 우리나라에서의 달력에는 이 같은 중국력의 60갑자 표기를 년과 일의 표시에 병행하여 사용하고 있다.

그런데 우리가 사용하고 있는 태양력인 그레고리력 연도를 중국력으로 쉽게 환산할 수 있다. 그러나 중국력에서는 60년 주기로 몇 번째인가는 셈하지 않았기 때문에 중국력의 표기를 통하여 그레고리력의 연도를 도출할 수는 없다.

천간: H, 지지: E, 그레고리력 연도: Y

H=1+Mod(Y-4)÷10

E=1+Mod(Y-4)÷12

Mod(Y-4)÷10은 Y-4를 10으로 나눈 나머지를, Mod(Y-4)÷12는 Y-4를 12로 나눈 나머지를 의미한다.

예컨대 2014년은 중국력으로 천간 H는 1+(2014-4)÷10=1로, 갑(甲)이다. 지지 E는 1+(2014-4)÷12=7로, 오(午)이다. 따라서 그레고리력의 2014년은 중국력으로 갑오년(甲午年)으로, 말띠 해이다. 그렇다면 2020년은 어떻게 되는가? 천간은 1+(2020-4)÷10=7로, 경(庚)이다. 지지는 1+(2020-4)÷12=1로, 자(子)이다. 즉, 경자년(庚子年)으로 쥐띠 해이다.

중국의 갑골문은 상나라 때인 기원전 1400년경에 태음태양력을 사용했다는 것도 보여준다. 『사기』(史記)는 기원전 21세기 요임금 때 윤달을 언급하고 있다. 확실한 것은 기원전 7세기 혹은 그 이전인 춘추시대(春秋時代)에 19년 주기에 7달의 윤달을 삽입하는 치윤법(置閏法)이 확립되어 있었다. 메톤 주기(Metonic cycle)로 알려진 이런 치윤법이 인도나 바빌로니아에서 들어온 것인지, 또는 중국에서 독자적으로 알아낸 것인지는 알려지지 않았다.

태양력의 1년과 태음력의 12달은 날수가 일치하지 않는다. 태음년에서 12달은 354일 정도로, 태양년에 비해 11일 정도 부족하다. 따라서 윤달이 없으면 태음년은 계절의 변화와 무관하게 진행되는 것이다. 농경사회에서는 계절의 변화와 태음력의 달력을 일치시킬 필요가 있었다. 그래서 언제 13번째 달을 삽입하느냐가 문제로 대두되었다. 현재 사용하고 있는 19년 주기의 치윤법은 바빌로니아에서 탄생하였고, 그것이 그리스로 전해졌다. 그리스 아테네의 메톤(Meton)이 당시 사용하던 태음력(太陰曆: lunar calendar)을 태양력에 일치시키기 위한 역법을 BC 433년 올림피아 제전에서 발표하였다. 메톤은 19년에 7번의 윤달을 두어 태양력과 태음력을 일치시키고자 하였다. 이를 메톤의 19년 주기라 한다. 즉, 19년 주기의 3, 5, 8, 11, 13, 16, 19번째 해(즉, 2, 3, 3, 2, 3, 3, 3년의 간격)에 음력으로 한 달씩을 추가하여, 음력을 235달로 만드는 것이다. 그렇게 되면 19태양년의 날수와 235 태음월의 날수가 일치하게 되는 것이다. 이 같은 19년 주기의 역법은 이미 바빌로니아인들이 계산했던 것으로 보인다.2)

1태양년: 365.242190일

1태음월: 29.530589일

19태양년=약 6,940일(정확히 6,939.60161일)

235태음월=약 6,940일(정확히 6,939.68842일)

235달=12달×19+7달(윤달)

235달 6,940일은 125달이 큰달인 30일이고, 나머지 110달은 작은달 29일로 구성된다. 이는 한 달의 평균 길이가 29.53191일로, 1태음월의 평균 한 달인 29.53059일과 근소한 차이만 나게 된다.

사실 현대의 계산에 의하면 19년 주기보다 더 정확한 치윤 비율(=1년 평균 삽입 윤달의 수)을 계산할 수 있다. R을 치윤 비율, L을 평균삭망월, Y를 평균회귀년이라 하면 R=Y÷L-12이라는 공식이 성립하고, R=0.368266으로 계산된다. 즉, L(평균삭

2) 스튜어트 메크리디(Stuart NcCready), 『시간의 발견』(*The Discovery of Time*), 남경태 옮김(휴머니스트 2002), p. 75.

망월)은 29.530589일이고, Y(평균회귀년)은 365.242190일이므로 R(치윤 비율)은 다음과 같이 계산되는 것이다.

R=Y÷L-12=365.242190÷29.530589-12=0.368266

치윤 비율 0.368266은 1년에 평균 0.368266달의 윤달을 삽입해야 한다는 의미이다. 치윤 비율을 구하는 공식에 율리우스력에서 계산했던 Y=365.25로 대입하면, R=0.368531이 나온다.

치윤 비율을 구하기 위하여 R값에 근접하는 연분수를 적용하면, 1/3, 3/8, 4/11, 7/19, 123/334 같은 근사값을 얻을 수 있다. 8년에 3달의 윤달을 삽입하는 3/8은 메톤 주기 이전에 사용하였고, 현재 우리들이 사용하고 있는 메톤의 치윤 비율 7/19은 0.368421이다. 그런데 사실은 123/334이 0.368263으로 실제에 더 가깝다. 그럼에도 이 치윤 비율을 실제로 사용하지는 않는다. 왜 그럴까? 치윤 비율 123/334은 334년마다 123번의 윤달을 삽입한다는 것을 의미한다. 그런데 334년이라는 주기는 인간 수명보다 너무 길어서 실용적이지 못하다. 그래서 메톤주기를 대체할 주기로 채택되지 않고 있는 것이다. 현재도 메톤 주기를 보완하여 유대력과 기독교의 부활절 계산법에 사용하고 있다. 물론 우리나라에서 사용하고 있는 태음태양력 역시 메톤주기이다.

2. 절기

그런데 이렇게 19년 주기의 태음태양력을 사용해도 1년이 12개월인 해와 13개월인 해가 존재하게 되어 1년 단위로는 계절과 일치하지 않으며, 해에 따라 1개월 정도씩 어긋나고 있다. 그래서 태음태양력에서는 날수와 일수를 따지는 것과는 별도로, 태양을 기준으로 하는 24절기를 설정하여 계절의 변화에 맞추고 있다. 일찍이 주(周)나라(기원전 1046～기원전 771) 말기에 황도대를 24구역으로 15도씩 분할하여 각 절기에 이름을 붙였는데, 이 명칭들은 기상현상과 농사와 관련된 행사들을 설명해 준다. 주나라 때 설정되었으므로 화북지방의 기상 상태에 맞춰 이름이 붙여졌고, 또 기후도 변화함으로 우리나라의 기후와는 얼마간 차이가 날 수 있다. 천문학적으로는 태양의 황경(黃經)[3]이 0°인 날을 춘분으로 하여 15° 동쪽으로 이동했을 때를 청명, 30° 이동했을 때를 곡우, 45°, 60°, 75° 이동했을 때를 각각 입하, 소만, 망종이라 한다. 따라서 90°인 날이 하지, 180°인 날이 추분, 270°인 날이 동지이다. 입춘에서 입하 사이를 봄, 입하에서 입추 사이를 여름, 입추에서 입동 사이를 가을, 입동에서 입춘 사이를 겨울이라 하여 이를 4계절의 기본으로 삼았다. 그러므로 24절기에서 알 수 있는 것처럼 서양 사람들이 7일을 주기로 생활해왔다면, 농경사회로 24절기를 사용했던 중국과 우리나라, 일본, 베트남 사람들은 그레고리력 도입 이전에는 15일을 주기로 생활하였고 볼 수 있다.

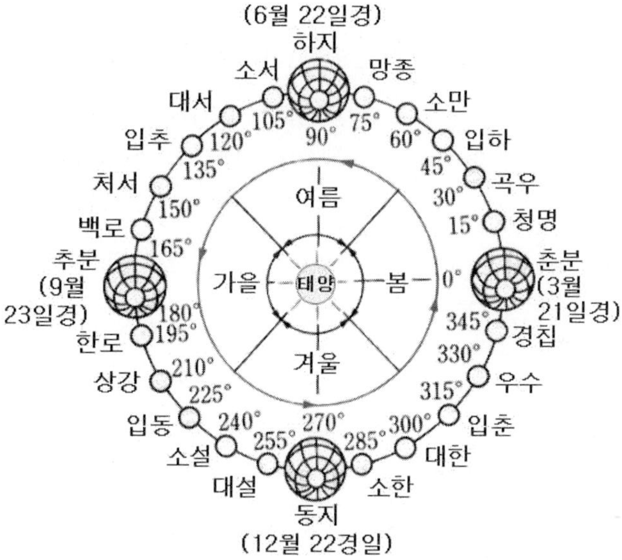

[그림 2-4] 24절기

3) 황도 좌표의 경도. 춘분점을 기점으로 하여 황도를 따라서 동쪽으로 돌아 0도에서 360도까지로 표시된다.

1) 24절기

<봄의 절기>

- 입춘(立春, 2월 4~5일) 봄이 시작됨/ 황경 315도
- 우수(雨水, 2월 19~20일) 봄비, 싹이 틈, 꽃샘추위/ 황경 330도
- 경칩(驚蟄, 3월 5~6일) 겨울잠에서 깨어남/ 황경 345도
- 춘분(春分, 3월 21~22) 밤낮의 길이가 같음/ 황경 0도
- 청명(淸明, 4월 5~6) 봄 농사준비/ 황경 15도
- 곡우(穀雨, 4월 20~21) 농사비 내림, 볍씨 담금/황경 30도

<여름 절기>

- 입하(立夏, 5월 6~7) 초여름이 시작됨/ 황경 45도
- 소만(小滿, 5월 21~22) 본격적인 농사 시작, 모내기/ 황경 60도
- 망종(芒種, 6월 6~7) 보리 거두고 모내기/ 황경 75도
- 하지(夏至, 6월 21~22) 낮이 가장 김/황경 90도
- 소서(小暑, 7월 7~8) 무더위와 장마 시작/ 황경 105도
- 대서(大暑, 7월 23~24) 가장 심한 더위, 과일의 절기/황경 120도

<가을 절기>

- 입추(立秋, 8월 8~9) 가을이 시작됨/ 황경 135도
- 처서(處暑, 8월 23~24) 더위가 물러감/ 황경 150도
- 백로(白露, 9월 8~9) 이슬이 내리기 시작함/ 황경 165도
- 추분(秋分, 9월 23~24) 밤낮의 길이가 같음, 가을걷이/ 황경 180도
- 한로(寒露, 10월 8~9) 찬 이슬이 내림/ 황경 195도
- 상강(霜降, 10월 23~24) 서리가 내리기 시작함, 단풍/ 황경 210도

<겨울 절기>

- 입동(立冬, 11월 7~8)　겨울이 시작됨/ 황경 225도
- 소설(小雪, 11월 22~23)　얼음이 얼기 시작, 김장/ 황경 240도
- 대설(大雪, 12월 7~8)　많은 눈이 내림/ 황경 255도
- 동지(冬至, 12월 22~23)　밤이 가장 김, 팥죽/ 황경 270도
- 소한(小寒, 1월 6~7)　가장 추운 겨울/ 황경 285도
- 대한(大寒, 1월 20~21)　겨울 큰 추위/ 황경 300도

그런데 위에서 설명한 24절기는 다시 12개의 절기(節氣: 달과 달 사이의 마디라는 의미)와 12개의 중기(中氣: 달의 중심이 되는 토막이라는 의미)로 나뉘어, 12절기와 12중기가 교대로 온다.

- 12 절기: 입춘, 경칩, 청명, 입하, 망종, 소서, 입추, 백로, 한로, 입동, 대설, 소한 / 양력 매월 4~8일 사이 위치
- 12 중기: 우수, 춘분, 곡우, 소만, 하지, 대서, 처서, 추분, 상강, 소설, 동지, 대한 / 양력 매월 19~23일 사이 위치

24절기를 정하는 방법으로 두 가지가 있는데, 하나는 과거에 사용했던 평기법(平氣法)이고 다른 하나는 현재 사용하는 정기법(定氣法)이다. 과거의 평기법은 1년의 시간적 길이를 24등분하여 황도상의 해당점에 각 절기를 매기는 방법으로, 동지(冬至)를 기점으로 하여 순차적으로 절기, 중기, 절기, 중기, 절기 등으로 매겨나갔다. 따라서 동지의 입기 시각을 알면 이것에 15.218425(=365.242190÷24)일씩 더해가기만 하면 24기와 입기 시각이 구해졌다.

그러나 지축이 23°5′ 기울어져 있어 지구의 공전 속도가 일정하지 않고 또 타원궤도를 돌 때 속도가 일정하지 않으므로, 평기법의 계산은 실제 절기와 정확하게 일치하지는 않는다. 이 같은 사실이 서양에서는 1609년에 케플러(J. Kepler)에 의해 처음으로 발견되었지만, 중국에서는 이미 6세기에 북제(北齊)의 장자신(張子信)에 의해 그 현상이 알려졌다. 수(隋)의 유탁(劉倬)이 실제 절기와 일치하는 정기법을 쓸 것을

제창하였으나, 계산이 복잡하고 평기법과 큰 차이가 없어 천년 이상 방치되었다. 그러다가 청나라 때 서양천문학의 지식이 가미된 시헌력(時憲曆)에서 처음으로 채택되었다. 우리나라 역시 오랜 동안 평기법을 사용하다가 청나라에서 시헌력이 도입된 1653년(효종 4)부터 정기법을 사용하고 있다.

정기법에서는 황도상에서 동지를 기점으로 동으로 15°씩 간격으로 점을 매기고, 태양이 이 점을 순차로 한 점씩 지남에 따라서 절기, 중기, 절기, 중기 등으로 매겨나간다. 이 경우 각 구역을 지나는 태양의 시간 간격은 조금씩 다르다.

2) 무중치윤법

그런데 각 절기와 중기의 간격이 대략 15일 정도이다 보니, 음력의 어떤 달에는 절기만 있고 중기가 없는 경우도 생길 수 있으며, 반대로 중기만 있고 절기가 없는 경우도 생길 수 있다. 이 경우 중기가 없는 달을 그 앞 달의 이름을 따서 윤달로 한다. 즉, 윤달인 경우에는 중기가 들어있지 않게 되는 것이다. 이를 무중치윤법(無中置閏法)이라 한다. 예컨대 2012년 음력 3월에는 14일에 12절기인 청명이었고, 30일에 12중기인 곡우가 들어 있다. 그러나 음력 다음 달에는 15일에 12절기인 입하만 들어 있고 30일까지 다른 24절기가 들어있지 않다. 그 다음 24절기로 12중기에 속하는 소만은 음력으로 다음 달 1일에 오게 되어 있다. 따라서 절기인 입하만 들어 있는 음력 3월 다음 달이 음력 4월이 아닌 윤3월이 된 것이다.

이 같은 무중치윤법에서 윤달을 정할 때 다음과 같은 두 가지 원칙이 있다.

첫째, 중기(中氣)가 없는 달은 전월의 이름을 따서 윤달로 하고, 1년 중 2개의 무중월이 있으면 앞에 나온 무중월을 윤달로 한다.

둘째, 현재의 태음태양력에 의하여 동지를 음력 11월에, 춘분을 2월에, 하지를 5월에, 추분을 8월에 넣는다.

이렇게 정한 1900년에서 2100년까지의 윤달의 분포로 보면 윤달이 겨울(양력 11월~1월)에 들어오지 않는다. 2009년에는 5월, 2012년에는 3월, 2014년에는 9월, 2017년에는 5월, 2020년에는 4월, 2023년에는 2월, 2025년에는 6월 등이다. 유일한 예외는 2033년으로 11월에 윤달이 들어온다. 2042년에 2월에 윤달이 들어오는 경우를 제외하면 2020년 이후의 윤달은 모두 3월부터 8월 사이에 놓인다. 즉, 윤달이 3월인 해는 2031, 2050, 2061, 2080, 2099년이고, 윤달이 4월인 해는 2058, 2069, 2077, 2088, 2096년이며, 5월인 해는 2028, 2039, 2047, 2066, 2085년이다. 6월에 윤달이 드는 해는 2036, 2055, 2074, 2093년이고, 7월에는 2044, 2063, 2082년에 윤달이 들고, 8월에는 2052, 2071, 2090년에 윤달이 든다. 이를 정리하면 <표 2-1>과 같다.

〈표 2-1〉 윤달이 있는 해(1900~2100년)

1월	2월	3월	4월	5월	6월	7월	8월	9월	10월	11월	12월
	1909		1906	1903	1911		1900				
	1917			1914		1919					
	1928		1925	1922	1930						
	1947	1936	1944	1933	1941	1938					
		1955	1963	1952	1960	1949	1957				
		1966	1974	1971	1979	1968	1976				
		1993	1982	1990	1987		1995		1984		
	2004		2001	1998		2006					
		2012		2009				2014			
	2023		2020	2017	2025						
		2031		2028	2036					2033	
	2042			2039		2044					
		2050	2058	2047	2055		2052				
		2061	2069	2066	2074	2063	2071				
		2080	2077	2085		2082					
			2088		2093		2090				
		2099	2096								

3. 우리나라 달력

우리나라에서 중국 달력을 쓰기 시작한 것은 백제가 처음이었던 것으로 보인다. 백제는 중국의 송나라(宋: 남조의 송나라, 420~479)에서 역법을 받아들여 사용했다. 중국의 후주서 열전 이역조(後周書 列傳 異域條)와 수서 열전 동이조(隨書 列傳 東夷條)에는 '백제 해음양오행 용송원가력 이건인월위세수'(百濟 解陰陽五行 用宋元嘉曆 以建寅月爲歲首)라고 기록되어 있다. 즉 백제에서 원가력을 사용했고 인월(寅月: 정월)을 한 해의 시작으로 했다는 것이다. 원가력은 송나라에서 445년에 채택해 65년간 사용된 것이다. 백제에서 달력이 사용된 근거가 일본서기(日本書紀)에도 남아 있다. 일본서기에 따르면 백제의 역박사 왕보손(王保孫)이 554년(위덕왕 1) 2월에 일본에 건너와 역법을 가르쳤고, 또 602년(무왕 1) 10월에는 백제의 승려 관륵(觀勒)이 역서를 일본에 전했다고 한다. 그러므로 중국의 달력이 백제에 전해져 사용된 것은 서기 554년 이전으로 거슬러 올라갈 수 있다.

고구려와 신라는 당(唐)나라에서 만들어진 역법을 사용했다. 당시 중국은 기원전 200년경 진(秦)나라에서 1년의 길이를 365.25일로 하는 사분력(四分曆)을 바탕으로 하고 있었다. 고구려가 중국의 역법을 사용한 것은 사마광(司馬光)이 편찬한 자치통감(資治通鑑)에 기록되어 있다. 고구려가 624년 2월에 당나라에 사신을 보내 역서를 얻었다고 기록돼 있다. 당시 당나라는 무인력(戊寅曆)을 사용했다.

삼국사기(三國史記)에는 신라는 674년(문무왕 14년)에 대나마복덕(大奈麻福德)이 당나라에서 역술을 배워와 책력을 만들었다고 적혀 있다. 그런데 영조 46년인 1770년에 편찬된 증보문헌비고(增補文獻備考)에 고려 초에 신라로부터 선명력(宣明曆)[4]을 이어받았다는 기록이 있는 것으로 미루어 신라 후기에는 선명력이 사용된 것으로 보인다.

고려시대에는 13세기 말기에 독자적인 역법을 연구했으나 활용하지는 못했고, 선명력과 수시력(授時曆), 대통력(大統曆)을 사용했다. 선명력(宣明曆)은 고려 초기부터 1300년 무렵 충렬왕 때까지 약 400년간 사용됐으며, 24절기의 시작을 동지로 정했다. 고려 후기 충선왕(1309~1313) 때에는 최성지(崔誠之)가 원나라에 가서 수시력(授時曆)[5]을 배웠으나, 시행연도는 확실하지 않고 1370년까지 사용되었다. 수시

4) 중국 당나라 때 서앙(徐昻)이 만든 역법으로, 우리나라에서는 고려 시대에 주로 사용하였다. 당나라에서는 823년부터 채택하여 71년간 사용하였다. 1년을 365.2446일, 1개월을 29.53059일로 정했으며, 일월식(日月蝕)의 계산법에서 현저한 진보가 있는 것이 특색이다.

5) 중국 원나라 때인 1281년 곽수경(郭守敬) 등이 만든 역법으로, 달력의 기준인 역원(曆元)을 1281년으로 했다. 이 역법은 1년의 길이가 시대에 따라 변화하는 세실소장법(歲實消長法)을 채택했고, 1일을 100각(刻), 1각을 100분(分)으로 하는 100진법을 사용했다.

력은 동지의 일시를 정확히 측정해 1년의 길이를 지금과 비슷한 365.2425일로 정했고, 달의 운행과 일출과 일몰 시각을 정확하게 구할 수 있었다. 그러나 고려는 일월식(日月蝕)과 오성(五星: 水星, 金星, 火星, 木星, 土星)의 운행에 관하여 계산방법을 몰랐으므로, 이것만은 선명력을 이용했다.

대통력(大統曆)은 1368년 명나라 건국과 함께 만들어진 역법이다. 1년의 길이가 시대에 따라 조금씩 줄어든다는 세실소장법(歲實消長法)을 폐지해 1년의 길이를 365.2425일로 고정하고, 역법 계산의 기준년이 되는 상원(上元)을 바꿔 수치를 간단히 했다.[6] 1370년 공민왕 19년부터 조선 초까지 사용하였다.

조선 초기에는 중국 역법인 대통력을 그대로 사용했으나, 일식, 월식 등의 식(食) 현상과 오성 운동의 계산이 잘 맞지 않아 애를 먹었다. 그것은 대통력이 명나라의 수도인 북경(北京)을 기준으로 계산하였으므로, 한양의 위치에서는 잘 맞지 않았기 때문이었다. 그래서 고려사(高麗史)나 증보문헌비고, 조선왕조실록(朝鮮王朝實錄) 등에 일식의 계산이 맞지 않았다는 기록이 종종 나온다. 이 같은 불편함을 개선하기 위하여 세종은 천체를 관측할 수 있는 기구인 혼천의(渾天儀)를 만들고, 1442년 세종 24년에 조선의 위치에 맞는 역법서인 칠정산내편(七政算內篇)과 칠정산외편(七政算外篇)을 편찬하였다. 조선이 비로소 독자적인 역법을 갖추게 된 것이다. '칠정'(七政)이란 태양과 달, 그리고 수성, 금성, 화성, 목성, 토성의 오행성을 가리키는 말이다.

칠정산내편은 수시력과 대통력에 기반을 두어 만들었으므로, 역법이 수시력과 거의 동일하며, 역원(曆元) 역시 수시력에 따라 1281년으로 했다. 그러나 일출과 일몰 시각을 북경의 위도를 기준으로 했던 수시력에서 조선의 한양의 위도를 기준으로 계산할 수 있게 수정하였다. 칠정산외편은 명나라에서 도입한 아랍 지역의 역법인 회회력回回曆)을 조선에서 연구하여 만든 것이다. 칠정산외편은 칠정산내편을 보완해 천문관측에 이용하였는데, 특히 일식과 월식의 관찰에 큰 참고가 되었다. 칠정산외편의 방법으로 계산한 1447년의 일식 기록값은 현대 값과 비교할 때 1~3분 정도의 오차밖에 보이지 않는 정확한 것이었다. 세종대왕 때 만들어진 이 역서는

6) 명나라 유기(劉基)가 만든 역법으로 1384년을 역의 기원으로 삼은 것과 100년마다 1만분의 1씩을 줄이는 소장법(消長法)을 뺀 것이 수시력과 다른 점이다. 명나라 말기까지 260여 년 동안 사용되었으며, 한국에는 고려 후기에 전해져 조선 초까지 사용되었다.

1653년 효종 4년에 청(淸)의 시헌력법(時憲曆法)이 채택될 때까지 약 200년간 우리나라의 기본 역서로 사용되었다.

1653년에는 서양의 천문학 지식과 계산방법으로 정해진 새로운 역법인 시헌력(時憲曆)이 들어왔다. 시헌력은 중국에서는 독일 선교사 아담 샬(Adam Schall: 중국명 湯若望)의 제안으로 1645년부터 사용하였는데, 시헌력에서는 평기법을 폐지하고 정기법을 사용한 것이 특징이다. 태양이 황도 15°씩 각 분점을 통과할 때 평기법에서는 약 15.218일로 균일했으나, 정기법에서는 14.72~15.73일 사이로 계산하게 되었다. 그래서 중기(中氣)에서 다음 중기까지 29.48일이 되어 중기가 없는 달이 생길 수 있게 된 것이다. 이 달이 앞에서 언급한 바대로 무중치윤법에 따라 윤달이 되는 것이다.

이후 조선은 개국 504년인 1895년 고종 32년에 내린 고종의 조칙(詔勅)에 의해 그해 음력 11월 17일을 양력 1896년 1월 1일로 선포하여 양력을 채택하였다. 이때 고종은 건양(建陽)이라는 연호를 사용하였다. 일제 강점기 역시 양력을 사용하였다. 해방 후 1948년 9월 25일에는 "연호에 관한 법률 제4호"로 "단군기원"(檀君紀元)이 제정되어 공포일로부터 단기연호가 공식적으로 사용되었다. 그러나 1961년 12월 2일 국가재건 최고회의에서 "연호에 관한 법률 제775호"로 단기 4295년 1월 1일을 서기 1962년 1월 1일로 사용하는 법률을 공포하여 지금까지 사용하고 있다.

| 제3장 |

시간의 역사

1. 하루

우리들이 사용하는 시간은 자연적 시간과 인위적 시간으로 구분할 수 있다. 자연적 시간은 날, 달, 해의 시간 단위를 말하고, 그 나머지는 모두 인위적인 시간의 단위이다. 우선 자연적 시간인 날(하루)부터 좀 더 자세히 살펴보자.

하루는 지구가 자전축을 중심으로 한 바퀴 도는 시간을 말한다. 태양은 매일 정오에 자오선을 통과한다. 이 때가 태양이 정남쪽 하늘에 가장 높이 떠 있는 시간이다. 눈으로 보이는 태양이 자오선에서 다시 자오선을 통과할 때까지의 시간이 태양일(太陽日: solar day)이다. 흔히 우리가 말하는 하루이다.

그렇다면 하루의 시간은 어떻게 되는가? 우리는 하루가 24시간, 1,440분, 86,400초로 알고 있으나, 정확하게는 정답이 아니다. 지구의 자전 때문에 하루의 길이가 매일 달라지기 때문이다. 이것은 지구가 항상 같은 모양으로 자전축을 돌지 않기 때문에 생기는 결과이다. 우리가 알고 있는 하루 24시간은 지구의 자전이 일정하다는 가정 하에 사용하는 '평균시간'이다. 지구가 타원형으로 태양 둘레를 회전하므로, 지구의 자전 속도는 근일점(近日點: the perihelion)에 있을 때 가장 빠르고 원일점

(遠日點: the aphelion)에 있을 때 가장 느리다. 하지 경 태양으로 부터 가장 멀리 떨어져 있을 때가 원일점이고, 동지 경 태양에 가까이 있을 때가 근일점이다. 지구의 경우 원일점은 7월 초로 지구와 태양간의 평균거리인 1AU(astronomical unit: 약 1억 4,960만km)의 1.017 AU이고, 근일점은 1월 초로 0.983 AU이다. 그 차이는 겨우 3% 이내의 차이를 보이므로 실제로 거의 원에 가까운 궤도이다.

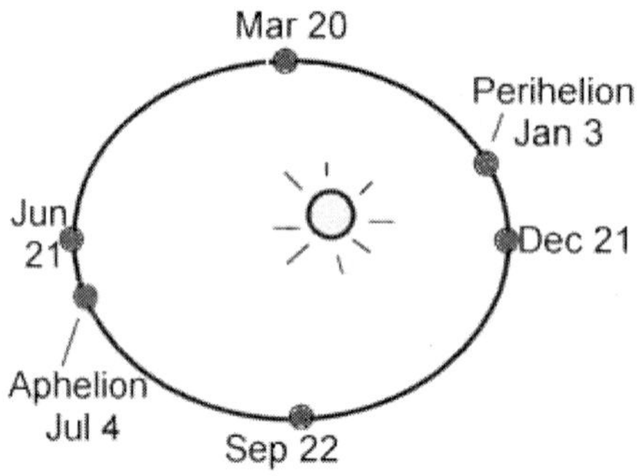

[그림 3-1] 근일점과 원일점

근일점과 원일점은 해마다 조금씩 차이가 난다. 참고로 2008년부터 2020년까지의 근일점과 원일점의 일시는 다음과 같다. 날짜와 시간 표시가 협정 세계시(UTC)이므로 우리나라의 경우는 9시간을 더한 시간이 된다.

〈표 3-1〉 근일점과 원일점 일시

연도	근일점	원일점
2008	1월 3일 00시	7월 4일 08시
2009	1월 4일 15시	7월 4일 02시
2010	1월 3일 00시	7월 6일 12시
2011	1월 3일 19시	7월 4일 15시
2012	1월 5일 01시	7월 5일 04시
2013	1월 2일 05시	7월 5일 15시
2014	1월 4일 12시	7월 4일 00시
2015	1월 4일 07시	7월 6일 20시
2016	1월 2일 23시	7월 4일 16시
2017	1월 4일 14시	7월 3일 20시
2018	1월 3일 06시	7월 6일 17시
2019	1월 3일 05시	7월 4일 22시
2020	1월 5일 08시	7월 4일 12시

그렇다면 하루의 시작은 언제인가? 현재 세계 모든 국가는 1972년부터 협정세계시(UTC: Universal Time Coordinated)를 사용하여 공통된 시간을 사용하는데, 협정세계시의 하루는 자정에 시작한다. 라디오 방송에서 전 세계의 시각을 알릴 때 사용하는 것으로, 흔히 그리니치 표준시(GMT: Greenwich Mean Time)로 표기된다.

그런데 하루의 시작은 처음부터 자정이 아니었다. 최초로 문명이 발생했던 바빌로니아에서는 하루의 시작이 저녁이었고, 태음력을 사용했다. 그에 비해 이집트인들은 하루의 시작을 새벽으로 보았고, 태양력을 사용했다. 그런가하면 고대 중국과 로마에서는 하루의 시작을 자정으로 보았다. 율리우스력은 정오를 하루의 시작으로 보았다.

그렇다면 하루는 어떻게 나누었는가? 고대 바빌로니아인들은 우주를 그들의 성수(聖數) '6'으로 60도씩 나누어 360도(6×60° = 360°)로 구분하고, 1시간을 60분으로, 1분을 60초로 산정했다.[1] 그리고 하루를 해질녘에서 다음 해질녘까지 12등분으로 구분하여 사용하다가, 후에는 24등분으로 구분하여 사용하였다. 이는 그들이 천문학사상 최초로 발견했던 '황도 12궁'(twelve signs of the Zodiac)을 근거로 하여 밤 12지시(12 seasonal hours of a darkness)와 낮 12지시(12 seasonal hours of a daylight)로 셈하여 합 24지시(24 seasonal hours in a day)라 생각하고, 1일을 24시간으로 산정한 것이다. 황도 12궁에서 12라는 숫자는 고대 수메르의 위대한 12신(남신6, 여신6)으로 거슬러 오를 수 있다.[2] 고대 이집트는 동틀녘에서 다음 동틀녘까지를 24시간으로 나누었다.

중국인들은 하루를 12지지(地支)에 따라 12시진(時辰)으로 나누었다. 처음 시진은 자시(子時)로 23시부터 01시까지이다. 축시(丑時)가 01～03시, 인시(寅時)가 03～05시, 묘시(卯時)가 05～07시, 진시(辰時)가 07～09시, 사시(巳時)가 09～11시, 오시(午時)가 11～13시, 미시(未時)가 13～15시, 신시(申時)가 15～17시, 유시(酉時)

1) 수메르의 60진법에서 60은 가장 완벽한 최상의 숫자이다. 메소포타미아의 최고신인 하늘의 신 안(An)을 나타내는 숫자가 60이다. 제카리아 시친 지음, 『수메르, 혹은 신들의 고향』, 이근영 옮김(도서출판 AK, 2009), p.188; 조철수, 『수메르신화』, 서해문집, 2003, p. 46.

2) 수메르의 위대한 12神은 안, 안투, 엔릴, 닌릴, 엔키, 닌키, 난나, 닌갈, 우투, 인안나, 이시쿠르, 닌후르쌍이다. 이들 12신의 숫자는 황도 12궁, 1년 12달, 그리스 올림포스 12신, 티탄 12신, 이스라엘 12지파, 예수의 12제자 등과 관련이 있다. 『수메르 혹은 신들의 고향』, pp. 188, 287～290.

가 17～19시, 술시(戌時)가 19～21시, 해시(亥時)가 21～23시이다.

고대 그리스에서는 기원전 2세기 히파르코스(Hipparchos)가 천문학적 용도로 하루를 24주야평분시로 나누었다. 알렉산드리아에서 활동한 그리스 천문학자 프톨레마이오스(Claudios Ptolemaeos, 83～168경)는 바빌로니아인들의 뒤를 쫓아 『알마게스트』(Almagest)에서 1주야평분시를 60분으로 분할하였다.

중세 서양의 기독교인들은 성무일과를 약 3시간 간격으로 조과(朝課: Matins), 찬과(讚課: Lauds), 일시과(一時課: Prime), 삼시과(三時課: Tierce), 육시과(六時課: Sext), 구시과(九時課: Nones), 만과(晩課: Vespers), 종과(終課: Compline)로 구분했다. 조과는 밤 3세경으로 오늘날에는 새벽 기도회인 찬과와 합해졌다. 제1시과는 해뜰 때, 제3시과는 9시, 제6시과는 정오, 제9시과는 오후 3시, 만과는 오후 6시, 종과는 오후 9시였다. 당시 괘종시계는 매 시간마다 시간수대로 쳐, 하루 24번 24회까지 쳤다. 하루는 오전과 오후로 나누어 am(ante meridiem: 정오 앞)과 pm(post meridiem: 정오 뒤)으로 표기했다.

하루의 시간을 측정하기 위한 기구가 시계인데, 해시계와 물시계가 오랜 옛날부터 사용되었다. 현재 가장 오래된 물시계는 기원전 15세기 이집트 카르나크 사원에서 발견된 것이다. 탈진기(脫進機) 원리를 이용한 복잡한 장치가 들어간 최초의 시계는 1090년 중국 북송의 쑤쑹(蘇頌)이 제작한 정교한 물시계이다. 숫자판을 괘종시계에 부착한 최초의 인물은 1344년 이탈리아 파도바의 자코포(Jacopo)와 조반니 드 돈디(Giovanni de Dondi) 부자였다.

1884년 미국 워싱턴에서 열린 '국제자오선회의'에서 전 세계 국가들이 표준시와 표준시간대를 제정하는데 합의했다. 영국 그리니치 천문대를 지나는 자오선을 '본초 자오선'으로 하고 이곳을 경도 원점(0도)으로 정했다. 이를 그리니치 표준시(GMT)라 한다. 이를 기준으로 24개의 표준시간대를 설정하고, 현지시간 대신 동일한 시간대의 나라들은 동일시간을 사용하기로 정하였다. 하나의 표준시간대는 경도로 15도로, 좌우 7.5도를 아우른다. 즉, 그리니치 표준시를 기준으로 국제 날짜 변경선이 만나는 동경 180도는 GMT+12시간, 서경 180도는 GMT −12시간을 사용하기로 한 것이다. 우리나라는 현재 동경 135도의 태양시를 표준시로 사용하므로, 우리나라의 시간대는 GMT+9시간이다.

그런데 서에서 동으로 시간당 15도씩 회전하는 지구의 자전 속도가 미세하나마 점차 느려지고 있는 것으로 알려져 있다. 이유는 아직 확실히 밝혀진 바가 없으나, 대체로 달의 영향으로 자전 시 바닷물과 그 아래 지구 사이의 마찰 때문으로 생각되고 있다.

그래서 지구자전과 관계없이 새로운 시간 길이를 정하기 위하여 1967년 국제도량형 총회에서 1초를 1평균태양일×1/86400에서 시간의 국제단위(SI: Système Internationale)를 초로 정했다. 규정된 1 SI초는 '세슘-133원자의 바닥상태의 초미세준위 두 개 사이의 전이에 의한 전자기파 복사의 91억 9,262만 1,770주기에 해당하는 시간'이 되어 일반인들에게는 너무 난해하게 되었다. 현재의 표준시계는 세슘원자시계에 의거한다. 천문학에서는 1972년부터 이러한 원자시계 여러 대의 평균을 시간의 척도로 사용해왔으며, 이를 국제원자시(IAT: International Atomic Time)라 부른다.

그래도 일반인들은 지구의 회전과 궤를 같이하여 설정된 세계시(UT: Universal Time) 사용이 편리하다. 이는 항성일의 길이로 평균태양시를 측정하여 만드는데, 그리니치 본초 자오선의 정오 시 평균 태양시와 일치한다. UT와 IAT 사이에 미세한 편차가 발생하여 여기서 또 다른 시간척도를 설정했는데, 이것이 협정세계시(UTC: Universal Time Coordinated)이다. 협정세계시의 단위인 초가 국제 원자시의 1 SI초로, UTC 시계는 IAT와 동일한 속도로 움직인다. 이미 언급한 것처럼 협정세계시는 1972년 이래 라디오 방송에서 전 세계의 시각을 알릴 때 사용하고 있으며, 흔히 그리니치 표준시(GMT)로 표기된다. 협정세계시의 하루는 자정에 시작된다.

실제 지구의 자전 속도를 기준으로 하는 세계시(UT)와 세슘원자시계를 기준으로 협정세계시(UTC) 사이의 차이로 발생한 오차를 보정하기 위하여 1초를 추가하는 윤초(閏秒)를 두고 있다. 윤초는 파리에 본부를 두고 있는 국제시간국(BIH: Bureau International de l'Heure)에서 결정한다. 윤초는 1972년 1월 1일 0시가 협정세계시의 기준으로 정해진 이후 필요할 때마다 1초씩 두고 있다. 12월 31일의 마지막에 추가하거나, 혹은 6월 30일의 마지막에 추가한다. 바로 이 협정세계시로 1972년이래로 라디오 방송국에서 시각을 알려준다. 1972년 윤초를 두기 시작한 이래 2013년 6월까지 총 25회의 윤초가 발생했다. 1972년에는 6월 30일과 12월 31일 두 차례 있었고, 1973년부터 1979년까지는 매년 12월 31일에 있었다. 1981년부터 1983년까지,

그리고 1985년에는 6월 30일에, 1987년, 1989년과 1990년에는 12월 31일에 있었다. 1992년부터 1994년까지, 그리고 1997년에는 6월 30일에, 1995년과 1998년에는 12월 31일에 있었다. 이후에는 윤초가 뜸하게 발생하여 1999년 이후로는 2005년과 2008년에 연말에, 그리고 2012년 6월 30일에 윤초가 발생하였다.

그런데 21세기 초에 들어 과학자들은 100억년에 1초의 오차밖에 나지 않는 '이온 트랩'(ion trap) 시계를 개발하고 있다. 실제로 2013년 5월 17일에 미국 국립표준연구소(NIST)에서 기존 원자시계의 오차를 100분의 1로 줄인 초정밀 원자시계를 개발했다. 이는 50억 8천만년 동안 1초 늦어지는 '광학격자시계'이다.[3] 광학격자시계의 개발은 원자의 떨림을 더욱 촘촘히 관찰할 수 있는 기술의 발달에 기인한 것이다. 1초를 측정하는 기술이 정확해질수록 그만큼 인간의 삶도 정교해진다. 원자시계에서 1나노초(10억분의 1초) 오차가 발행하면, GPS의 위치 정보는 약 30㎝ 벗어나는 것으로 알려져 있다. 새로운 원자시계의 발명은 물리량 측정, 통신속도 개선, GPS 등 다방면에 유용하게 쓰일 것으로 생각된다.

2. 한 달과 일 년

1) 수메르와 바빌로니아

문명의 발상지인 고대 메소포타미아 지역의 수메르인들과 바빌로니아인들이 처음으로 달의 움직임을 관찰하여 한 달을 정하였다. 그들은 1년이 12 달로 구성된 태음력을 사용하였고, 각 달은 해가 지고 초승달이 최초로 보이는 날에 시작되었다. 그런데 농경사회인 메소포타미아 사회에서 계절과 태음력 달력이 일치하지 않았다. 태양력으로 1년이 365.242190일 정도 되는데 비해, 12삭망월은 354. 367066일로 약 11일의 차이가 있기 때문이었다. 그래서 계절과 태음력 달력을 일치시킬 필요가 있었다. 여기서 태음태양력(太陰太陽曆: lunisolar calendar)이 탄생하였다. 문제는

3) 우리나라 일간지에는 2013년 5월 18일 보도되었다. 예를 들면 매일경제 신문 A19면 '50억년에 1초만 틀리는 원자시계' 기사.

어떻게 13번째 달을 넣느냐 하는 것이었다. 수메르인들은 추가 달의 평균 길이가 삭망월을 벗어나지 않는다는 원칙과, 치윤(置閏) 횟수를 연평균 길이와 계절의 변화가 서로 어긋나지 않는 범위내로 조절한다는 원칙 하에서 최초로 치윤법을 발전시켰다. 수메르인들은 13번째 달을 삽입했고, 바빌로니아인들은 기원전 1790년경의 점토판에서 윤달을 넣는 칙령이 나온다. 바빌로니아 달력은 19년 주기에 7번의 윤달이 삽입되는 것으로, 19년 주기의 3, 6, 8, 11, 14, 17, 19번째 해에 윤달을 삽입하는 것이었다.

2) 그리스

이를 그리스가 이어받아 전파시켰다. 초기 그리스의 아테네는 솔론(Solon: 기원전 638～558)이 집권했을 때만해도 1달을 29일과 30일을 번갈아 두어 1년을 354일로 하고, 2년에 30일짜리 달을 삽입하여 사용하였다. 즉 2태음년이 738(354×2+30)일이 된 것이다. 이는 2태양년 730.5일과 7.5일 차이가 나게 되어 8년당 약 1달의 오차가 발생했다. 그래서 8년마다 윤달을 삭제하여 2,922일(738일×4-30일) 혹은 99달로 이루어진 8년 주기가 만들어졌다. 즉 365.25일의 8년 태양년 2,922일(365.25일×8=2,992일)과 맞아떨어진 것이다.

그런데 99삭망월의 실제 길이는 2,923.528일이었다. 즉 8년마다 달의 운행과 1.5일정도 틀려졌던 것이다. 이는 160년 지나면 30일이다. 그래서 160년 마다 윤달을 한 달 삭제하자는 주장이 제기되었고, 실제로 필요할 때마다 한 달씩 삭제하는 방법을 사용했는데, 혼란을 피할 수는 없었다. 그럼에도 8년 주기의 절반인 4년마다 올림픽 경기를 개최했다.

그리스에서 달력을 획기적으로 개선한 사람은 기원전 432년 메톤(Meton)과 에우크테몬(Euctemon)이었다. 이들은 바빌로니아에서 이미 사용하고 있던 치윤법을 받아들여, 메톤주기(Metonic cycle)로 알려진 새로운 19년 주기를 제안하였다. 메톤의 19년 주기는 3, 5, 8, 11, 13, 16, 19번째 해에 추가로 한 달씩을 삽입하여, 19년에 235달이 되는 것이었다. 235달 가운데 125달이 큰달인 30일이고, 나머지 110달은 작은달 29일로 구성된다. 모두 6,940일로 19태양년의 약 6,940일과 거의 일치하게 되는 것이다. 이는 한 달의 평균 길이가 29.5319일로 계산되어 천문력의 평균 한 달인 29.5306일과 근소한 차이만 나게 되는데, 이 오차는 1년에 약 24분이다. 메톤은 이 업적으로 월계관을 받았으며, 아테네의 아프로디테 신전에 메톤과 에우크테몬의 이름이 황금으로 새겨졌다 한다. 중세의 달력에는 19년 주기에 해당하는 각 해의 위치를 지정하는 숫자가 여전히 금색으로 장식됐고, 오늘날에도 이 숫자를 '황금수(黃金數: golden number)'[4]라 부른다. 메톤의 19년 주기는 오늘날 우리들이 사용하는 태음태양력으로, 윤달이 드는 해는 2장의 무중치윤법에서 이미 설명한 바와 같다.

3) 이집트

천문학이 발달했던 고대 이집트 역시 최초에는 태음력을 사용하였다. 평년 12달에 13번째 달이 윤달이었다. 이 태음력에 대한 최초의 증거가 남아 있는 것은 제4왕조(기원전 2613～기원전 2500년) 이전의 것으로 추측된다. 그런가 하면 시리우스 별을 관측하여 테베에서 항성년이 365.2507일이 된다는 것을 계산하였다. 이를 토대로 1년을 365일로 하고 30일씩 12달에 연말에 5일을 붙인 태양력을 사용하였다. 최초의 태양력 사용은 기원전 2937년에서 2821년 사이로 추정된다.

그런데 종교행사에 쓰이는 태음력과 행정력으로 쓰이던 태양력이 차이가 커지자, 이를 조정하기 위해 다른 태음력을 사용하였다. 파피루스의 기록에 의하면 25 이집트 태양년인 9,125일(365×25=9,125)을 309 삭망월과 일치시킨 것이다. 그러면 9,125일÷309=29.53074일로 삭망월 수치인 29.53059일과 거의 비슷해져, 편차가 한 달에 17초로 400년에 1일 차이가 나는 정도이다. 309 삭망월에서 300삭망월은 29일과 30일이 번갈아 오므로 8,850일이고, 윤달 9달은 모두 30일로 270일이다. 여기에 매 5년마다 1일씩 연말에 덧붙여 9,125일을 만들어, 달의 구성이 달의 운행주기와 거의 어긋나지 않게 하여 종교적 축일과 태양력과 일치시킬 수 있었다.

이집트인들도 1년이 365.25일인 것을 알았으나, 역법을 관장하는 사제들이 보수

---

4) 황금수란 BC 1년을 메톤 주기의 원기(元期)라 정하고, 어떤 해가 메톤 주기 안의 몇 번째 해인가를 나타내는 1~19의 수를 말한다. 서력 연수를 Y로 나타내면 Y+1을 19로 나눈 나머지수가 황금수이다. 단, 나누어 떨어질 때는 0 대신 19라 쓴다. 예컨대 서기 2013년은 황금수로 계산하면 (2013+1)÷19=0으로 19이다.

적이어서 태양력을 개혁하기가 어려웠다. 실제로 알렉산더 사후 프톨레마이오스 왕조가 성립된 뒤인 기원전 239년에 프톨레마이오스 3세가 카노포스(Kanopos) 법령으로 이집트 사제들에게 4년 마다 윤날을 넣는 개혁을 시도했으나, 사제들의 무시로 성공하지 못하였다. 이집트에서 사용하던 태양력이 개혁된 것은 이집트가 로마 황제의 개인재산이 된 이후 로마의 황제 아우구스투스의 명령에 의해서이다. 이집트가 황제의 명령에 따라 기원전 23년 8월 29일 4년마다 윤년을 넣는 개혁된 태양력을 사용하게 되었다. 카노포스 법령이 실현된 것이다.

이집트력과 이집트력이 개정된 알렉산드리아력의 특징은 1년 12달을 각각 30일씩으로 하고, 연말에 5윤날 혹은 6윤날을 덧붙이는 것이다. 이 달력은 오랜 기간 동안 여러 사회에서 다양한 형태로 채택되었다. 예컨대 기원전 389년 3월 3일 페르시아의 조로아스터교의 분파인 파르시(Parsi)교도들이 이집트력을 기초로 새 연대를 시작했다. 632년 6월 16일 사산왕조의 마지막 왕 야즈데게르드 3세(Yazdegerd Ⅲ)가 즉위하면서 이집트력에 기초한 새 연대가 시작되었다. 18세기 이슬람에 의해 페르시아에서 인도 서부로 쫓긴 파르시교는 아직도 야즈데게르드력을 사용하고 있다. 600년 5월 24일에는 알렉산드리아력에 기초한 파슬리력(Fasli Era) 혹은 수르산력이 소아시아에 알려졌는데, 오늘날에도 여러 곳에서 이따금씩 사용되고 있다. 아르메니아에서는 알렉산드리아력을 바탕으로 1084년 8월 11일을 원년으로 하는 새로운 달력을 채택하였다. 1792년 9월 22일부터 시작된 것으로 하여 1805년까지 사용한 프랑스의 혁명력 역시 알렉산드리아력에 기초한 것이다. 1년은 30일씩의 12달로 이루어진다. 연말에는 5일의 혁명윤날이 더해지고 4년마다의 윤년에는 윤날이 1일 더 더해졌다. 프랑스 혁명력에서 1주는 10일이었고, 1일은 10시간, 1시간은 100분, 1분은 100초로 하는 10진법이 채택되었다. 소련도 1929년부터 1934년까지 프랑스 혁명력을 도입하여 사용하다가 그레고리력으로 복귀하였다.

약 5천 년 전부터 사용하기 시작한 이집트의 태양력은 로마제국을 등에 업고 전파된 율리우스력에 의해 쇠퇴하였다. 또 이슬람의 팽창으로 이집트력을 사용하던 지역의 문화가 거의 말살되어, 오늘날에는 에티오피아와 곱트교, 그리고 파르시교 사이에서만 잔존하고 있다.

4) 로마

로마는 초기에는 태음력을 사용하였는데, 1년이 10달로 4달은 31일, 6달은 30일로 총 304일이었다. 한해의 시작은 3월 춘분이었다. 나머지 두 달을 어떻게 처리했는가는 알려지지 않고 있다. 2대왕 누마 폼필리우스가(기원전 715～672)가 February, January를 추가하고, 30일짜리 달을 29일로 단축하였다. 또 1월과 2월을 모두 28일로 만들어 1년 354일(31일×4+29일×6+28일×2=354일)이 되었다. 로마인들은 날수가 짝수면 불길하다 여겨 1월을 29일로 하여 355일이 되었으나 달의 운행과 맞지 않았다. 그래서 450년경 개혁을 하여 February, January의 순서를 바꾸어 January를 1년의 첫 번째 달로 정하였다. 또 2년마다 22/23일의 윤달을 번갈아 넣는 규칙을 제정했다. 이 달력이 율리우스의 개혁 이전까지 사용되었는데, 이 달력의 1년 평균은 366.25일이었다. 그래서 가끔 조정이 필요했는데, 이는 대신관의 재량이었다. 대신관은 치윤법을 철저히 비밀로 하여 치윤의 문제가 정치적 논쟁이 되곤 했다. 기원전 46년 율리우스 카이사르가 달력을 개정할 당시에는 기록된 일식과 월식으로 보아 달력이 계절보다 3달이나 빨랐다.

기원전 509년 공화정이 시작되면서 공문서에 집정관(Consul)의 연대로 기록하기 시작하였고, 기원전 158년에는 집정관이 1월 1일에 취임하여 그로부터 한 해가 1월 1일로 시작되었다. 로마에서 연대를 기록하는 다른 방법은 AUC(ab urbe condita: 도시 건설 이래)의 연대로 기록하는 방법이었다. 기원전 753년 건국으로 알려져 있어, 서기 247년에는 로마 도시 건설 1,000주년 기념주화를 발행하였다.

〈표 3-2〉 로마력

달	로물루스 (전 753년)	누마 (전 7세기)	카이이사르 (전 45년)	아우구수투스 (전 8년)
1월 야누아리우스	–	29	31	31
2월 페브루아리우스	–	28	29/30	28/29
윤월 마르케도니우스	–	22/23	–	–
3월 마르티우스	31	31	30	31
4월 아프릴리스	30	29	30	30
5월 마이우스	31	31	31	31
6월 유니우스	30	29	30	30
7월 퀸틸리스(율리우스)	31	31	31	31
8월 섹스틸리스(아우구스투스)	31	31	31	31
9월 셉템베르	30	29	31	30
10월 옥토베르	31	31	30	31
11월 노벰베르	30	29	31	30
12월 데켐베르	30	29	30	31
합계 (평년)	304일	355일	365일	365일
(윤년)	–	377/378일	366일	366일

*카이사르 날수는 논란이 있다. 아우구스투스 날수와 동일했을 수 있다.

기원전 46년 로마의 권력을 장악하고 있던 율리우스 카이사르(Julius Caesar)가 알렉산드리아의 천문학자 소시게네스(Sosigenes)의 도움을 받아, 태음력을 포기하고 1년을 12달, 1년 평균을 365.25일로 하고 4년마다 1 윤일을 삽입하는 태양력으로 바꾸었다. 달의 이름은 그대로 두었으나, 날수는 바뀌었다. 율리우스력에서는 1년의 시작 달을 3월에서 1월로 고쳤다. 율리우스력은 기원전 45년 1월 1일부터 시행되었다. 그 결과 기원전 46년의 날 수가 445일로 늘어났다. 즉, 23일짜리 1윤달과 12월과 율리우스력이 시행된 11월 사이에 삽입한 67일짜리 2윤달로 90일이 늘어났기 때문이었다.[5] 이로써 계절보다 3달이나 빠른 달력으로 인한 '혼돈의 마지막 해'가 지나갔다. 그 결과 기원전 45년 1월 1일부터 1년 365일로 제도화되었고, 오늘날 서유럽 달력에서 보는 것과 똑같은 개월 수가 구성되었다. 율리우스 카이사르가 44년 3월

5) 카이사르가 칭한 '혼돈의 마지막 해' 인 기원전 46년의 날수는 1년 355일에 추가일 90일이 더해져 445일이 되었다. 다음해인 기원전 45년은 개혁된 율리우스력에 따라 365일이 되었다. 〈표 3-2〉 로마력 참고.

암살당하자, 원로원이 카이사르를 추모하여 그해의 퀸틸리스를 율리우스(현 July)로 개명하였다. 이후 율리우스력은 유럽에서 1600년 동안 사용되었다.

기원전 9년 아우구스투스(Augustus)가 카이사르 사후 4년이 아니라 실수로 3년마다 삽입한 윤일을 수정하면서, 향후 16년 동안 윤년을 적용하지 않도록 했다. 그 결과 율리우스력이 완전하게 시행되기 시작한 것은 기원 후 8년부터이다. 이런 공적으로 아우구스투스의 이름이 섹스틸리스를 대신하게 되었다. 또 2월에서 1일을 빼 8월에 붙여 불길한 짝수를 면하게 한 동시에, 율리우스 달보다 작은 달이 되는 것도 면하였다. 동시에 큰 달이 세 달 연속되는 것을 피하기 위하여 달의 날짜 수를 조정하였다.

이후에도 원로원은 다른 황제들에게도 달의 이름에 황제의 이름을 넣는 영예를 제안하였다. 아우구스투스의 후계자 티베리우스 황제(14~37년)는 사양하였으나, 칼리굴라(37~41년)는 6월을, 클라우디우스(41~54년)는 5월을, 네로(54~69년)는 4월을, 도미티아누스(81~96년)는 10월을, 안토니우스(138~161년)와 타키투스(275~276년)는 9월을 차지했다. 콤모두스(180~192년)는 12달 모두를 바꾸려 시도하였다. 그러나 모두 헛수고가 되었고, 달의 이름에 영구히 자신의 이름을 남긴 권력자는 카이사르 율리우스와 그의 양아들이며 초대 황제인 아우구스투스뿐이다.

5) 서력기원

한편 오늘날 일반적으로 사용하고 있는 기독교의 서력기원(西曆紀元)의 기년법(紀年法: calendar system)은 525년경『부활제의 서』를 서술한 디오니시우스 엑시구스(Dionysius Exiguus, 500경~560경) 수도원장이 창안한 것이다. 그는 예수 그리스도가 태어난 다음해의 1월 1일을 시작으로 하는 새 연대를 제시하였는데, 그 해를 '우리 주 탄생 후'(AD: Anno Domini) 1년으로 지정하였다. 그 이전 해는 0년이 아니라, '그리스도 이전'(BC: Before Christ) 1년으로 표시된다. 현재 예수 그리스도의 실제 탄생 연도는 BC 3~7년으로 생각되고 있다.

디오니시우스의 새로운 기원이 제시되기 이전에 알렉산드리아 교회는 디오클레티아누스가 로마 황제로 즉위한 해(서기 284년)를 기원으로 하는 달력을 사용하고 있었다. 그런데 디오클레티아누스 황제는 기독교를 박해한 황제였다. 디오니시우스는 그리스도의 탄생까지 거슬러 올라가는 기원을 계산하여, 교회를 탄압한 인물을 교회력에서 제거하고자 한 것이다.

그런데 서기(西紀)가 교회에서 바로 채택하지 않아 서유럽에서는 11세기가 되어서야 널리 퍼졌고, 스페인에선 14세기, 그리스 문화권에서는 15세기가 되어서야 보편적으로 사용되기 시작하였다. 그러나 유대인들은 메시아와 명시적으로 관련이 있는 BC와 AD를 사용하지 않고, 기원후(CE: Common Era)와 기원전(BCE: Before Common Era)으로 연대를 표시한다.

현재 세계 많은 국가들이 서기를 사용하고 있으나, 일부 국가들은 종교적인 이유로 다른 기년법을 사용하고 있다. 대표적인 것이 동남아시아의 불교 기년법인 불멸기원(佛滅紀元)과 이슬람 국가들의 이슬람 기년법인 헤지라기(AH: Anno Hijirae)이다. 그레고리력으로 2013년은 불기(佛紀)로는 2557년이다. 헤지라기의 원기(元期)는 헤지라로, 그레고리력으로 622년 7월 16일이다. 이날이 이슬람력(=헤지라력) 원년 1월 1일이다. 이슬람력은 태음력을 사용하므로, 서기 2013년 7월 21일은 이슬람력 1434년 라마단(Ramadhaan: 이슬람력 9월) 12일이다.[6]

우리나라는 고조선(古朝鮮)의 시조 단군 왕검(王儉)의 즉위년(卽位年)을 기원(紀元)으로 하는 연호(年號)인 단군기원(檀君紀元)을 사용하기도 했다. 1948년 8월 15일 대한민국 정부가 수립된 직후 대한민국을 연호로 쓰다가, 1948년 9월 25일에 대한민국 법률 제4호 '연호에 관한 법률'에 의해 단기(檀紀)가 공식적으로 쓰였다. 그러나 박정희가 5·16 군사정변을 일으킨 후인 1961년 12월 2일에 폐지 법령이 선포되어 서기를 공용 연호로 쓰게 되어, 1962년 1월 1일부터는 단기의 공식적인 사용이 중단되었다. 단기의 기원 원년은 기원전 2333년이다. 서기 2020년은 단기 4353년이다.

---

6) 대체로 그레고리력은 1년을 365, 이슬람력은 354일로 계산하고 있다. 또 이슬람 원년이 서기 622년이므로 서기를 이슬람력, 이슬람력을 서기로 전환할 수 있다. 즉 AD=622+(354/365×AH)이며, AH=(365/354)×(AD−622)이다. 서기 2014년을 이슬람력으로 환산하면 AH=(365/354)×(2014−622)=1435년이다.

3. 일주일

우리들이 현재 사용하고 있는 7일 일주일 제도는 적어도 3천년 이상 지속적으로 사용해온, 인류의 가장 오랜 문화 발명품 중 하나다. 대부분의 사회에서 일주일이라는 주기를 사용했으나, 일주일의 날수는 5일, 7일, 8일, 9일, 10일 등 다양했다. 7일 일주일 주기는 바빌로니아, 유대, 서아프리카 몇몇 나라에서 사용하던 주기였다. 고대 로마에서는 8일 주기였고, 프랑스 혁명력에서는 10일 주기였다. 한국, 일본, 중국 등 동양의 전통적인 농경사회는 15일 주기였다.

유럽의 경우 7일 일주일이 표준이다. '주(週)'라는 뜻으로 7에 해당하는 낱말을 쓰거나 거기서 파생한 낱말을 사용해왔다. 영어권에서는 7일마다를 의미하는 형용사 hebdomadal을 사용하고 있다. 히브리어로 '주'는 샤부아(Shavu'a)인데, 이 말의 어원은 셰바(Sheba: 일곱)이며, 셰바는 사바트(sabbath: 제7일)와도 연관이 된다. 사바트 즉, 안식일에서 안식년(sabbatical years)이 나왔다.[7]

서양사회에 지대한 영향을 미친 기독교의 뿌리는 유대교이다. 그 유대교에서 7일 주기는 처음부터 등장한다. 『창세기』(2: 2-3)에 의하면 하느님이 6일 동안 하던 일을 다 마치고 7일째 되는 날 쉬었다. 『출애굽기』(20: 8-11)의 4번째 계명에도 7일주기를 지키라는 것이다. 『창세기』와 『출애굽기』가 모세 5경의 일부로, 모세가 쓴 것이 맞다면 기원전 13세기경일 것이다.

예수 그리스도가 탄생한 무렵 로마에서는 7일 주기가 이미 널리 행해지고 있었다. 물론 공식적으로 받아들여진 것은 훨씬 뒤인 AD 325년 니케아 종교회의에서였다. 로마의 역사가 디오 카시우스(150~235)의 저작에 점성술적 일주일에 대한 지식이 기록되어 있다. 당시 요일에 행성을 연관시키는 '행성 시간표'가 있었는데, 천체를 움직이는 7개의 물체인 태양, 달, 수성, 금성, 화성, 목성, 토성이었고, 이들은 망원경 없이 육안으로 관찰할 수 있었다.

카시우스에 의하면 토성, 목성, 화성, 태양, 금성, 수성, 달의 순서로 지구의 시간에 지정되었다. 그런데 이 순서는 지구에서 멀리 떨어진 순서이다. 즉 지구와 행성과의 거리는 행성이 지구를 한 바퀴 도는 데 걸리는 공전주기와 일치하는데, 토성의

7) E.G. 리처즈, 『시간의 지도: 달력』, p. 319.

공전주기는 약 29년, 목성은 약 12년, 화성은 687일, 태양은 365일, 금성은 244일, 수성은 88일, 달은 29일정도이다.

카시우스의 설명에 의하면 첫날 24시간의 제 1시는 토성, 제 2시는 목성, 제 3시는 화성 … 제 7시는 달이 지정되었다. 그리고 제 8시는 다시 토성, 제 9시는 목성 순으로 지정되어 제 24시는 화성이 지정된다. 다음날 제 1시는 태양, 제 2시는 달 … 이런 식으로 계속 이어져, 7행성과 24시가 맞물린 이 주기는 168시간(24시간×7), 즉 7일 주기로 반복된다. 카시오스는 이 같은 점성술적 일주일의 개념이 이집트에서 그리 오래 전이 아닌 시기에 생겨났다고 생각했다.[8)]

〈표 3-3〉 일주일의 요일별 24시간 행성표

시	첫째 날 (토요일)	둘째 날 (일요일)	셋째 날 (월요일)	넷째 날 (화요일)	다섯째 날 (수요일)	여섯째 날 (목요일)	일곱째 날 (금요일)
1시	토성	태양	달	화성	수성	목성	금성
2시	목성	금성	토성	태양	달	화성	수성
3시	화성	수성	목성	금성	토성	태양	달
⋮							
23시	목성	금성	토성	태양	달	화성	수성
24시	화성	수성	목성	금성	토성	태양	달

그러나 이 같은 점성술적 시간 개념은 바빌로니아에서 그리스로, 그리고 로마를 거쳐 북유럽 여러 민족으로 퍼져 나간 것이다. 현재 점성술을 의미하는 horoscope라는 말은 그리스어로 시간(hora)과 관찰(kopos)이 결합된 낱말이다. 점성술이라는 낱말이 그리스어에서 기원하기는 했으나, 카시우스가 설명하는 점성술적 7요일의 개념은 바빌로니아서 시작된 것이다.

바빌로니아인들은 하루 24시간 동안에 '운명을 결정하는 일곱 큰 신들'인 토성신, 목성 신, 화성 신, 태양 신, 금성 신, 수성 신, 달 신이 제 1시부터 24시까지 차례로 매 한 시간씩 그 서열에 따라 우주와 제국의 판도를 지배하는 것으로 믿었다.

8) E.G. 리처즈, 『시간의 지도: 달력』, pp. 323~24.

첫째 날

제1시에는 토성 신 닌-이브(Nin-Ib) 신이 지배한다.

제2시에는 목성 신 마르두크(Marduk) 신이 지배한다.

제3시에는 화성 신 네르갈(Nergal) 신이 지배한다.

제4시에는 태양 신 샤마쉬(Shamash) 신이 지배한다.

제5시에는 금성 신 이쉬타르(Ishtar) 신이 지배한다.

제6시에는 수성 신 네보(Nebo) 신이 지배한다.

제7시에는 달 신 신(Sin) 신이 지배한다.

제8시에는 토성 신 닌-이브 신이 지배한다.

⋮

제24시에는 화성 신 네르갈 신이 우주와 제국을 지배한다. 계속해서

둘째 날

제1시에는 태양신 샤마쉬 신이 지배한다.

⋮

셋째 날

제1시에는 달 신 신 신이 지배한다.

⋮

넷째 날

제1시에는 화성 신 네르갈 신이 지배한다.

⋮

다섯째 날

제1시에는 수성 신 네보 신이 지배한다.

⋮

여섯째 날

제1시에는 목성 신 마르두크 신이 지배한다.

⋮

일곱째 날

제1시에는 금성 신 이쉬타르 신이 우주와 제국을 지배한다.

여기서 각 날의 제 1시를 지배하는 신의 이름으로 7일의 주기인 요일 이름이 정해졌다. 위의 경우처럼 토요일, 일요일, 월요일, 화요일, 수요일, 목요일, 금요일, 또다시 토요일, 일요일, 월요일…로 정해진 것이다.

유대인들은 한 주가 시작되는 토요일을 일찍부터 사바트로 생각했다. 이들은 1세기부터 토성을 사바트의 옛이름인 샤브타이(shabtai)라 부르기 시작했다. 토성 신의 숭배가 사바트의 기원이라는 설도 있다. 어쨌든 행성주는 기독교가 전파되던 시기 로마 제국에 퍼졌다. 로마에서 행성주가 매력적이 된 것은 태양을 숭배하는 미트라(Mithra) 신앙이 인기를 누리면서 부터였다. 불멸과 사후의 행복에 대한 열망, 그리고 로마 황제의 후원으로 미트라 신앙이 2～3세기 로마에 널리 퍼졌던 것이다. 동시에 미트라와 경쟁하던 당시의 기독교 교회의 일부에서는 일요일과 토요일을 각각 주일(Dies Dominica) 과 안식일(Dies Sabati)로 바꾸어 행성주의 개념을 적극 활용하였다.

행성주의 개념은 1세기에 인도에 전파되어 일곱 행성의 이름이 산스크리스트어로 붙여졌다. 행성주의 개념은 인도에서 티베트, 미얀마, 네팔, 타이, 실론 등으로 퍼졌고, 중국에는 10세기말 송나라 때 전파되었다. 이후 행성주의 이름은 기독교와 함께 전 세계로 확산되었고, 이슬람지역에서는 마찬가지로 이슬람교를 등에 업고 확산되었다.

우리나라는 1895년 4월 1일 을미개혁으로 7일 일주일과 일요일의 개념이 도입되었다. 조선시대에는 지금의 일요일처럼 모두가 한꺼번에 쉬는 절대휴일의 개념이 없었다. 물론 현재와 같은 산업근로형태가 아니었기 때문에 별 문제가 없었다. 그렇다고 조선시대가 농업위주의 사회라 일 년 내내 일만 하지는 않았다. 농번기에 농민들은 휴일 없이 일했으나 농한기에는 쉬었다. 그렇지만 관리들은 각 기관의 내규에 의해 휴식을 취하거나 사적인 용무를 보았다. 예컨대 성균관은 매월 8일과 23일을 휴무일로 했다. 그러나 대부분은 일반적으로 10일 또는 보름단위가 많았다. 그 외에 설날, 대보름, 단오, 추석과 같은 명절날도 휴무가 주어졌으며, 동지, 하지, 춘분, 추분처럼 24절기에 해당하는 날도 쉬었다.

로마인들의 경우 율리우스력을 채택한 이후 아우구스투스 황제시대에도 1주일이 8일이었다. 당시 로마인들은 7일 동안 일을 하고 8일째 쉬면서 시장가는 날이었다. 그런데 1세기경 로마시대에 한 주일의 시작 요일이 토요일에서 일요일로 바뀌었다. 일요일을 주일(the lord's day)로 정한 것은 초기 기독교와 미트라 종교 사이의 주도권 싸움의 결과였다. 미트라교는 조로아스터교에서 파생된 종교로, 오늘날에는 인도의 파르시교로 남아 있다. 미트라는 태양의 신으로 조로아스터교의 주요 신 가운데 하나인데, 미트라교의 가장 큰 특징이 태양 숭배이다. 이들에게 태양의 날인 일요일은 미트라 신의 날로 각별한 의미가 있었다. 미트라와 경쟁하던 초기 기독교는 미트라의 종교적 의미에 대응하여 종교행사를 벌였다. 일요일에 주님의 날의 의미를 부여한 것이다. 즉, 태양을 하나님, 예수님인 주님(the Lord)을 상징하는 것으로 보고, 태양의 날인 일요일을 주일(Dies Dominica: the lord's day: 主日)로 생각했다. 태양의 날 일요일은 한문으로 日曜日, 라틴어로 dies solis, 독일어로는 Sonntag(Sonne: 태양+Tag: 날)로 표기한다. 결국 기독교가 미트라를 누르고 승리하였고, 일요일이 한 주의 첫날이 되었다. 마찬가지로 예수의 탄생일도 주현절에서 12월 25일 미트라 탄생일로 바뀌었다.

그런데 기독교가 정착하면서 모세의 네 번째 계명을 지키는 문제가 혼란과 논쟁을 야기했다. 사바트 즉 안식일이 토요일이고, 주일이 일요일이기 때문이었다. 321년 콘스탄티누스 황제는 일요일인 주일을 휴식과 기도의 날로 정하는 칙령을 선포했다. 또 기존의 장날을 폐지하고 7일주의 첫날인 일요일에 장을 열어야 한다고 선포하였다. 이런 법령이 400년경에는 시골지역에서도 정착되었다.

그렇지만 다른 종교에서는 기도와 휴식의 날이 일요일이 아니라 금요일이나 토요일이다. 이슬람교에서는 금요일이고, 유대교에서는 토요일이다. 제7안식일 예수재림교에서는 토요일을 천지창조의 일곱 번째 날인 안식일로 삼고 있다.

현재 세계적으로 가장 많이 사용하고 있는 요일의 이름인 7요일의 이름은 로마와 게르만 사회로 퍼지면서 붙여진 것이다. 우리나라 달력에서 사용하는 요일 이름은 고대 유럽에서 중국으로, 그리고 우리나라로 전해져 왔기 때문에 한자 이름과 영어 이름이 비슷하게 겹쳐지고 있다.

일요일의 '日'은 태양을 가리키는 말이다. 영어의 Sunday는 태양을 의미하는 Sun에서 왔다. 이는 라틴어의 dies Solis에서 온 말로, 'Sun's day'(태양의 날)라는 의미이다. Solis는 로마의 태양신 Sol과 어원이 같다. 기독교의 전파에 따라 일요일은 Dies Dominica(주님=하나님의 날: The day of God)로 불리기도 한다.

월요일의 '月'은 달을 가리킨다. 라틴어로 Dies Lunae이다. 영어의 Monday는 앵글로색슨족의 the moon's day에서 유래하였다. 고대 앵글로색슨 족의 달을 의미하는 말은 monen이다.

화요일의 '火'는 불을 의미하며 화성(Mars)을 가리키는데, 로마의 군신 마르스(Mars)를 의미한다. 로마 사람들은 이날을 Dies Martis이라고 칭하였다. Tuesday의 어원은 게르만족의 군신 Tiu이다.

수요일의 '水'는 물, 곧 수성을 가리킨다. 수성은 영어로 Mercury로 로마의 전령신 Mercurius에서 왔다. 로마 사람들은 이날을 Dies Mercurii이라 불렀다. 그러나 수요일을 의미하는 Wednesday는 앵글로색슨족의 주신 Woden(Wodin, Odin)으로부터 기원한다.

목요일의 '木'은 나무, 곧 목성을 의미한다. 목성은 영어로 Jupiter인데, 주피터는 로마의 주신이며 번개를 다스리는 신이다. 로마 사람들은 이날은 Dies Jovis(Jovis는 Jupiter의 뜻)라고 했다. Thursday의 어원은 앵글로색슨족의 천둥번개의 신인 Thor이다.

금요일의 '金'은 쇠, 곧 금성을 의미한다. 금성은 영어로 Venus인데 비너스는 로마의 사랑과 미의 여신이다. 로마 사람들은 이날을 Dies Veneris이라고 했다. 금요일의 영어 표기인 Friday의 어원이 된 것은 앵글로색슨족의 신 Woden의 부인인 Frigg이다. 이 여신 역시 사랑의 여신이다.

토요일의 '土'는 흙, 곧 토성을 의미한다. 라틴어로 Dies Saturni 이다. 토성은 영어로 Saturn인데, 로마신화의 농업의 신인 Saturn에서 유래했다.

이를 정리하면 아래 <표 3-4>와 같다.

〈표 3-4〉 요일명의 의미와 어원

요일	영어 이름	해당하는 천체	어원
일(日)요일	Sunday	태양(Sun)	solis(라틴어 태양)
월(月)요일	Monday	달(Moon)	monen(앵글로색슨족 언어 달)
화(火)요일	Tuesday	화성(Mars)	게르만족의 군신 Tiu
수(水)요일	Wednesday	수성(Mercury)	앵글로색슨족의 주신 Woden/Odin
목(木)요일	Thursday	목성(Jupiter)	Woden의 아들 Thor
금(金)요일	Friday	금성(Venus)	Woden의 부인 Frigg
토(土)요일	Saturday	토성(Saturn)	고대 로마의 농장의 신 Saturn

위에서 살펴본 바와 같이 게르만어나 라틴어 계통에서 파생된 언어를 사용하는 곳에서는 주로 행성의 이름으로 된 요일 이름을 쓰고 있다. 또 기독교가 전파된 곳이므로, 일요일을 요일의 첫날로 사용하고 있다. 게르만어족으로는 영어, 네덜란드어, 독일어, 프리슬란드어, 스웨덴어, 노르웨이어, 덴마크어, 아이슬란드어를 사용하는 곳이 그렇다. 예컨대 독일어로 요일의 순서는 Sonntag, Montag, Dienstag, Mittwoch, Donnerstag, Freitag, Samstag이다. 라틴어족으로는 라틴어, 이탈리아어, 스페인어, 프랑스어, 루마니아어, 카탈로니아어, 포루투갈어, 프로방스어를 사용하는 곳이 그렇다. 예컨대 프랑스어로 요일의 차례는 Dimanche, Lundi, Mardi, Mercredi, Jeudi, Vendredi, Samedi이고, 스페인어로는 Domingo, Lunes, Martes, Miércoles, Jueves, Viernes, Sábado이다. 이 외에도 아랍어, 히브리어, 소말리아어 같은 셈족어에서도 행성주를 사용하고, 산스크리스트어, 펀자브어, 힌두스탄어, 벵골어, 핀란드어, 미얀마어, 티베트어, 타이어, 크메르어, 일본어에서도 행성주의 이름을 쓰고 있다. 물론 우리나라도 여기에 속한다.

그런데 요일 이름에 행성의 이름을 쓰지 않는 곳도 많다. 일요일을 한 주의 시작으로 하기는 하나 요일 이름을 주로 서수로 표시하는 곳은 페르시아어, 쿠르드어, 집시어, 그리스어, 중국어 등이 있다. 그런가 하면 월요일을 한 주의 시작으로 하여 주로 서수로 요일을 표시하는 곳은 주로 슬라브어 계통으로, 러시아어, 우크라이나어, 체코어, 폴란드어, 슬로바키아어, 불가리아어, 슬로베니아어 등이 있다. 그 밖에도 라트비아어와 리투아니아어 같은 발트어 사용 지역도 있고 헝가리어도 있다.

4. 그레고리력

기독교에서 부활절은 춘분 이후 첫 보름 다음 일요일이다. 그래서 부활절의 절기가 정확하기 위해서는 춘분이 정확해야 한다. 이 같은 이유로 325년 니케아 종교회의에서 종교적 춘분일을 3월 21일로 고정했다. 그런데 율리우스력에서의 1년은 천문학적 1년보다 약간 길어(율리우스력의 1년=365.25일, 천문학적 1년=1태양년=365.24219일) 실제 적용에서 매년 0.0078일 정도의 작은 오차가 발생했다. 이 같은 오차는 처음에는 거의 느끼지 못했으나 세월이 흐르면서 문제가 되었다. 왜냐하면 달력의 표기상 매년 0.0078일 정도 긴 것은 128년당 약 1일의 비율로 달력의 날짜가 실제보다 빨리 간다는 것을 의미하기 때문이었다. 그러므로 달력의 날짜와 춘분이 일치하지 않고 달력의 춘분일보다 실제 춘분일이 128년당 1일씩 빨라져, 부활절 날짜가 계절에서 점점 더 쳐지게 되었다. 즉, 실제 춘분은 율리우스력으로 서기 400년에는 3월 20일, 700년에는 3월 17일, 1100년에는 3월 14일, 1500년에는 3월 11일이 되었다.

부활절의 문제는 이미 중세 때부터 심각한 문제였다. 교황 클레멘스 6세Clemens VI, 1342~52), 교황 그레고리 12세(Gregorius XII, 1406~12), 교황 식스투스 4세(Sixtus IV, 1471~84), 교황 피우스 4세(Pius IV, 1559~65) 등이 개혁을 시도했으나 성공하지 못하였다. 피우스 5세(Pius V, 1566~72)가 부활절을 4일 앞당겼으나, 이 역시 천문학자들이 원하는 것이 아니었다.

이렇게 되자 트렌트 공의회(1545~1563)에서 당시 10일이나 늦어진 춘분일을 맞추기 위해 후임 교황 그레고리우스 13세(Gregorius XⅢ, 1572~85)에게 역법개정의 권한을 부여하였다. 그레고리우스 13세는 알로이시우스 릴리우스(Aloysius Lilius, 1510~76)가 창안한 역법에 1582년 2월 24일 조인하고, 10월 4일에 시행하였다. 그레고리력(Gregorian calendar)이 탄생한 것이다.[9]

그레고리력은 1년을 365.2425일로 정하고, 4년마다 윤년을 두고 402년 마다 3일(단순화해서 400년 마다 3일)의 윤일을 없애, 400년간에 97일의 윤일(閏日)을 두는

---

9) 교회에서 역법개정을 추진하게 된 동기 자체가 정확한 태양년을 맞추는 것보다 부활절 날짜를 올바르게 계산하려는 것이었다. 스튜어트 메크리디, 『시간의 발견』, pp. 113~114.

방식을 채택했다. 400년 마다 3일 없어지는 윤년은 해당 해가 400의 배수가 되지 않는 해에 해당한다. 예컨대 1600년과 2000년은 윤년이지만, 1700년, 1800년, 1900년, 2100년은 윤년에 해당하지 않는다.

교황은 그 당시에 율리우스력으로 3월 11일이었던 춘분을 AD 325년 니케아 공의회 시대의 춘분 날짜인 3월 21일이 되도록 개정했다. 이 같은 개정을 위하여 1582년 10월 4일을 기점으로 달력의 날짜가 열흘씩 앞당겨져 10월 4일 다음날이 10월 15일이 되었다. 즉 계절과 달력의 날짜를 일치시키기 위하여 10일을 없앤 것이다. 다만 요일은 혼란을 피하기 위하여 중단 없이 연속해서 사용하기로 하여, 1582년 10월 4일 목요일 다음 날인 10월 15일이 금요일이 되었다. 율리우스력에서 그레고리력으로 바뀌면서 1582년은 10일이 증발해 버린 것이다.

그레고리력으로 400년은 146,097일(365일×400+97일)로, 1년 평균이 365.2425일로 이루어진다. 당시 천문학적 지식으로는 1년에 몇 초 차이였으나, 현대의 수치로는 약 26.8초 긴 것이다. 그렇다면 현대의 수학과 컴퓨터로 더 정확한 치윤법을 구할 수 있지 않을까? 더 정확한 치윤법을 구하기 위해서는 주어진 기간 내의 윤년 수를 계산하여 1년의 실제 길이에 더욱 더 근접한 값을 찾아야 한다. 1태양년의 길이가 365.242190일(더 정확히 365.2421897일)이므로 X년에 Y번의 윤년을 찾았다면 Y/X의 값이 0.242190이 되어야 한다. 그레고리력은 X=400, Y=97로, Y/X=0.2425이다. 컴퓨터에 X, Y에 각각 1에서 1000까지 대입했을 때 가장 근사치는 X=929, Y=225이다. 이때 계산된 Y/X의 값(=0.242196)과 태양년의 차이는 1년에 약 0.6초 차이밖에 나지 않는다. 그러나 929년에 225번의 윤날을 어떻게 집어넣을 것인가? 이 방법은 복잡하여 일반 대중들이 쉽게 알고 사용할 수 있는 실용성에 회의적이다. 이에 비해 그레고리력은 아주 간단한 규칙을 적용했다. 즉, 1윤날은 정규적으로 N년 마다 한 번씩 집어넣고, 100N년 마다 K번씩 1일을 넣거나 빼는 것이다. 그레고리력에서 N=4, K=-3이다. 4년마다 윤날을 넣고 400년마다 3윤날을 삭제한다는 뜻이다. N을 10까지 대입한 결과는 그레고리력의 방법이 가장 적합한 해법이라는 결론이 나온다.

그레고리력은 1582년과 1583년부터 가톨릭 국가들인 이탈리아의 소국가들, 포르투갈, 스페인 그리고 로마 가톨릭을 믿는 독일의 소국가에서 사용되었다. 그러나 프로테스탄트 국가에서는 수용을 거부하였다.

〈표 3-5〉 그레고리력 채택 시기

나라	연도	삭제날짜
로마	1582년	10월 5~14일
이탈리아	1582년	10월 5~14일
포루투갈	1582년	10월 5~14일
스페인	1582년	10월 5~14일
폴란드	1582년	10월 5~14일
룩셈브르크	1582년	12월 15~24일
프랑스	1582년	10월 10~19일
벨기에	1582년*	
홀란드(카톨릭)	1582년**	
오스트리아	1583년*	
독일(가톨릭)	1583년*	
체코슬로바키아	1584년	1월 7~16일
스위스(가톨릭)	1584년*	1월 11~21일
헝가리	1587년	10월 22~31일
홀란드(개신교)	1700년**	
독일 (개신교)	1700년*	2월 19~28일
덴마크	1700년	2월 19~28일
노르웨이	1700년	2월 19~28일
스위스(개신교)	1701년	1월 1~11일
영국과 식민지	1752년	9월 3~13일
아일랜드	1752년	9월 3~13일
스코틀랜드	1752년	9월 3~13일
스웨덴	1753년**	
핀란드	1753년**	
알래스카	1867년※	
일본	1873년**/***	
이집트	1875년***	
알바니아	1912년	
중국	1912년**/***	
불가리아	1915년**	
리투아니아	1915년	
라트비아	1915/1918년**	
소련	1918년	2월 1~13일
에스토니아	1918년	

유고슬라비아	1919년**	
루마니아	1919년	4월 1~13일
그리스	1923년	3월 10~20일
페르시아	1925년***	
터키	1926년	12월 19~31일

* 삭제 날짜가 나라 안에서 지역별로 다양
** 전문가에 따라 다른 날짜 제시
*** 그레고리력 사용 이전 율리우스력을 사용하지 않던 국가
※ 알레스카는 미국이 러시아로부터 사들였을 때 채택

유럽은 교역과 외교에서 두 달력의 사용이 너무 불편했다. 그런 사정으로 철학자 라이프니쯔(Gottfried Wilhelm von Leibniz, 1646~1716)의 선동으로 개신교를 믿는 독일의 소국가들과 덴마크, 노르웨이, 홀란드, 스위스 등에서 1700년과 1701년에 그레고리력으로 바꾸었다. 영국과 그의 식민지 국가, 동방정교회 국가들은 이 흐름에 반대했다. 그러다가 1752년에 영국과 그의 식민지(현재의 미국 포함), 아일랜드와 스코틀랜드가 그레고리력을 채택했다. 그 후 산업혁명을 통해 세계를 제패했던 영국을 등에 업고 그레고리력은 세계로 확산 되었다. 소련은 1918년에, 그리고 그리스는 1923년에 그레고리력을 채택했다.

동방정교는 1923년까지 역법 개정을 거부했으나, 현재는 대부분 새 달력을 받아들였다. 그러나 부활절은 여전히 전통적 방식인 율리우스력으로 계산하고 있다. 부활절은 325년 니케아 공의회에서 '파스칼 보름'(Paschal full moon: 325년 당시 춘분이었던 3월 21일 이후 첫 보름) 다음의 일요일로 날짜가 정해졌다. 파스칼 보름이 일요일인 경우에는 그 다음 주 일요일이 부활절이다. 오늘날에도 이 방법으로 날짜가 계산된다. 파스칼 보름은 3월 21일~4월 18일 사이에 위치하며, 이에 따라 부활절은 3월 22일~4월 25일 사이에서 정해진다. 그런데 율리우스력을 교회력으로 하고 있는 동방교회의 부활절은 율리우스력으로 3월 22일~4월 25일이 그레고리력으로 4월 4일~5월 8일이 된다. 그래서 유럽에서는 두 차례의 부활절이 공존하는데, 약 한 달 가까이 차이가 나기도 한다. 성탄절 역시 다르다. 정교회 국가인 러시아와 그루지아(조지아), 우크라이나, 마케도니아, 몬테네그로, 세르비아에서는 성탄절이 12월 25일에서 13일 뒤인 1월 7일이다.

우리나라는 1895년 음력 11월 17일에 고종 임금이 그날을 양력으로 1896년 1월1

일(건양 원년)이라 공포하여, 그때부터 그레고리력을 사용하였다. 일본은 1873년에 그레고리력을 채택하였다. 중국은 1912년에 도입되었으나, 전국적으로 사용하게 된 것은 1949년부터이다. 이슬람교 국가들은 그레고리력도 사용하지만, 앞에서 언급한 바와 같이 이슬람교에 바탕을 둔 이슬람력을 사용하고 있다.

| 제4장 |

신화와 인간

1. 신화의 의미

신화(神話)란 신들에 대한 이야기이다. 신화를 뜻하는 영어의 myth는 그리스어의 미토스(mythos)에서 유래한다. 미토스는 논리적인 사고 내지 그 결과의 언어적 표현인 로고스(logos)와 대비되는 말로서, 사실 그 자체에 관계하면서 그 뒤에 숨은 깊은 뜻을 포함하는 '신성한 서술'(a sacred narrative)을 의미한다. 즉, 신화는 우주의 탄생과 작동의 원리, 인간의 탄생과 공동체 형성 및 사후(死後) 세계에 대하여 설명하는 신성한 이야기이다. 그러므로 신화는 우리 자신들의 희망과 두려움만이 아니라 먼 옛날 사람들의 희망과 두려움까지도 비추어볼 수 있는 마법의 거울이다.[1] 이 마법의 거울은 인류가 선조로부터 물려받은 상상력의 유산으로, 현재 우리들을 둘러싸고 있는 종교와 문학, 그리고 철학의 뿌리를 이루고 있다.

우리는 현재 합리적인 이성의 시대, 과학의 시대에 살고 있다고 생각하며, 신화와는 무관한 사고 속에서 살고 있다고 생각한다. 과연 그런가? 세상 사람들은 메소포

---

1) Time Life Books, 『위대한 주제: 세계의 신화들』(*The Great Themes: World Myth*), 김석희 옮김(이레 2008), p. 6.

타미아의 홍수신화나 그리스의 홍수신화에 나오는 이야기는 사실이라고 생각하지 않는다. 그러나 기독교인이라면 구약의 홍수 이야기는 사실이라고 믿는다. 왜 그런가? 메소포타미아와 그리스의 홍수 이야기는 과거인들이 믿었던 이야기이고, 구약의 홍수 이야기는 현재인들이 믿는 이야기이기 때문이다. 즉, 신화는 한 나라 혹은 한 민족이나 한 문명권으로부터 전승되어 온 이야기로, 과거에는 종교였으나 현재는 더 이상 종교로서 섬김을 받지 않는 '과거의 종교'를 의미한다. 그러므로 현재 우리들이 말하는 신화는 '과거의 종교'였고, 종교는 '현재의 신화'라는 의미이다. 우리는 '과거의 종교'를 신화라고 부르고 있으나, 현재의 종교는 신화라고 부르지 않을 뿐이다. 그래서 현재 우리는 신화와는 거의 관련이 없는 삶을 살아가고 있는 것이다.

우리들이 알고 있는 신화 속의 신들은 과거에는 모두 종교적 신봉의 대상이었다. 예컨대 고대 그리스의 올림포스 신들은 모두 고대 그리스인들이 섬기던 신들로, 종교적 숭배의 대상이었다. 그래서 고대 그리스인들은 신전을 지어 자신들이 숭배하는 신에게 바쳤고, 신들을 기쁘게 하기 위한 여러 제전행사를 거행했다. 예컨대 고대 아테네는 아크로폴리스 언덕에 파르테논 신전을 지어 아테나 여신에게 바쳤고, 4년마다 여신에게 바쳐지는 판아테나이아 제전 행사를 거행했다.

그런데 생각해 보면 현재도 마찬가지이다. 현재 우리들이 섬기는 신은 종교적 신앙의 대상이다. 부처님, 하느님이 그런 신들이고, 이 신들은 현재 우리들이 믿는 신화인 부처님의 신화, 하느님의 신화 속에 등장하는 신들이다. 우리들은 이런 신들을 숭배하며 살아가고 있고, 이런 신들에게 사찰이나 교회를 지어 봉헌하고 있다. 과거 그리스나 이집트인들이 신화 속의 신들을 숭배했고, 신전을 지어 바쳤듯이 말이다.

그러면 먼 미래는 어떨까? 먼 미래의 인류도 현재 우리들의 종교 속에 등장하는 신들을 신봉하며 살아갈까? 정확히 알 수는 없다. 그러나 인간이 지구상에 나타나서 걸어온 길은 되짚어 보면, 신화도 종교도 시대에 따라 변천했다는 것을 알 수 있다. 따라서 먼 과거의 종교가 현재에는 단순히 신화로만 남아있듯이, 먼 미래에는 현재의 종교도 단순히 신화로만 남을 가능성을 배제할 수 없다. 역사라는 시간의 흐름 속에서 영원한 것은 아무것도 없기 때문이다. 변치 않는 실체는 아무것도 없다. 먼 미래 그 때가 되면 현재 종교에서 섬김을 받는 신들은 더 이상 섬김의 대상이 아닌,

신화 속의 신으로만 기억될 수도 있다. 이 같은 관점에서 생각해보면 인간은 과거에는 말할 것 없고, 현재도 미래에도 신화와 관련되어 삶을 살아가고 있고 또 살아가게 될 것이다. 즉, 인간의 삶은 신화를 벗어나지 못할 것이다. 왜 그럴까? 왜 우리 인간은 신화를 벗어나지 못하는 존재일까?

2. 신화의 본질

앞서 이야기 했듯이 신화는 우리들이 인류 선조들의 정신세계를 비추어 볼 수 있는 마법의 거울이다. 그런데 이 같은 마법의 거울은 19세기와 20세기의 연구를 통하여 세계적으로 많은 유사성을 지닌다는 사실이 밝혀졌다. 문명의 전파에 따른 메소포타미아, 이집트, 인도, 그리스와 북유럽 신화의 유사성은 말할 것도 없고, 물리적 연결 고리가 없는 오스트랄라시아와 아메리카 지역까지도 유사성이 확인되고 있다. 특히 오스트레일리아와 남아메리카에도 중국과 메소포타미아에서와 마찬가지로 대홍수 신화가 존재하며, 아프리카의 창조신화는 고대 그리스의 창조신화와 비슷하다.[2)]

이처럼 각기 다른 역사와 문화를 가진 여러 민족들의 신화가 문명의 전파와 시공간을 뛰어넘는 유사성이 있다는 사실을 어떻게 설명할 수 있을까? 이 같은 인류의 정신현상을 깊이 있게 연구한 사람이 스위스의 정신과 의사인 구스타프 융(Carl Gustav Jung, 1875~1961)이었다. 융의 생각에는 이 같은 공통적인 현상들은 우연적이 아니라 오히려 필연적이다.

인간의 정신을 분석한 프로이드(Sigmund Freud, 1856~1939)에 의하면 인간은 무의식 혹은 잠재의식이 인간정신의 90% 이상을 차지하고 있다. 프로이드에 의하면 꿈은 무의식의 발현이며, 무의식은 나름대로 엄정한 체계를 갖추고 있다. 더 나아가 의식이 빙산의 일각이라면 무의식은 빙산 자체라고 말하고 있다. 프로이드처럼 융도

---

2) 필립 윌킨슨, 『세계 신화 사전』(*Mythology*), 안성찬 옮김(웅진닷컴, 2002), pp. 9, 19, 21~25, 46, 114, 119~120; 크리스토퍼 델(Christopher Dell), 『세계의 신화』(*Mythology*), 정은아, 민지현 옮김(시그마북스 2012); 요시다 아츠히코, 『세계의 신화 전설』, 하선미 옮김(혜원출판사 2010) 참고.

인간의 무의식을 연구하면서 꿈에 커다란 관심을 보였다. 융은 환자들이 각기 살아온 배경과 처한 환경이 다름에도 불구하고 그들의 꿈에는 천사, 악마, 성자, 도깨비 같은 이미지들이 공통적으로 등장한다는 사실에 주목하였다. 환자들이 말하는 공통된 이미지들의 경우 형상조차 서로 비슷한 경우가 많았다. 더 나아가 융은 환자들의 꿈에 나타나는 환상이나 상징이 고대 설화나 신화에서 보이는 것들과 흡사하다는 점도 발견하였다.

융은 이렇게 시공간을 뛰어넘어 유사한 이미지들이 반복하여 출현하는 이유에 대하여 그 배후에는 무엇인가 근본적인 것이 존재하기 때문이라고 생각하였다. 즉, 그 근본적인 것이 원본의 역할을 해서 비슷한 이미지들이 개별적인 복사본으로 만들어지는 것으로 생각하였다. 융은 그 근본적인 원본을 '원형'(archetype)이라고 불렀다. 원형이란 각각의 개인의 심리에 내재해 있는 역사적이고 집합적인 기억의 본질을 말하는 것으로, 인류 전체가 지니고 있는 집단무의식(the collective unconsciousness) 현상을 말한다.[3] 그러므로 원형은 인간 심리의 본성을 규정하는 초인격적인 인간의 심리 구조로, 인간 개인으로서는 이 원형을 회피하거나 거부할 수도 없고 변화시킬 수도 없는 것이다. 원형은 문화나 인종, 지리적 차이를 초월하는 인간의 가장 원초적인 행동유형으로, 신화와 종교의 원천을 이룬다. 이 원형이 어떻게 형성되었는지는 아무도 모르나 개개인의 정신과 신화 사이의 '잃어버린 고리'인 것이다. 우리는 이 같은 연결고리를 통하여 신화가 말하는 인류 문화의 메시지에 접속할 수 있을 것이다. 과학과 이성의 시대인 현대에도 여전히 많은 사람들이 신화에 흥미를 갖는 것은 이 같은 이유일 것이다.

융은 인간의 원형이란 마치 동물의 본능과도 같은 것이라고 말한다. 동물들은 처음부터 유전적으로 물려받은 본능을 지니고 태어나서 살아간다. 예컨대 바다거북은 부화하는 즉시 100m 선수처럼 전력을 다해 바다를 향해 전력 질주한다. 이 때 갈매기들은 먹잇감을 낚아채기 위해서 소리를 지르며 달려드는데, 바다거북이 전력 질주하여 바다로 내닫는 것은 학습에 의한 것이 아니라는 것은 분명하다. 또 꼬리에 알껍데기도 다 떼어내지 못한 갓 깨어난 병아리들이 공중에서 날고 있는 매를 보면

3) 이부영, 『분석심리학-C.G. Jung의 인간심성론』(일조각 1993), pp. 53, 61, 83~97. 조지프 캠벨(Joseph Campbell), 『신의 가면 I: 원시 신화』(*The Mask of God vol 1: Primitive Mythology*), 이진구 역(까치 2003), pp. 47~48.

기겁을 해서 곧바로 은신처로 돌진하는 것 역시 마찬가지이다. 이처럼 이전에 결코 경험한 적이 없는 환경에 동물들이 반응하는 신경계의 유전적 구조를 학자들은 '생득적 방출 기제'(IRM: innate releasing mechanism)라고 부른다.[4] 이 같은 반응은 경험적이거나 개체적인 반응이라 할 수 없다. 왜냐하면 알에서 막 깨어난 바다거북이나 병아리 각각의 개체는 그 자신이 반응하고 있는 대상에 대하여 전혀 경험한 바가 없기 때문이다. 인지하고 반응하는 주체는 차라리 어떤 종류의 초개체적인 것으로서, 이것이 개별적 생물체 안에 존재하면서 그것들은 움직인다고 보아야 할 것이다.

이처럼 병아리의 신경계 안에 잠재되어 있는 매의 이미지는 마치 인간의 신경계 안에 내재되어 있는 신이나 천사, 악마의 이미지에 해당하는 것이다. 이것은 인류의 집단무의식에 내재된 것으로 융은 이를 원형이라 표현하였다. 원형이 존재하는 것은 확실하나 어떻게 형성되었는가를 모르는 것은 우리가 인류의 역사를 기억하지 못하기 때문일 것이다. 인간이 문명생활을 하면서 문자를 만들어 경험과 행위를 기록하기 시작한 것은 약 기원전 3000년경부터이다. 이는 인류가 지구상에서 생존하기 시작한 수 백 만년에 비하면 천분의 일도 안 되는 너무나 짧은 시간이다. 인류의 조상들이 원시상태로 살아가는 수 백 만년 동안 그들의 방출기제에 어떤 신호 자극이 강타했는지 알 수 없는 것이다. 현재 인간의 정신구조에 방출기제로 남아있는, 인류의 조상에게 대 충격을 준 신호자극이 현재 인류의 집단무의식으로 남아있는 데, 이것이 융이 말하는 원형이다. 시공간적으로 멀리 떨어진 여러 민족들의 신화가 놀라우리만치 유사하다는 것은 바로 인류 공통의 원형이 있기 때문이다. 원형은 인간 개인이 처한 문화 및 시대와 무관하게 심리의 본성을 동일한 것으로 만들어 주기 때문이다.

융이 말하는 '원형'은 먼저 활동한 아돌프 바스티안(Adolf Bastian, 1862~1905)의 이론에 의하면 인류의 '근본적 관념'이다. 그러한 '근본적 관념'이 다양한 인류의 문화 속에서 다채롭게 표현되고 정교하게 변형되어 나타나는 경우, 그러한 보편적 형식의 현실적 지역적 표현은 '종족적 관념'이다. 바스티안에 의하면 '근본적 관념'은 지역적으로 조건 지어진 '종족적 관념'을 통해서만 실체화되어 나타난다. 즉, 하나의 신의 이미지가 지역에 따라 다양한 모습으로 나타날 수 있다는 말이다. 신의

4) 조지프 캠벨, 『신의 가면 I: 원시 신화』, pp. 46~54.

모습을 사회학자 캠벨은 '영원의 가면'이라고 부른다. 캠벨에 의하면 이 '영원의 가면'(융의 '원형', 바스티안의 '근본적 관념')은 각기 다른 문화권에서 각기 다른 가면을 쓰고 나타난다. 달리 말하면 세계 전역에서 그리고 인류 역사를 통하여 이 '원형', 혹은 '근본적인 관념'은 각기 서로 다른 옷을 입고 나타났다. 옷이 이렇게 다른 것은 지역이나 민족에 따라 환경적, 역사적 조건이 다르기 때문이다.

그래서 수많은 문화의 가지에서 창세, 처녀 수태, 신자성육(神子成肉), 죽음과 부활, 재림 그리고 최후의 심판과 같은 서로 비슷한 이야기가 생겨나는 이유이다. 힌두교 경전 리그베다(Rigveda)에는 "진리는 하나이되, 현자는 여러 이름으로 이를 언표한다"는 말이 있다. 캠벨의 말대로 우리가 알고 있는 신의 이름과 신의 이미지는 가면일 뿐이다. 이 가면은 곧, 우리의 언어와 기술로는 정의가 불가능한 궁극적 실체를 뜻한다. 우리가 아는 신화는 '신의 가면'일 뿐이기 때문이다.

3. 신화의 이해

그러면 우리는 신화를 어떻게 이해해야 하는 것일까? 신화학자 조셉 캠벨의 견해를 중심으로 이 문제에 대하여 생각해 보자.[5] 신화에 등장하는 신들은 초월자들이다. 초월자란 인간의 모든 사유의 카테고리(범주)를 초월하는 존재라는 의미이다. 즉, '부처님', '하느님'은 모든 사유를 초월해 있는 존재를 일컫는다. 그러므로 궁극적인 실재, 즉 '부처님', '하느님'같은 신의 개념은 존재와 비존재 같은 인간 사유의 모든 범주를 초월한다. 그러므로 신이 존재하느냐 존재하지 않느냐의 문제는 시비의 대상이 될 수 없는 것이다. 달리 표현하면 신은 우리의 인식 안에서는 '영원불멸'의 존재이다. 그런데 '영원'이라는 것은 우리 인간의 사유의 범주 너머에 있는 개념이다. 따라서 신은 인간의 생각을 초월하는 존재이기 때문에, 인간의 말로 적절히 표현

5) 조셉 캠벨(Joseph Campbell), 빌 모어스(Bill Moyers), 『신화의 힘』(*The Power of Myth*), 이윤기 옮김(이끌리오 2007); 조지프 캠벨, 다이엔 K. 오스본, 『신화와 인생』(*Joseph Campbell companion: reflections on the art of living*), 박중서 옮김(갈라파고스 2009); 조셉 캠벨, 『천의 얼굴을 가진 영웅』(*The Hero with a Thousand Faces*), 이윤기 옮김(민음사 2010).

할 수 없다. 인간의 생각과 말이 만들어지기 이전에 이미 존재하는 실체이기 때문이다. 그러므로 신을 표현한다 해도, 우리는 그 표현을 통해 신의 존재를 오해할 수밖에 없다. 그럼에도 우리는 신을 말로 표현할 수밖에 없는데, 신화가 바로 절대적 초월적인 존재를 우리 인간의 말로 표현하는 장인 것이다. 즉, 제대로 생각할 수 없고, 제대로 설명할 수 없고, 제대로 표현할 수 없는 초월적 존재를 인간의 불완전한 말로 표현하는 장이 신화인 것이다.

따라서 신화는 메타포(metaphor)이다. 메타포란 문자에 의한 문자의 초월이다. 메타포는 산문이 아닌 운문의 독법으로 읽어야 한다. 신화는 가시적인 세계의 배후를 설명하는 메타포이기 때문이다. 현재 우리들이 신화를 제대로 이해하지 못하는 것은 우리 사회가 은유 속에 내재된 이미지로 생각하는 기술을 잃어버렸기 때문이다. 글자가 표현하는 개념이 아닌 은유의 이미지가 신화의 본질을 이해하는 코드이다. 이는 우리가 사용하고 있는 컴퓨터에 설치된 소프트웨어의 정해진 키를 알아야만 컴퓨터에 접근할 수 있는 것과 같다. 다른 소프트웨어의 키를 가지고 아무리 자판을 두드려도 컴퓨터는 작동하지 않는 것처럼, 신화도 은유라는 키로 접근해야 신화의 의미(신비와 비빌의 장막) 속으로 들어갈 수 있다.

메타포라는 것은 드러내기는 드러내면서도 사실 본뜻은 다른 데 있는 표현법이다. 그것은 문자보다는 이미지로 생각할 때 실체에 더 가까이 다가갈 수 있다. 예를 들어 어떤 사람에게 "너는 돼지다"라고 말할 경우, 그 사람이 말 그대로 돼지라는 의미는 아니다. 이때 돼지는 '식충이'의 은유인 것이다. "너는 돼지다"라는 말을 듣고 진짜 꿀꿀거리는 돼지의 이미지를 생각해서는 실체에 다가갈 수 없는 것이다. 신화와 종교에 등장하는 은유도 마찬가지이다. 그러므로 신화와 종교의 표현은 문자를 초월한 어떤 의미를 지니는 것이다. 만일에 은유를 은유로 보지 않고 문자 그대로를 가리키는 거라고 생각한다면, 그것은 캠벨의 표현대로 음식점에 가서 비프스테이크를 주문하는 대신 비프스테이크라고 쓰여 있는 메뉴판을 씹어 먹는 것과 마찬가지일 것이다.

신화를 메타포로 이해해야 하는 것은 캠벨이 예를 든 '예수의 승천'을 통해서도 적절히 설명할 수 있다. 예수의 승천은 글자 그대로는 예수라는 육체를 가진 존재가 정말로 하늘로 올라갔다는 의미이다. 그렇다면 천문학이나 물리학의 과학적 지식으로 우리의 머리 위 하늘에 예수라는 존재가 올라가 머물만한 물리적 공간이 어디

있는가? 그 곳은 지구에서 얼마나 떨어진 곳에 있는가? 또 얼마나 빠른 속도로 승천하여 그 곳으로 갔는가? 캠벨의 설명처럼 우리는 예수의 승천을 글자 그대로가 아닌 메타포로 해석해야 할 것이다. 즉, 신화가 말하는 진의를 좇으려고 할 경우에 우리는 언어라는 껍질을 버려야 할 것이다.

4. 신화의 구조

신화에는 우주의 창조에 대한 설명이 포함되는 우주론이 존재하며, 그런 우주 속에서 신들과 자연물이 어떻게 탄생했는가를 이야기 한다. 또 신들에 의하여 혹은 자연물에서 인간이 어떻게 탄생했는가를 설명한다. 즉 신화는 여러 가지 현실적 존재인 우주, 인간, 동식물, 특정의 인간 행위, 자연 현상, 제도 등이 어떻게 하여 출현하였는가를 이야기하는 것으로서, '창조'에 관한 이야기라고 할 수 있다.[6)]

이 창조역사의 주역은 여러 초월적 존재들이고, 그들은 태초에 맡은 역할에 따라 알려져 있다. 예컨대 메소포타미아 신화에서 물을 관장하던 신은 엔키(Enki)이고, 그리스 신화에서는 포세이돈(Poseidon)이다. 이처럼 신화가 전하는 창조는 현재의 모든 존재에 의미를 부여하고 있다. 요컨대, 신화는 초월적 존재의 창조활동을 설명하고 그 활동의 성스러운 성격(초자연성)을 나타내며, 또한 성스러운 것의 현실에 대한 참여를 의미한다. 그러므로 신화적으로 보면 인간이 유한한 존재로 죽을 운명이며 양성으로 나뉘었고, 서로 싸우는 등의 현상은 초월적 존재의 간섭에 의한 것이라 할 수 있다. 이런 신화가 갖는 진실성은 신화상 창조물이 실제로 존재하고, 또 신화가 이야기하는 자연과 사물의 여러 현상으로 증명된다. 예컨대 우주창조 신화가 진실인 것은 세계가 현존함으로써 증명되는 것이며, 사후세계에 대한 진실성은 인간의 죽음으로써 입증되는 것이다.

신화에 등장하는 신들의 탄생은 계보로 알려져 있다. 신들도 인간처럼 부모와 증조부모, 고조부모 등의 조상들을 가지고 있고, 자녀와 손자손녀, 증손자와 증손녀

---

6) 창조신화는 메소포타미아, 이집트, 북유럽, 아프리카 등 세계 전역에 존재한다. 필립 윌킨슨, 『세계 신화 사전』, pp. 8~9, 22, 30, 80, 114 참고.

등 자손들을 두고 있으며, 혼맥(婚脈)으로 연결되어 있다. 예컨대 메소포타미아 신화에서는 태초에 신들의 아버지 앞수(Apsu: 지하수)와 모신 티아마트(Tiāmat: 바다)가 존재했고, 이들이 결합하여 라흐므(Lahmu)와 라하므(Lahamu)가 태어났고, 여기서 안샤르(Anshar: '하늘의 끝' 즉 수평선)와 키샤르(kishar: '땅의 끝', 즉 지평선)가 태어났다. 이들을 부모로 천신(天神) 안(An)과 지신(地神) 키(Ki)가 생기고, 안과 키가 결합하여 대기의 신 엔릴(Enlill)을 낳고, 안과 지하수 여신 남무(Mnmmu) 사이에 수신(水神) 엔키 (Enki: Ea)를 낳았다. 엔릴은 달의 신인 아들 난나(Nanna: Sin)를 낳고, 난나가 태양신 우투(Utu: Shamash)와 사랑과 미의 여신 이난나(Inanna: Ishtar)를 낳았다.

그리스 신화에 의하면 태초에 무한하고 무질서한 공간인 카오스(Chaos)와 가슴이 넓은 대지의 여신 가이아(Gaia), 그리고 영혼을 부드럽게 하는 사랑의 신 에로스(Eros)가 나타났다. 가이아는 별이 빛나는 우라노스(Uranos: 하늘)와 폰토스(Pontos: 바다)를 낳은 다음, 우라노스와 교접하여 티탄(Titan)이라는 6명의 남신과 티타니스(Titaness)라고 하는 6명의 여신을 낳았다. 티탄의 막내 크로노스(Cronos)가 아버지 우라노스의 생식기를 자르고 하늘의 지배권을 차지한다. 크로노스는 티타니스 중 한명인 레아(Rhea)와의 사이에 6명의 자식이 있었는데, 그 중 한 자식에게 왕좌를 빼앗길 것이라는 예언을 듣고 자식을 낳기만 하면 삼켜버렸다. 레아는 막내 아들 제우스(Zeus)가 태어나자 돌을 산의(産衣)에 싸서 아기라고 속여 남편에게 삼키게 하였다. 이렇게 해서 목숨을 구한 제우스는 성장한 뒤 아버지 크로노스가 삼켜 버린 형들을 토해내게 한 후 형제들과 협력하여 아버지를 물리치고 통치권을 차치하였다. 제우스 형제들은 제비뽑기를 하여 제우스는 하늘을, 포세이돈(Poseidon)은 바다를, 하데스(Hades)는 명부 지하를 각각 지배하게 되었다.

우리들이 알고 있는 대부분의 신화는 유일신 사상의 전파와 함께 종교적 기능이 사멸되었다. 그런 이유로 신화는 유일신교의 큰 특징인 체계적인 경전이 남아있지 않다. 또 신화는 토착종교로 발전되는 경향이 강하다. 우리나라의 경우 대표적으로 단군신화가 전하는 단군사상을 기초로 1909년 창시한 단군교를 들 수 있다. 단군교는 교조 나철(羅喆, 1863~1916)이 민족의식을 일깨워 일제의 강박에서 벗어나고자, 서울 종로구 재동에서 단군대황조신위(檀君大皇祖神位)를 모시고 단군교포명서

(檀君敎佈明書)를 공포함으로써 창시되었다. 이로써 국조 단군에 대한 숭배가 고려시대 몽골의 침략 이후 700년 만에 부활되었다. 1910년 교도수가 2만여 명으로 늘었고, 교명도 대종교로 개칭하였다. 대종교는 항일 비밀결사단인 중광단(重光團)을 조직하여 북로군정서(北路軍政署)로 발전시킴으로써 무장독립운동을 적극적으로 전개하였다. 1920년 10월 주로 대종교인으로 조직된 독립군은 백포종사(白圃宗師) 서일(徐一)의 지휘 아래 김좌진(金佐鎭), 나중소(羅仲昭), 이범석(李範奭) 등의 통솔을 받아 화룡현의 청산리전투(靑山里戰鬪)에서 큰 전과를 올렸다. 일제시대 국내외에서 큰 탄압을 받은 대종교는 미군정 시기에 유교, 불교, 천도교, 기독교 등과 함께 5대 종단의 일원으로 등록되었다. 대한민국 정부수립 후에는 개천절이 국경일로 제정되었다.

5. 신화의 기능

그렇다면 이 같은 신화는 현재 우리들에게 어떤 기능을 하고 있는가?

첫째, 신화는 우리들이 존재의 신비 앞에 경외감을 자각하게 해준다. 우주만물의 존재와 생명의 신비는 어떤 단어로도 어떤 이미지로도 직접 담아낼 낼 수 없다. 신화는 바로 그런 존재에 대한 이야기이다. 따라서 신화의 신비에 대한 경험은 신화적 의식의 참여나 또는 신화적 상징의 관조를 통해서 가능하다. 이를 통해 우리는 우리의 의식을 우주의 신비에 접속할 수 있는 것이다. 우주 만물의 존재에 대한 심오한 신비는 우리의 사고를 우주론적 차원으로 이끈다. 우주론적 차원은 과학의 관심영역이기도 하다. 그런데 오늘날 과학은 우주의 모습을 신비의 원천으로서가 아니라, 물리학으로서만 설명하고 있다.

천체물리학은 우주에 대하여 답을 제시하고 있는가? 현재 우주론을 지배하는 빅뱅이론과 별들의 움직임으로 우주에 대해 만족할만한 설명이 이루어진 것인가? 우주에 대한 과학적 설명에도 우주는 여전히 신비의 샘으로 남아 있다. 왜 별들은 질서 정연한 움직임을 보이는 것일까? 누가 그렇게 움직이도록 만들었는가? 우주는 왜 폭발했고, 폭발하기 전에는 어떤 크기로 어떤 상태로 언제부터 어디에 존재했었는가? 태양계만 하더라도 다른 행성들과 달리 혜성만이 왜 시계방향으로 움직이는 것일까? 과학의 시대에도 우주는 여전히 신비 에 싸여 있다. 신화가 말하는 우주만물의 창조라는 신비 속에 감추어져 있는 것이다.

우주로부터 지구로 눈을 돌려도 마찬가지다. 인간 자체의 신비는 말할 것도 없고, 미물인 벌과 개미의 삶도 신비롭다. 벌집은 6각기둥형태이다. 이는 삼차원에서 빈 공간 없이 이어서 집을 지을 수 있는 방법으로 알려져 있는데, 비누방울을 계속 포개면 저절로 6각기둥형태가 된다. 인간들도 잘 몰랐던 이 같은 건축법을 벌들은 어떻게 알았을까? 본능인가, 학습인가? 만약 누군가 알려주었다면 그는 누구인가? 6mm의 몸을 가진 흰개미는 6m의 집을 짓는다. 개미 자신의 몸길이의 1000배 높이에 해당하는 집을 짓는 셈이다. 사람의 키가 180cm라면 1800m 높이의 집에 해당한다. 인간사회에서 1800m 높이의 건축물이 존재하는가? 더욱 놀라운 것은 공기소통 방식이다. 흰개미 집은 아래에서 들어온 공기가 개미집 안을 통과하여 위부분의 옆쪽을 통하여 빠져나가게 설계되어 있다. 그래서 열대 지방에서 내부의 온도를 조절한다. 인간도 몰랐던 건축법을 흰개미는 어떻게 알았을까?

둘째, 신화는 기존의 사회질서를 정당화하고 지지한다. 고대사회로 갈수록 사회질서에 순응하는 것이 생존의 필수조건이었다. 신화는 그 같은 사회질서를 확인하였고, 그것을 신화의 내용 속에 반영하여 강요하였다. 또 종종 그 같은 질서가 신성한 개입에 의하여 어떻게 도래했는가를 이야기하고 있다. 예컨대 뉴기니의 카이족(族)은 그들의 생활양식을 바꾸기를 거절하는데, 그 이유가 신화상의 조상인 넴이 행동한 대로 그들도 행동해야 하기 때문이라고 한다. 그러므로 신화는 한 사회의 질서를 확립하고, 또 그 질서를 유효하게 하는 기능을 한다. 신화의 기능 중에서 가장 큰 지배력을 갖는 기능이 바로 이 같은 사회적 기능이다. 현재의 종교적 가르침인 '살생금지'나 '이웃 사랑' 등도 이 같은 기능이다.

셋째, 신화는 생의 단계를 통해 개개인이 무엇을 해야 하는가를 안내하는 심리적, 교육적 기능을 한다. 사람은 살아가면서 많은 문제에 부딪친다. 그 때 신화가 인생의 단계를 성공적으로 통과하기 위한 안내자의 역할을 할 수 있다. 예컨대 호주의 원주민들에게 신화는 초자연적 존재에 의한 창조행위가 어떻게 반복되는가에 관하여 가르쳐주고, 동식물들이 어떻게 증식되는가의 방도를 구체적으로 보여준다. 이 신화는 성인식 때 젊은이들에게 이런 신비적 지식을 알려주고 또 실천하게 하였다. 또 후에 죽음을 준비할 때 물질적 소유와 현세적 일에서 손을 놓는 법도 가르쳤다.

지금도 신화에 등장하는 영웅들의 모험여정 이야기는 미래와 꿈에 도전하는 젊은이들에게 도전정신과 어려움을 극복하는 용기를 북돋운다. 이런 의미에서 신화가 우리 세계에서 기능을 계속 유지하려면 지속적으로 변화하고 진화해야 할 것이다. 캠벨의 믿음처럼 오래된 신화가 변하지 않는다면, 그 신화는 현재의 삶의 현실을 다루지 않는 것이 될 것이기 때문이다.

넷째, 신화는 문화 창조의 기능을 갖는다. 이 기능은 우리가 가시적으로 가장 뚜렷하게 볼 수 있는 분야이다. 현대 문명을 이루는 대부분의 건축, 예술, 문학, 음악, 시 등이 신화와 밀접한 관련을 맺고 있기 때문이다. 인류에게 남겨진 수많은 조각과 건축물(신전)들이 신에게 바쳐졌던 봉헌물이었고, 시와 음악과 춤은 신에게 바쳐졌던 제의에서 신을 찬양하던 노래와 행위였다. 이들이 인류의 초기 문화유산으로 유적과 유물, 신전, 서사문학으로 전해지고 있다. 예컨대 고대 이집트의 피라미드와 스핑크스, 그리스의 파르테논 신전과 델피의 아폴론 신전은 고대 이집트와 그리스에서 신에게 바쳐진 봉헌물들이었다. 사찰에 모셔진 부처상이나 탱화, 교회에 모셔진 성인상이나 이콘화들도 마찬가지이다. 신화는 과거는 말할 것도 없고 현재에도 여전히 예술가들의 영감의 원천으로 작용하고 있다.

신화는 현재 사용하고 있는 언어에도 영향을 미치고 있다. 특히 인도게르만어에는 그 경향이 더 강하다. 예컨대 많은 달의 이름과 요일 이름이 신들의 이름에서 유래하였다. 1월(January)은 두 얼굴을 가진 야누스(Janus) 신에서 유래하였는데, 라틴어에서 Janua는 문(door)을 의미했다. 3월(March)은 전쟁의 신 마르스(Mars)에서, 5월은 제우스와의 사이에서 헤르메스를 낳은 마이아(Maia)에서, 6월(June)은 신들의 여왕 유노(Juno)에서 유래하였다. 수요일(Wednesday)은 북유럽의 신화에 등장하는 주신 오딘(Odin, 또는 Wodin)에서 유래하였는데, 이 신은 그리스신화에서는 제우스(Zeus), 로마신화에서는 주피터(Jupiter)와 격이 같은 신이었다. 목요일(Thursday) 역시 북유럽의 신들 가운데 벼락의 신(Thor 혹은 Thur)에서 유래하였다. 그리스 신화에서 벼락은 제우수가 다루는 무기이다. 금요일(Friday)은 오딘의 아내인 프리그(Frigg)에서 유래하였는데, 그리스 신화에서는 아프로디테(Aphrodite), 로마신화에서는 베누스(Venus)에 해당한다. 반면에 토요일(Saturday)은 로마신화의 농업신 새턴(Saturn)에서 유래하였는데, 그리스신화의 크로노스(Cronos)와 같다.

우리나라는 불교와 관련된 신화에서 유래한 단어들이 매우 많다. 예컨대 아수라장(阿修羅場)은 원래 고대 인도의 전쟁의 신 아수라(Asura: 후에 불교의 수호신으로 흡수됨)가 인드라(Indra: 인도 최고의 신인 帝釋天) 신을 상대로 싸운 곳이라는 뜻이다. 이판사판(理判事判)은 이판(理判)과 사판(事判)의 합성어로, 원래 이판(理判)이란 참선하고 경전을 강론하고 수행하고 포교하는 스님을, 사판(事判)이란 생산에 종사하고 절의 생활을 꾸려 나가는 스님들을 의미했다. 찰나(刹那: Ksana)는 불경에 의하면 대략 75분의 1초의 시간으로, 시간 단위 중에서 가장 짧은 단위이다. 반면에 겁(劫: Kalpa)은 어떤 시간의 단위로도 계산할 수 없는 무한히 긴 시간을 의미한다. 야단법석(野壇法席)은 법당이 아닌 숲 속이나 광장 등에 임시로 단을 마련하여 야외 법회를 여는 것을 의미했다.

6. 홍수신화

신화학자들은 신화 속의 신들이 세상을 창조하고, 탄생하여 계보를 갖는다는 것을 부정하지 않는다. 그리고 신들이 영원불멸의 초월자라는 점도 부정하지 않으며, 신화의 내용을 메타포로 이해하려 한다. 그러면서도 신화 속의 신의 이미지가 형성된 것은 인류의 정신구조에 방출기제로 남아있는 집단무의식인 '원형'에 의한 것으로 말하고 있다.

이 절에서는 집단 무의식으로 남을 만큼 인류 조상의 신경계를 강타한 사건이 무엇이었을까를 생각하며 메소포타미아의 홍수 신화와 성경 속의 홍수신화에 대하여 살펴본다. 『구약성서』의 「창세기」에 수록된 '노아의 방주'는 인류를 멸망의 위기로 몰아넣은 대홍수 신화 가운데 가장 유명한 것이다. 그러나 분노한 신이 대홍수를 일으켰다는 전설은 메소포타미아로부터 그리스, 인도, 중국, 아메리카에 이르기까지 광범위 하다. 예컨대 그리스 신화에서는 인간의 타락에 분노한 제우스가 인류를 멸망시키고자 대홍수를 일으켰다. 그 때 프로메테우스의 아들 데우칼리온(Deucalion)

과 그의 아내 피라(Pyrrha)가 프로메테우스의 경고에 따라 방주를 만들어 파르나소스(Parnassos) 산에 닿아 새로운 인류의 조상이 되었다. 인도 신화에서 대홍수에서 살아남은 사람은 마누(Manu)로 창조의 신 브라흐마 신에 의하여 구원되었다. 폭풍우가 지구를 삼켰을 때 마누는 물고기로 변한 브라흐마의 큰 뿔에 방주를 매어 히말라야의 가장 높은 산에 닿아 현 인류의 조상이 되었다.[7] 이 같은 홍수신화 가운데 메소포타미아 지역의 <지우수드라의 홍수 이야기>와 <아트라하시스 서사시>, 그리고 <길가메시 서사시>에 기록된 홍수신화가 특히 『구약성서』의 '노아의 방주'와 관련이 깊은 것으로 보인다.

1) 지우수드라의 홍수 이야기

현재까지 알려진 홍수신화 가운데 가장 오래된 전승신화는 <지우수드라의 홍수 이야기>이다. 이 신화는 수메르(Sumer)의 토판(土版) 문자에 새겨진 것으로, 기원전 18~17세기 고대 바빌로니아의 중심 도시였던 니프르(Nippur)에서 발굴되었다. 수메르어로 작성된 니푸르 토판은 앞뒤 3단으로 약 300행정도 되는데, 위쪽 3분의 2가 부서져 중간 이야기의 줄거리를 파악할 수 없다. 그러나 이러한 공백은 다른 작품들과 비교하여 이해할 수가 있다.

토판의 왼쪽 윗부분이 상실되어 이야기의 시작은 알 수 없으나, 약 45행부터 큰 신들이 인간을 창조하고, 도시를 세우고, 사람들이 노역의 대가로 곡식 배급 그릇을 가지고 있었다는 이야기가 나온다. 그런데 노동이 심해지자 사람들이 심한 불평을 토했다. 신들의 왕 엔릴(Enlil)이 인간들의 시끄러운 불평소리 때문에 조용히 쉴 수가 없었다. 견디다 못한 신들은 인간들을 모두 없애기로 결정한다. 그러나 구원의 신 엔키(Enki)가 인류의 파멸을 막기 위해 선한 왕 지우수드라(Ziusudra)에게 나타나, 앞으로 대홍수가 일어날 것이며 이를 피하기 위해서는 커다란 배를 만들어야 한다고 알려준다.

배를 만들고 온갖 생명들을 실으라는 내용이 담겼을 40행정도의 토판이 부서져 상실되었고, 다음은 홍수 이야기가 전개된다.

---

7) Time Life Books, 『위대한 주제: 세계의 신화들』, pp. 34~35 참고.

"거세고 거친 바람, 거친 폭풍이 모두 한 곳에 모였다.
홍수는 배급 그릇들을 휩쓸어 버렸다.
일곱 날 일곱 밤 동안
홍수는 이 땅을 휩쓸어 버렸고,
거센 바람으로 큰 배는 높은 물 위에 떠서 뒤흔들렸다.
태양이 떠오르자, 하늘과 땅에 빛이 비쳤다.
지우수드라는 큰 배에 구멍을 뚫었다.
용사 우투(태양신)는 빛을 큰 배 속으로 비춰 주었다.
지우수드라 왕은
우투 앞에 나가 땅에 입 맞추었다.
왕은 소를 도살하고 양을 잡아 제사를 지냈다."[8)]

지우수드라는 엔키의 조언대로 배를 만들어 살아남았다. 홍수가 지나고 배가 땅에 닿자, 지우수드라는 태양신 우투(Utu) 앞에 나아가 소와 양을 잡아 제사를 올렸다. 이후 약 40행이 부서져 상실되었으나, 현존하는 토판의 마지막 부분에는 지우수드라가 영생을 얻어 딜문(Dilmun) 땅에서 영원히 살았다는 것을 알려주고 있다.

2) 아트라하시스 서사시의 홍수 이야기

<아트라하시스 서사시>는 아카드어[9)]로 작성되었고, 기원전 17세기 바빌로니아에서 작성된 토판들과 기원전 14세기경 우가리트에서 작성된 토판들, 그리고 기원전 600년경 바빌로니아와 앗시리아 지역에서 작성된 토판들이 있다. 이 가운데 기원전 17세기 바빌로니아 토판의 보존상태가 비교적 양호하며, 부서지거나 잘려나간

---

8) 〈지우수드라의 홍수 이야기〉의 201~211행. 인용문은 조철수, 『수메르 신화』, pp. 71~72.
9) 기원전 2335년경 셈족의 아카드인이 수메르 도시국가를 정복하고 아카드 왕국을 세웠다. 이들은 수메르 상형문자의 음절을 빌려 음절문자인 아카드어를 만들었다. 설형문자인 아카드어는 이후 바빌로니아와 앗시리아의 공용어로 사용되었고, 기원전 1000년경까지 근동의 국제어가 되었다. 기원전 538년 페르시아에 의한 바빌론 함락으로 상형문자와 설형문자는 점차 페르시아어로 대체되었다. 수메르어로 안(An)은 바빌로니아에서 사용된 아카드어로 아누(Anu)로, 엔릴(Enlil)은 엘릴(Ellil)로, 엔키(Enki)는 에아(Ea)로 표기된다.

부분들은 다른 토판들과 상호 비교하여 이해할 수 있다.

<아트라하시스 서사시>는 신들이 사람 대신에 노동을 하였고 노역을 감당했다는 내용으로 시작된다. 아누(Anu: 수메르어의 An) 다음 가는 신으로 대기의 신 엘릴(Ellil: 수메르어의 Enlil)이 땅을 지배하면서 일하는 작은 신들을 감독하였다. 그런데 작은 신들이 고역에 못 이겨 반란을 일으켰고, 큰 신들이 작은 신들의 노역을 대신할 인간을 창조하였다. 그 다음은 토판의 약 25행이 부서져 상실되었고, 극적으로 바뀐 내용이 전개된다. 인간들이 600년×600년 동안 수없이 늘어나 끊임없이 시끄럽게 떠들어대자 엘릴이 쉴 수가 없었다. 그래서 엘릴은 처음에는 역병을, 다음에는 가뭄을 일으켜 떠드는 사람들의 수효를 줄이려 했으나, 인간과 친한 에아(Ea: 수메르어의 Enki)가 그 때마다 방해하여 효과를 거두지 못하였다. 드디어 엘릴은 세 번째로 에아가 막지 못할 것으로 생각되는 큰 계획을 세웠는데, 그것은 엄청난 홍수를 일으켜 인간들을 없애는 것이었다. 그러나 지혜로운 에아가 또다시 방해하였다. 에아가 아트라하시스(Atrahasis) 왕[10)]에게 이 일을 경고하여 어떻게 해야 하는지를 알려주어 홍수에서 살아남게 하였다.

"아트라하시스가 입을 열고
그의 주(主)에게 말했다.
꿈의 뜻을 알려 주십시오.
무슨 일이 일어날지를 [알려주십시오.]

에아가 입을 열고
그의 종에게 말했다.
...
집을 허물고 배를 만들어라.
재산을 버리고 생명을 구하라.
네가 만들 배는

10) 아트라하시스는 아카드어로 '매우 지혜롭다'는 뜻이다. 수메르어로 씌어진 지우수드라(Ziusudra) 홍수 이야기나 바빌로니아 판 우트나피쉬팀(Utnapishtim)과 같은 인물이다. 〈길가메시 서사시〉에서는 우트나피쉬팀의 별명으로 아트라하시스라는 이름이 직접 언급된다.

[가로와 세로가] 같게 하여라.

[...]

앞수처럼 지붕을 쳐라.

그래서 태양이 그 속을 보지 못할 것이다.

위층과 아래층이 있게 하여라.

엮이는 곳이 튼튼해야 한다.

아스팔트가 끈끈해야 힘을 준다.

내가 곧 비를 내릴 것이다.

...

폭풍이 [...]

...

홍수가 [들이 닥쳤다.]

그 위력은 사람들에게 전쟁처럼 밀어닥쳤다.

누구도 서로 볼 틈이 없었다.

그들은 이 파멸로 서로 알아 볼 수 없었다.

홍수는 황소처럼 으르렁거렸다.

바람은 당나귀의 울부짖는 소리처럼 일었다.

어둠이 깊게 깔렸고, 해가 없었다.

...

칠 일 밤낮으로

폭우, 풍풍, 홍수가 일어났다."[11](...은 필자가 생략한 부분, [...]은 토판이 훼손되어 내용을 알 수 없는 부분)

그러나 아트라하시스가 에아의 조언에 따라, 지붕이 있고 내부가 2층으로 나뉘어 있으며 가로 세로 길이가 같은 배를 건조하고, 온갖 짐승과 식물의 씨앗을 함께

11) 〈아트라하시스 서사시〉의 셋째 토판 1단 11행～34행, 3단 4～17행, 4단 24～25행, 인용문은 조철수, 『수메르 신화』, pp. 107～108, 111, 114.

싣고 대홍수에서 살아남았다. 일곱 밤낮 동안 계속된 홍수가 끝난 후 아트라하시스는 소와 양을 잡아 태워서 신들에게 제물로 바쳤다.

대홍수 뒤 에아는 엘릴을 진정시키고 인간이 살아남도록 허락을 받았다. 결국 엘릴이 닌투(Nintu)[12]에게 다시 한 번 인간을 창조하라 명령했다. 토판의 여러 행이 부서져 새로 만든 인간의 삼분의 이가 어떤 부류인지 알 수 없다. 나머지 삼분의 일 가운데에는 세 종류의 여자가 있다. 아기를 낳지 못하는 여자들, 아기를 빼앗아가는 귀신들에게 무릎 위의 아기를 빼앗기는 운명의 여자들, 그리고 아기를 낳지 않는 독신 여사제들이다. 이후 40행 정도가 부서져 내용을 알 수 없다.

3) 길가메시 서사시의 홍수 이야기

길가메시는(Gilgamesh) 기원전 2650년경 도시국가 우루크(Uruk)의 왕으로 실존했던 인물이다. 길가메시의 영웅담은 수메르어로 기록된 것이 5편 전해지고 있으며, 기원전 1800년 경 고대 바빌로니아 시대에 원본을 각색하여 바빌로니아어로 편집한 완성본이 12개의 토판으로 발굴되었다. 이 <길가메시 서사시>의 11번째 토판에 홍수 이야기가 나온다. 길가메시는 영생을 구하기 위하여 바다 건너 동쪽 머나먼 곳 딜문에 살고 있다고 전해지는 우트나피쉬팀(Utnapishtim: 수메르의 홍수신화에 나오는 지우수드라)에게 가게 된다. 우트나피쉬팀을 만난 길가메시는 그로부터 홍수에 관한 신들의 비밀을 듣게 된다.

우트나피쉬팀은 신 에아로부터 큰 신들이 홍수를 일으켜 땅의 모든 생명과 모든 사람을 멸망시킬 계획을 갖고 있으니 배를 만들라는 경고를 듣는다. 우트나피쉬팀은 에아가 지시한 대로 일곱 부분으로 나뉜 여섯 층의 배를 만들어 역청과 기름을 부어 구멍 난 틈을 막고 금, 은, 모든 생물과 가족과 친척, 배를 움직일 기능공들을 태웠다. 남쪽에서 폭풍이 불며 홍수가 나자 육일 밤낮으로 바람이 일고 홍수와 폭풍이

---

12) 수메르어의 닌마흐(Ninmah)이다. 닌마흐는 고귀한 여신이라는 의미이며, 그 역할에 따라 여러 가지 다른 이름으로 불리고 있다. 대지의 여신으로 땅이라는 의미의 키(ki), 성스러운 언덕의 아가씨라는 의미의 닌후르상(Ninhursag), 출산의 여신으로는 닌투(Nintu)라고 불리기도 한다. 또한 신들의 어머니라는 뜻의 마마(Mama), 맘무(Mammu), 마미(Mami) 등으로 불렸으며, 아카드어로는 벨리트일리(Belit-ili)라고 불렸다.

땅을 휩쓸어 버렸다. 칠 일째가 되어서야 폭풍우가 멈추고 홍수가 그쳤다.

"어떻게 신들의 모임에 나와 서서,
영원한 생명을 달라고 했는지 말해 주십시오.
우트나피쉬팀은 길가메쉬에게 말했다.
그 비밀을 너에게 알려 주겠다.
신들의 비밀을 너에게 알려 주겠다.
...
큰 신들이 홍수를 일으키려고 결정했다.
...
집을 허물고, 배를 만들어라.
부를 놔두고, 생명을 구하라.
재산을 버리고, 생명을 유지하라.
온갖 생물의 씨를 배에 실어라.
네가 만든 배는
그 크기를 잘 재어서 만들어라.
가로와 새로의 길이가 똑같게 하라.
압수(지하수)가 덮인 것 같이 지붕을 만들어라.
...
오 일째 되는 날, 나는 배의 윤곽을 그렸다.
1이쿠(60m×60m)가 전체 면적이었다.
열 장대[13] 길이가 벽의 각 높이였다.
지붕의 모서리도 각 면이 열 장대였다.
나는 그 윤곽을 세우고 만들었다.
육층을 두고 일곱 부분으로 나누었다.
중앙을 아홉으로 나누었다.

13) 1 장대는 12 완척으로 약 6m이다. 완척은 팔꿈치에서 가운데 손가락 끝까지의 길이로 약 50㎝이다.

...

첫 날은 남(南) 폭풍이 불었다.

세차게 불었고 [...]

전쟁처럼 모든 것을 다 쓸어 버렸다.

...

육일 밤낮으로

바람이 일고 홍수와 폭풍이 땅을 휩쓸어 버렸다.

칠 일째 되자,

애를 낳는 여자처럼 긴박했던 폭풍과 홍수는

이 전쟁을 가라앉혔다.

바다는 잠잠해졌고 폭풍은 가라앉았으며,

홍수는 그쳤다.

나는 날씨를 보았다

잠잠해졌다.

모든 인간들은 진흙으로 돌아갔다.

들판이 지붕처럼 평평해졌다.

...

일곱째 날이 되자, 나는 비둘기를 꺼내어 내보냈다.

비둘기는 나갔다가 돌아왔다.

쉴 곳이 안 보여 되돌아왔다.

나는 제비를 꺼내어 내보냈다.

제비는 나갔다가 돌아왔다.

쉴 곳이 안 보여 되돌아왔다.

나는 까마귀를 꺼내어 내보냈다.

까마귀는 나가서 물이 빠진 것을 보았다.

먹고, 주위를 돌고, 되돌아간 후,

되돌아오지 않았다."[14]

---

14) 〈길가메시 서사시〉의 7~10, 14, 24~31, 55~61, 108~110, 127~137, 145~155행, 인용

그 후 배가 니무쉬(Nimush) 산에 정착하고 제 7일이 되었을 때 우트나피쉬팀은 비둘기를 날려 보낸다. 비둘기가 다시 돌아오자 그 다음에는 제비를 날려 보냈지만 다시 돌아왔고, 마지막에 까마귀를 날려 보내자 다시 돌아오지 않았다. 우트나피쉬팀은 산꼭대기에서 네 방향에 제물을 바치고, 제사용 술을 따르고, 일곱 개의 항아리를 차려놓고 갈대, 백양목, 도금양을 태우자, 신들이 그 향기를 흠향하고 모여들었다.

4) 구약성서의 홍수 이야기

「창세기」의 6장 5절부터 9장 17절 사이에 기록되어 있는 '노아의 방주'는 땅에 번성하는 인간들의 죄악이 커져감에 따라 여호와가 자신이 창조한 사람들을 쓸어버리고자 홍수를 일으켰다. 그러나 노아는 의인으로 여호와의 은혜를 입어 방주를 만들고 처와 아들 셋과 자부 셋, 그리고 선택된 짐승과 새 암수 한 쌍씩을 싣는다. 여호와가 방주 만들기를 명한 7일 후 40주야 계속되는 홍수로 지상의 모든 생물들이 쓸려 버렸다.

「창세기」 6장

1 사람이 땅위에 번성하기 시작할 때에 그들에게서 딸들이 나니

2 하나님의 아들들이 사람의 딸들의 아름다움을 보고 자기들의 좋아하는 모든 자로 아내를 삼는지라

...

4 당시의 땅에 네피림이 있었고 그 후에도 하나님의 아들들이 사람의 딸들을 취하여 자식을 낳았으니 그들이 용사라 고대에 유명한 사람이었더라

5 여호와께서 사람의 죄악이 세상에 관영함과 그 마음의 생각의 모든 계획이 항상 악할 뿐임을 보시고

6 땅위에 사람 지으셨음을 한탄하사 마음에 근심하시고

7 가라사대 나의 창조한 사람을 내가 지면에서 쓸어버리되 사람으로부터 육축과 기는 것과 공중의 새까지 그리하리니 이는 내가 그것을 지었음을 한탄함이니라

문은 조철수, 『수메르 신화』, pp. 125～126, 128～131.

8 그러나 노아는 여호와께 은혜를 입었더라

...

13 하나님이 노아에게 이르시되 모든 혈육 있는 자의 강포가 땅에 가득하므로
그 끝날이 내 앞에 이르렀으니 내가 그들을 땅과 함께 멸하리라
14 너는 잣나무로 너를 위하여 방주를 짓되 그 안에 칸들을 만들고 역청으
로 그 안팎에 칠하라
15 그 방주의 제도는 이러하니 장이 삼백 규빗, 광이 오십 규빗, 고가 삼십 규빗이며
16 거기 창을 내되 위에서부터 한 규빗에 내고 그 문은 옆으로 내고 상, 중, 하
삼층으로 할찌니라

「창세기」 7장

4 지금부터 칠 일이면 내가 사십 주야를 땅에 비를 내려 내가 지은 모든
생물을 지면에서 쓸어버리리라

...

10 칠 일 후에 홍수가 땅에 덮이니
11 노아가 육백 세 되던 해 둘째 달 곧 그 달 열이렛날이라 그 날에 큰 깊음의
샘들의 터지며 하늘의 창문이 열려
12 사십 주야를 비가 땅에 쏟아졌더라

...

23 지면의 모든 생물을 쓸어버리시니 곧 사람과 가축과 기는 것과 새까지라 이들
은 땅에서 쓸어버림을 당하였으되 오직 노아와 그와 함께 방주에 있던 자들만
남았더라
24 물이 백오십 일을 땅에 넘쳤더라

「창세기」 8장

3 물이 땅에서 물러가고 점점 물러가서 일백오십 일 후에 감하고
4 칠월 곧 그 달 십칠 일에 방주가 아라랏산에 머무렀으며
5 물이 점점 감하여 시월 곧 그 달 일일에 산들의 봉우리가 보였더라

6 사십 일을 지나서 노아가 그 방주에 지은 창을 열고
7 까마귀를 내어 놓으매 까마귀가 물이 땅에서 마르기까지 날아 왕래하
였더라
8 그가 또 비둘기를 내어 놓아 지면에 물이 감한 여부를 알고자 하매
9 온 지면에 물이 있으므로 비둘기가 접촉할 곳을 찾지 못하고 방주로 돌아와
그에게로 오는지라 그가 손을 내밀어 방주 속 자기에게로 받아들이고
10 또 칠 일을 기다려 다시 비둘기를 방주에서 내어 놓으매
11 저녁때에 비둘기가 그에게로 돌아왔는데 그 입에 감람나무 새 잎사귀가 있은
지라 이에 노아가 땅에 물이 감한 줄 알았으며
12 또 칠 일을 기다려 비둘기를 내어 놓으매 다시는 그에게로 돌아오지 아니하였
더라

…

20 노아가 여호와를 위하여 단을 쌓고 모든 정결한 짐승 중에서와 모든 정결한
새 중에서 취하여 번제로 단에 드렸더니
21 여호와께서 그 향기를 흠향하시고 그 중심에 이르시되 내가 다시는 사람으로
인하여 땅을 저주하지 아니하리니 이는 사람의 마음의 계획하는 바가 어려서
부터 악함이라 내가 전에 행한 것같이 모든 생물을 멸하지 아니하리니
22 땅이 있을 동안에는 심음과 거둠과 추위와 더위와 여름과 겨울과 낮과 밤이
쉬지 아니하리라

「창세기」 8장에서 알 수 있듯이, 물이 빠지며 150일이 지나 배가 아라랏 산에 닿았다. 그런 후 40일이 지나 노아가 까마귀를 내보냈으나 되돌아오고, 비둘기 역시 되돌아 왔다. 7일을 더 기다려 비둘기를 내보내니 나뭇잎을 물고 왔고, 또 7일을 기다려 내보내니 돌아오지 않아 물이 빠진 것을 알고 방주 밖으로 나왔다.

노아는 정결한 짐승과 새를 잡아 단을 쌓고 번제를 드렸다. 여호아는 그 향기를 흠향하고 노아와 그 아들들을 축복하고 다시는 사람으로 인하여 땅을 저주하지 않을 것과 모든 생물을 멸하지 않을 것을 약속하였다.

5) 홍수신화의 상징성과 역사성

지금까지 살펴 본 <지우수드라의 홍수 이야기>, <아트라하시스 서사시>, <길가메시 서사시>와 『구약성서』의 홍수신화는 어떤 관계에 있는가?

대부분의 신화학자들과 역사학자들은 오늘날 중동과 소아시아, 그리고 유럽에 퍼져 있는 홍수신화는 최초로 문명이 일어났던 수메르의 홍수신화가 문명의 전파에 따라 전승된 것으로 생각한다. 또 신화에 등장하는 신들과 사건들은 큰 강가에서 문명이 발생하면서 나타났던 주기적인 홍수 사건들이 의인화되고 상징적으로 표현된 것으로 생각한다. 진화론적 입장에서 지구의 기후와 생물을 연구하는 학자들 역시 같은 입장이다.[15)]

이 같은 입장과는 대조적으로 기독교 신학자들에게 성경에 등장하는 노아의 홍수는 부정할 수 없는 역사적 사실이다. 그들에게 노아의 홍수는 하느님이 노아와 그 후손들에게 이 땅에서 창성케 하겠다는 언약으로 이끄는 중요한 과정의 사건이다. 또 대부분의 기독교 신학자들은 노아의 홍수가 메소포타미아 지역에서 발생한 홍수신화의 전승이라는 것을 부정하고 있다. 이들은 신화에 대한 종교적 세계관을 보여주고 있는데, 홍수신화의 분석에서 성서의 홍수신화에서는 유일신으로서 하나님의 심판과 은혜를 증언하고 있지만 수메르신화에서는 매우 조잡한 다신적 신관을 보여주고 있다는 것이다.[16)]

물론 기독교 신학자들 사이에도 이견은 있다. 노아의 홍수가 역사적 사실이냐 아니냐는 중요하지 않고 어떤 의미를 지니는가가 중요하다는 것이다. 성경의 홍수는 물리적 사건이 아닌 종교적 사건으로, 홍수에 의해서 죽는 것은 육체적 죽음이 아닌 종교적 죽음이라는 것이다. 또 성서에 나타나는 물은 심판의 도구와 구원의 은유라는 것이다.[17)]

---

15) 이진구 역, 『신의 가면 I: 원시 신화』, pp. 473~520. 조철수, 『수메르 신화』, pp. 22~35. 김종규, 『기후와 역사』(한울 2004), pp, 152~55.

16) G. von Rad, 『국제성서주석 1: 창세기』, 박재순 역(한국신학연구소 1981), pp. 128, 133~34. 소형근, 「고대 메소포타미아 신화와 구약성서 비교 연구」, *The Journal of Namseoul University*, Vol. 17, no. 2(2011), p. 208.

17) 도영환, 『신화와 상징을 통해본 노아홍수신화 이해』, 영남신학대학교 석사학위논문, 2010, pp. 51~52. 이재섭, 『성서에 나타난 물의 의미와 상징에 관한 연구』, 총신대학교 석사학위

그런데 최근 신화학자들 가운데 시친(Zecharia Sitchin)이 수메르신화의 역사적 사실성을 주장하고 있다. 시친에 의하면 수메르 문명에서 전해지는 홍수는 하늘에서 내린 비가 아니라, 남극의 빙하가 대붕괴를 일으켜 바다에 빠지면서 일어난 대해일이라는 것이다. 그 같은 해일은 태양계의 12번째 행성에서 온 신들도 막을 수 없었다. 시친에 의하면 인간은 호모 에렉투스 상태에서 신들의 유전자를 받아 현재의 인간으로 창조되어 급속히 문명을 발전시켰다는 것이다. 신들의 노역을 대신하기 위해 창조된 인간들이 신들의 지식과 과학에 도전하자, 대해일의 기회에 인간을 쓸어버릴 계획을 세웠다가 신 엔키에 의하여 살아남게 되었다는 것이다. 시친에 의하면 그 같은 역사적 사실이 <지우수드라의 홍수 이야기>, <아트라하시스 서사시>, <길가메시 서사시>, 그리고 『구약성서』의 '노아의 방주' 속에 전승되어 기록되었다는 것이다.[18]

<지우수드라의 홍수 이야기>, <아트라하시스 서사시>, <길가메시 서사시>, 그리고 『구약성서』에 등장하는 홍수신화 사이의 유사성은 분명하다. 각 문헌에 등장하는 주인공은 지우수드라, 아트라하시스, 우트나피쉬팀, 노아로 이름은 다르나 맡은 역할은 동일하다. 신의 경고나 지시로 인류를 휩쓸 대홍수를 대비해 방주를 만들고, 사람과 동물들을 태워 대홍수에서 살아남는다. 살아남은 후 신들에게 감사의 제사를 지내고 신들(혹은 신)으로부터 축복을 받는다. 특히 <길가메시 서사시>에서 전개되는 홍수신화가 노아의 홍수와 가장 유사하다. 홍수의 경고로부터 홍수가 끝난 후 새를 날려 보내 홍수물이 빠졌는지 알아보는 것까지 매우 닮았다. 물론 이야기의 내용이 똑같지는 않다. <길가메시 서사시>에서는 홍수가 6일 주야 계속되었고, 구약성경에서는 40주야 계속되었다. 날려 보낸 새도 <길가메시 서사시>에서는 비둘기, 제비, 까마귀의 순이었으나, 구약성경에서는 까마귀, 비둘기, 비둘기 순이었다.

그러나 이러한 차이가 문명의 전파과정에서 변이된 차이를 넘지는 못한다. 홍수신화에 대한 해석의 차이는 현재 진화과학자들과 창조과학자들 사이의 해석의 차이와 궤를 같이하고 있다. 진화론에 근거한 과학적 증거의 믿음에 근거한 것인가, 아니면 창조론에 근거한 종교적 믿음에 근거한 것인가의 차이인 것이다. 그런데 신화를

논문, 2005, pp, 62～64.

18) 제카리아 시친(Zecharia Sitchin), 『수메르, 혹은 신들의 고향』(*The 12th Planet*), 이근영 옮김(도서출판 AK 2009).

해석하면서 우리는 종교적 믿음 역시 문명의 전개과정 속에서 역사성을 내포하고 있다는 사실에 염두를 두어야 할 것이다. 예컨대 불교의 궁극적 목표인 해탈은 그 이전 힌두교의 궁극적인 목표인 목샤(해탈) 사상을 내포하고 있으며, 기독교의 성찬식과 성탄일은 고대 페르시아의 미트라(Mithra) 신앙을 내포하고 있다.[19] 불교의 붓다가 힌두교에서 비쉬누 신의 현현으로 주장되기도 하듯, 문명사적으로 메소포타미아의 우트나피쉬팀이 구약성서의 노아로 해석될 수 있을 것이다. 신화의 전승을 신학적 관점에 매몰되어 해석하는 것은 문명의 흐름을 바로보지 못하는 우를 범하는 것이다.

시친이 주장하는 수메르신화의 역사적 사실성에 대해서도 더 연구되어야 할 것이다. 시친의 주장은 진화론과 창조론을 아우르는 창조진화론의 입장이다. 지구상에 인류가 어떻게 출현했으며, 문명을 어떻게 발전시켜 왔는가에 대해서는 창조과학자들뿐만 아니라 진화과학자들도 해명하지 못하는 많은 의문점들이 있다. 어떻게 기원전 3000년경 수메르에서 갑자기 도시문명이 일어났는가? 어떻게 벼, 보리 같은 곡물 재배와 과일, 가축들이 메소포타미아 지역의 산기슭에서 동시에 출현했는가? 인도의 최초 도시문명인 하라파(Harappa) 문명은 어떻게 건설되었고, 페루의 나스카 라인(Nasca Lines)은 어떻게 왜 만들어졌는가? 이런 의문들은 신화와 종교, 역사를 아우르는 문제들로, 우리 앞에 놓인 해결되어야할 과제임에 틀림이 없다.

19) 김호연, 『그리스 로마의 문화유산』(UUP 2012), pp. 244~247.

| 제5장 |

동양의 역사와 종교

1. 종교의 발생과 발전

인류의 종교는 구석기 시대로 거슬러 오를 만큼 오래되었고, 또 다양한 모습을 보여주고 있다. 구석기 시대에 만들어진 매장지, 두개골, 동굴벽화, 여성 입상에서 우리는 최초의 종교적 흔적을 찾아 볼 수 있다. 약 50만 년 전의 것으로 추정되는 베이징 원인의 두개골[1]에서는 종교의식이 있었음을 보여주고 있다. 7만 년 전의 것으로 추정되는 우즈베키스탄의 테시크타시(Teshik-Tash), 프랑스의 라 페라시(La Ferrassie)에서 발굴된 시체들은 오른쪽으로 누운 자세로 머리가 동쪽을 향하고 있다.[2] 이들이 부장품과 함께 매장되어 종종 동쪽을 향하고 있는 것은 종교적 제의와 관련이 있는 것으로 추정된다. 잘 알려진 프랑스의 라스코나 스페인의 알타미라 동굴의 벽화들 역시 종교적 의식과 관련이 있다. 벽화에 그려진 다양한 동물들과

1) 1923년 중국 베이징의 저우커우뎬(周口店])에서 발견된 화석인류(化石人類)로, 호모 에렉투스(Homo erectus)에 속한다. 약 20~70만 년 전에 생존했던 것으로 추정된다.

2) 우즈베키스탄의 테시크타시에서 1938년 발굴된 네안데르탈 남자 어린이 유골은 5쌍의 염소(Ibex) 뿔과 같이 매장되어 있었다. 프랑스 도르도뉴 지방의 라 페라시에서 1909년 발굴된 네안데르탈인의 유골은 현재까지 발굴된 것 중 가장 크고 완벽한 것으로 알려져 있다.

가면을 쓰고 춤추는 사람, 인간화된 동물의 형상 등은 마술이나 사냥을 위한 제의와 관련이 있는 것으로 생각된다. 빌렌도르프의 비너스(Venus of Willendorf)[3] 등 구석기 시대의 입상들은 큰 가슴과 엉덩이로 임신과 출산, 양육과 관련된 여성적 신체의 특징을 간직하고 있다. 다산과 풍요와 관련된 지모신(地母神) 숭배와 관련이 있는 것으로 추정된다.

기원전 9000년 경 레반트지역에서 인류가 최초로 정착생활을 하며 신석기 문명을 일으켰다. 당시 사람들은 농업과 가축사육이 시작됨에 따라 촌락 중심의 정착생활을 시작했다. 또 농경생활과 밀접한 관련이 있는 자연과 계절의 변화에 따른 모신숭배 등의 종교적 제의를 갖게 되었다. 현재까지 고고학적으로 연구된 신석기 문명은 근동 지방, 유럽 남동부, 유럽 북서부, 말레이시아, 중국 북부, 일본, 아프리카 북부, 나일강 유역, 중앙 아메리카 등 9곳이다. 이들 지역에서는 조상숭배, 다산숭배, 매장의식, 도기, 암각화, 거석기념물 등이 발견되었는데, 이 시대의 종교와 관련이 있다. 신석기 최초이며 가장 잘 알려진 문명은 아나톨리아의 차탈휘이크(Çatal Hüyük)[4]로 풍부한 종교적 유물들이 발굴되었다.

신석기시대에는 경작자들과 그들이 경작하는 대지, 그리고 대지의 대자연 속에 존재한다고 믿었던 초월적인 힘과의 관계가 점점 더 밀접해지기 시작했다. 그리하여 신화와 제의, 그리고 상징들이 개인들 사이를 넘어 공동체 전체를 하나로 묶었다. 종교가 전체적인 공동체 생활의 일부가 되었으나, 아직은 독립적인 사제계급과 사원이 형성되지 않았고 문자의 기록도 없었다.

이 같은 상황은 농경정착지에서 도시가 발달되면서 크게 변하게 되었다. 기원전 3500년경 메소포타미아에서 최초로 도시가 발달했고, 이어서 이집트의 나일강 유역과 인도의 인더스강 유역, 그리고 중국의 황하강 유역에서도 도시가 발달하였다. 관개농업이 시작되고 쟁기가 발명되면서 농업의 생산력이 크게 향상되었다. 이제

---

3) 1908년 오스트리아 Willendorf 근처 구석기 유적지에서 발굴된 11cm의 작은 여성 입상이다. 1990년 발굴 지층에 대한 정밀분석 결과 기원전 2만 4천년~2만 2천년 사이에 조각된 것으로 추정된다.

4) 1958년 터키의 아나톨리아 반도에서 발굴된 신석기시대 가장 오래된 도시 유적지로, 기원전 6300년경에 건설되어 기원전 5400년경에 파괴되었다. 가족이 죽으면 살던 집 바닥에 사랑하는 사람과 순장을 하였다. 신전이 주택의 모양과 크기가 비슷했던 것으로 보아 아직은 사제장 같은 대권력자가 존재하지 않았던 것으로 보인다.

비농업인구를 부양할 수 있는 기반이 마련되자 점점 더 많은 사람들이 해상활동과 각종 수공업, 그리고 종교 같은 전문적인 일을 할 수 있게 되었다. 신화와 신전, 축제, 사원, 사제계급이 형성되고 발전하게 되었으며, 문자의 발명으로 종교와 관련된 것들이 기록되기 시작하였다. 또 신격화된 왕도 등장하였다. 이 같은 사회의 변화와 종교적 발전의 특징적인 모습들이 초기 문명인 수메르문명, 이집트 문명, 인도문명에서 잘 나타나고 있다. 이제 종교가 집단의 문제이자 개인적인 관심사가 되었으며, 현세의 삶뿐만 아니라 사후의 삶에 대한 관심이 인간의 정신을 깊숙이 파고들게 되었다.

인류의 종교와 사상에서 큰 중심축이 형성된 것은 기원전 6세기와 5세기 사이였다. 이 시기는 위대한 종교의 지도자들과 사상가들이 동시다발적으로 출현한, 고대 세계의 종교와 철학적 사상의 기초를 마련한 이른바 '축의 시대'(Axial Age)[5]였다. 인도에서는 힌두교 경전 『우파니샤드』가 등장하고 석가모니와 자이나교의 마하비라가 출현하여, 현상세계 너머의 궁극적인 실재를 탐구하고 카르마(Karma: 業報)와 생사윤회를 넘어서는 개인의 궁극적 해탈을 통한 구원을 설파하였다. 중국에서는 유교의 공자와 도교의 노자를 비롯한 제자백가들이 등장하여, 어지러운 천하의 평정과 순리를 따른 삶에 대한 윤리적 인본주의가 발전하였다. 페르시아에서는 자라투스트라, 히브리에서는 이사야, 예레미아 같은 종교적 예언자들이 출현하였고, 또 일신교 사상을 전파하였다. 그리스에서는 이오니아학파의 철학자들과 소크라테스와 플라톤이 등장하여, 인간 중심의 윤리학, 논리학, 정치학 등과 감각세계 너머의 이데아의 세계에 대한 탐구가 진행되었다. 이른바 "축의 시대"로부터 힌두교, 불교, 자이나교, 유교, 도교, 조로아스터교, 유대교의 씨앗이 뿌려진 것이다.

축의 시대에 등장한 위대한 사상, 그 가운데서도 특히 종교사상은 놀라운 전파력을 보였다. 높고 험한 산맥이나 가혹한 기후도 걸림돌이 되지 못했다. 그 가운데 가장 대규모의 전파는 불교로, 근대 이전까지 가장 넓은 범위에 영향력을 미쳤던 것이 불교였다. 갠지즈강 중류에서 시작된 불교가 인도 전역에 퍼졌을 뿐만 아니라, 한때는 아시아 전역에 전파되기도 하였다. 특히 인도문명권에 결코 뒤지지 않았던

---

5) 칼 야스퍼스(Karl Jaspers, 1883~1969)가 『역사의 시원과 목적에 관해서』*(Vom Ursprung und Ziel der Geschichte*, 1949년)에서 정의한 것으로, 동서양을 막론한 인류역사에서 기원전 800년에서 기원전 200년까지 인류에게 획기적인 정신문화의 유산을 남긴 시대를 말한다.

중국문명권이 불교를 전폭적으로 수용한 것은, 근대 이전의 종교사상의 교류사에서 가장 특기할 만한 사건이라고 할 수 있다. 그 결과 불교가 좀 더 보편적인 모습을 띠게 되었다. 기독교와 이슬람교 역시 전파되면서 보편성을 띠게 되었다. 세 종교의 궁극적인 목표는 모두 내세에 극락정토인 천국에 이르는 것이었다. 그것이 열반이고, 해탈이고, 하느님의 나라인 천국인 것이다. 내세를 강조하는 이들 종교가 역사상 위대한 종교문명을 이룩하였다. 인도는 힌두교 전통 속에서 불교, 자이나교, 기독교, 그리고 후에는 이슬람교까지 포함하는 복합적인 종교문화를 발전시켰다. 중국은 불교와 도교, 그리고 유교가 결합된 문명을 발전시켰다. 유럽에서는 기독교 문명이 널리 전파되었고, 이슬람 문명 역시 7세기 이후 중동을 중심으로 널리 전파되었다. 불교, 힌두교, 기독교, 이슬람교 등 주요 종교들이 지배적이 되자, 더 오래된 종교들은 쇠약해지거나 사라졌다. 예외적인 것은 일본의 신도(神道)이다.

현재까지 지배적인 세계의 4대 종교는 근본적인 차이에도 불구하고 몇 가지 공통점을 지니고 있다. 우선 모두 초월을 말하고 그것에 이르는 방법을 중요시한다는 점이다. 기독교와 이슬람은 구원, 불교와 힌두교는 열반(해탈)에 이르는 것이 목표이다. 그러나 그런 초월의 목표에 이르는 방법은 다르다. 기독교는 그리스도를 통해서 신에 이르고, 이슬람은 코란을 암송하여 알라에 이른다. 힌두교는 브라만의 중재로, 불교는 부처의 가르침을 통하여 열반의 경지에 이른다고 한다. 또 4대 종교는 발전과정에서 몇 개의 분파로 나뉘었다. 불교는 대승불교와 소승불교, 그리고 티베트불교로 나뉘었고, 힌두교는 크게 비슈누파(Vaishnavism), 시바파(Shaivism), 샥티파(Shaktism), 스마르타파(Smartism)로 나뉘었다. 기독교는 로마 가톨릭교회와 동방정교회로 나뉘었고, 이슬람교는 수니파와 시아파로 나뉘었다. 또 세계의 4대 종교는 모두 교리를 정리한 경전에 따라 정교한 의식과 축제를 거행하며, 탁월한 윤리의식을 확립하고 있다. 아울러 종교에 어울리는 뛰어난 건축과 조각, 회화, 문학 등을 발전시켰고, 또 장려해오고 있다.

서세동점 현상이 일어난 1500년경에 종교사에는 두 가지 중요한 현상이 일어났다. 하나는 기독교의 세력이 유럽을 넘어 세계로 급속히 확산된 것이고, 다른 하나는 주요 종교에서 지역적 헌신주의가 발전했다는 것이다. 1492년 콜럼버스에 의한 아메리카 대륙의 발견이 기독교가 세계 각지로 전파되는 계기가 되었다. 16세기 이후 이슬람문명이 침체기를 맞아 서양의 기독교문명이 홀로 우월한 위치에 놓이게 되었다. 그리하여 남북 아메리카, 호주, 아프리카 남부 등에 기독교가 전파되고, 기독교를 신봉하는 유럽인이 정착하게 되었다. 그 결과 1945년경에는 티베트, 네팔, 아프가니스탄을 제외한 전 세계에 기독교가 전파된 상태였다. 그러나 서양에 의하여 발발한 두 번의 세계대전과 민족주의확산, 아시아 아프리카 식민지의 독립, 산업사회의 진전과 각국 국민들의 정치적 사회적 기대치의 증대, 전 세계로 점점 빠르게 확산되는 변화의 물결로 말미암아 서양사상의 지배적인 시대는 막을 내렸다.

세계가 민족국가로 활발히 재편된 것은 2차 세계대전 이후이고, 소비에트 연방의 붕괴로 그 절정에 달하였다. 그와 더불어 종교도 큰 변화를 겪었다. 억압적인 마르크스주의 체제가 무너지자, 러시아의 정교, 중앙아시아의 이슬람교, 발트 해 연안 국가들의 루터교, 캄보디아의 불교가 다시 출현하였다. 현재 대부분의 국가들은 종교적 다원주의를 인정하고 있다. 다만 정치적으로 이슬람 국가들인 이란과 리비아, 사우디아리비아, 수단 등은 다른 종교에 관용적이지 않다. 중국과 베트남, 쿠바와 북한은 여전히 마르크스주의를 고집하고 있다.

민족국가가 지배적인 오늘날에도 하나의 국가 속에는 다양한 인종과 종교들이 포함되어 있어, 종종 종교적 민족적 갈등을 일으키기도 한다. 20세기말 이후에만도 일부에서는 갈등이나 내전에 휩싸이기도 했다. 보스니아, 이라크, 스리랑카, 아르메니아, 아제르바이젠, 필리핀, 동티모르, 북아일랜드, 체첸, 코소보 등이 대표적이다. 그럼에도 세계 곳곳에서 더욱 다양한 종교적 역할에 대한 진지한 의견들이 전개되고 있다. 이들은 종교와 종파를 초월한 대화를 통하여 평화를 추구하고, 자연환경과 인권 같은 전 지구적 문제에 관심을 기울이고 있다.

2. 종교의 본질과 현황

그렇다면 종교란 무엇인가? 비교종교학자 오강남이 지적하는 바와 같이 종교를 정의하는 것은 거의 불가능에 가깝다고 말할 수 있다. 각자 개인적, 문화적, 종교적 관점에 따라 서로 다른 정의를 제시하기 때문이다.[6] 사실 어느 정의가 옳고 그르냐를 판단할 기준이 누구에도 없다는 것도 현실이다.

그러기는 하나 인간의 종교적 삶을 보다 학문적으로 이해하기 위한 종교학이 존재하고, 많은 종교학자들이 세계의 여러 종교를 연구해 왔다. 여기서 종교학은 종교현상을 분석하여 종교 일반의 본질을 규명하려는 학문을 의미한다. 이렇게 정의되는 종교학에서 종교는 초월적 권능에 대한 경배, 신에 대한 모든 이론, 인간의 신앙고백의 모든 형태들을 포괄하는 총체적 개념이라 말할 수 있다.[7)]

그렇다면 종교현상에 대한 총체적 개념 가운데 가장 두드러진 특징은 무엇일까? 오강남 교수는 '엄청난 신비', '궁극 관심', '궁극 실재와의 관계에서 얻어지는 변화의 체험'을 제시한다. '엄청난 신비'는 '엄청나고 매혹적인 신비'(mysterium tremendum et fascinans)라는 의미로, 성스럽고 매혹적이며 신비한 초월자에 대한 끌림을 의미한다. '궁극 관심'은 재물, 권세, 명예 같은 준궁극적인 가종교(假宗敎)도 아니며, 정치 이념이나 사상 체계 같은 준궁극적인 사종교(似宗敎)도 아닌, 진정으로 궁극적인 것에 대한 관심을 말한다. 즉 지적, 의지적, 감정적 모든 것을 포괄하여 우리의 전 존재를 사로잡는 것을 말한다. '궁극 실재와의 관계에서 얻어지는 변화의 체험'은 나 중심의 삶에서 벗어나 새로운 삶을 살 수 있도록 하는 변화의 체험을 의미한다.[8)]

이 같은 종교체험은 매우 엄청난 것으로 우리들의 일반상식을 넘어선다. 역사상 존재하는 종교들은 모두 이 같은 특징들을 지녔으며, 독특한 사상과 그 사상의 실천을 통하여 전파되었다. 이렇게 전파된 종교의 세계적 현황을 살펴보면 2012년 현재 기독교인의 수가 가장 많다. 70억 명이 조금 넘는 세계인구 가운데 기독교인(로마 가톨릭, 개신교, 정교, 성공회 포함)이 23억 4,000만 명으로 세계인구의 3분의 1을 차지하고 있다. 기독교인 가운데 가장 많은 종파는 로마 가톨릭으로 11억 8,000만 명이나 되어, 세계인구의 16.83%를 점하고 있다. 다음으로는 무슬림 수가 15억 7,500만 명으로 22.43%를 차지하고 있다. 세 번째로는 힌두교로 9억 6,700만 명으로 13.78%를 차지하고 있다. 네 번째가 불교로 5억 명 정도 되며, 전 세계인구의 7.13%를 차지하고 있다. 이들 현황을 정리하면 <표 5-1>과 같다.

---

6) 오강남, 『세계종교 둘러보기』(현암사 2003), p. 27.
7) 김진, 『종교란 무엇인가』(울산대학교 출판부 2008), p. 13.
8) 오강남, 『세계종교 둘러보기』, pp. 27~29.

〈표 5-1〉 2012년 세계 종교 통계

세계인구	70억 2,184만 명
Christian	23억 4,178만 명 (33.35%)
Roman Catholic	11억 8,178만 명 (16.83%)
Protestant	4억 2,693만 명 (6.08%)
Orthodox	2억 8,298만 명 (4.03%)
Anglican	8,848만 명 (1.26%)
Muslim	15억 7,500만 명 (22.43%)
Hindu	9억 6,761만 명 (13.78%)
Buddhist	5억 66만 명 (7.13%)
Sikh	2,528만 명 (0.36%)
Jewish	1,475만 명 (0.21%)
Baha' i	772만 명 (0.11%)
other religions	7억 8,434만 명 (11.17%)
non-religious	6억 6,146만 명 (9.42%)
atheists	1억 4,325만 명 (2.04%)

*출처: World Population Statistics:
http://www.30-days.net/muslims/statistics/world-stats/

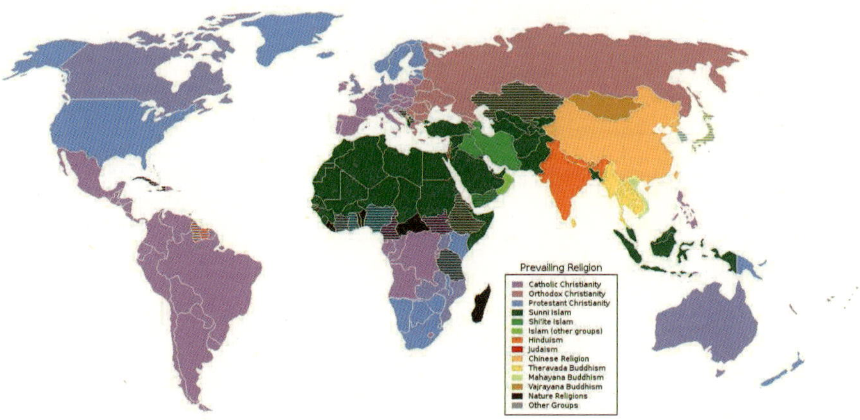

[그림 5-1] 세계 종교 분포도

우리나라의 경우는 2005년 통계청이 작성한 통계를 통하여 2005년 현재 우리나라의 종교의 현황을 알 수가 있다. 국민의 거의 절반인 46.48%가 종교가 없는 것으로 조사되었다. 종교를 믿는 사람들 가운데 가장 많은 수는 불교로, 1,073만 명 정도로 전체의 22.80%이다. 다음이 개신교로 862만 명 정도로 전체 인구의 10.94%정도이다. 세 번째가 천주교로 515만 명 정도 되며 전체 인구의 10.94%를 차지하고 있다. 원불교, 유교, 천도교, 증산교, 대종교가 그 뒤를 잇고 있으나, 모두 합해도 국민의 1%도 되지 않는 숫자이다. 이들 현황은 <표 5-2>와 같다. 참고로 2005년 총인구는 48,460,590명 (2013년 9월말 51,098,531명)이나 국민주택 총 조사의 종교 인수와 일치하지는 않는다.

〈표 5-2〉 2005년 우리나라 종교 현황

무교	21,865,160명 (46.48%)
불교	10,726,463명 (22.80%)
개신교	8,616,438명 (18.32%)
천주교	5,146,147명 (10.94%)
원불교	129,907명 (0.28%)
유교	104,575명 (0.22%)
천도교	45,835명 (0.10%)
증산교	34,550명 (0.07%)
대종교	3,766명 (0.01%)
기타	163,085명 (0.35%)
미상	205,508명 (0.44%)

*출처: 2005년 11월 통계청 국민주택 총 조사

그러면 우리는 이런 종교들에 대하여 왜 알아야 하는가? 오강남 교수는 "내 종교를 더욱 깊이 알기 위해", "내 이웃의 종교를 더욱 깊이 이해하기 위해", "우리가 누구인지를 알기 위해"라고 답을 제시한다. "하나의 종교만 아는 사람은 아무 종교도 모른다."는 막스 뮐러(Max Müller, 1823~1900)의 말처럼 나의 종교를 더욱 깊이 이해하고 진정으로 신봉하고 고마워하기 위해서는 다른 종교들을 알아야 한다. 또 신학자 한스 큉(Hans Küng)의 말처럼 "종교 간의 대화 없이 종교 간의 평화가 있을 수 없고, 종교 간의 평화 없이 세계 평화가 있을 수 없다." 다른 종교를 거짓된 것으로 배척하는 것은 다른 종교에 대한 이해가 결여된 것일 뿐만 아니라, 자신의 종교의 진리도 편협하게 이해하는 것으로 성숙한 종교적 태도라 할 수 없다. 현재 우리에게 요구되는 것은 배타적 패권주의가 아니라 공동체적 상생의 정신이다. 이런 의미에서 이웃 종교를 깊이 이해하는 것은 종교 간의 평화와 세계 평화를 위한 윤리적 명령이라 해도 과언이 아니다. 그러므로 종교를 이해하는 것은 곧 우리 인간들에 대한 이해인 것이다. 우리 인간의 내면에 깊숙이 자리한 성신세계를 이해하는 것으로, 우리 인간이 어떤 존재인지에 대한 이해인 것이다.

다음은 인류 역사상 인도와 중국, 한국 등 동양에 큰 영향을 미친 힌두교와 불교에 대하여 간략히 살펴본다.9)

3. 힌두교

힌두교(Hinduism)는 인도에서 발생한 종교로, 『베다』(Veda)의 권위만을 인정하는 전통적 종교만을 일컫는다. 힌두라는 말은 터키의 이슬람 지배층이 신두(Sindhu)강(현 인더스 강) 건너편에 살던 사람들을 지칭하는 말이었다. 여기서 '힌두'라는 말이 파생했다. 따라서 힌두교는 이슬람이 다스리던 인도 이전 시대에 존재했던, 구래로부터 전해지던 여러 종교적 신앙과 관습을 가리킨다. 그러므로 힌두교는 현재 존재하는 세계의 종교 가운데 가장 오래되고 복잡한 종교이다. 또 힌두교는 여러 신들의 존재를 부정하지 않으나, 그 중 어느 한 신을 택하여 특별히 경배하는 단일신교(Henotheism)로서 종교적 창시자가 없는 것이 특징이다.

2012년 CIA World Factbook 통계에 의하면 세계인구 70억 2,184만 명 가운데 힌두교인이 9억 6천 700만 명이 조금 넘는 숫자로 13,78%를 차지하고 있다. 세상사람 가운데 약 일곱 명 중 한 명이 힌두교 신자라는 의미로, 기독교와 이슬람에 이어 세계 세 번째로 큰 종교이다. 다른 통계인 Wikipedia의 Religious demographics에 의하면 5대륙에서 조사된 힌두교인은 <표 5-3>처럼 10억 2천 5백만 명 정도로, 조사된 총인구의 약 15.9% 정도를 차지하고 있다. 힌두교인은 압도적으로 98.9%가 아시아에 거주하고 있다. 아프리카, 유럽에는 0.2% 미만이 힌두교인이고, 아메리카에는 650만 명 정도가 거주하여 0.6% 정도를 차지하고 있다. 오세아니아에는 40여만 명으로 0.04%에 불과하다.

국가별로 보면 힌두교 신자가 가장 많은 나라는 인도이고, 다음이 네팔, 방글라데

9) 이하 각 종교에 대한 소개 내용은 오강남교 교수의 『세계종교 둘러보기』를 주로 참고하였음.

시, 파키스탄, 인도네시아 순이다. 인도와 네팔은 전 국민의 80%이상이 힌두교이다. 방글라데시는 10%정도이고, 파키스탄과 인도네시아는 2~3% 수준이다. 힌두교가 국교인 나라는 네팔이다. 이 같은 현황을 정리하면 <표 5-4>와 같다.

〈표 5-3〉 지역별 힌두교 신자

지역	인구(a)	힌두교신자(b)	b/a	b/c
아프리카	885,103,542	2,013,705	0.228%	0.196%
아시아	3,903,418,706	1,014,348,412	25.986%	98.933%
유럽	728,571,703	2,030,904	0.278%	0.198%
아메리카	883,197,750	6,481,937	0.734%	0.632%
오세아니아	30,564,520	411,907	1.348%	0.040%
합계	6,430,856,221	1,025,286,865(c)		

〈표 5-4〉 국가별 힌두교 신자

국가	인구(a)	힌두교신자(b)	b/a
인도	1,189,610,328	957,636,314	80.5%
네팔	28,901,790	23,294,843~23,410,450	80.6~81%
방글라데시	150,448,339	13,841,247~18,665,594	9.2~12.4%
파키스탄	164,741,924	5,900,000~9,000,000	3.6~5.5%
인도네시아	234,693,997	4,693,880	2.0%
말레이시아	28,401,017	1,630,000	5.7%
스리랑카	20,926,315	1,485,768~3,138,947	7.1~14.5%
미국	307,006,550	1,204,560	0.4%

힌두교의 흔적은 기원전 3000년경 인더스 강 계곡의 도시국가 모헨조다로(Mohenjo Daro)와 하라파(Harappā) 문명으로 거슬러 오른다. 이 문명에서 가슴과 엉덩이가 큰 여인상들이 발견되었고, 쉬바신을 연상케 하는 모습이 새겨진 인장이나 점토판도 발견되었다. 이 문명이 힌두교에 영향을 미친 것은 여성성 혹은 창조성과 윤회사상이다.

1) 고전 힌두교

기원전 15세기 이란 쪽에 살던 아리안족이 인도 서북부를 침공해 인더스문명을 정복하였다. 이들 아리안 족은 기원전 1500년~500년에 신에게 예배를 드리던 경전 『베다』를 남겼다. '베다'(Veda)라는 말은 '앎'이란 뜻으로, 가장 오래되고 중요한 것이 정교한 대중적 희생제를 치르며 섬겼던 많은 신들의 세계가 묘사되어 있는 『리그베다』(Rig Veda)이다. 희생제는 사람들이 신에게 바치는 제물을 불로 태우며 태양과 비를 빌던 의식으로, 신에게 바치는 제물은 동물들이었는데 인간도 포함되었다. 일부 학자들은 이러한 관습이 유목사회였던 아리안의 전통에서 유래한 것으로 추정한다. 가장 선호한 제물은 소였다.

기원전 9~7세기에 기도나 제사 대신 깨달음을 강조하는『우파니샤드』(Upaniṣads)라는 새로운 문헌이 생겼다. '우파'는 '가까이', '니'는 '경건하게', '샤드'는 '앉다'를 의미한다. 학생이 스승 가까이 경건히 앉아 대화를 통해 깨달음을 얻는다는 뜻이다. 『우파니샤드』는 최초로 대화체로 된 종교문헌으로, 200여 편이 있다.『우파니샤드』는 우주의 궁극 실재인 '브라흐만'(Brahman: 梵)의 깨달음을 강조한다. 브라흐만은 절대적인 존재로 우리의 생각이나 관념의 범주를 초월하는 존재이다. 그러므로 우리는 브라흐만을 '이것이다.' 혹은 '저것이다.'라고 정의할 수 없다. 절대자에 대한 이런 태도를 서양 신학사에서는 '부정의 신학'(negative theology)이라 한다. 한편 절대적인 브라흐만은 단순히 추상적인 원리만도 아니다. 바로 나 자신의 본질이며 참된 자아(ātman) 자체다. 나 자신은 바로 그런 브라흐만이 구체화된 것으로 '나는 곧 브라흐만이다'(梵我一如). 브라흐만이 나라는 사실을 깨닫지 못하는 것이 무명(無明)이고, 이를 몸소 체득해서 깨닫는 것이 바로 해탈(解脫: mokṣa)이다.

이 같은 '깨달음'에 대한 강조와 더불어 기원전 6~4세기에 걸쳐 불교가 번성하고 왕실에서 인정하면서 대중적 희생제가 더욱 쇠퇴하게 되었다. 기원전 3세기에 이르자 이제는 경전을 신의 직접적인 계시로 보는 시대가 지나고,『베다』의 의미를 설명하고 해석하는 종교적 고전들이 등장하는 시대가 되었다. 기원전 3세기~기원후 3세기에 생겨난『마누 법도론』(The Law of Manu)이 대표적이다. 모두 12장으로 구성된 이 문헌에는 실제적인 종교생활을 어떻게 할 것인가를 담고 있다. 그 가운데 가장 중요한 것이 카스트 제도(四姓制度)와 삶의 네 단계와 삶의 네 가지 목적이다.

사람들은 바르나('색깔'의 뜻)에 따라 성직자인 브라만, 무사계급인 크샤트리아, 농민과 상인인 바이샤, 그리고 단순 노동자나 하인인 수드라로 나뉜다. 그 아래에는 이른바 불가촉천민이 있다. 『마누 법도론』은 『리그 베다』에 근거하여 모든 사람은 태어난 계급에 맞게 충실한 역할을 수행하는 것이 종교생활의 기본으로 강조하였다. 삶의 네 단계는 상위 3계급의 사람에게만 해당하는 것으로, '학생' 단계, '재가자' 단계, '숲속 거주자' 단계, '출가 수행자' 단계를 거친다고 가르치나, 실제로는 대다수가 마지막 두 단계는 이생에서 이루지 못하고 있다. 삶의 네 가지 목적은 '즐거움', '재산', '의무', '목샤'로, 인생의 궁극적인 목표는 목샤이다.

기원전 2세기~기원후 3세기 사이에 다른 영향력이 큰 경전이 생겨났다. 『바가바드 기타』(Bhāgavad Gīta)로, '바가바드'는 '주(主)', '기타'는 '노래'로, '바가바드 기타'는 '주님의 노래'란 뜻이다. 『바가바드 기타』가 신애(信愛)를 종교생활에서 가장 중요한 것으로 강조하는 경전이다. 이 경전은 신애를 통해 태생이 천한 사람, 여자, 바이샤, 수드라도 크리쉬나(Krsna: 비쉬누 신의 顯現)를 경배하고 사랑하면 구원을 받을 수 있다고 가르쳤다. 이 같은 가르침은 인도 종교사에서 커다란 변화였다. 이제까지 하층민과 여자는 이생에서는 구원받을 수 없고, 선업을 쌓은 후 다음 생에서 남자나 높은 계급으로 태어나야만 가능하다고 강조했기 때문이다. 또 인간을 사랑하는 비쉬누(Vishnu) 신은 필요할 때마다 여러 모양으로 모습을 나타내는데, 이를 아바타르(avatār: 化身)라고 한다. 이 사상은 이후 힌두교에 매우 중요한 사상으로 작용하고 있다.

2) 고전 이후의 힌두교

『베다』의 제의적, 『우파니샤드』의 철학적, 『바가바드 기타』의 헌신적 종교와 함께 인도의 종교적 고전시대는 막을 내렸다. 이후 부각된 힌두교의 세 신은 창조의 신 브라흐마(Brahma), 파괴의 신 쉬바(Shiva), 보존의 신 비쉬누(Vishnu)이다. 이 세 신 중 하나를 믿고 헌신하면 목샤에 이를 수 있다. 여기서 브라흐마는 『우파니샤드』에 나오는 궁극의 실체가 아닌 창조의 신이다. 이 신은 창조의 신이기는 하나 창조 이후 잊어진 신이 되었고, 경배의 대상은 쉬바 신과 비쉬누 신이 되었다.

쉬바 신은 파괴와 죽음의 신이다. 옛 것을 파괴하고 새로운 것을 건설하는 신으로, 수행자의 옛 자아를 죽이고 새로운 자아로 태어나게 돕는 신이다. 쉬바 신은 춤의 신이기도 하다. 그의 춤 때문에 우주의 생성과 파괴의 리듬이 가능하다. 쉬바파 신봉자들은 쉬바를 우주만물의 궁극 실재 자체라고 믿는다. 쉬바 신과 짝을 이루는 여신이 칼리 신으로, 해골 목걸이를 하고 원수의 목을 잘라 들고 있는 등 검은 피부의 무시무시한 여신이다. '캘커타'는 칼리의 발가락이 묻힌 곳에 세운 신전의 이름 칼리카타에서 유래했다고 한다.

비쉬누는 보존의 신이며, 사랑과 자비와 용서의 신이기도 하다. 『바가바드 기타』에 표현된 대로 크리쉬나로 나타나기도 하고, 불교가 등장하자 붓다가 바로 비쉬누의 9번째 아바타르라 주장하기도 했다. 제 10의 아바타르는 아직 나타나지 않았는데, 나중에 백마를 타고 칼키(Kalki)로 나타나 의인과 악인을 심판할 것이라 한다.[10] 비쉬누파 신봉자들은 비쉬누를 궁극 실재로 경배한다. 짝을 이루는 여신은 락스미(Laksmī)로 풍요와 부와 승리의 여신이다.

고전기 이후에는 신을 숭배하는 것만이 아니라 철학적으로 깊은 명상을 통하여 목샤에 이를 수 있다는 사상도 생겨났다. 우리에게 잘 알려진 대표적인 것이 요가(Yoga) 학파이다. 신체 단련 동작으로서 우리가 아는 요가는 기원전 2세기경 파탄잘리(Patañjali)가 『요가경』(Yoga-sūtra)에 정형화 해놓은 것이다. 요가는 근본적으로 마음을 다스리는 방법을 말하며, '마음의 움직임을 중지시키는 것'을 의미한다. 『요가경』에 의하면 8가지 단계를 거치면 마음이 물질에서 구분되어 본래의 순수함을 찾게 된다고 한다. 8가지 단계란 첫째, 불살생(不殺生), 진실, 불도(不盜), 불음(不淫), 무소유의 오계를 지키고, 둘째, 청정과 만족, 고행과 학수(學修), 최고신에 귀의하며, 셋째, 신체를 안정시켜 쾌적하게 하고, 넷째, 호흡을 조절하며, 다섯째, 감각을 외부

---

10) 힌두교 전통에 따르면 궁극적 실재로서 비쉬누는 이미 9번을 인간으로 화신(아바타)하여 인류를 악으로부터 구하고 정의를 회복하는 일을 했으며, 마지막 10번째 화신인 칼키 아바타가 다시 인류를 구원하고 정의를 회복하기 위해 올 것이라고 본다. 힌두교인들에게 가장 유명한 비슈누의 화신은 7번째의 라마와 8번째의 크리슈나인데, 이들은 각각 인도의 2대 서사시인 『라마야나』와 『마하바라타』, 특히, 마하바라타의 일부인 『바가바드 기타』의 중심 인물이다. 비쉬누의 10 화신은 다음과 같다. 1. 마츠야(Matsya), 2. 쿠르마(Kurma), 3. 바라하(Varaha), 4. 나라심하(Narasimha), 5. 바마나(Vamana), 6. 파라슈라마(Parshurama), 7. 라마(Rama), 8. 크리슈나(Krishna), 9. 고타마 붓다(Gautama Buddha), 10. 칼키(Kalki)

대상으로부터 끊고, 여섯째, 마음을 한 곳에 모으고, 일곱째, 관념을 집중하여 명상하고, 여덟째, 삼매에 이르는 것을 말한다.

이제까지 살펴본 바와 같이 힌두교 가름침의 핵심은 인간의 삶의 궁극적 목표가 목샤라는 것이다. 윤회의 굴레에서 벗어나 해방되는 것이 해탈이며, 이것이 힌두교인의 궁극적 목표인 것이다. 근대에 들어 서양 기독교의 전파와 영국 통치의 영향으로 힌두교에서도 기존의 악습을 타파하려는 개혁운동이 일어났다. 선구자로 가장 잘 알려진 인물이 람 모한 로이(Rām Mōhan Rōy, 1722~1833)로, 남편이 죽으면 아내를 같이 화장하는 사티 제도(Sati system)와 어린 아이의 조혼제도를 폐지하는 운동을 전개하였다. 라마크리슈나(Ramakrishna, 1836~1886)는 힌두교, 이슬람교, 기독교 모두 근본적으로 같은 진리를 가르치는 것이라는 깨달음을 얻어 가르쳤다. 라마크리슈나가 1893년 시카고 세계 종교회의에서 베단타 사상을 서양에 소개하여, 힌두교 등 동양 종교를 서양에 소개하는데 공헌하였다.

현대 힌두교는 간디(1869~1948)의 '비폭력' 사상으로 많은 영향을 미쳤다. 1960년대 미국 인권운동가 마틴 루터 킹(Martin Luther King Jr., 1929~1968) 목사와 미얀마의 아웅산 수 치(Aung San Suu Kyi, 1945~, 1991년 노벨평화상 수상) 여사가 대표적이다. 그럼에도 현재 힌두교는 이슬람교와 충돌하고 있다. 인도의 많은 이슬람교인들과 인도를 완전 힌두교국가로 만들려는 힌두교 근본주의자들 사이에 유혈충돌이 발생하고 있는 것이다.

4. 불교

불교는 아시아에서 중요한 종교이다. 타이, 베트남, 라오스, 미얀마뿐만 아니라, 우리나라, 일본에서도 중요한 종교이고, 수당시대의 중국에서도 중요한 종교였다. 현재 서양에는 선불교와 티베트 불교가 많이 알려져 있으며, 쇼펜하우어(Arthur Schopenhauer, 1778~1860), 니체(Friedrich Wilhelm Nietzsche, 1844~1900), 하이데거(Martin Heidegger, 1889~1976), 데리다(Jacques Derrida, 1930~2004), 푸코(Michel Paul Foucault, 1926~1984) 등이 불교의 영향을 받은 사상가들이다.

2012년 CIA World Factbook에 의하면 세계인구 70억 2천만 명 가운데 불교신자가 약 5억 명으로 7.13%를 차지하고 있다. 그에 비하여 Wikipedia의 Religious demographics에 의하면 불교신자의 수가 6억 9천만 명으로 약 10%를 차지하고 있다. 지역별로는 아시아가 가장 많고, 유럽에도 2천만 명 이상의 불교신자가 있으며, 아메리카에도 8백만 명 가까운 신자가 거주한다.

2010년 현재 국가별로는 소승불교의 태국, 캄보디아에서 국민의 90% 이상이 불교신자이다. 캄보디아와 부탄은 헌법에 의해 불교가 국교로 지정된 국가이며, 스리랑카는 국교로 보장되나 타종교에 대한 압력은 없다. 태국은 헌법에 명시되지 않았으나 실질적으로 불교가 국교인 국가이다. 라오스와 미얀마는 불교가 국교였다가 정교분리로 종교의 자유를 인정하는 국가이다. 우리나라는 2005년 현재 불교가 최대의 종교이며, 전 국민의 23% 정도인 1,080만 명이 불교신자이다. 이들 현황을 정리하면 <표 5-6>과 같다.

〈표 5-5〉 지역별 불교신자 수

지역	인구(a)	불교신자(b)	b/a
아시아	4,049,434,182	726,336,585∼1,655,757,369	17.937∼40.889%
유럽	746,510,190	24,067,283	3.224%
아메리카	915,959,330	7,936,420	0.866%
오세아니아	32,021,885	542,920	1.695%
아프리카	927,300,414	157,581	0.017%

*아시아: 중국의 유교, 일본의 신도, 통일 후 베트남의 종교 등을 어떻게 분류하느냐에 따라 아시아에서의 불교에 대한 통계가 크게 차이가 난다.

〈표 5-6〉 국가별 불교신자 수

국가	인구(a)	불교신자(b)	b/a
태국	69,120,000	64,420,000	93.2%
미얀마	47,960,000	38,410,000	80.1%
스리랑카	20,860,000	14,450,000	69.3%
캄보디아	14,140,000	13,690,000	96.9%
라오스	6,200,000	4,092,000	66.0%
부탄	730,000	563,000	74.7%

1) 불교의 성립

불교는 붓다(Buddha, 기원전 563~483)에 의하여 창시되었다. 붓다는 기원전 6세기 히말라야 산맥 아래 현재의 네팔 변경에 있던 카필라 성의 룸비니(Lumbini) 동산에서 사카족(Saka)의 왕자로 태어났다. 성(姓)은 고타마(Gautama)이고 이름은 싯다르타(Siddhārtha)이다. 석가모니란 석가족(釋迦族)에서 나온 성자(聖者)라는 뜻이다. 붓다(佛陀, Buddha)는 산스크리스트어로 '깨달은 사람'의 뜻이며, 여래(如來), 세존(世尊), 사주(師主) 등의 존호(尊號)가 있다.

29세에 출가하여, 35세에 깨달음을 얻고, 80세에 입적하였다. 붓다는 보름달이 밝은 밤 보리수나무 아래에서 선정(禪定)에 들어 초야(初夜)에 숙명통(宿命通), 중야(中夜)에 천안통(天眼通), 후야(後夜)에 누진통(漏盡通)을 얻어 성불하였다. 숙명통은 과거 세상의 일을 모두 아는 신통력, 천안통은 모든 미래의 일을 다 볼 수 있는 신통력, 누진통은 성스러운 지혜로서 일체의 번뇌를 끊고 다시는 미계(迷界)에 태어나지 않음을 깨닫는 신통력을 말한다. 즉 모든 생명체는 생사의 윤회(輪廻)를 거듭한다는 것, 모든 존재는 물질적 소유와 아집으로 불행에 빠진다는 것, 이 두 가지 원인은 모두 카르마(Karma: 業)에 의해 생겨난다는 것, 이 업의 사슬을 깨뜨려 윤회에서 벗어나 니르바나(nirvāṇa: 열반)에 이르러야 고통이 멸한다는 것을 깨달은 것이다.

붓다는 자신을 '여래(如來: '이렇게 온 이' 혹은 '이렇게 간 이'라는 뜻)'라 부르라 하며 니르바나에 이르는 법을 설법하였다. 그것이 사성제(四聖諦), 팔정도(八正道)이다. 사성제는 '네 가지의 성스런 진리'라는 뜻으로 고(苦), 집(集), 멸(滅), 도(道)의 네 가지 거룩한 진리를 깨달으라는 가르침이고, 팔정도는 '여덟 갈래의 바른 길'이라는 뜻으로 정견(正見), 정사(正思), 정언(正言), 정업(正業), 정명(正命), 정정진(正精進), 정념(正念), 정정(正定)을 말한다.

고제(苦諦)는 괴로움의 진리로, 생로병사의 삶 그 자체가 괴로움이란 것이다. 집제(集諦)는 괴로움이 어떻게 일어나는가에 대한 진리로, 괴로움이 생기는 것은 집착 때문이라는 것이다. 멸제(滅諦)는 괴로움을 없앨 수 있다는 진리로, 모든 욕망에서 벗어나 니르바나의 경지에 이르면 괴로움에서 벗어난다는 것이다. 도제(道諦)는 괴로움을 없애는 방법의 진리로, 팔정도가 구체적인 방법이라는 것이다.

팔정도의 '여덟 갈래의 바른 길'은 길이 여덟이라는 뜻이 아니라, 여덟 가지 요소로 구성된 하나의 길이라는 의미이다. 정견(正見)은 바른 견해, 정사(正思)는 바른 생각, 정언(正言)은 바른 언어, 정업(正業)은 바른 행위, 정명(正命)은 바른 직업, 정정진(正精進)은 바른 노력, 정념(正念)은 바른 의식, 정정(正定)은 바른 정신 안정, 즉 선정을 의미한다. 정견은 구체적으로 사제(四諦)의 이치와 제법(諸法)의 참된 모습을 바르게 보는(판단하는) 지혜로, 나머지 일곱을 달성하기 위한 전제이다. 또 정견과 정사를 합하여 혜(慧: 智慧))라 하고, 정언, 정업, 정명을 합하여 계(戒: 戒律)라 하며, 정정진, 정념, 정정을 합하여 정(定: 禪定)이라 한다. 이를 계정혜(戒定慧) 삼학(三學)이라 하는데, 이 세 가지 요체(要諦)가 궁극적으로 우리에게 자유를 누릴 수 있게 하는 배움이라는 의미이다.

붓다가 성불한 후 처음 설법한 다섯 수도승이 깨달음을 얻자, 붓다와 그 제자들은 불교 공동체 '상가'(saṅgha)를 설립하였다. '상가'에서 한문의 승가(僧伽) 혹은 승(僧)이라는 말이 나왔다. 이후 불교공동체가 빠르게 성장하였고, 신분과 성별의 차이 없이 받아들였다. 승가에 들어오기 위해서는 불법승(佛法僧) 삼보(三寶)에 귀의한다는 삼귀의(三歸依)를 세 번 외우고, 살생, 도둑질, 거짓말, 음란, 음주 다섯 가지를 금하는 오계(五戒)를 받들겠다는 受戒의 절차를 밟았다. 붓다가 80세에 열반하자 제자들은 화장을 하고 사리를 봉안하기 위하여 '스투파'(stūpa)라 불리는 무덤을 만들었다. 한자로는 탑파(塔婆, 줄여서 塔)라 한다. 스투파는 곧 순례와 경배의 대상이 되었다. 가장 유명한 스투파는 산치(Sanchi)와 녹야원(鹿野園: Sarnath)에 있다.

2) 인도 불교

붓다가 열반한 후 부처의 말씀을 모으는 작업인 결집(結集)이 진행되었다. 제1차 결집은 붓다의 열반 직후인 기원전 482년 제자 500인이 모인 라자그리하에서 있었다. 거기서 붓다와 일상생활을 같이 한 붓다의 사촌이며 제자인 아난다가 붓다가 하신 말씀을 그대로 외웠다. "이와 같이 나는 들었다"(如是我聞)로 아난다가 일러준 붓다의 말씀을 경(經)이라 한다. 제자 우팔리도 붓다의 말씀 중 특히 승단의 규범이나 규례에 관련된 것들을 외워 모았는데, 이를 율(律)이라 한다.

제2차 결집은 붓다의 열반 후 110년경인 기원전 373년경에 있었고, 3차 결집은 기원전 247년에 있었다. 이 때 구전으로만 내려오던 경과 율을 문자화하였다. 경과 율에 대하여 후대에 주석을 단 것도 모았는데, 이를 논(論)이라 한다. 이렇게 하여 경, 율, 론이 갖추어졌는데, 이를 '세 개의 바구니'라는 뜻으로 트리피타가(tripitaka)라 하고 한자로 삼장(三藏)으로 표현한다.

붓다 열반 후 110년경 제2차 결집에서 계율에 대한 문제로 승단이 갈라지기 시작하여, 18개의 부파(部派)가 생겨났다. 그 가운데 대표적인 것이 상좌부(上座部)와 대중부(大衆部)였는데, 대중부는 곧 없어지고 기원전 1세기경에 혁명적인 대승불교(大乘佛敎) 가 출현하였다. 이 운동은 종래에 출가자(出家者)만의 종교였던 불교를 널리 민중에게까지 개방하려는 재가자(在家者)를 포함한 진보적 사상을 가진 사람들 사이에서 일어났던 것으로, 기존의 부파불교의 자파 중심적인 개인적, 엘리트적 성향을 비판하고 이타적(利他的)인 세계관을 내세웠다. 이들은 자신들을 차안(此岸)에서 피안(彼岸)으로 실어 나르는 '큰 수레(大乘)'라 부르고, 부파불교를 작은 수레인 소승으로 불렀다. 소승불교가 수행을 통하여 개인 자신이 아라한(Arhan: 阿羅漢)의 경지에 이르려했던 데 비하여, 대승불교는 일체중생(一切衆生)의 제도(濟度)를 그 목표로 하는 보살(菩薩)을 종교적 이상으로 삼았다. 이들은 당시까지 붓다에게만 적용하던 보살(菩薩)이라는 개념을 넓혀 일체중생의 성불(成佛) 가능성을 인정하고 일체중생을 모두 보살로 보았다.

인도에서 생긴 대승불교의 대표적인 학파로 중관학파(中觀學派)와 유가학파(瑜伽學派)가 있는데, 이들 운동의 전거(典據)로는 대승불교의 경전이 속속 이루어진 데 있었다. 먼저 '공'(空)의 사상을 강조하는 『반야경』(般若經)이 나왔고, 이를 근거로 나가르주나(Nāgārjuna, 150?~250?)가 창시한 학파가 중관학파다. 중관학파는 종래의 고정관념을 타파하고 동시에 일체의 집착으로부터의 해탈을 실천의 중심으로 삼았다. 이어 『법화경』(法華經), 『화엄경』(華嚴經), 『유마경』(維摩經), 『정토삼부경』(淨土三部經) 등이 이루어졌다. 이 경전들은 오랜 세월에 걸쳐 대승불교가 중심세력이 되어가는 과정 속에서 이루어졌으며, 2~3세기에는 용수(Nāgārjuna: 龍樹, 150?~250?)가 출현하여 대승불교의 사상적 기반을 확립하였다.

이어 일체중생에 불성(佛性)을 인정하여 모두가 부처가 될 수 있다는 여래장(如來

藏)을 교설한『승만경』(勝鬘經) 등의 경전이 이루어졌고, 또 일체를 마음의 흐름에 응집(凝集)시키는 유식(唯識)사상이 대두되었다. 이에 5세기와 6세기에 아상가(410~500)와 바수반두(420~500)에 의하여 유가학파(또는 唯識 학파)가 창시되었다. 이 학파의 기본 가르침은 여래장 사상과 더불어 '모든 것은 오로지 마음 뿐'(萬法唯識)이며 '세상 모두 마음의 작용에 의한 것'(三界唯心)이라는 것이다. 서양인들이 잠재의식과 무의식을 논하기 시작한 것은 18세기에 유가학파의 사상을 접하고 난 이후이다.

인도 불교는 기원전 3세기 마우리아 왕조를 건설한 아소카 왕(기원전 268~232)이 불교로 개종하면서 새로운 전기를 마련했다. 아소카 왕은 거의 인도 전역을 통치하며, 스리랑카, 미얀마, 시리아와 알렉산드리아 등지에 선교사를 보내 불교를 전파하였다. 서기 4~8세기 굽타 왕조 역시 불교를 보호하여 크게 번창하였다. 그러나 8~9세기경 불교는 쇠퇴하기 시작하여, 11~12세기를 거쳐 13세기경에는 인도에서 실질적으로 사라지게 되었다.

불교가 사라진 근본적인 이유는 불교가 일반 서민에 제대로 뿌리를 내리지 못하고 전문 승려를 위한 종교로 변했던 데 있었다. 이런 상태서 힌두교와 이슬람의 공세에 불교 자체가 허물어져 사라진 것이다. 실제로 인도에서는 7세기경 힌두교가 부흥하면서 힌두교 지도자들이 불교를 박해하고, 또 붓다를 비쉬누의 현현으로 해석하는 등으로 불교를 힌두교의 일부로 흡수하였다. 불교의 종말에 결정적 기여를 한 것은 11세기 이후 여러 차례 아프가니스탄 국경을 넘어온 이슬람의 파괴적인 침략이었다. 이들의 침공으로 불교사원이나 경전이 소실되고 승려들이 학살되고 흩어지면서 인도에서 불교가 사라지게 된 것이다.

불교는 인도에서 사라지기 이전에 이미 여러 나라로 전파되었다. 상좌 불교 또는 소승불교가 주로 스리랑카, 미얀마, 캄보디아, 타이, 라오스 등 동남아시아로 퍼져 '남방 불교'가 되었다. 대승 불교는 중국, 한국, 일본, 티베트, 몽고 등 동북아시아로 퍼져 '북방 불교'로 불리게 되었다.

3) 중국 불교

중국에 불교가 전파된 것은 대략 1세기 초 전후이다. 당시 중국은 유교와 도교가 성행하여 종교 사이에 갈등을 피할 수 없었다. 실크로드가 불교사상이 들어오는 중요한 통로였다. 법현(法顯, 338~422)이 계율경전을 구하러 중앙아시아를 거쳐 인도로 갔고, 현장(玄奘, 596~664)이 법전을 구하러 인도에 갔다. 중국에서 불교는 당시의 정치적 상황과 맞물려 3~4세기 남북조 모두에서 환영받는 종교가 되었고, 5~6세기 수당시대에는 중국에서 가장 영향력이 큰 종교가 되었다. 당의 문화는 불교문화가 꽃 핀 시기다. 5~6세기에 걸쳐 여러 불교의 종파들이 등장했는데, 중요했던 두 개의 큰 종파가 중국식 중관학파인 삼론종(三論宗)과 중국식 유가학파인 유식종(唯識宗, 法相宗이라고도 함)이었다. 둘 다 뚜렷이 중국화한 불교인 천태종(天台宗), 화엄종(華嚴宗), 정토종(淨土宗), 선종(禪宗) 등에 영향을 미쳤다.

삼론종(三論宗)은 인도의 중관학파의 창시자 나가르주나가 쓴『중론』(中論),『십이문론』(十二門論)과 그의 제자가 쓴『백론』(百論)을 중심으로 생긴 종파이다. 공(空) 사상이 중심으로 고구려 출신 승랑(僧朗, 450~530경)이 창시자이다.

유식종(唯識宗)은 모든 것은 '의식일 뿐'이라는 가르침에 충실한 종파로 법상종(法相宗)이라고도 한다.『서유기』에 나오는 삼장법사 현장이 인도에서 유가학파의 가르침을 배워 중국에 전파한 종파이다.

천태종(天台宗)의 실질적인 창시자는 천태종 제 삼조 지의(智顗, 531~597)로, 그가 중국의 천태산에 살았다 하여 천태종이라 부른다. 천태종은 지의가 특히『법화경』을 중심으로 설법했으므로, 법화종이라고도 한다. 고려의 승려 제관(諦觀, 971 사망)이 중국에서 저술한 천태사교의(天台四敎義)가 한국, 중국, 일본에서 천태종의 핵심 교과서 역할을 하였다.

화엄종(華嚴宗)은『화엄경』중심으로 생긴 종파로, 가르침 중 '존재의 근원'인 법계(法界) 사상이 가장 중요하므로 법계종이라고도 한다. 실제 창시자는 제3조 법장(法藏, 643~712)이다. 신라의 의상(義湘, 625~702)은 제2조 지엄(智儼)의 제자로 법장과 같이 수학하고, 신라에 와서 영주 부석사 창건하고 신라 화엄종의 초조가 되었다. 신라의 화엄종이 730년경 일본으로 전파되어, 그 사상에 따라 나라(奈良)

동대사(東大寺)에 화엄의 주불인 비로자나 대불이 조성되었다.

정토종(淨土宗)은 『아미타경』(阿彌陀經)을 믿음의 근거로 삼는 종파이다. 누구든 아미타부처(無量光佛, 無量壽佛)의 서원의 힘(願力)을 믿고 나무아미타불(南無阿彌陀佛)을 생각하여 부르면 '극락왕생'한다고 가르친다. 정토에 있는 아미타불은 좌측에 관세음보살(觀世音菩薩)과 우측에 대세지보살(大勢至菩薩)을 거느리는데, 이들이 정토삼존(淨土三尊)이다. 일본 불교신도의 대부분은 정토종 신도로, 그 가운데 친란(親鸞, 1173～1262)에 의하여 개혁되어 승려도 결혼을 하는 정토진종(淨土眞宗)이 우세하다.

선종(禪宗)은 염화시중(拈華示衆)의 가섭을 시조로 시작되었다. 28대 보디다르마(Bodhidharma: 菩提達磨, 470～534)가 520년경 스승의 명으로 중국으로 와 중국 선종의 시조가 되었다. 그가 달마(達磨)이다. 선의 완전한 말인 선나(禪那)는 명상이라는 뜻을 가진 산스크리스트어 '디아나'(dhyāna)를 한자 발음으로 음역한 것이다. 깨달음을 얻기 위해서는 경전이 아닌 좌선을 해야 한다고 가르친다. 달마의 가르침으로 전해지는 불립문자(不立文字), 교외별전(敎外別傳), 이심전심(以心傳心), 직지인심(直指人心), 견성성불(見性成佛)은 모두 선의 기본 정신을 나타내고 있다. 불교 중 서양에서 가장 인기 있는 종파이며, 일본식 표기로 '젠'(zen)이라 한다.

4) 한국 일본 티베트 불교

한국 불교

2005년 현재 우리나라 종교인들 가운데 불교신자는 1,080만 정도로 전체인구의 23%정도이다. 860만 명 정도로 18%가 넘는 개신교와 510여 만 명으로 11%정도 되는 천주교를 분리해서 생각하면 가장 큰 종교이다.

한국에 불교가 전래된 것은 고구려 소수림왕 2년인 372년이었다. 백제는 384년, 신라는 534년에 전파되었다. 신라시대에는 원효(元曉, 617～686)와 의상(義湘, 625～702), 고려시대에는 대각국사 의천(大覺國師 義天, 1055～1101), 보조국사 지눌(普照國師 知訥, 1158～1210), 태고화상 보우(太古和尙 普愚, 1301～1382) 등 탁월한 승려가 배출되었다. 지눌은 '돈오점수(頓悟漸修)' 원리에 따라 선을 개혁하였고,

현 조계종의 기초를 놓았다. 보우는 현 태고종의 시조이다. 삼국시대의 불교를 받아들인 것은 율령체제 정비와 궤를 같이한다. 삼국시대 불교는 국가의 주요 통치이념이었으며, 고려 시대 역시 마찬가지였다. 고려 후기에는 불교가 권력화하고 타락하여 조선의 숭유배불(崇儒排佛) 정책을 초래하였다.

통일신라 말기에 중국에서 선종이 전파되었고, 고려시대 이후 한국 불교는 선종을 중심으로 한 통불교, 즉 선교(禪教) 양종의 통합불교가 주축을 이루었다. 근세 이후 한국 불교의 주류는 선종이다. 해방 이후 비구와 대처의 분쟁 이후 비구 종단은 대한불교조계종을 중심으로 정립되었고, 조계종은 현재까지 한국 불교의 대표 종단이다.[11] 우리나라 불교는 앞서 언급한 바와 같이 선교를 모두 중시하는 통불교적(通佛教)이며, 수행을 통해 자심(自心)을 밝히는 것을 중시하고, 호국불교(護國佛教)의 성격이 강하다는 특징을 지니고 있다.

일본 불교

일본은 6세기 백제로부터 불교가 도입된 이후 지금까지 계속 이어오면서 종파도 유지되고 있다. 그 과정에서 일본 고유의 문화와 섞여 새로운 종파가 생성되기도 했는데, 대표적인 것이 13세기 니치렌(日蓮)이 창설한 일련종(日蓮宗)이다. 일련종은 『법화경』의 완전한 이름인 『묘법연화경』(妙法蓮華經)에 귀의한다는 나무묘법연화경(南無妙法蓮華經: 일본어로 '나무묘호렌게교')을 외우면 개인뿐만 아니라 사회와 국가 전체가 구제된다고 가르친다. 평신도 운동인 '창가학회'(創價學會)의 정치활동으로 1964년 생겨난 정당이 공명당(公明黨)이다. 1993년 일련종이 교의를 어겼다는 이유로 창가학회를 파문하여 양 단체는 서로 분리되었다.

티베트 불교

히말라야에 고립된 티베트 왕국에도 7세기 대승불교의 일종이 전래되어, 토속종

---

11) 2005년 12월 문화관광부의 자료에 따르면 대한민국에는 919곳의 전통사찰이 있다. 그 가운데 조계종이 740곳으로 81%를 차지하고 있으며, 태고종이 105곳으로 11%, 법화종이 23곳으로 3%를 차지하고 있다. 또 지역별로는 경북이 173곳으로 가장 많았으며, 전북 113곳, 경기도 99곳, 전남 95곳, 경남 94곳, 충북 81곳, 충남 80곳, 서울 56곳, 부산 27곳 등의 순으로 조사됐다.

교인 뵌뽀교(Bon敎)와 결합하여 티베트 특유의 불교를 형성하였다. 8세기 중엽 인도의 밀교(密敎)가 전파된 뒤부터 티베트 불교의 근본은 밀교가 되었다. 15세기에 총카파(Tsong-ka-pa)가 반야중관(般若中觀)사상을 기초로 하여 밀교와 융화시킴으로써 현 티베트불교의 기초를 확립했다. 그의 종파를 황모파(黃帽派: Gelugpa)라 하며, 그 전의 종파를 홍모파(紅帽派: Nyingma)라고 한다. 홍모파의 전통에서 내려오는 8세기경 저술된 책에『티베트 사자의 서』가 있다. 총카파의 제자 중 겐둔그룹(1391～1475)이 초대 달라이라마(Dalai Lama)가 되어 현재 14대에 이르고 있다. '달라이'는 몽골어로 '바다'를 뜻하며, '라마'는 '덕이 높은 스승'을 가리킨다. 티베트인은 자신의 국가를 관음(觀音)의 정토(淨土)라 생각하며, 그 통치자인 달라이라마를 관음(觀音)의 화신으로 생각한다.

티베트 불교의 특징은 주술을 많이 이용하고, '주문'(만트라)을 많이 외운다는 것이다. 가장 많은 주문은 '옴 마니 파드메 훔'(옴마니반메훔)으로 '옴, 연꽃 속에 있는 보석이여, 훔'이란 뜻으로, 티베트 불교의 주신격인 관세음보살을 부르는 것이다. 또 주문 써넣은 '기도바퀴'(prayer wheel)를 돌린다. 1950년 중국이 티베트를 점령하자, 1959년 달라이 라마가 인도 북부 다람살라(Dharamsāla)로 망명하여 티베트 망명정부를 세웠다. 현 달라이 라마는 티베트 문제를 불교원칙에 따라 평화적으로 해결하려는 입장을 견지하여 1989년에 노벨 평화상을 수상하였다. 티베트불교는 티베트뿐만 아니라, 북인도, 몽골 및 중국의 일부 지방에 퍼져 있다.

| 제6장 |

서양의 역사와 종교

1. 조로아스터교

서양사회를 오랫동안 지배해온 종교는 유대교와 기독교이다. 그런데 이들 종교는 조로아스터교에서 큰 영향을 받았다. 조로아스터교의 창시자는 고대 페르시아의 조로아스터(Zoroaster)이다.[1] 출생 연대에 대해서는 매우 다양한 주장들이 있는데, 대체로 BC 660년경이라고 보는 것이 일반적이다. 조로아스터는 30세에 아후라 마즈다(Ahura Mazda) 신의 천사장으로부터 유일신에 대한 계시를 받게 되었고, 그 후 8년 동안 나머지 다섯 천사들로부터 진리를 전수받았다.

조로아스터교는 이원론적 일신교(一神敎)이다. 아후라 마즈다가 최고신으로 모든 신들은 통괄하고, 우주를 선과 악의 두 원리로 설명하기 때문이다. '아후라'는 '주'(主)를 의미하고 '마즈다'는 '지혜'를 의미하므로, 아후라 마즈다는 '지혜의 주'를 의미한다. 당시 대부분의 종교가 다신교였던 점을 감안한다면, 아후라 마즈다 외의 다른 신을 모두 거짓으로 선언한 조로아스터의 가르침은 매우 획기적인 것이었다.

---

1) 본명은 스피타마 자라투스트라(Spitama Zarathustra)이며, '자라투스투라' 는 '낙타를 가진 자' 의 뜻이다. ' 조로아스터' 는 자라투스트라의 그리스식 발음이다.

또 아후라 마즈다가 창조신이면서 잊힌 신이 아닌 참된 신으로 선언된 것 역시 마찬가지였다. 이는 종교사적으로 중요한 것으로서, 여기에서 유대교, 기독교, 이슬람교가 영향을 받았다.

경전 『아베스타』(Avesta)에 의하면 태초에 아후라 마즈다에서 두 영(靈)이 나왔는데, 하나는 선한 영 스펜타 마이뉴(Spentas Mainyu)이고, 다른 하나는 악한 영 앙그라 마이뉴(Angra Mainyu: 훗날의 Ahriman)이다. 앙그라 마이뉴는 샤이틴 혹은 사탄으로도 불렸다. 조로아스터교는 세계에서 최초로 악마에 대한 계보를 체계화한 종교이다. 이 세상은 선과 악이 싸우는 투쟁의 현장이다. 인간은 타고난 이성과 자유의지를 활용하여 이 둘 중 한쪽을 선택해야 한다. 이 때 인간은 선을 선택하여 완전함에 도달할 수 있도록 노력해야 하며, 선택의 결과에 따라 인간의 운명이 결정된다.

조로아스터교의 종말론은 2단계로 되어 있다. 우선 신자들은 죽으면 영혼이 3일 동안 몸에 남아서 평생 행한 일을 돌이켜보고, 제 4일째 심판대로 간다. 그곳에서 천사 미트라(Mythra)가 죽은 자의 삶의 행위를 저울에 올려놓고 심판을 한다. 저울이 악한 쪽으로 기울면 그 영혼은 지옥으로 가고, 선한 쪽으로 기울면 천국으로 간다. 그러나 천국도 지옥도 아닌 '하밍스타간'(Hamingstagan)이라는 곳에 가기도 한다. 그곳은 천국이나 지옥 어디에도 갈 수 없는 사람들을 위한 중간 상태를 말하며, '혼합된 지역'이라는 뜻이다. 오늘날 천주교의 연옥과 유사하지만, 연옥에서 용서받은 영혼은 죄를 씻고 천국으로 옮겨질 수 있다고 하는 천주교의 교리와는 근본적으로 다르다. 한편 천국과 지옥에 간 영혼은 거기서 영원히 사는 것이 아니다. 아후라 마즈다가 예정해 놓은 종말에 이르면, 이 세상을 완전히 쓸어서 창조 때의 새 하늘과 새 땅으로 회복해 놓는다. 이 때 영혼들이 부활하고 악한 영은 순화되어 선한 영혼과 합류한다. 그러나 사탄이나 악귀들은 유황불에 완전히 소멸되어, 이 세상은 악의 흔적조차도 사라지게 된다. 그런 아후라마즈다의 뜻이 실현되는 세상에서 사람들은 늙고 죽는 일없이 영생복락을 누리며 살게 된다.

조로아스터교는 아케메네스 왕조 시대(Achaemenian dynasty, BC 599~330)에 오늘날의 이란 동북부 지역을 중심으로 하여, 동쪽으로는 아프가니스탄, 서쪽으로는 페르시아 전역으로 전파되었다. 유일신 신앙임에도 초기 전파 과정에서는 고대의 토착종교와 혼합되기도 하고, 기원전 4세기경에는 헬레니즘의 영향을 받기도 하였다. 파르티아제국 시대(BC 247~AD 226)에 이르러 유일신 신앙이 확립되었고, 페르시아의 사산 왕조(AD 224~651)가 출현하며 조로아스터교를 국교로 삼아 발전하였다. 사산 왕조는 조로아스터교 이외의 종교를 박해했으며, 이 시기에 경전 아베스타(Avesta)가 집대성되었다.

조로아스터교의 유일신 사상, 내세관, 선과 악으로 대비되는 세계관 등이 유대교, 기독교, 불교, 이슬람교 등에 큰 영향을 미쳤다. 특히 유대교에 영향을 주어 그 영향이 기독교와 이슬람교에 전달되었다. 유대인들은 기원전 586년에 바빌론 왕국에 포로가 되었다가, 기원전 538년 페르시아의 고레스 왕에 의해 해방되어 예루살렘으로 돌아갔다. 이 후 유대인들의 신앙에 예전에 없었던 천사장, 사탄, 육체의 부활, 심판, 낙원, 지옥, 세상의 종말에 대한 개념이 등장하였다.

조르아스터교의 세력은 이슬람의 전파 이후 크게 줄었으나, 오늘날에도 인도 뭄바이[2], 이란 야즈드, 아제르바이잔 등지에서 15만~21만 명 정도의 신자들이 존재한다. 조로아스터교는 배화교(拜火敎) 즉 불을 숭배하는 종교로 알려져 있는데, 이는 조로아스터교의 제례 의식에서 비롯된 것으로 보인다. 조로아스터 신자들은 불이 타오르는 작은 제단 앞에서 제례를 드렸는데, 이 때 신자들은 불 자체를 숭배한 것이 아니라, 동물이나 나무막대, 헌주 등의 봉헌물에 불꽃과 냄새를 피워 경배를 표현했던 것이다. 『마태복음』에 등장하는 동방박사들[3]은 조로아스터교의 제사장들로 알려져 있다.

2. 유대교

2012년 현재 유대인은 전 세계적으로 1,400만 명 정도이다. 세계인구 70억 명에 비하면 겨우 0.2%정도이다. 그렇기는 하나 유대교의 유일신 사상, 천사와 악마, 천국과 지옥 같은 기본 교리가 기독교와 이슬람에 큰 영향을 주어, 종교사적으로 중요한 의미가 있는 종교이다.

---

2) 페르시아에서 왔다하여 신자들을 Parsis라 부른다.
3) 『마태복음』 2장 1~12절.

1,400만 명 가운데 북미에 700만 명, 이스라엘에 300만 명, 그리고 러시아와 유럽에 400만 명 정도 거주하고 있다. 미국에 거주하는 유대인들의 절반 정도는 유대교와 관련 없이 살아가는 것으로 알려져 있다.

1) 출애굽

유대교의 시작이며 중심이 되는 사건은 '출애굽'(出埃及: Exodus)이다. 이집트에서 노예로 살던 유대인(당시 히브리인)들이 이집트를 탈출하여 민족으로 해방되는 사건을 말한다. 이 사건은 오직 히브리어의 성서에만 기록되어 있어 역사성에 의문이 제기되기도 하지만, 기원전 13세기 초 람세스 2세(기원전 1307~1237) 때에 일어난 사건으로 추정된다.

『창세기』에 의하면 노아의 10대 손 아브라함이 메소포타미아의 우르에 살다가 야훼(Yahweh: '스스로 있는 자'의 뜻) 신의 명으로 팔레스타인 가나안으로 이주하였다. 아브라함과 아내 사라 사이의 아들이 이삭이고, 이삭의 쌍둥이 아들이 에서와 야곱이다. 야곱이 12명의 아들을 얻었는데, 이 12형제에서 이스라엘 12지파의 기원이 되었다. 야곱의 아들 요셉은 형제들의 시기로 이집트 상인에 팔려갔으나 훗날 이집트 총리가 되고, 형제들도 이집트에 정착하였다. 400년 후 요셉을 기억하지 못하는 왕이 이스라엘 백성을 노예로 삼고 고역을 시켰고, 그 때 모세가 등장하였다.

모세는 야훼의 뜻에 따라 홍해를 건너 '젖과 꿀이 흐르는 땅' 가나안으로 유대인을 구출하여 인도하는 임무를 맡았다. 그러나 가나안에는 타 민족이 살고 있어 그곳에 정착하기까지 40년간을 광야에서 헤맸다. 이 시기에 모세가 십계명(十誡命: Ten Commandments)을 받았다.[4] 이 계명은 당시 가나안의 토착 농경민들과의 대결에서 유대인들의 종교의식과 사회의식, 그리고 윤리의식의 전통을 보존하는 데 중요한 역할을 하였다. 이후 십계명이 유대인들의 모든 율법의 기초가 되어, 이스라엘 왕국 시대는 물론 오늘날까지도 생활의 기본규범이 되고 있다. 이 십계명이 새겨진 원래

---

4) 10계명은 다음과 같다. 1. 야훼 이외의 다른 신을 섬기지 말라. 2. 우상을 섬기지 말라. 3. 하느님의 이름을 망령되게 부르지 말라. 4. 안식일을 거룩히 지키라. 5. 부모를 공경하라. 6. 살인하지 말라. 7.간음하지 말라. 8. 도둑질하지 말라. 9. 이웃에게 불리한 거짓증언을 하지 말라. 10. 이웃의 재물을 탐내지 말라.

의 석판은 후에 솔로몬 왕에 의하여 '언약의 궤'(Ark of the Covenant)에 담아 예루살렘 성전의 지성소에 보관되었으나, 기원전 586년 바빌로니아의 침공으로 불타 사라진 것으로 추정된다.

광야에서 40년을 헤매던 유대인들은 새로운 지도자 여호수아의 인도로 요르단강을 건너 원주민들을 물리치고 12지파가 나누어 정착하였다. 이 후 300년 동안은 왕이 없어 임시 지도자인 사사(士師: Judges)가 나와 다스리며 적을 물리쳤다. 잘 알려진 삼손도 그 가운데 한 인물이다.

2) 이스라엘 왕국

선지자 사무엘에 의해 사울(Saul)이 도유(塗油: anointing)되어 왕이 되면서 사사의 시대가 끝이 났다. 이후 이스라엘 왕은 머리에 올리브유(감람유)를 붓는 전통이 시작되었다.[5] 왕국의 전성기는 블레셋 대장 골리앗을 돌팔매로 물리치어 사울의 사위가 된 다윗(David, ?~961) 때였다. 다윗은 예루살렘을 점령하여 수도로 정하였다. 다윗의 아들 솔로몬(961~912)이 성전을 건립하고 '언약의 궤'를 봉안하였다. 그러나 실정으로 그의 죽음과 더불어 왕국이 분열되었다. 북방의 10개 지파가 '이스라엘'을 세우고, 남방의 유다와 베냐민 두 지파만이 남아 예루살렘을 지키며 '유대' 왕국이 되었다.

분열된 왕국 가운데 북방의 이스라엘이 기원전 722년 아시리아의 침공으로 멸망하였다. 아시리아의 인구 분산정책으로 열 개 지파가 흩어져 '디아스포라'(diaspora)의 기원이 되었다. 남부의 유대왕국도 기원전 586년 바빌로니아의 네부카드네자르의 침략으로 멸망하였다. 10만 정도가 포로가 되어 바빌론으로 끌려가는 '바빌론 유수'(Babylonian Captivity)를 당하였다. 이후 북방의 이스라엘인들은 사라지고 유대만 남아, 아브라함과 이삭과 야곱의 자손이 유대인이라 불리게 되었다.

5) '기름이 부어진 자'는 히브리어로 '메시아'(Messiah)이고, 그리스어로 '그리스도'(Christ)이다.

3) 포로시기 이후 유대교

이스라엘 왕국과 유대 왕국의 멸망 사이에 예언자(預言者: prophet)들이 등장했다. 『구약성서』에서는 네 사람의 대예언자로 이사야(Isaiah), 예레미야(Jeremiah), 다니엘(Daniel), 에스겔(Ezekiel)을 꼽는다. 에스겔은 하늘을 떠다니는 우주선의 휘황찬란한 모습을 이야기한 것으로 유명하다.[6]

기원전 539년 페르시아 왕 고레스(Cyrus II, 기원전 559～529)가 신바빌로니아 왕국을 멸망시켜 유대인들이 해방되었다. 당시 5만 명 이하의 소수가 예루살렘으로 돌아갔고, 나머지는 바빌론에 주저앉아 '디아스포라'가 더욱 확대되었다. 돌아올 때의 지도자가 에스라와 느헤미아였다. 이들이 기원전 520～516년에 제2성전을 건축하고 제사장이 사용할 『토라』를 편집하였다. 여기에는 안식일, 음식, 할례, 유월절 등의 내용이 담겼다.

기원전 333 알렉산더 대왕에 의해 페르시아가 멸망하였다. 예루살렘에도 그리스어가 국제어가 되었고, 기원전 250년경 히브리어 성서가 알렉산드리아의 유대인들에 의해 그리스어로 번역되었다. 이른바 '70인 역 성서'이다.

기원전 168년 시리아의 안티오크 4세가 유대를 지배하면서 탄압하였다. 『토라』의 사용을 금지하고 성전에서 제사를 금지했다. 예루살렘 성전을 제우스 신전으로 바꾸었다. 기원전 164년 하스몬(Hasmon)家의 마카비(Maccabi)가 폭동으로 예루살렘을 탈환하여 이후 100년간 장악했다. 『다니엘 서』(Book of Daniel)가 쓰여진 것이 이 시기인데, 바빌론 유수 시기에 다니엘이 미래를 예언하는 형식을 취하고 있다. 마카비 반란 후에 쓰여진 것으로, 마카비 전쟁에서 죽은 전사들이 하나님의 왕국이 도래하면 부활할 것이라는, 부활사상을 처음으로 확고하게 표현하고 있다.

---

6) 『에스겔』, 1장. 에스겔이 불을 포함하고 번개와 "눈부신 빛"을 내뿜는 "거대한 구름"을 본 광경을 상술하고 있다. 또 움직이는 생물체의 바퀴도 묘사하며, "생물들이 지상에서 날아올랐을 때, 바퀴들도 또한 날아올랐다"고 적고 있다. 『에스겔』 1장의 내용은 일부 학자들에 의하여 에스겔이 우주선을 본 모습을 묘사한 것이라는 주장을 낳았다. 이런 주장은 1956년에 Morris Jessup, 그리고 1961년에 Arthur W. Orton에 의해 제시되었다. 또 Josef F. Blumrich(1913～2002)의 *The Spaceships of Ezekiel*(Bantam Books 1973)은 그가 마샬 우주비행센터에서 NASA 시스템 설계부문 프로그램 사무소장으로 근무할 때 쓴 책이다. 제카리아 시친도 에스겔이 우주선을 본 모습을 묘사한 것이라고 주장하고 있다. 제카리아 시친, 『수메르, 혹은 신들의 고향』, pp. 205～206.

4) 로마 식민지 시대의 유대교

마카비 시대 전후에 유대교에는 종교적 정치적 이념에 따라 여러 당파가 생겨났다. 사두개(Saddukaios)파, 바리새(Pharisees)파, 에세네(Essenes)파가 대표적이다. 사두개파는 기록된 율법인『토라』만을 정경(正經)으로 받들고, 천사나 부활은 믿지 않았다. 로마의 지배도 평화와 복지를 가져온다고 생각했다. 바리새파는 '분리파'라는 뜻으로,『토라』뿐만 아니라 천사와 부활, 최후의 심판 등『구약성서』를 넘어서는 교의도 믿었다. 에세네파는 '경건한 자들'이라는 뜻으로, 1947년 사해문서에서 윤곽이 드러났는데, 경건한 공동체 생활을 한 것으로 알려져 있다.

식민시대 유대인들 사이에는 메시아가 다윗의 후손에게서 나타나 자신들을 해방시키리라는 믿음이 팽배해졌다. 예수를 따르는 사람들은 그를 메시아로 믿었으나, 나머지는 계속 메시아를 기다렸다. 기다리던 메시아가 나타나지 않자, 서기 66년 열심당(熱心黨: Zealots)이 로마통치에 반기를 들었다. 반란은 70년 티투스에 의해 진압되었고, 제2 성전은 기초가 되었던 벽만 남고 완전히 파괴되어 오늘날 '통곡의 벽'으로 남아 있다. 열심당 일부가 서해 쪽 마사다(Massada) 산정으로 도피하여 대항하다가, 약 900인의 유대인들이 집단 자결로 생을 마감하였다. 이후 유대인의 민족적, 종교적 중심지가 사라지고 민족도 완전히 흩어졌다. 신전도 제사장도 사두개파나 바리새파 등도 다 함께 사라졌다.

이제 유대인들은 시나고그(synagogue, 그리스어로 '모임'이란 뜻)라 불리는 회당(모임)에서 랍비('나의 선생'이라는 뜻)의 지도 아래 토라를 읽고 기도하며 율법을 해석하게 되었다. 랍비들은 더 이상 야훼신의 계시가 없을 것으로 믿고, 율법을 자신들의 환경에 맞도록 재해석하기 시작하였다. 이런 주석을 집대성한 것이 6세기 초 바빌론 랍비들에 의해 편집된『탈무드』(Talmud)이다.

5) 중세 유대교

이슬람 지배하의 유대인들은 '경전의 백성들'로 인정되었다. 특별 인두세를 납부하고 특별한 의복을 입어야하는 등 몇 가지 제약은 받았지만, 군복무를 면제받고 자치권과 종교적 자유도 누릴 수 있었다.

그러나 기독교 지역에서는 사정이 달랐다. 기독교도 유대인에 의한 유대인의 종교로 시작되었으나, 기독교는 유대교의 전통을 떠나 다른 종교가 되었다. 기독교인들은 예수가 유대인 때문에 죽었다고 생각하여, 반 유대 감정을 갖게 되었고 유대인을 박해하였다. 11세기 그레고리 7세가 기독교인들에게 유대인 고용 금지령을 내렸고, 1215년 공의회에서는 유대인이 예수를 죽인 수치의 상징으로 색깔 있는 천을 가슴에 붙이고 다니라는 명령을 내렸다. 1095년 제1차 십자군이 공포된 후 라인지방의 몇몇 도시에서는 유대인들이 공격당하고 집단적으로 학살당하는 사건도 발생했다. 1182년 프랑스 왕령지에서 유대인이 추방되었고, 1290년에는 영국에서, 1306에는 프랑스에서, 그리고 스페인으로 이주했던 유대인도 1492년에는 추방되었다. 유대인 거주가 허락된 도시에서는 일정 지역에 높은 벽으로 둘러싸인 게토(ghetto)라 불리는 구역에서만 살 수 있었다. 그 같은 현상은 14～15세기 유럽의 여러 도시에서 흔히 볼 수 있었던 광경이었다. 당시 추방되었던 유대인들은 폴란드와 이집트 및 레반트 지역 등 이슬람 지역으로 이주하였다.

6) 근대 이후 유대교

유럽계 유대인들이 해방된 것은 1789년 프랑스 대혁명에 의해서였다. 국민회의는 '인권선언'을 통해 모든 사람은 법에서 평등함을 선언했고, 유대인도 마찬가지였다. 이후 덴마크에서는 1848년, 노르웨이에서는 1851년, 스웨덴에서는 1865년에 완전히 해방되었다. 독일에서는 1871년에, 영국에서는 1890년에 완전한 시민권을 갖게 되었다.

한편 19세기 산업화와 더불어 사회·경제적으로 성공하는 유대인이 늘어났다. 이런 상황이 반유대주의를 부추기는 계기가 되었고, 동시에 유대인들 사이에 국가건설에 대한 강한 소망을 갖게 만들었다. 1896년 오스트리아 의사 테오도어 헤르츨(Theodor Herzl)이 『유대인 국가』라는 유토피아적인 정치소설에서 "조국 시온으로 돌아가자."고 호소하였다. 이를 계기로 시온주의(Zionism)가 확산되었다. 그 결과 유대인들이 팔레스타인으로 이주하여 1909년 텔아비부(Tel Aviv)를 건설하고,

1917년에는 벨푸어 선언을 이끌어냈다. 1차 대전 중에 영국의 외무장관 벨푸어(Arthur Balfour)가 미국 내 유대인들의 환심을 사서 미국을 1차 세계대전에 끌어들이기 위한 전략으로, 영국 정부는 팔레스타인에 유대인 국가건설을 우호적으로 생각한다고 선언한 것이다 이를 계기로 유대인들이 대거 팔레스타인으로 이주하여, 1928년에 10만, 1931년에 17만 5천, 1933년에 20만 명에 이르렀다.

1933년 유대인 문제의 해결에 나선 독일의 나치 정부가 1941년 이른바 '최후의 해결책'을 통하여 유대인 말살정책을 실시하였다. 그 결과 2차 대전 중에 유대인의 삼분의 일에 해당하는 600만 명이 살해되었다. 1947년 유엔 총회는 팔레스타인을 분할하여 유대인 국가를 건설하도록 허용했고, 1948년에 이스라엘이 건국되었다. 쫓겨난 팔레스타인 사람들은 '팔레스타인 해방기구'(PLO)를 구성하여 '조국'의 회복을 외치며 투쟁을 전개하였다. 2012년 11월 29일 유엔은 팔레스타인이 정식회원국은 아니지만, 옵저버 회원국인 '비회원 옵저버 국가'의 지위를 인정하였다. 그럼에도 여전히 가자지구(Gaza Strip)를 중심으로 양 측 사이에는 분쟁이 계속되고 있다.

3. 기독교

1) 기독교의 현황

2012년 현재 기독교가 세계에서 제일 큰 종교이다. 세계 인구 70억 2천만 명 가운데 23억 4천만 명이 기독교 신자로, 약 34%를 차지하고 있다. 기독교 신자 가운데 로마 가톨릭 신자가 11억 8천만 명 정도로 16.8%이고, 프로테스탄트가 4억 3천만 명으로 6.1%, 정교가 2억 8천만 명 정도로 4%정도이다. 성공회는 9천만 명이 채 안되어 1.3%가 조금 되지 않는 비율이다.

지역별로는 아메리카에 가장 많은 8억 명 이상의 신자가 있어, 전체의 37.4%를 차지한다. 다음은 유럽으로 5억 6천6백 명 정도로 25.6%, 그 다음이 아프리카로 5억 1천2백 만 명 정도로 22.4%이다. 지역별 기독교 인구의 분포를 정리하면 <표 6-1>과 같다.

〈표 6-1〉 지역별 기독교신자 분포

지역	총인구(a)	기독교 인구(b)	b/a	b/총기독교인구
Americas	910,120,000	804,140,000	85.99%	37.41%
Europe	737,083,000	565,911,000	76.27%	25.63%
Africa	999,956,000	516,240,000	62.60%	22.43%
Asia	4,119,629,000	330,273,000	8.75%	12.94%
Oceania	35,103,000	25,754,000	73.36%	1.19%
Middle East	365,305,000	17,354,000	4.75%	0.80%

국가별로는 가장 많은 기독교 신자가 있는 국가가 미국이다. 다음이 브라질, 그 다음이 멕시코, 러시아, 필리핀, 나이제리아로 이어진다. 기독교인의 수가 3천만 명을 넘는 국가를 순위별로 정리하면 <표 6-2>와 같다.

〈표 6-2〉 국가별 기독교신자 분포

국가	기독교인	기독교인 비율
미국	227,462,099	73.0%
브라질	175,501,000	90.4%
멕시코	107,095,000	97.5%
러시아	105,775,000	70.3%
필리핀	90,530,000	93.1%
나이제리아	80,103,000	51.2%
콩고	68,558,000	95.6%
중국	67,070,000	5%
독일	58,400,000	77.9%
에티오피아	54,978,000	64.5%
프랑스	54,240,500	83%
이탈리아	53,230,000	87.8%
콜롬비아	44,502,000	97.6%
우크라이나	41,973,000	91.5%
남아프리카	40,243,000	81.7%
스페인	38,568,000	80.2%
아르헨티나	37,561,000	92.7%
폴란드	36,526,000	95.7%
케냐	34,774,000	85.1%

캐나다	33,776,429	77.1%
영국	33,200,417	59.3%
인도네시아	31,804,000	13.3%

2012년 현재 로마 가톨릭교를 국교로 택하고 있는 나라는 모나코, 몰타, 바티칸 시국, 코스타리카, 리히텐슈타인 등이며, 정교회를 국교로 택하고 있는 나라는 그리스이다. 러시아, 루마니아, 마케도니아, 몬테네그로, 불가리아, 세르비아, 조지아 같은 국가는 정교회가 사실상 국교이다. 덴마크, 아이슬란드는 루터회를 국교로 삼고 있으며, 핀란드는 루터회와 정교회가 공동 국교이다. 스웨덴의 루터회와 스코틀랜드의 개혁교회는 국교가 아닌 국민교회(National Church)이다. 잉글랜드는 영국 국교회이다. 웨일스와 북아일랜드에는 국교가 없으며, 노르웨이는 루터회가 국교였다가 2012년 헌법 개정으로 폐지되었다.

2) 기독교의 창시와 초대교회

기독교의 창시자는 예수로, 『마태복음』에 의하면 헤롯 왕 때로 일반적으로 서기 4년으로 추정한다. 『마태복음』은 아기 예수가 베들레헴에서 태어났을 때 동방박사들이 황금과 유향과 몰약을 가지고 와서 경배했다고 전한다. 30세에 세례자 요한에게 침례를 받고, 광야에서 40일간 금식 기도 후 갈릴리에서 세상의 종말이 임박했음을 알리며 포교를 시작하였다. 유대교의 유월절에 예루살렘에서 '최후의 만찬'을 갖고, 금요일에 골고다 언덕에서 십자가에 처형되었다. 사 후 3일 만에 부활한 후 40일 만에 승천하였다 전한다.

『사도행전』에 의하면 오순절에 모인 제자들이 최초의 신앙공동체인 '예루살렘 교회'를 만들고, 베드로와 예수의 형제 야고보가 이끌었다. 바리새파 지식인이던 바울은 기독인들을 박해하기 위해 다마스커스로 가던 중 예수의 말을 듣고 회심하여, 지중해 연안 지역을 전도한 '이방인의 사도'가 되었다. 할례 등 유대교의 형식이 아닌 예수 그리스도에 대한 믿음으로 의롭게 되는 체험을 강조하여 기독교의 정립에 결정적인 공헌을 하였다.

당시 성서는 현재 구약이라 불리는 히브리어 성서뿐이었다. 신약성서 중에는 서기 50~60년 사이에 기록된 바울의 편지들이 가장 먼저 쓰였다. 『갈라디아서』와 『로마서』에는 바울의 신학이 잘 드러나 있다. 다음으로 서술된 것이 『마가복음』으로 70년경 서술되었다. 그 후 90년경에는 지금은 없어진 Q자료의 것을 첨가한 『마태복음』과 『누가복음』이 나왔다. 100년 전후하여 『요한복음』이 쓰였고, 『사도행전』은 누가복음의 저자가 속편으로 쓴 것으로 되어 있다. 공동 서신 8편의 편지들은 90~150년 사이에 기록된 것이다. 이들은 고전 그리스어가 아닌, 헬레니즘시대 공용어였던 통용 그리스어인 코이네어(Koine Greek)로 기록되었다. 이런 문헌들이 4세기경에 27권으로 정리되어 정식 경전(Canon)으로 받아들여졌다. 그러나 5~6세기까지 공동 서신은 권위가 인정되지 못했고, 『히브리서』, 『야고보서』, 『요한 계시록』은 16세기까지 논란의 대상이 되었다.

3) 박해와 발전

초기 기독교는 로마에서 박해를 받았다. 교인들이 천국의 법과 배치되는 로마법을 무시했고, 군복무와 황제숭배를 거부했기 때문이었다. 64년 네로 황제의 박해, 95년 도미티아누스 황제의 박해, 303년 디오클레티아누스 황제의 박해 등이 대표적이다.

기독교가 공인된 것은 313년 콘스탄티누스 황제의 밀라노 칙령에 의해서이다. 325년 니케아 공의회에서는 아리우스파가 배척되고 아타나시우스파의 삼위일체가 정통으로 인정되었다. 이 때의 기본 신조가 몇 번의 수정을 거친 후에 381년 '니케아 신조'(Symbloum Nicaenum: Nicene Creed)로 발표되었다. 451년 소아시아의 칼케돈 공의회에서 예수는 '진정으로 신이시며 진정으로 인간'이라는 이른바 양성론을 포함한 공식 교리가 재확인되었다. 이단으로 몰린 아리우스파가 네스토리아라는 이름으로 동쪽으로 퍼져 페르시아, 인도를 거쳐 중국에 퍼졌다. 8세기 당나라에서 홍성했던 경교가 바로 아리우스파였다.

고대 기독교의 교리에 큰 영향을 미친 인물은 『고백론』(Confession)의 저자로 잘 알려진 아우구스티누스(St. Augustinus, 354~430)였다. 그는 인간역사를 신의 나라와 지상의 나라의 투쟁사로 본 최초의 역사철학서인 『신국』(Civitas Dei)에서, 원죄설, 신에 의한 구원, 예정설 등을 제시하였다. 아우구스티누스의 교부철학사상은 1517년 루터의 종교개혁에 지대한 영향을 미쳤다.

4) 중세 교회

330년 콘스탄티누스 황제가 로마의 수도를 콘스탄티노플로 옮긴 이후, 기독교 역시 동방교회와 서방교회로 나뉘기 시작하였다. 교회의 분리는 정치적, 교리적, 언어적인 차이에 기인하였다. 정치적 중심지였던 동방교회는 콘스탄티노플의 총대주교에 의존했고, 서방교회는 로마의 주교인 교황에 의존했다.

800년 성탄절 저녁에 교황 레오 3세가 샤를마뉴를 황제로 대관하자 동서 교회의 정치적 긴장이 고조되었다. 서방교회와 게르만 왕국과의 제휴는 양 교회의 단절을 야기했는데, 그 결정적 사건은 962년 독일 오토대제의 신성로마제국 황제 즉위였다.

양 교회는 교리적으로도 대립하였다. 동방교회가 니케아 신조에서 "성령이 성부로부터 나온다"를 고수한 반면, 서방교회는 "성령이 성부와 성자로부터 나온다"는 교리를 사용하였다. 언어적으로도 동방교회가 그리스어를 사용했고, 서방교회는 라틴어를 사용했다. 이 같은 문제와 더불어 1054년 동·서 교회가 로마 교황의 권한 문제, 성직자의 결혼 허용 문제, 성상숭배 문제 등으로 서로를 파문하면서 완전 결별의 길을 걷게 되었다. 이후 동방교회는 동방 정교회(Eastern Orthodox Church)로, 서방교회는 로마 가톨릭 교회(Roman Catholic Church)로 불리게 되었다.

오늘날 동방 정교회는 로마 가톨릭이 인정하는 연옥을 인정하지 않는다. 반면 로마 가톨릭에서 요구하는 성직자의 독신 의무를 일률적으로 강요하지 않는다. 동방정교회는 성화는 사용하나 조각상은 허용하지 않으며, 세례가 아닌 침례의식을 거행한다. 또 성찬식에는 빵만 주는 것이 아니라 빵과 포도주를 준다. 교황의 권위나 교황무오성(教皇無誤性)은 당연히 인정하지 않는다. 양 교회는 모두 사도계승권을 가진 정통 교회임을 주장하나, 다섯 총대주교구 가운데 콘스탄티노플, 예루살렘, 알렉산드리아, 안티오키아는 동방 정교회를 바탕으로, 로마는 로마 가톨릭교회를 바탕으로 하고 있다. 1054년의 파문장은 곧 폐기되었고 화해의 시도도 있었으나,

1965년 12월 7일 교황 바오로 6세와 총대주교 아테나고라스의 화해의 공동선언이 있을 때까지 긴 세월 분열의 상태로 남아 있었다.

5) 종교개혁과 프로테스탄트 교파들

1517년 종교개혁을 일으킨 마틴 루터(1483~1546)는 교회와 사제를 통해서가 아니라, 각자의 믿음으로만 구원될 수 있다는 '만인 사제주의'를 주장하였다. 루터는 성서를 독일어로 번역하고, 신부가 결혼할 것을 주장하고 자신도 결혼하였다. 루터의 개혁운동은 독일과 스칸디나비아제국에 퍼졌고, 이주민에 의해 미국의 위스콘신주, 미네소타주, 캐나다 온타리오주에 많이 퍼졌다. 한국에는 1959년 이후 '루터란 아워'(Lutheran Hour)라는 라디오 방송프로그램을 운영하고 있고, '생명의 말씀사'라는 출판사도 운영하고 있다.

루터 이후 가장 주요한 교회개혁가는 프랑스의 장 칼뱅(Jean Calvin, 1509~1564)이다. 칼뱅은 『기독교 강요』에서 하나님의 주권, 원죄설, 예정론 등 아우구스티누스의 사상을 받아들여 강조하였다. 더불어 선택된 자들의 직업인 '소명'을 강조하고, 근면, 성실, 절약을 가르쳤다.[7] 칼뱅 사상은 프랑스에서 위그노(Hugueno), 영국에서 청교도(Puritan), 스코틀랜드에서는 존 녹스에 영향을 주어 오늘날 장로교(Presbyterian Churches) 신학의 근간이 되었다. 또 네덜란드와 헝가리의 개혁교회(Reformed Churches)가 되었고, 그 밖의 지역에서 장로들이 의사결정을 하는 개혁교회인 장로교가 되었다. 한편 영국은 헨리 8세가 이혼문제로 로마 가톨릭과 결별하고, 1534년 스스로 영국교회(Anglican Church)의 수장이 되었다. 미국에서는 감독교회(Episcopal Church)라 부르고, 한국에서는 '성공회'라 부른다.

영국의 청교도들은 1660년 찰스 2세의 왕정복구로 영국교회가 회복되자 추방되었다. 영국의 청교도들로부터 침례교, 회중교회, 퀘이커교 등이 나왔다.

1612년 세워진 영국 침례교회(Baptist Church)는 1639년에는 미국 로드아일랜드에 침례교회를 세웠다. 이후 미국 남부에 많이 퍼져, 현재 빌리 그레이엄(Billy

---

7) 막스 베버(Max Weber)는 『프로테스탄트 정신과 자본주의 윤리』에서 칼벵사상이 서양 자본주의 형성에 영향을 주었다고 주장한다. 막스 베버, 『프로테스탄티즘의 윤리와 자본주의 정신』, 김덕영 옮김(길 2010) 참고.

Graham)이 속한 미국 남침례교회가 미국 개신교 교파 가운데 가장 크다.

회중교회(Congregational church)는 교회의 머리가 그리스도이므로, 다른 지도자는 필요가 없고 모든 회중이 다 참여하여 의사결정을 해야 한다고 주장했다. 이들 중 일부가 1620년 메이플라어호를 타고 미국으로 건너간 '순교자'로서, 이들이 세운 교회가 회중교회이다. 로드아일랜드를 제외한 전 뉴잉글랜드가 회중교회의 영향에 놓여 약 200년간 미국 동북부 지방에서 실질적인 국교역할을 했다. 목회자 양성을 위해 세운 대학이 현재의 하버드 대학과 예일 대학이다.

퀘이커(Quakers)는 영국의 조지 폭스(1624~1681)에 의해 시작된 종교단체로, 기존 교회의 형식과 십일조에 반대한다. 이들에게 종교란 '내면적 빛'으로 밝아지는 것을 체험하는 것일 뿐, 교리체계를 받아들이거나 목사의 설교를 듣거나 기도하는 것이 아니다. 이들은 박해를 받다가 1681년 윌리엄 펜(1644~1718)이 찰스 2세로부터 미국의 땅 일부를 하사받고 이주하였다. '펜실베니아'가 '펜의 숲'이라는 뜻이고, 필라델피아(형제 우애의 뜻)도 퀘이커교인과의 관계에서 붙여진 이름이다.

감리교(Methodist Church)는 1729년 영국에서 존 웨슬리(John Wesley)에 의하여 시작된 교파로, 성경 및 신학 연구 등에 힘쓰고 빈민과 병자, 감옥의 죄수들의 전도에 힘썼다. 산업사회에서 크게 성장하여 미국에서는 침례교 다음으로 큰 교단이다.

미국에서 발생한 안식일교, 여호와의 증인교, 모르몬교는 모두 종말관에 기초한 교파이며, 문자주의를 고집하고 침례를 주장한다. 안식일교는 침례교 평신도 윌리엄 밀러(1782~1849)가 예수 재림을 주장하여 세워진 교파다. 예수 재림 날짜를 1843년 3월 21에서 1844년 3월 21일 사이로 잡았다가 연기하는 등으로 추종자들이 떠나고, 남은 사람들이 모여 '제7일안식일 예수재림교회'(Seventh-day Adventist Church)를 세웠다. 이들은 토요일을 안식일로 택하고 있다. 한국에서는 삼육대학을 세웠고 위생 병원을 운영하고 있다.

여호와의 증인교회(Jehovah's Witnesses Church)는 창시자 러셀(1852~1916)이 윌리엄 밀러의 재림운동에 영향을 받아 새운 종파다. 나름대로 예수 재림일을 1873년이나 1874년으로 계산했다가 여러 번 예언이 빗나가자, 1914년에는 예수가 보이지 않는 능력으로 재림하여 아직 완성되지 않은 하느님의 나라를 건설하기 시작했다고 주장한다. 삼위일체나 영혼불멸 등 성서에 없는 것을 가르치므로, 기존 교파는 가짜 종교라 주장한다. 병역 거부, 수혈 거부, 투표 거부, 국기에 대한 경례 거부, 공직 거부, 크리스마스 지키기 거부 등을 하며, 『깨어라』(Awake) 혹은 『파수대』(Watch Tower)를 발행한다.

모르몬교(Mormons)는 '말일성도 예수 그리스도의 교회'(Church of Jesus Christ of Latterday Saints)의 속칭이다. 미국에서 생긴 교파 중 교도수가 가장 많다. 창시자는 조셉 스미스(Joseph Smith, 1805~1844)로, 1822년 몰로니 천사의 부름을 받아 모르몬경을 만들었다. 스미스 사후에 브리검 영(Brigham Young, 1801~1877)의 인도로 유타주 솔트레이크시티에 정주하여 오늘에 이르고 있다. 일부다처제였으나 1895년 교회에서 결의하여 중혼문제가 해결되었다. 미국에 세워질 하느님의 나라에는 오직 모르몬의 침례를 받은 사람만이 들어갈 수 있다고 주장하며, 죽은 조상도 침례를 받도록 하기 위해서 세계에서 가장 훌륭한 족보도서관을 가지고 있다.

6) 가톨릭교회의 개혁

프로테스탄트 교회의 확산에 대하여 가톨릭교회에서도 대처하게 되었다. 역사에서 이를 '반종교개혁'(Counter-Reformation)이라 한다. 1545년 트렌트 공의회에서 성서만을 진리의 근원으로 주장하는 프로테스탄트들을 반박하고, 교회의 전통 역시 성서와 동일하게 중요하다고 천명하였다. 또 성서의 해석 권한이 로마 가톨릭교회에만 있다는 점을 분명히 했다. 프로테스탄트들이 성례를 성만찬과 세례 2가지로 간소화한데 반하여, 7성사 모두를 공식적으로 확인하였다.

이 시기 가톨릭교회를 수호했던 중요한 교단인 예수회가 설립되었다. 예수회는 이그나티우스 로욜라(1491~1556)가 1540년 교황으로부터 설립허가를 받아, 프로테스탄트의 가톨릭 회복과 가톨릭 교리의 확산에 기여하였다. 중국에 선교한 마테오 리치(1522~1610)가 예수회 소속이고, 서강대학교도 예수회에서 건립한 교육기관이다. 가톨릭교회는 1854년에는 성모의 무염시태설, 1869년 제1차 바티칸 공의회에서는 교황무오설, 1950년에는 성모몽천설을 공식화하였다. 1962~1965년의 제2차 바티칸 공의회에서 교황 요한 23세가 화해와 공존을 선언하여 동방 정교회와의 화해를 시도했고, 유대인이 예수의 죽음에 책임이 없다는 것을 선언하였다. 또 금서목록을 철폐하고, 교회 밖에도 구원이 있다는 것을 인정하여, 힌두교 불교 등과도 교류하는 것을 공식적인 교회의 입장으로 채택하였다.

7) 근현대의 기독교

기독교 근본주의(Fundamentalism)는 1850년대 미국의 보수적 복음주의 신학자들이 자유주의 신학에 반대하면서 주창한 기독교 신학사조를 말한다. 이들은 1910~1915년에 자신들의 교리를 담은 『근본』(The Fundamentals)을 발간하여 근본주의자라 불리게 되었다. 이들이 주장하는 기독교의 '근본'은 '성서무오설', '동정녀탄생설', '대속설', '육체부활설', '재림설' 등이다. 이런 근본주의는 유럽에는 거의 없고, 미국에서도 일부이다. 오히려 근본주의 선교사가 전파한 피선교국인 아시아, 아프리카, 남아메리카에 많다. 한국 기독교도 근본적으로 근본주의 성격이다. 현재 미국의 근본주의자들은 낙태, 여성 목사 안수, 동성애, 안락사, 뉴에이지 등이 성서의 가르침에 위배된다고 주장한다.

20세기에 들어 교회들이 지리멸렬하게 갈라지자, 교회일치운동이 전개되었다. 가장 효과적인 단체가 1948년 암스테르담에서 결성된 세계교회협의회(WCC)이다. 현재 근본주의 교회를 제외한 많은 프로테스탄트 교회가 가입되어있다. 로마 가톨릭과 동방 정교회는 참관인 자격으로 참여한다. 우리나라에서는 이 단체에 가입을 반대하는 교회끼리 모여 '한국기독교총연합(한기총)'을 결성하였다.

1960년대에는 소외된 사람들을 위한 신학이 등장하였다. 흑인 신학, 해방 신학, 여성 신학, 민중 신학, 종교 신학 등이 그것이다. 현재 서양에서는 기독교인의 수가 줄고 있다. 특히 신부나 수녀, 목사가 되려는 지원자가 급격히 감소하고 있다. 반대로 아시아와 아프리카에서는 늘고 있다. 이슬람이 주종이던 아프리카는 기독교인의 수가 더 많아졌다. 우리나라도 기독교가 급성장한 나라이다.

4. 이슬람교

1) 이슬람교의 현황

19세기 유럽의 지배하에 들어갔던 이슬람 세력이 2차 세계대전 이후 40여개 국가로 독립하고, 1970년 OPEC(석유수출국기구)가 형성되면서, 국제무대에서 큰 영향력을 발휘하고 있다. 한편 이슬람 사회가 서양화하자, 그 반동으로 이슬람 근본주의가 생겨났다. 서양의 자유주의적이고 물질주의적인 가치관을 이슬람에 대한 도전으로 인식하고 이슬람 전통을 고수한다는 것이다. 1979년 이란의 이슬람혁명이 대표적인 예이다. 2001년 9월 11일 뉴욕 무역센터와 워싱턴 국방성 건물을 공격한 테러도 이슬람 근본주의자들이었다. 오사바 빈 라덴(Osama bin Laden)과 그가 이끄는 테러조직 알 카에다(Al-Qaeda)를 비호하던 아프가니스탄의 탈레반 정권 역시 2001년 미국의 부시정권에 의하여 무너졌다.

이슬람(Islam)은 '복종', 무슬림(muslim)은 '복종하는 사람'이라는 뜻이다. 2010년 현재 미국 여론조사 기관인 퓨 리서치센터(the Pew Research Center)에 의하면 전 세계 무슬림 수는 16억 2천만 명으로, 전 세계인구 약 69억 명 가운데 22.43%를 차지하고 있다. 이들 무슬림들은 남아시아와 남동 아시아에 10억 명 이상이 거주하여 전체의 62.1%를 차지하고 있다. 다음이 중동과 북부 아프리카 지역으로 3억 2천여만 명이 거주하여 19.9%, 사하라 이남의 아프리카에 2억 4천여만 명이 거주하여 15.0%가 거주하고 있다. 유럽에도 약 4천 4백만 명이 거주하여 전체 무슬림의 2.7%를 차지하고 있으며, 아메리카에는 500여만 명으로 0.3%에 불과하다. 이를 정리하면 <표 6-3>과 같다.

국가별로는 인도네시아의 무슬림수가 가장 많아 2억 명이 넘어, 전 세계 무슬림의 12.7%에 이르고 있다. 다음은 파키스탄으로 1억 7천 8백만 명으로 11%에 이르고, 세 번째가 인도로 1억 7천 7백만 명으로 10.9%에 이른다. 방글라데시도 1억 4천 8백여만 명으로 9.2%를 차지하고 있다. 그 다음은 이집트, 나이지리아, 터키, 이란으로 7천 5백만 명~8천만 명 정도이다. 그다음은 알제리, 모로코, 이라크, 수단으로 모두 3천만 명~3천 5백만 명 정도이다. 이 같은 현황을 정리하면 <표 6-4>와 같다.

〈표 6-3〉 지역별 무슬림 분포

지역	무슬림(a)	a/지역인구	a/무슬림총수
World Total	1,619,314,000	23.4%	100.0%
South & Southeast Asia	1,005,507,000	24.8%	62.1%
Middle East-North Africa	321,869,000	91.2%	19.9%
Sub-Saharan Africa	242,544,000	29.6%	15.0%
Europe	44,138,000	6.0%	2.7%
Americas	5,256,000	0.6%	0.3%

〈표 6-4〉 국가별 무슬림 수

국가	무슬림(a)	a/국가인구	a/무슬림총수
Indonesia	204,847,000	88.1%	12.7%
Pakistan	178,097,000	96.4%	11.0%
India	177,286,000	14.6%	10.9%
Bangladesh	148,607,000	90.4%	9.2%
Egypt	80,024,000	94.7%	4.9%
Nigeria	75,728,000	47.9%	4.7%
Turkey	74,660,000	98.6%	4.6%
Iran	74,819,000	99.6%	4.6%
Algeria	34,780,000	98.2%	2.1%
Morocco	32,381,000	99.9%	2.0%
Iraq	31,108,000	98.9%	1.9%
Sudan	30,855,000	71.4%	1.9%
Afghanistan	29,047,000	99.8%	1.8%
Ethiopia	28,721,000	33.8%	1.8%
Uzbekistan	26,833,000	96.5%	1.7%
Saudi Arabia	25,493,000	97.1%	1.6%
Yemen	24,023,000	99.0%	1.5%
China	23,308,000	1.8%	1.4%
Syria	20,895,000	92.8%	1.3%
Malaysia	17,139,000	61.4%	1.1%
Russia	16,379,000	11.7%	1.0%
Niger	15,627,000	98.3%	1.0%

이슬람교를 헌법에 명시하여 국교로 택하고 있는 나라들은 상당히 많다. 우선

종파의 구분이 없거나 혼합되어 있는 나라는 바레인, 예멘, 이라크, 쿠웨이트이다. 수니파를 국교로 택하고 있는 나라가 다수로 리비아, 말레이시아, 모로코, 모리타니, 몰디브, 방글라데시, 브루나이, 사우디아라비아, 소말리아, 아랍에미리트, 아프가니스탄, 알제리, 예멘, 요르단, 이집트, 카타르, 튀니지, 파키스탄, 인도네시아의 아체주(인도네시아에는 국교가 없다), 미승인국인 서사하라 등이 있다. 이란은 시아파를 국교로 삼고 있으며, 오만은 시아파의 분파인 이바디(Ibadhi)파를 국교로 삼고 있다.

2) 이슬람교의 창시

이슬람교의 창시자는 '찬양받는 자'라는 의미의 무함마드(Muhammad, 영어로 Mahomet)이다. 570년 메카(Mecca)에서 출생했다. 40세가 되던 610년 라마단 달에 종교체험을 하였다. 천사 가브리엘로부터 하느님의 사자라는 말을 들었고, 그 후 죽기 전 22년 동안 천사의 말을 계속 들었다. 그것을 기록한 것이 『꾸란』(Qúrān)이다.

무함마드의 포교는 다음과 같은 내용이었다. 신은 하느님 한 분뿐이다. 심판이 임박했다. 평등, 박애, 윤리적 삶을 살아야 한다. 우상숭배나 영아살해를 금해야 한다. 그 같은 유일신 사상과 윤리적 삶은 메카 특권층에게 불리한 것이어서, 박해를 받고 200㎞ 북쪽에 위치한 야스리브(Yathtib, 현 Medina)[8]로 피신하였다. 당시 메디나에는 12부족 가운데 10부족 대표가 유대인으로, 일부는 무함마드가 메시아일지 모른다 생각하였다. 무함마드는 초청을 받아 622년 9월 24일 메디나로 옮겨갔는데, 이 해가 이슬람력의 원년이다.

무함마드를 따르는 사람들은 알라신만을 경배하고, 도둑질, 간음, 영아살해, 악언을 금하며, 예언자에 복종할 것을 서원하고 '기도하는 집' 모스크(Mosque)를 짓고 매주 금요일 모여서 기도하였다. 또 개인적으로 하루에 5번씩 기도하는 제도를 수립하였다. 처음에는 예루살렘을 향해 기도하였으나, 유대인과의 관계가 악화되자 메카를 향해 기도하였다. 이슬람 전통에서 예루살렘은 메카, 메디나와 함께 여전히 3대 성지이다. 무함마드는 군사적으로도 성공하여 630년에는 메카를 점령하고, 드디어 아라비아 전역에 걸쳐 정치적 권력을 행사하게 되었다. 무함마드는 세상을 떠나던

---

8) 후에 '예언자의 도시'라는 뜻을 갖는 Medina로 개칭하였다.

632년 메카로 이른바 '고별의 순례'에 올라 모든 무슬림은 형제지간임을 선언하고, 이슬람사회가 하나로 통일될 것을 강조하였다. 무함마드는 632년 6월 8일 월요일 메디나에서 62세 또는 63세로 사망하였다.

3) 꾸란

이슬람 경전은 '읽기' 또는 '읊기'의 뜻을 갖는 『꾸란』(Qúrān)이다. 가브리엘 천사를 통해서 무함마드에게 전해진 알라의 계시를 그대로 읽거나 읊은 것이라는 데서 나온 말로서, 신학적으로 말하면 '신의 말씀'이다. 『꾸란』은 모두 114장 6,200여 절로 구성되어 있다. 각장은 제1장(개경장)을 제외하면 연대순이 아닌 장단의 길이에 따라 배열되어 있다. 제2장이 가장 길어 286절이고 제3장이 200절이다 103장부터는 3~6절로 되어 있다. 『꾸란』의 전체 길이는 신약 성서의 약 5분의 4정도이다. 무함마드가 계시 받아 낭송한 것을 양피지, 대추야자 잎, 가죽조각, 돌 등에 기록해 놓았던 것을 사후 2대 지도자가 나와서 한데 모으고, 3대 지도자가 이를 최종 확인해서 한자의 첨삭도 없이 지금까지 내려오고 있다. 무함마드 사후 20년의 일이다.

이슬람교에 의하면 『꾸란』은 하느님의 직접적인 말씀이기 때문에 다른 어느 경전보다도 권위가 높다. 또 그런 이유로 아랍어 외에 다른 말로 번역해서도 안 된다. 이 같은 『꾸란』은 신은 '알라'(Allah)[9] 한분뿐이라는 유일신 사상을 철저히 강조한다. '알라'는 창조주이고, 역사를 다스리시는 분이며, 말세에 심판자이다. 또 99가지의 아름다운 이름을 가지고 있는데, 가장 많이 불리는 이름이 '자비로운 분'이다. 『꾸란』의 각 장은 "자비롭고 은혜로우신 알라의 이름으로 ..." 시작된다.

무함마드는 알라가 보낸 예언자이다. 가장 중요한 예언자인 노아, 아브라함, 모세, 예수, 무함마드 가운데, 제일 중요한 예언자이고 최후의 마지막 예언자이다. 사람은 죽으면 부활의 날까지 수면상태로 머물다가 천사가 나팔을 불면 깨어나 하느님 앞에서 심판을 받는다. 종말관은 조로아스터교, 유대교, 기독교와 비슷하다. 『꾸란』도 예수의 동정녀 탄생을 인정한다. 그러나 예수는 예언자의 한 사람일 뿐, 기독교에서 주장하는 신성은 부인한다.

---

9) 아랍어로 '하느님'이라는 뜻이다.

4) 이슬람의 다섯 기둥

이슬람은 믿음(īmān)과 실천(dīn)으로 이루어진 종교이다. 이슬람의 다섯 기둥은 무슬림들의 가장 기본적인 다섯 실천의례로, 신앙고백, 기도, 자선, 단식, 순례를 말한다.

제1의 기둥은 신앙고백으로, 알라 이외에 다른 신은 없으며 무함마드는 알라의 예언자라고 선언하는 것이다.

제2의 기둥은 기도로, 하루에 다섯 번 새벽, 정오, 오후, 일몰, 밤에 메카를 향해 기도하는 것을 말한다.

제3의 기둥은 헌금으로, 무슬림들은 자산의 2.5%, 교역품의 2.5%, 농업 생산의 5~10%정도를 가난한 사람들에게 기부해야 한다. 지금은 국가에서 부과하는 세금이 있으므로 자원하는 사람만 낸다.

제4의 기둥은 단식으로, 라마단(이슬람력 9월) 한 달 동안 일출부터 일몰까지의 낮 시간에 단식한다. 무함마드가 고행하다가 신으로부터 계시를 받은 달을 기념하는 것으로, 먹는 것, 마시는 것, 성행위 등을 완전히 금한다. 예외는 병자와 여행자, 젖먹이 어머니와 어린이이다. 단식이 끝나면 3일간은 축제가 있고 모두 함께 음식을 나누며 알라의 풍성함을 기뻐한다.

제5의 기둥은 순례로, 일생에 한 번은 메카로 순례를 와야 한다. 아담과 하와가 에덴에서 쫓겨나 자리잡은 곳이 메카이고, 아브라함과 아랍민족의 조상이 된 이스마엘(Ishmael)이 하느님을 위해 성전을 짓고 예배하던 곳이 메카이다. 아브라함의 순례를 본받아 무슬림들은 모두 메카를 순례해야 하는 것이다.

5) 이슬람교의 확산

이슬람의 군대는 초기에는 아랍부족들로만 구성되어 있었고, 기병이 포함된 보병 위주의 군대였다. 그러나 원정활동이 진행되면서 베르베르인, 페르시아인, 터키인 등 이슬람에 귀의한 비아랍계의 역할도 커졌다. 9세기 초부터는 기병중심의 군대로 재편되었다.

무함마드 생전에 이미 아라비아 반도가 통일되었다. 제2대 칼리프 우마르 이븐 알 카타브 통치기(634~644)인 635년 다마스쿠스 정복, 636년에 페르시아 정복, 637년에 예루살렘 정복, 641년에 알렉산드리아 정복 등 해외진출이 활발하였다. 그 후 우마이야 왕조 시기인 711년에 스페인의 서고트 왕국을 정복하여 1492년까지 다스렸다. 이슬람군대는 13세기 몽골 군대가 등장할 때까지 천하무적이었다. 그런데 이슬람군대를 제압한 몽골 지배자들이 스스로 이슬람으로 귀화하여 이슬람 제국이 더 확장되었다. 이슬람은 1453년에 비잔틴제국을 멸망시키고 콘스탄티노플을 이스탄불로 개명하여 오늘에 이르고 있다.10)

11세기 인도로 진출한 이슬람 세력이 불교사원을 파괴하여 인도에서 불교가 사라지게 만들었다. 이후 이슬람 세력은 왕조가 교체되면서 유지되다가, 1947년에는 이슬람 국가 파키스탄이 분리되었다. 동남아시아의 이슬람교는 12~15세기 아랍인들의 무역활동을 통하여 전파되었다. 14세기 이후 지역의 통치자들이 이슬람교로 개종하기 시작하여, 그 후 200년 만에 거의 전 지역에서 이슬람교를 믿게 되었다. 15세기 중반에 말라카가 이슬람의 중심지이자 무역의 중심지로 부상하여 말레이어가 중심 언어가 되었다. 현재도 발음은 약간 다르나 말레이시아와 인도네시아에서 같은 언어를 사용하고 있다. 현재 인도네시아는 세계 최대의 무슬림 국가로, 국민의 88% 이상인 2억 명 이상이 이슬람교인이다. 중국에는 당나라 시대 이슬람 상인이 들어왔고, 회회인으로 불렸다.

이슬람교의 한반도 진출은 9세기 전후 신라시대이다. 원성왕릉으로 알려진 괘릉(掛陵)에는 당시 신라를 왕래했던 서역인(위구르인으로 추정)의 석상이 세워져 있어, 당시 신라와 활발한 교류가 있었을 것으로 추정된다. 이후 고려시대에는 더 많은 교류가 있었다. 이슬람 상선이 왕래한 기록이 남아있으며, 개경의 외곽에 예궁이라 불리는 모스크를 짓고 정착하여 생활하였다. 고려인이 무슬림이 되기도 하였다. 당시 고려에 정착한 무슬림(위구르인)들은 성씨를 하사받았는데, 현재 덕수 장씨가 그 후예라고 알려져 있다. 이슬람교는 조선시대 초기까지 영향을 미쳤는데, 특히 조선 초기 과학발전에 큰 영향을 미쳤다. 그러나 중국에서 등장한 명나라가 쇄국정

10) 이슬람의 역사에 대한 자세한 사항은 프랜시스 로빈슨 외, 『사진과 그림으로 보는 케임브리지 이슬람사』, 손주영 외 옮김(시공사 2002) 참고.

책을 취하자 서역과 교류가 단절되었다. 유교가 발전하면서 세종대왕 때에 유교의식 외에 다른 의식과 율법이 금지되었다.

이슬람교가 다시 한국에 들어온 것은 6·25전쟁 때 유엔군으로 참전한 터키 부대를 통해서였다. 1955년 종군 이맘(Imam: 성직자)의 지도 아래 선교가 시작되었다. 1967년에는 재단법인 한국이슬람교가 인가되어 신도 7,500명의 교세를 갖게 되었다. 1970년대 중동 건설 붐을 타고 교세가 크게 확장되었다. 중동 각지에서 무슬림이 되어 귀국한 근로자들 덕분이었다. 그 같은 분위기 속에서 1976년에는 현재의 용산구 한남동에 서울 중앙성원(中央聖院)이 건립되었고, 1980년에는 한국 이슬람 대학 설립이 추진되기도 했다. 그러나 우리나라의 이슬람교는 우리나라의 유교적 전통, 이슬람의 일부다처주의, 예배의식의 용어 등으로 여러 어려움을 갖고 있다. 2009년 기준으로 국내 거주하는 무슬림은 약 20만 명이며, 한국인 무슬림은 약 3만 5천명이다.

6) 이슬람 분파

무함마드 사후에 그의 친구이며 장인 중 하나인 아부 바크르(Abu Bakr, 632～634)가 2년 동안 제1대 칼리프(Caliph)[11]가 되었다. 죽기 전 그는 우마르('Umar I, 634～644)를 제2대 후계자로 지명했다. 우마르는 10년 동안 재위하면서 해외로 활발히 진출하여 다마스쿠스(635년), 페르시아(636년), 예루살렘(637년), 알렉산드리아(641년) 등 여러 지역을 점령하였다. 기도 중 페르시아 노예에 의해 치명상을 입고, 죽기 전 6명의 위원을 지명하고 그 중에서 후계자를 선출하라고 명하였다.

다음 후계자 선출과정에서 내분이 생겨 이후 이슬람 역사가 파벌과 암투의 연속으로 이어지게 되었다. 후계 경쟁은 무함마드의 심복 겸 사위였던 우스만('Uthmān ibn 'Affān, 644～656)과 사촌 겸 사위였던 알리('Alī ibn Abī ālib, 656～661) 사이에 치열하였다. 우스만이 다음 후계자로 제3대 칼리프가 되었다. 그러나 12년 만에 살해되고 알리가 제4대 후계자인 칼리프가 되었다. 그 역시 암살되었다. 이 때 제3대 칼리프 우스만 지지자와 제4대 칼리프 알리의 지지자가 영원히 갈라지게 되었다.

11) '신의 사도의 대리인'이라는 뜻으로, 무함마드의 후계자라는 의미이다.

우스만 지지자를 수니파(Sunnis: Sunnites), 알리 지지자를 시아파(Shias: the Shi'a)라 한다.

수니파

'수니파'란 '전승주의파' 또는 '정통파'란 뜻으로, 신의 말씀인 꾸란과 함께 예언자 무함마드의 언행과 관행을 의미하는 수나(Sunnah: 관례, 법적 관행)를 따르는 사람들을 말한다. 아랍어로는 아흘 알-순나(Ahl al-Sunnah: 순나의 사람들)라 하며, 줄여서 수니파라 칭한다. 수니파는 제1대 칼리프 아부 바크르를 비롯해 선출과 충성 서약에 따라 즉위한 4대 정통 칼리프를 인정하고, 4대 이슬람 법학파(法學派)[12] 중 어느 하나에 속하는 사람들을 말한다. 오늘날 전 세계 무슬림 인구의 90%가 수니파이고 나머지 10% 정도가 시아파이다.

시간이 지남에 따라 시아파가 신비주의적 경향을 띠고 비합리주의적인 신학을 발전시켰다. 반면, 수니파는 일탈과 혁신을 거부하는 정통파 신학과 시대변화의 합리적 수용을 옹호하는 신학이 병행해 발전했으며, 많은 법학자와 신학자들을 배출하였다. 수니파의 연구 중심지는 아바스왕조에서는 바그다드였으나, 1258년 몽골에 정복되어 아바스왕조가 멸망한 후에는 카이로의 아즈하르대학교(972년 설립)로 옮겨져 오늘에 이르고 있다.

시아파

'시아파'란 '분리파'라는 뜻으로 수니파의 상대적인 개념이다. 오늘날 무슬림의 10%정도가 시아파이며, 대부분 이란과 이라크에 집중 분포한다. 시아파는 계승자가 무함마드의 가족 중에서 나와야 한다고 주장하며, 무함마드의 사촌이자 사위인 제4대 칼리프 알리를 따르던 사람들이다. 이들은 알리가 무함마드의 가족이므로 마땅히 참된 후계자여야 한다고 주장하며, 처음 3인의 칼리프는 인정하지 않는다. 661년 알리가 암살되고 후계자가 우마이야(Umayyah) 가문의 제3대 칼리프 우스만의 6촌 동생 무아위야(Mu'awiyah)로 넘어가자, 알리의 아들 후세인(Husayn)이 도전했으나

12) 이슬람법의 해석방법과 이슬람법에 대한 태도에 따라 구분되는 데, 주창자에 따라 하나피 학파(Hanafi School), 말리키 학파(Maliki School), 샤피 학파 (Shafi'i School), 아흐마드 빈 한발(Ahmad ibn Hanbal, 780~855) 학파가 있다.

실패하여 680년 이라크의 카르발라(Karbala)에서 일가족이 모두 죽임을 당하였다. 따라서 시아파는 우마이야 가문의 세습 후계자도 인정하지 않는다.

결국 후세인의 죽음을 순교로 받아들이며 하나의 파벌이 형성되었다. 카르발라의 참극이 수니파와 시아파가 나뉘는 분기점이 된 것이다. 시아파는 알리가 죽은 후 칼리프가 끊어지고, 이맘(imam)[13] 이 공동체를 이끄는 체제가 되었다. 시아파에서 이맘의 지위와 존재는 수니파에서와는 매우 다르다. 수니파에게 이맘은 예배를 관장하는 종교지도자이다. 대신 칼리프는 신의 계시와 명령에 따라 종교를 보호하고 세속적인 일들에 대한 통치권을 행사하는 정교일치의 수장이다. 그러나 시아파에게 이맘은 가장 위대하고 훌륭한 스승이며 '신성한 존재'다. 알리와 그의 후계 이맘들은 모두가 범인이 아니라 무오류의 초인적 존재로서, 현세 문제뿐만 아니라 샤리아(이슬람 율법)상의 문제에 대해 절대적 해석권과 판결권을 갖는다.

2015년 11월 현재 시아파가 정권을 장악하고 있는 나라는 이란, 이라크, 시리아이다. 그 가운데 이란은 시아파가 수니파가 74%였다. 수니파 세력인 IS가 내전 중인 시리아 영토의 약 절반, 그리고 이라크 영토의 3분의 1정도를 점령하고 있다.

---

13) '구세주' 란 뜻의 종교 지도자를 의미한다. 시아파는 매우 다양하나 누구를 정통성 있는 이맘으로 여기는가에 따라 크게 세 갈래로 나뉜다. 주류는 12 이맘파 혹은 이마미파(al-Imamiyah)로, 16세기 초 사파비왕조(Safavid dynasty, 1502~1736)에 의해 이란의 국교가 된 이래 오늘날까지 이란의 지배적 종교이다. 시아파 중 최대의 신자 수를 포용하고 있다. 소수파는 예멘에서 세력을 유지하고 있는 자이디야(Zayydiyah)파가 있다. 그 외에도 이스마일파(Ismailism), 누사이리(Nusayri)파, 드루즈(Druze)파가 있다.

| 제7장 |

역사와 예술

1. 예술과 미

1) 예술

예술(藝術, art)의 사전적 의미는 특별한 재료, 기교, 양식 따위로 감상의 대상이 되는 아름다움을 표현하려는 인간의 활동 및 그 작품을 의미한다. 이같이 정의되는 예술은 공간예술, 시간예술, 종합예술 등으로 나눌 수 있다.

중국 한자에서 예술(藝術)이라는 어의적 의미를 살펴보면 예(藝)는 '심는다'(種·樹)는 뜻이 있는데, 그것은 기능(機能), 기술(技術)을 의미하는 것으로 풀이되고 있다. 또 술(術)은 '나라 안의 길'(邑中道)을 의미하며, 이 길(道·途)은 어떤 곤란한 과제를 능숙하게 해결할 수 있는 실행방도(實行方途)로서 역시 기술을 의미하는 말로 풀이되고 있다. 이와 같은 뜻을 지닌 예술이라는 말이 동양에서는 고대부터 존재해 왔으며, 『후한서』(後漢書)의 <안제기>(安帝紀)에 이미 '백가예술'(百家藝術)이라는 기록이 나타난다.[1)]

---

1) 인터넷『두산백과』, 예술 항목 참고.

서양에서 예술을 의미하는 말은 영어로 아트(art)인데, 이는 라틴어 아르스(ars)에서 나왔다. 독일어로는 쿤스트(Kunst), 프랑스어로는 아르(art)이다. 그런데 라틴어 아르스는 그리스어 테크네(technē)를 번역한 것이다. 테크네라는 말은 영어의 technique의 어원이기도 하다. 여기서 짐작할 수 있듯이, 이 말 역시 일정한 과제를 해결해낼 수 있는 숙련된 능력이나 '기술'을 의미하기도 했다. 고대 그리스어에서 테크네라는 말은 합리적인 규칙에 따른 인간의 이성적인 제작활동 일체를 의미하였다. 그러므로 테크네는 일정한 규칙에 의해 자연에 의해 제공된 재료를 가지고 제작자가 기술과 솜씨를 발휘하는 지적인 제작활동이었다. 그러므로 테크네는 오늘날 우리들이 예술이라고 부르는 영역을 포함하지만, 우리가 기술이라고 부르는 영역과 학문(science)이라고 부르는 영역까지도 포함하는 개념이었다. 예컨대 화가의 기술, 의사의 기술, 장사꾼의 기술, 항해술, 웅변술 등이 모두 테크네라고 불렀다. 그렇지만 현재 우리들이 예술에 포함하는 모든 활동을 테크네라고 부르지는 않았다. 테크네에 속하는 예술은 회화, 조각, 건축과 같은 조형예술로, 시, 음악, 무용, 연극 같은 시간예술은 테크네에 포함시키지 않았다. 음악과 시는 인간의 제작활동이 아닌 뮤즈(Muses)여신이 관장하는 영역이었다. 이런 예술분야를 여신이 주재했다는 것은 음악과 시는 여신들의 영감의 소산임을 의미한다. 영감은 그리스어로 '엔토우시아스모스'(enthousiasmos)라 하는데, 신에 홀린 상태를 의미하는 말이었다.

그리스인들이 사용했던 예술과 관련된 테크네의 의미가 아르스와 아트라는 말로 르네상스 시대까지 이어졌다. 현재 우리들이 의미하는 미적 의미에 한정된 예술이라는 개념은 18세기에 정립된 것이다. 이후로 예술을 일반적인 기술과 구별하기 위해 특별히 '미적 기술'(fine art)이라는 표현을 사용하게 되었다.[2] 실용적 기술과는 구별되는 좁은 의미의 미적 기술인 예술은, 미적 기술의 창작활동이라는 특징이 가장 두드러진 분야인, 조형예술(미술)에 국한하여 사용하기도 한다. 그러나 일반적으로는 조형예술 외에도 음악, 문예, 연극, 무용 등을 포함하여, 미적 가치의 실현을 본래의 목적으로 삼는 창작활동을 포괄적으로 지칭하는 것으로 사용되고 있다.

2) 18세기 당시에 시, 음악, 회화, 조각, 건축의 다섯 가지 리버럴 아트(liberal arts)가 모두 미를 공통의 목표로 모방활동을 하는 것이라는 사고가 형성되었다. 그리고 이 다섯 가지 리버럴 아트가 아베 바또(Charles Abbe Batteux, 1713~1780)의 표현에 따라 '예술'(beaux-art: fine art)이라는 말로 불리었다.

2) 미

미(beauty)는 우리의 마음에 즐거움과 감탄을 불러일으키는 것으로, 고대 그리스어로는 '칼로스'(명사: kallos, 형용사: kalos)였다. 이 말은 미의 추상적 성질을 가리킬 때 사용하였고, 개별적인 아름다운 사물을 가리킬 때는 형용사의 명사형인 '투 칼론'(to kalon: the beautiful)을 사용하였다. 그런데 그 같은 미의 개념은 현재 우리들이 사용하는 것보다 훨씬 광범위한 것이었다. 아름다운 색이나 음만이 아니라, '아름다운 사고', '아름다운 제도', '아름다운 법', '아름다운 성격'처럼 미의 개념을 시각과 청각에만 국한시키지 않고 습관과 행위, 법률과 도덕, 과학과 진리에 이르기까지 광범위하게 사용하였다. 이를 통하여 고대 그리스인들에게 미라는 개념은 현재의 진, 선, 미의 가치들이 융합된 의미였었다는 것을 알 수 있다.[3)]

그리스인들에게 청각적인 미에 해당하는 말은 '하모니아'(harmonia: 화음), 시각적인 미에 해당하는 말은 '시메트리아'(symmetria: 비례)였다. 하모니아나 시메트리아처럼 감각적인 대상들 속에 구현된 시청각적인 미가 오늘날 좁은 의미의 미를 뜻하는 말로 사용되었다. 이 같은 미의 개념이 최초로 제기된 것은 피타고라스(Pythagoras of Samos, BC 570년 경~495년 경)의 『음악론』을 통해서였다. 이 『음악론』이 조각과 회화, 건축에 영향을 미쳐 그들이 준수해야 할 규범(kanon)으로서 완전한 비례의 이론을 낳았다. 그런데 고대인들은 사유에 비해 지각을 저급한 인식능력으로 생각했다. 그럼에도 지각과 사유는 밀접한 관계가 있는데, 지각 중에서도 시각에 의한 지각만이 그러한 것으로 생각하였다. 따라서 카논은 사유보다 낮은 정신활동인 시지각의 대상에 대한 것이었다. 그러므로 미의 개념을 감각적인 것에 국한시키고자 했을 때, 고대 그리스인들은 시각적인 지각에 기초하여 미의 개념을 정립하였다. 여기서 미는 수와 척도와 비례에 있다는 이론이 발전하였고, 이것이 모든 미이론의 기초가 되고 있다는 점에서 타타르키에비치(Wladyslaw Tatarkiewicz, 1886~1980)가 이것을 서구미학의 대이론(great theory of beauty)이라 규정하였다. 감각이 아닌 이성(정신)의 진정한 미, 수적 질서에 기초한 우주의 조화와 초월적 이데아라는 미의 형이상학적 토대, 미의 객관적 속성, 미의 지고한 가치 등과 관련되

3) 예술과 미에 대한 일반적인 논의는 오병남, 『미학강의』(서울대학교 출판부 2003)를 참고할 것.

는 이러한 서구미학의 개념은, 18세기를 거치며 퇴조하기 전까지 2천년 이상의 오랜 기간 동안 광범위하게 인식되고 수용되어 왔다.

고대 그리스의 미에 대한 이론은 미의 이성적 본질, 미의 형이상학적 기초, 미의 객관성 및 가치 등에 관련된 많은 논의들을 전개시켰다. 미의 형이상학적 기초가 피타고라스에게는 수적 본질의 우주론이었고, 플라톤에게는 현상계(現象界)와 이상계(理想界)의 이원론적 이데아론(theory of Idea), 플로티노스에게는 일원론적 일자론(theory of the One)이었다. 또 중세를 통해서는 신학이론이었다. 이 같은 미의 형이상학적 기초의 차이에 따라 이념으로서 완전한 정신적인 미와 불완전한 감각적 미가 구분되었다. 미에 대한 이 같은 구분을 통해 후자는 전자의 모방이라는 플라톤의 모방설과, 후자는 전자의 유출(流出: emanation)이라는 플로티노스의 유출설이 제기되었다.

2. 서양 중세의 미와 예술

중세 미학의 토대를 구축한 인물은 신플라톤주의(Neoplatonism)를 정립한 플로티노스(Plotinos, 204/5～270)이다. 플로티노스는 미를 비례와 더불어 빛에서 찾았다. 플로티노스는 현상계의 배후에는 그것의 궁극적인 원천으로서 일자(一者: the One)가 존재하다고 전제하며, 이상계와 현상계를 연결하는 일원론적 세계관을 제시하고 있다. 일자는 마치 광원(光源)과도 같아서 일자의 빛이 흘러 넘쳐 유출됨으로써 만물이 형성된다. 일자로부터 처음 유출된 것이 정신(Nous: Divine Mind, logos)이고, Nous에서 유출된 것이 영혼(psyche: World Soul)이다. 플로티노스는 영혼을 높은 단계와 낮은 단계로 나누었는데, 높은 단계는 인간 영혼, 낮은 단계는 자연 영혼이다. 유출의 마지막 단계는 물질(matter)로, 일자의 정신적 빛이 다 타고 남은 찌꺼기이다. 마치 광원에서 멀리 떨어져 빛이 소진되어 어둠에 묻힌 것과 같은 존재이다.

영혼과 육체가 결합된 인간은 육체성을 벗어나 순수한 정신적 존재가 되었을 때 일자의 빛과 합일이 될 수 있다. 이 같은 사상이 초기 기독교의 사유방식에 영향을 주어 교부철학의 정립으로 이어졌다. 따라서 일자의 빛이 신의 빛으로 대체되면서,

플로티노스의 빛의 형이상학이 중세의 빛의 신앙이 되고 빛의 미학이 된 것이다. 신은 진, 선, 미의 통합적인 존재로서, 이 세상 모든 존재가 신에서 발산하는 신의 빛, 즉 신의 아름다움에 의해서만 아름다울 수 있다고 본 것이다. 미는 비례와 광휘 속에 존재한다고 규정하는 위-디오니시우스(Pseudo-Dionysius the Areopagite, 5세기말~6세기초)의 주장은 플로티노스의 미에 대한 견해를 함축적으로 표명한 것이다. 이 같은 미에 대한 개념이 중세로 이어져 13세기의 스콜라 철학자들이 이어받았다. 예컨대 토마스 아퀴나스(Thomas Aquinas, 1225~74)는 미의 세 가지 조건으로 완전성, 적합한 비례와 조화, 그리고 밝음을 들고 있다. 이는 플로티노스의 사상을 이어받은 중세인들의 독특한 미의식의 반영이다. 중세인들은 신의 속성을 태양과 같은 '밝음'으로 상정하고, 그 천상의 '밝음'과 유사한 속성을 지닌 빛나는 물체들의 아름다움에 대해 자주 언급하고 있다. 물론 중세인들이 비례에 밝음을 첨가시켰다 하여 미의 대이론이 훼손된 것은 아니다. 미의 대이론은 고대와 마찬가지로 중세를 거쳐 르네상스 시대에도 그대로 유지되고 있다.4)

기독교가 지배하던 서양 중세의 미학은 신학의 지배하에 놓여 있었다. 그러므로 이 시대의 미학은 고대의 미론을 비판적으로 수용하여 기독교사상과 융합된 데 그 특징이 있다. 즉, 피타고라스적인 수적 비례와 조화의 개념, 플라톤적인 미의 이데아와 아리스토텔레스적인 모방의 원리가 계승됨과 동시에, 플로티노스적인 빛의 미학 개념이 추가된 것이다. 동시에 미와 예술이 신, 영혼, 우주 등과의 관계 속에서 형이상학적으로 성찰되었다. 또 미를 선(善: good)의 외양(플로티노스)이나 혹은 선과의 통일체로(위-디오니시우스)로 파악하고, 자연미가 '신의 현현'(Theophanie)으로 존중되던 시대였다.

처음부터 기독교 미술은 우상숭배 금지에 따라 예수의 모습을 직접적으로 표현할 수가 없었다. 기독교가 공인되기 이전 카타콤베에서도 엄격한 제한에 의해 조각이나 초상화가 금지되었고, 상징적인 내용을 담은 그림만 허락되었다. 그래서 기독교인들은 양치기나 동물, XP나 AΩ같은 문자들을 통하여 상징적으로 표현할 수밖에 없었다. 특히 초기에는 성서의 내용만을 전달하려는 목적으로 표현의 단순화와 양식화의

---

4) 중세의 '빛의 미학'에 대해서는 움베르토 에코(Umberto Eco), 『중세의 미와 예술』(*Arte e bellezza nell'estetica medievale*), 손효주 옮김(열린책들 1998)을 참고할 것.

경향이 두드러졌고, 공간적 깊이나 원근법이 무시되었다. 또 인체의 비례나 기능을 무시한 비자연주의적 표현경향도 강하였다. 이런 경향이 중세 전체를 지배한 것은 아니었으나, 중세예술은 종교를 중심으로 하는 형이상학적 세계관을 표현하는 특징을 보여주고 있다.

중세인들에게 그림은 문맹인 신도들에게 하나님의 가르침을 전달하기 위한 시각적 보조물로 인식되었다. 물론 표현방법은 시대별로 각각 차이가 있는 양식으로 변화했으나, 미술은 문맹자들에게 신의 섭리와 교리를 전달하기 위한 보조수단이라는 생각이 중세를 지배했다. 그러므로 미술의 역할은 신적이고 영원하며 비가시적인 것을 가시적이고 감각적인 것으로 바꾸는 것이었다. 이 같은 분위기 속에서 5세기에 들어 예수를 독립상으로 그린 초상화가 나타나기 시작했다. 그러자 예수상이 종교적 그림의 표본처럼 되어 마침내 일종의 부적과 같은 기능을 갖게 되었다. 이런 성상의 문제를 두고 726년에서 843년까지 동·서 교회가 대립한 이른바 '성상숭배 금지령'이 내려지기도 하였다. 그러나 787년 제2차 니케아공의회를 통해 서유럽 기독교에서는 이미지의 합법성이 조금씩 인정되기 시작하였다. 제2차 니케아공의회의 후계자들은 '보이는 것을 통해 보이지 않는 것에 이른다'는 교리를 확립하였고, 9세기 중엽 비잔틴 교회 역시 성화를 인정하게 되었다.

11세기 후반에서 12세기 동안 유럽을 대표하는 로마네스크 미술은 교회의 승리를 드러내고 있다. 이 시기 유럽 전역이 기독교화 되었고, 정치, 경제, 사회, 문화 등 모든 인간의 활동이 교회의 지배하에 놓이게 되었다. 봉건제도가 정착됨에 따라 로마네스크 미술은 교회의 예술임과 동시에 귀족의 예술이었다. 교회가 고대 로마의 건축양식에 따라 견고하고 육중한 석조 건물로 축조되어, 외적을 방어하는 성채처럼 악으로부터 기독교를 보호하는 전투적 교회의 모습을 띠고 있다. 조각이나 회화는 중세초에 비해 좀 더 사실적이고 자연스런 모습이나, 여전히 교리전달의 보조수단에 머물러 있다. 이는 당시의 예술품이 미적 감상의 대상으로서가 아니라, 예배와 제물, 헌납의 대상으로 영적인 표현에 집중되었기 때문이었다. 그러므로 로마네스크의 성모상은 인간적인 모든 것을 초월한 천상의 여왕으로 표현되었고, 팀파눔(Tympanum)에는 반자연주의적이며 신비적인 종교적 내용을 다룬 부조들이 새겨졌다. 대표적인 부조인 <최후의 심판>은 심판자 예수와 천벌의 공포를 강조하여, 금욕적 정신을 강조하던 수도사들의 이상을 반영하고 있다.

13세기에서 15세기를 지배하던 고딕 예술은 중세 예술을 대표한다. 십자군 운동과 도시 및 상업의 성장, 학문과 기술의 발달이 엄숙함을 요구하던 로마네스크 예술을 변화시켰다. 이제 농촌적이고 수도원적인 교회를 대신하여 도시적이고 시민적인 교회가 번영하던 도시의 물질적이고 영적인 중심지로 부상하였다. 당시에 축조된 도시의 주교좌 고딕 성당은 시민계급적 성격을 분명하게 드러내고 있다. 팀파눔의 <최후의 심판>은 천벌 대신 구원을 강조하여, 부유한자로서 교회의 주요 헌납자가 된 시민들의 소망을 반영하고 있다. 심판자 예수의 양 옆에서 구원을 간청하는 성모와 세례 요한의 모습 역시 마찬가지이다.

고딕에서 구현된 조각과 미술작품은 로마네스크적인 유비법을 벗어나 자연스런 형태와 인체묘사를 통하여 르네상스의 초석이 되었다. 고딕교회의 화려한 스테인드 글라스는 교회 내에 지상의 천국을 재현하여 플로티노스의 빛의 미학과 빛의 신학을 구현하였다. 15세기에 이르러 고딕미술은 개인적이고 사실적인 경향을 띠는 궁정취미의 우아한 회화양식을 낳았다. 이를 후기고딕 또는 국제고딕양식이라 부른다.

3. 서양 중세의 미와 예술작품

고대와 중세의 예술작품 사이를 가로지르는 것은 형(形: shape)과 색(色: color)이다. 중세 미학에서 형을 무시하지는 않았으나, 고대 미학과 비교해 보았을 때 두드러지는 것은 색이다. 일자인 신의 빛, 비가시적이고 초월적인 빛의 표현이 중세 예술의 본질이다.[5)]

피타고라스, 플라톤, 아리스토텔레스 등 고대 그리스인들에게 아름다움은 형이고, 아름다움의 본질은 바로 수적 비례였다. 따라서 고전기 그리스 조각가들이 추구했던 인간의 모습은, 폴리클레이토스(Polykleitos, 기원전 5세기 후반 활동)가 수학적이고 기하학적인 규칙에 의해 이상적인 인체비례를 연구한 최초의 미술이론서인 카논

5) 중세의 미와 예술에 대한 자세한 내용은 진중권, 『미학 오디세이』, 1~3권(휴머니스트, 2004)와 움베르토 에코, 『중세의 미와 예술』을 참고.

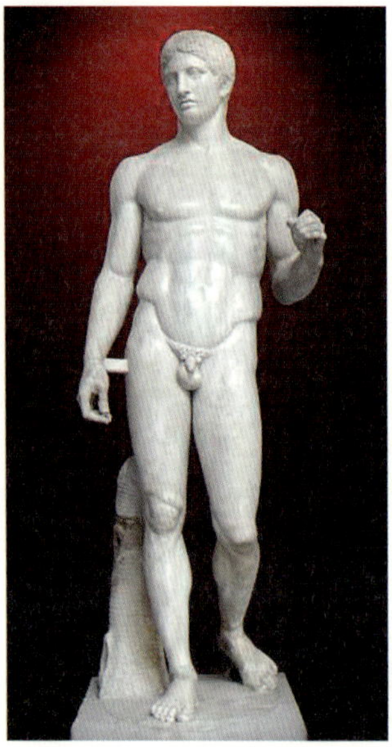

[그림 7-1] 〈Doryphoros〉

Polykleitos, 450 BC,
대리석, 높이 200㎝,
기원전 1세기~서기 1세기 로마 시대 복제품,
Naples National Archaeological Museum.

(Canon)에 따른 것이었다. 폴리클레이토스는 카논의 이론에 따라 최초로 이상적인 인간상을 [그림 7-1]처럼 7등신 <창을 든 청년>(Doryphoros)으로 형상화하였다. 카논에 따른 이 같은 조각은 동시에 완벽하게 아름다운 신의 이데아를 모방한 이상적인 인간상인 것이다. <도리포로스>에서 작가는 운동선수의 강인한 육체를 균형 잡힌 몸의 근육과 안정된 자세를 통하여 사실적이고 이상적으로 표현하고 있다. 조각상의 청년은 몸무게를 앞으로 내디딘 오른 쪽 다리에 싣고 왼쪽 무릎은 굽혀서 발가락만 가볍게 땅에 대고 있다. 고개는 오른쪽으로 살짝 기울였고 왼쪽 어깨가 밑으로 약간 내려가, 머리에서 발끝까지 아주 안정된 자세를 취하고 있다. 안정되고 긴장과 이완의 역동적 균형을 유지하는 콘트라포스트(contrapost)의 자세를 완벽하게 재현하고 있다.

그리스 조각예술이 보여주는 아름다움은 대상을 있는 그대로의 모습이 아닌, 있어야 할 이데아의 모습으로 표현하려는 그리스 예술의 이상주의를 잘 보여주고 있다. 따라서 그리스 인체 조각은 항상 젊고 아름다운 청년의 모습이 전형이며, 얼굴모습에는 신분이나 지위, 직업, 성격 등의 어떤 사회적 배경이나 개인적 개성이 드러나지 않는 무표정이 특징이다. 따라서 이코니카(Iconica)라고 불렸던 올림픽 우승자상의 얼굴모습에서 실제 인물의 개성은 전혀 찾아 볼 수 없다. 조각가가 표현하려 했던 것은 올림픽에서 우승을 한, 완전한 신체미의 최고 이상에 도달한 이상적인 인물이었다.

중세 천 년 동안 서양의 시각예술에는 많은 변화가 일어났다. 그럼에도 본질은 변하지 않았다. 바로 신을 위한 예술이었다. 기독교는 우상을 금지하는 종교였다. 따라서 초기 기독교에서는 어떤 조상(彫像)도 허용하지 않았다. 조상이 성경에서 매도하는 우상이나 이교도들의 신상과 너무 흡사했기 때문이었다. 그래서 양치기나 동물들을 통하여 상징적으로 표현할 수밖에 없었다. 그렇지만 회화에 대해서는 달랐다. 많은 신도들을 교화하려면 회화가 필요했기 때문이었다. 특히 글을 읽지 못하는 일반인들에게 교리를 전파하기 위해 회화라는 시각적인 보조수단이 필요하였다. 그 같은 사정으로 대교황 그레고리우스(590~604)는 "글을 읽는 사람에게 책이 하는 역할처럼, 글을 읽을 줄 모르는 사람에게 그림이 필요하다"고 말하여 성화를 권장하였다. 교황이 회화를 옹호한 것은 중세 미술사에 중대한 영향을 미쳤다. 동·서 로마가 우상숭배로 다투던 시기(726~843), 그리고 교회에서 형상의 사용이 비난을 받았던 시기, 대교황의 말은 언제나 회화 지지자의 논리적 근거가 되었다.

4세기 교회가 승리한 이후 기독교 그림은 신인 예수 그리스도를 중심으로 하는 성스러운 우주의 영광을 구체적으로 표현하고, 또 그 같은 도상으로 민중을 교화하려는 목적으로 급속히 발전하였다. 5세기 전반에 성모가 '신의 어머니'로서 공인되면서 이후에는 성모의 도상도 발전하였다. 6세기와 7세기에는 그리스도의 승리와 성모의 영광을 찬미하는 도상이 주종을 이루었다. 10세기에 접어들어 예수의 수난에 대한 도상이 동·서 교회 모두에서 등장하여 발달하였다. 이러한 현상은 고딕 말기에 절정에 달했다가 바로크 미술로 이어졌다.

기독교의 도상이 정점에 이른 것은 11세기와 12세기의 로마네스크시대와 12세기와 14세기의 고딕시대였다. 특히 고딕시기에 신이 지배하는 우주의 자연적 초자연적 모든 질서가 도상화 되었다. 즉, 신의 세계인 천상으로부터 인간과 동물의 세계인 지상에 이르는 질서뿐만 아니라, 천지창조가 시작된 구약의 시대로부터 신약시대, 그리고 미래의 '최후의 심판'에 이르기까지 전 역사가 신의 지배와 섭리 속에 표현되었던 것이다.

신플라톤주의의 일자의 빛, 즉 신 자체가 빛이라는 개념은 기독교의 미학에 큰 영향을 미쳤다. 이콘화든 성화든 동·서 교회에서 발달한 회화가 빛과 색을 통하여 표현되었기 때문이었다. 그런데 신플라톤주의나 기독교에서 말하는 빛은 가시적인 빛이 아니었다. 초감각적인 빛이고 초월적인 빛이었다. 중세 기독교 시대의 예술가들에게 이런 비가시적이며 초월적인 빛의 세계를 어떻게 표현하느냐 하는 것은 중요한 문제였다. 눈에 보이지 않는 초월적이고 신비한 빛의 세계를 표현하기 위해, 중세 예술가들은 감각적인 시각을 통해 인지할 수 있는 빛나는 금, 유리, 보석, 안료 등의 재료를 사용했다. 또 자연광이나 촛불 등이 신으로부터 흘러나오는 초감각적인 빛을 상징하도록 이용하였다. 한마디로 기독교 신앙의 결과로 미에 대한 감각이 바뀐 것이다. 빛의 미학, 빛의 신학이 된 것이다. 신은 진·선·미의 통합적인 존재이므로, 피조물인 세상 만물의 미는 일자인 신에게서 발산하는 빛에 의해서만 아름다울 수 있다는 것이다.

그렇다고 고대 그리스인들이 생각했던 비례가 무시되거나 잊힌 것은 아니었다. 고대인들에게 수적 비례관계가 아름다움이었지만, 중세인들에게는 그것은 아름다움의 원인이 아닌 결과일 뿐이었다. 빛과 색의 아름다움에는 부분과 전체로 나눌 수 없으므로 비례로 설명할 수 없고, 미와 덕이 통합된 인품 역시 부분과 전체의 비례로 따질 수 없는 것이기 때문이었다. 다만 신에게서 흘러나온 초감각적인 빛이 우리 감각세계에 나타날 때 수적 비례관계로 나타날 수 있을 뿐이었다.

신은 초월적 존재이다. 인간의 존재와 사유와 표현 이전부터 존재한다. 그러므로 인간의 사유와 표현으로 적절히 표현할 수 없다. 그래서 중세에는 알레고리가 발달했다. 여기서 자연을 보는 태도 역시 달라졌다. 고대 그리스인들은 형(모양)으로 자연을 보았다. 대상물을 표현할 때 비례관계를 찾아 묘사하면 되었다. 그러나 중세인들은 가시적인 자연의 대상물들을 묘사하는 것으로 끝이 아니라, 그 대상물에 내재한 신의 빛, 의미와 상징을 표현해야 했다. 고대인들이 자연을 표피적인 한 겹으로 보았다면, 중세인들은 표피와 내부의 두 겹으로 본 것이다. 예컨대, 움베르토 에코에 의하면 흰색은 빛과 순결의 상징이고, 검은색과 노란색은 속죄와 슬픔을 의미한다. 타조는 정의의 상징이고, 펠리컨은 그리스도의 상징, 유니콘은 하느님의 독생자를 상징한다.[6]

[그림 7-2] 〈The Three Hebrews in the Fiery Furnace〉, Catacombe di Priscilla. 3세기말~4세기초.

[그림 7-2]의 <타오르는 불길속의 세 사람> 이야기는 구약의 『다니엘서』 3장의 내용을 표현하고 있다. 느부갓네살 왕이 금으로 신상을 만들어 모든 지방의 수령과 관원들을 불러 모아 그 신상에 절을 하게하며, 거부하는 자들은 불길이 타오르는 화덕에 집어넣겠다고 말한다. 그러나 유대사람 사드락과 메삭과 아벳느고는 왕이 세운 신을 섬기지 아니하고, 왕이 명령한 대로 신상에 절을 하지 않았다. "왕이여 우리가 섬기는 하나님이 계시다면 우리를 맹렬히 타는 풀무불 가

6) 움베르토 에코, 『중세의 미와 예술』, p. 113.

운데에서 능히 건져내시겠고 왕의 손에서도 건져내시리이다." (다니엘 3:17) 그렇게 하여 세 사람은 화덕 속에 던져졌으나, 세 사람 모두 머리털하나 그을리지 않았고 겉옷도 하나도 타지 않았다. 이에 느부갓네살 왕이 하나님을 인정하게 되어, 세 사람은 그들의 믿음으로 바벨론 지방에서 더욱 칭송받는 존재가 되었다.

이 구약의 내용은 기독교인들에게 잘 알려진 것이었다. 이 내용의 그림은 그리스 미술의 이상적인 아름다움과는 거리가 먼 조잡한 솜씨로 그려졌고, 불길 속에 세 사람이 서있는 모습을 어렴풋이 알 수 있는 정도로 표현되었다. 그런데 이 그림에서 중요한 것은 그리스적인 탁월한 표현이 아무런 의미가 없다는 사실이다. 오히려 특정 상황의 리얼한 묘사는 그 자체가 우상이 될 우려가 있다. 성서의 내용을 가시적으로 표현하려는 목적 외에는 중요하지가 않았다. 따라서 구체적인 형상은 지워지고 성스러움만이 남았다. 즉, 성서의 메시지만이 남아 있다. 세 사람 위에 검은 새 같은 실루엣은 부활을 상징하는 비둘기이다.

성찬의 장면이나 사도들에게 둘러싸여 있는 카타콤베에 그려진 예수의 형상 역시 성스러운 메시지의 전달을 위해 그려졌다. 표현된 모습만으로는 다른 사람들과 구분이 어렵다. 그러므로 칼리스투스(Callistus) 카타콤베에서처럼 옥좌에 앉아 다른 제자들 보다 크게 그려졌거나, 또는 도미틸라(Domitilla) 카타콤베에서처럼 토가를 입고 두루마리 문서를 든 철학자처럼 표현되었다. 토가와 두루마리, 철학자는 모두 권위의 상징이다.

[그림 7-3] 〈Jesus as the Good Shepherd〉, Ceiling of S. Callisto catacomb(Rome), mid 3rd century A.D.

예수를 직접 표현하지 않고 비유적으로도 표현하였다. [그림 7-3]처럼 흔히 양을 메고 양떼를 거느린 '선한 목자'로 표현되고 있는데, 목동이 양떼를 돌보고 안전한 곳으로 인도하듯이, 예수가 인간을 돌보고 천국으로 인도한다는 의미를 표현하였다. 또 예수를 리라로 들짐승을 길들였다는 오르페우스(Orpheus)로 표현하기도 하였다. 이는 예수의 평화의 전파를 상징한다. 그런가하면 태양신 헬리오스(Helios)로도 표현하였는데, 여기서 태양은 예수를 의미한다.

[그림 7-4] 〈The Chi Rho page (folio 34R) of the Book of Kells〉, ca. 800 AD, Trinity College Library in Dublin.

[그림 7-5] 〈The Marriage at Cana〉, Codex Egberti, Fol 20v, 980/993년, Stadtbibliothek, Trier (Germany)

[그림 7-4]처럼 십자가, AΩ(알파 오메가), XP(키로) 등 추상적인 문양이나 축약된 문자로도 예수를 상징적으로 표현하였다. 알파와 오메가는 그리스어 알파벳의 처음과 마지막 문자이다. "나는 알파와 오메가요 처음과 나중이요 시작과 끝이라"(요한계시록 22:13)는 구절은 창조주이며 구주이고, 동시에 궁극적 원천이며 존재의 바탕인 하느님의 유일성을 상징한다. 키로는 그리스도의 그리스어 표기 XPIΣTOΣ의 첫 두 글자이다.

[그림 7-5]에서 보는 카나에서의 혼인잔치는 980년경 제작된 코덱스 에그버티(Codex Egberti)의 삽화에 수록되어 있다. 현재 독일 트리어의 시립도서관에 보관된 라이쉬노(Reichenau) 수도사 에그버티의 일화를 엮은 책(코덱스)의 채색삽화의 하나이다. 이 장면은 갈릴래아 카나에서 있었던 혼인잔치에서 물을 포도주로 변화시킨 예수의 첫 번째 기적으로, 요한복음(2:1～12)에 언급되어 있다. 어머니 마리아, 그리고 몇몇 사도들과 함께 결혼식의 손님으로 참여했던 예수는 마리아로부터 마실 포도주가 떨어졌다는 말을 듣고, 일꾼을 시켜 여섯 개의 항아리에 물을 채우라고 한다. 이물은 모두 최상의 포도주로 변했고, 마지막까지 좋은 술을 내놓은 신랑은 칭송을 받는다는 이야기다.

이 기적 이야기는 동방박사의 경배, 그리스도의 세례와 함께 예수의 현현(Epiphany)을 드러내는 사건이다. 또 예수의 신성을 처음으로 나타내는 동시에, 물을 그리스도 피의 상징인 포도주로 바꾼 것이기 때문에 기독교에서 중요한 사건으로 다루어지고 있다. 혼인잔치는 혼인의 기쁨과 잔치의 흥겨움으로 하느님 나라에 비유되기도 한다. 하지만 가장 중요한 것은 물을 포도주로 변화시킨 예수의 기적행위이다.

물 항아리는 한 개에서 일곱 개까지 공간에 따라 다양하게 나타나지만, 성서에 언급된 대로 여섯 개가 가장 일반적이다. 이 6개의 항아리는 정결예식용 물을 담기 위해 향연의 자리에 마련된 것인데, 6이라는 수는 완전한 수 7에 못 미치는 불충분한 수로, 메시아가 오기 전 세상의 6년을 나타내거나 또는 유대교의 율법(Torah)을 암시한다. 게다가 물이 최상의 포도주로 변한 기적은 그리스도교가 유대교보다 새롭고 더 중요한 가르침을 준다는 상징을 담고 있다.

그림은 온통 빛의 상징으로 가득 차 있다. 배경은 온통 비자연적인 색이다. 땅은 금색이고 땅위의 드넓은 하늘도 붉은 금색이다. 땅과 하늘에는 메시지를 전달하는 예수와 성모, 하인들과 물통 외에는 아무것도 없다. 기적이 행해지는 신비의 장면을 비자연적이고 상징적인 빛의 미학으로 표현하고 있다. 예수와 마리아의 머리에는 이미 신성을 상징하는 후광이 드리워져 있고, 예수는 고귀함을 상징하는 황제의 복장인 자주색 외투를, 성모는 사랑과 인내를 상징하는 청색의 망토를 입고 있다. 항아리는 세 개씩 나누어져 예수와 마리아, 하인들을 구분함으로써, 두 시점을 한 화면에 동시에 담고 있다. 좌측의 하인들에 비해 우측의 마리아와 예수가 크게 그려진 것은 중요한 인물임을 상징한다. 고대의 자연적 객관적 비례미가 인위적 제작적 비례의 상징미에 밀려나 있다.

[그림 7-6]의 수태고지(受胎告知: Annunciation)는 시모네 마르티니(1284~1344경)와 그의 매제인 리포 멤미(1285~1361)가 공동으로 시에나 대성당 안에 있는 성 안사노 예배당의 세 폭 제단화로 1333년에 그린 것이다. 멤미가 측면에 서 있는 시에나의 수호성인 성 안사노(St. Ansanus)와 성 마가렛(St. Margaret)을 담당했던 것으로 알려져 있다. 중앙 패널에는 천사장 가브리엘과 성모 마리아가 시모네 마르티니에 의해 그려졌다. 수태고지란 성모 마리아에게 대천사 가브리엘이 찾아와 성령에 의해 처녀의 몸으로 예수 그리스도를 잉태할 것

[그림 7-6] 〈The Annunciation and Two Saints〉, Simone Martini and Lippo Memmi, Tempera on wood, 210 x 184 cm, 1333년, Galleria degli Uffizi(Florence, Italy)

이라고 고하고, 마리아가 그것에 순응하는 성서적 사건을 말한다.

성경을 읽고 있던 마리아가 불시에 찾아온 천사 가브리엘에 놀라, 당황한 표정을 지으며 엉거주춤 몸을 뒤로 젖히고 오른손으로 망토를 여미며 천사를 돌아보고 있다. 찬란한 빛깔의 망토를 펄럭이며 하늘에서 막 내려온 천사 가브리엘이 무릎을 꿇고 하느님의 말을 전하면서, 오른손 검지로 성령을 암시하는 천사들에 둘러싸인 비둘기를 가리키고 있다. 그의 왼손은 구세주가 이 땅에 와서 누리게 될 평화를 상징하는 올리브나무 가지가 들려 있다. 동시에 천사의 입에서 "은총이 가득하신 마리아여, 기뻐하소서. 주님께서 함께 계신다"(Ave, Gratia Plena, Dominus Tecum)라는 말이 흘러나오고 있다. 천사와 마리아 사이에는 순결과 동정을 상징하는 백합꽃이 정교하고 아름다운 화병에 가득 꽂혀 있다. 위쪽의 둥근 장식 무늬 안에는 구약시대에 구세주가 올 것을 예언한 예언자 이사야와 미가가 보인다. 고딕 양식의 감성을 우아하게 드러내고 있는 이 그림은 르네상스 시대의 원근법에 의한 공간감과 입체감을 느낄 수는 없다. 그러나 온통 빛나는 황금색을 배경으로 마리아의 당혹해 하는 표정과 가느다란 몸매의 우아한 선율적인 곡선미가 잘 나타나 있다. 또 두 인물의 대비되는 옷 색깔과 황금색 배경이 어우러진 감미롭고 신비로운 세계의 빛의 미를 잘 드러내고 있다.

13 세기에 고딕식 건축의 교회가 보편화되면서 빛의 미학이 중요해졌다. 고딕식 교회는 로마네스크식 교회에 비해 창이 넓은 것이 특징이다. 첨두아치(Pointed arch), 리브 볼트(Rib vault), 플라잉 버트레스(Flying buttress)를 사용하여 교회의 높이를 높이면서도, 건물의 하중을 분산시켜 창문을 크게 낼 수 있었기 때문이다. 넓어진 창문에 스테인드글라스를 사용하여 신비스런 빛의 세계를 연출할 수 있었다. 빛과 암흑, 선과 악, 미와 추, 정신과 물질의 대비 속에서 미는 신의 빛이 빚어낸 이미지였다. 고딕건축은 빛의 신앙과 빛의 찬미가 구체화된 공간이었다.

고딕건축은 넓은 창문을 이용하여 자연광을 받아들였다. 자연광 자체가 초월적 신의 빛을 상징했으며, 또 스테인드글라스를 통해 들어오는 자연광은 천국의 신비로움을 연출했다. 이는 빛을 궁극적인 일자, 궁극적인 아름다움으로 보았던 신플라톤주의의 이상을 표현한 것으로, 천국의 거룩한 빛을 지상에 재현한 것이었다. 고딕교회의 이 같은 빛의 미는 내부가 어두워 샹들리에의 촛불과 금색 모자이크로 내부의 빛을 연출했던 로마네스크 교회와는 크게 대비되는 것이었다. 고딕교회의 이 같은 특징은 파리의 노트르담 대성당(Cathedral of Notre Dame de Paris), 샤르트르 대성당(Chartres Cathedral), 아미앵 대성당(Amiens Cathedral) 등에서 잘 보여주고 있다.

스테인드글라스 가운데 가장 독특한 것이 장미창(Rose window)이다. 고딕 성당에서 서쪽 정문 위와 익랑의 남쪽과 북쪽 입구에 주로 설치되었다. 둥근 형태의 창문에서 예수 혹은 아기예수와 성모가 중앙의 '빛'으로 자리 잡고, 천사와 4대복음 저자들, 사도들, 예언자들과 성인들에 의하여 둘러싸여 있다. 일부에서는 월별 노동이 포함된 천당과 현세에 대한 하느님의 주권을 표현하고 있다. 수레바퀴처럼 둥근 장미창은 하늘의 상징이다. 둥근 수레바퀴의 축은 바퀴가 도는 동안에도 움직이지 않는다. 부동자로서 삼라만상의 동인인 일자, 즉 신을 상징한다. 동시에 지혜를 상징하는 장미를 통하여 지혜로운 성모와 연관된다. 성모의 칭호 가운데 하나가 클레르보의 베르나르에 의해 이름 지어진 "신비로운 장미"이기 때문이다.

장미창은 마치 눈부신 빛을 발하는 별이 사람의 마음을 매혹하듯이, 다채롭고 신비로운 빛을 통하여 신비로운 신의 세계로 이끌고 있다. 최초로 고딕 성당을 건축한 생드니 성당(Cathedral Basilica of Saint Denis)의 쉬제르 수도원장(Abbot Suger, 1081～1151)이 갈파했듯이, 스테인드글라스는 그 경이로움과 다채로움을 통하여 우리를 물질적인 세계로부터 영적인 세계로 인도하고 있다.

파리의 노트르담 대성당의 서쪽 정면 2층의 한가운데 위치한 장미창은 1220년부터 1225년에 걸쳐 완성되었다. 직경 9.6m인 이 장미창은 아기 예수를 안고 있는 성모 마리아가 두 천사에 둘러싸여 있다. 성당 내부 중앙의 남쪽과 북쪽에 있는 장미창 스테인드글라스는 직경이 13m나 된다. [그림 7-7]의 북쪽 장미창은 신약성서 내용을 주제로 하고 있으며, 중앙은 아기 예수를 안고 있는 성모 마리아의 모습이다. 남쪽 장미창은 구약성서 내용을 주제로 하고 있는데, 중앙은 천사에 둘러싸여 사도에게 축복을 내리는 예수의 모습이다.

[그림 7-7] 〈The north rose window of Notre Dame〉, Paris, 중앙에 성모 마리아와 아기예수가 사도와 성인들에 의해 둘러싸여 있다.

[그림 7-8]의 샤르트르 대성당의 북쪽 장미창은 4위계로 구성되어 있다. 중심원에는 성모와 아기 예수가 앉

[그림 7-8] 〈Northern rose window of Chartres cathedral〉, 1233년.

아 있고, 두 번째 원에는 성령의 비둘기와 천사들이 품계에 따라 위치하고 있다. 세 번째 네모창에는 마태복음에 전하는 예수의 가계가 다윗왕부터 열두 명이 둘러앉았다. 맨 바깥쪽 장식창에는 구약의 마지막 열두 예언자의 모습이 보인다.[7] 아래에는 프랑스와 카스티야(Castile)의 문장이 보인다. 카스티야 문장이 새겨진 것은 이 창이 카스티야의 블랑쉬(Blanche of Castile, 1188~1252: Louis VIII의 왕비)에 의하여 봉헌되었기 때문이다. 5개의 첨두창(lancet)은 어린 마리아를 안고 있는 성모의 어머니 성 안나(Saint Anne)를 중심으로 느부카드네자르(Nebuchadnezzar), 사울(Saul), 여로보암(Jeroboam)과 파라오(Pharaoh)인 죄인과 우상숭배 왕을 밟고 있는 멜기세덱(Melchizedek), 다비드(David), 솔로몬(Solomon)과 아론(Aaron) 왕을 표현하고 있다.

처음부터 기독교에서 조형예술은 우상숭배로 배격되어 그리스 고전시대의 탁월한 조각예술의 전통이 단절되었다. 그러나 우상파괴논쟁을 겪으면서 800년경 카롤링왕조 하에서 문예부흥이 일어났다. 그렇지만 조각은 독립된 영역이 아니라 근본적으로 교회 건축의 일부로, 길드(조합)에 소속된 장인들에 의해서 이루어졌다. 중세의 독자적인 문화현상이라 할 수 있는 로마네스크와 고딕시대에도 조각은 철저하게 건축에 종속된 상태였다

그렇기는 하나 로마네스크 시대와 고딕 시대의 조각은 상당한 차이를 보여주고 있다. 교회건물을 장식하던 조각 가운데 가장 중요한 것은 서쪽의 중앙 출입문 위에 위치한 반원형 모양의 팀파늄(tympanum)에 조각된 최후의 심판이다. 로마네스크식 교회의 경우 최후의 심판 조각이 위압적이고 권위적이며, 천벌을 강조하여 공포감을 느끼게 한다. 반면 고딕식 교회의 최후의 심판은 친밀하며 구원과 희망을 느끼게

7) 예수의 조상 12명은 David, Solomon, Abijam, Jehoshaphat, Uzziah, Ahaz, Manasseh, Hezechiah, Jehoiakim, Jehoram, Asa et Rehoboam이고, 12예언자는 Hosea, Amos, Jonah, Nahum, Zephaniah, Zechariah, Malachi, Haggai, Habakkuk, Micah, Obadiah and Joel이다.

하고 있다. 로마네스크 교회건축이 발달하던 시기는 서유럽에서 기독교가 막 뿌리를 내리던 시기로, 교리를 강조하던 시기였다. 또 이 시기 교회건축을 후원하던 세력이 귀족들과 수도원이었다. 반면에 고딕건축이 발달하던 시기는 도시가 발달하고 도시의 시민들이 부를 축적하여 대성당의 건립을 후원하던 시기였다. 교회의 조각도 자연 도시민의 취향을 반영하여, 위압적이고 권위적이기보다는 좀 더 인간적이고 친화적인 심판자의 모습을, 그리고 돈을 번 상인들이 구원이 된다는 희망의 메시지를 전달하고 있다. 12세기 건축된 오튕(Autun)에 위치한 라자르 대성당(Cathedral of St. Lazarus)의 서쪽 정면 팀파늄에 새겨진 <최후의 심판>과 파리의 노트르담 대성당의 서쪽 정면 팀파늄에 새겨진 <최후의 심판>을 비교해 보면, 이 같은 특징이 잘 드러나고 있다. [그림 7-9]의 라자르 대성당의 심판자 예수는 3단의 팀파늄 가운데 2단에 걸쳐 크게 새겨져, 다른 존재들을 압도하며 위압감을 주고 있다. 동시에 예수의 양 옆에는 죄인들을 위하여 간구하는 성모의 모습이나 세례 요한의 모습이 보이지 않는다. 오직 심판만이 강조되고 있다. 예수 그리스도의 오른쪽에는 선택받은 영혼이 천사들의 인도를 받아 천국으로 올라가고, 왼쪽에는 미카엘 대천사가 죽은 자의 영혼의 무게를 저울에 달고 있다. 그 옆에는 저주받은 영혼들이 마귀들에게 잡혀 지옥의 입구를 상징하는 괴물의 입속으로 처박히고 있다. 맨 아랫단은 무덤에서 깨어난 영혼들이 벌거벗은 모습으로 표현되었고, 이들의 영혼을 심판하기 위해 집어 올리는 손이 화면 오른쪽에 등장한다.

[그림 7-9] La cathédrale Saint-Lazare d'Autun, 12세기경.

[그림 7-10] 노트르담 서쪽 정문 중앙의 〈최후의 심판의 문〉, 팀파늄.

이와는 대조적으로 [그림 7-10]의 노트르담 대성당의 예수 그리스도는 3단 가운에 맨 위 1단에 특별히 크지 않게 조각되어 있다. 심판자 예수의 좌우에는 성모 마리아와 세례 요한이 지옥으로 떨어지는 영혼들을 위하여 간구하고 있다. 가운데 부분은 대천사 미카엘이 죄를 저울질하여 깨어난 영혼들을 천당과 지옥으로 나누고 있다. 대천사의 오른쪽에는 구원받은 영혼들이고 왼쪽에는 구원받지 못한 영혼들이다. 이들 구원받지 못한 영혼들도 한 줄에 묶여 가는 죄수처럼 표현되었을 뿐, 괴물에 잡아먹히지도 않고 생전의 의복을 입은 모습으로 묘사되어 있다. 맨 아랫부분은 죽어서 3일간 연옥에 있다가 심판대에 나가기 위해 천사들의 트럼펫 소리에 깨어나고 있는 모습이다. 각자 지상에서 자신들의 행위에 대한 기록부를 가슴에 안고 있다. 이들 모두 생전의 옷을 입고 깨어나고 있다.

대성당들의 서쪽 중앙 정문은 3개로 이루어져 있으며 그 위에 각각의 팀파늄이 있다. 중앙 문 위에 대체로 최후의 심판이 있으며, 양 옆에는 다른 장면이 부조되어 있다. 샤르트르 대성당의 경우에는 중앙 문 위의 팀파늄에 '영광의 그리스도'가 부조되어 있다. 왼쪽 문의 팀파늄에는 '그리스도의 승천', 오른쪽 문의 팀파늄에 '예수와 함께 있는 성모상'이 조각되어 있다. '최후의 심판'은 남쪽 익랑의 중앙문 위의 팀파늄에 새겨져 있다. 북쪽 익랑 중앙문의 팀파늄에는 '성모의 죽음'과 '성모의 대관식'이 부조되어 있다.

[그림 7-11]처럼 샤르트르 서쪽 정문의 중앙문인 왕의 문(Royal portal) 팀파늄에는 '영광의 그리스도'가 오른 손을 들어 축복하고, 왼손은 성경을 안고 있다. 그 주위를 4명의 복음서 저자들의 상징물이 둘러싸고 있다. 마태오는 천사, 마르코는 사자, 루가는 황소, 요한은 독수리이다.

[그림 7-11] 〈샤르트르 대성당 서쪽 중앙문의 팀파늄〉, 1145-1170.

로마네스크 교회의 조각들은 건축 부재의 형태에 따라 형태가 결정되었다. 기둥이나 주두의 형태에 따라 길거나 뚱뚱하게 조각되었고, 또 기둥이나 벽의 기능이 훼손되지 않도록 저부조로 되어 있다. 그에 비하여 고딕 교회의 조각들은 건축 부재와 무관하게 자연스런 모습이며, 동시에 조각의 등만 기둥이나 벽에 닿은 거의 환조형태의 조각이 이루어지고 있다. 고딕 건축물이 리브 볼트와 프라잉 버트레스를 통하여 지붕이나 벽체의 하중을 효과적으로 분산시킨 점도 있지만, 무엇보다도 조각이 사실적인 모습을 띠게 된 것은 진리의 이중설이 수용된 결과였다. 고딕시대에 이르러 진리는 신만이 아니라 신이 창조한 자연도 진리라는 믿음이 수용되었다. 중세인들이 현세를 긍정하기 시작한 것이다. '사물을 묘사할 때 신이 창조한 질서대로 묘사하라'는 토마스 아퀴나스의 말은 이런 경향이 시작됐음을 의미한다. 상상과 현실을 구별한 것이다. 그 결과 시각예술에서에서 가장 자연스런 모습을 통하여 신성한 신의 진리를 표현할 수 길이 열렸다. 고딕의 이런 정신은 르네상스 예술의 길을 예비하는 것이었다.

예컨대 [그림 7-12]처럼 샤르트르 대성당 북쪽 익랑 중앙문 옆의 조각은 기둥에서 독립된 거의 환조형태로 조각되어 있다. 새겨진 인물은 왼쪽부터 멜키세렉(제사에 사용되는 향을 들고 있다), 아브라함과 이삭, 모세(10계명을 새긴 명판을 들고 있다), 사무엘 그리고 다윗이다. 아브라함은 한 손에는 칼을 들고 다른 손으로는 아이의 얼굴을 감싸고 있다. 이삭의 발은 포승으로 묶여 있다. 그들 발아래 하느님이 예비한 수풀에 걸린 숫양을 조각해 놓았다. 아브라함과 이삭은 옆 멜키세덱의 머리 위에 있는 천사를 바라보고 있는데, 연구자들은 중세 조각에서 이런 시선처리는 혁명적인 것으로 여기고 있다. 인물상들은 건물의 부재인 기둥의 일부로 저부조로 조각했던 로마네스크 양식에서 벗어나, 건축 구조에 구애받지 않는 독립된 조각상을 이루고 있다.

[그림 7-12] 〈샤르트르 대성당 북쪽 익랑 중앙문 옆의 조각〉, 멜키세렉, 아브라함과 이삭, 모세, 사무엘, 다윗의 모습.

2부

역사학의 이해

역사란 무엇인가?

역사란 "삶의 흔적"이다. 역사란 "생의 교사"이다. 역사란 "과거와 현재와의 대화"이다. 질문은 명쾌하나 대답은 여러 가지로, 질문처럼 명쾌하지는 않다.

그러면서도 우리들은 역사에 관심이 많다. 또 역사를 잘 아는 것으로 생각하기도 한다. 그도 그럴 것이 우리들은 의식하든 아니든 모두 역사 속에 놓여 있기 때문이다. 우리에게 익숙한 역사적 환경 속에서 태어나서 자라고 생활하고 있기 때문이다.

2부에서는 학문으로서의 역사학에 대하여 다룬다. 역사학은 역사연구의 자료인 사료를 수집하여 평가하고 해석하여 서술해 나가는 이론과 방법론 등을 일컫는다. 그러면 우리가 역사를 연구하는 목적은 무엇인가? 역사적 사실이란 무엇인가? 사료란 무엇인가? 역사서술은 어떻게 하는 것인가? 사관이란 무엇이며, 시대구분을 어떻게 하는 것인가? 역사는 진보하는 것인가?

| 제8장 |

역사의 의미와 연구목적

1. 역사의 어원

요사이 우리들은 '일본의 역사 왜곡', '역사 바로 세우기' 등과 같은 말을 자주 듣는다. 여기서 '역사'라는 말은 무엇을 의미하는가? 또 우리들은 왜 역사를 알아야 하는가?

우리말의 역사에 해당하는 용어를 영어에서는 history, 프랑스어에서는 histoire, 그리고 라틴어로는 historia라고 표기하는데, 이는 모두 그리스어의 'ἱστορία'라는 단어에서 유래한 것이다. 그리스어에서 'ἱστορία'라는 말은 '질문'(inquiry), '조사'(investigation)라는 의미가 있는데, 여기서 '탐구하여 알아내다'라는 의미가 유래되었다. 역사학의 아버지라 불리는 그리스의 역사가 헤로도토스(Herodotos, BC. 484 ~ 425경)가 페르시아 전쟁에 관하여 서술한 『역사』의 첫머리는 그 같은 점을 분명하게 보여주고 있다.

> 다음 내용은 할리카르낫소스(Halikarnassos) 사람 헤로도토스가 **탐구한 바를 발표하는** 것이다. 이는 과거에 일어난 일이 시간이 흐르면서 사람들의 기억에서 사라지지 않도록 하기 위해, 또 그리스인들(Hellenes)과 이민족(Barbaroi) 사이에 벌어진 저 놀랍고도 중대한 사건 및 여타 다른 일들 그리고 그들이 서로

전쟁을 벌였던 원인이 사람들에게 알려지지 않고 그냥 지나치는 일이 없도록 하기 위한 것이다.[1](고딕체: 저자)

위 인용문에서 알 수 있듯이 헤로도토스가 '탐구한 바'는 과거에 일어났던 사건이다. 이를 잊지 않기 위하여 발표한 것이 그가 서술한 『역사』이다. 여기서 우리는 헤로도토스가 탐구하여 그것을 서술한 책에 ἱστορία라는 말을 사용했다는 것을 알 수 있다. 즉, 헤로도토스가 사용한 ἱστορία라는 말은 과거에 일어났던 사건에 대한 재구성(서술)과 연관이 있다는 것을 알 수 있다. 투기디데스(Thucydides, BC. 456 ~ 395경) 역시 펠로폰네소스 전쟁사를 서술하면서 'ἱστορία'라는 제목을 사용했는데, 투기디데스가 사용한 ἱστορία 역시 같은 의미였다.

서양의 경우 로마시대는 물론 중세시대에 들어서도 오랜 동안 라틴어로 표기된 historia라는 단어는 그리스어의 의미와 같은 뜻으로 사용되었다. 그러므로 여기서 우리는 고대 그리스와 로마, 그리고 중세시대 오랜 기간 동안 '역사'라는 말은 대체로 과거 사건에 대하여 조사한 결과, 즉 과거 사건의 재구성이라는 의미로 사용되었다는 것을 알 수 있다.

그런데 중세시대에 사건을 기록하던 연보(annals) 및 연대기(chronicles)의 서술방식과 위인들의 업적을 서술하던 전기(vitae) 및 업적록(gesta)의 서술방식이 결합되면서 중세 말에 이르러 historia라는 말은 두 가지 의미를 갖게 되었다. 하나는 과거에 일어난 사건 그 자체라는 의미였고, 다른 하나는 과거의 사건에 대하여 탐구한 것, 즉 과거 사건에 대한 재구성(서술)이라는 의미였다.

이후 서양에서는 역사라는 말을 '과거의 사건 그 자체'와 '과거 사건에 대한 재구성'이라는 두 가지 의미로 사용하였다. 예컨대 프리드리히 헤겔(George Wilhelm Friedrich Hegel, 1770 ~ 1831)은 역사가 "사건으로서의 역사"라는 의미와 또 "사건의 설명으로서의 역사"라는 의미가 있다고 보았다. 그러므로 헤겔은 역사가 "객관적인 측면"과 "주관적인 측면"을 동시에 지니고 있는 것으로 설명하였다. 즉, 역사의 객관적인 측면은 '과거의 사건 그 자체'를 의미하고, 역사의 주관적인 측면은 '과거 사건에 대한 재구성'을 의미한다는 것이다.[2]

1) 봉천서양사연구실 엮음, "그리스의 역사서술 I : 헤로도토스의 『역사』", 『서양의 역사학 I 』(청년사 1997), p. 17; 헤로도토스, 『역사』, 박광순 역(범우사 1987) 참고.

그러면 동양에서는 역사를 어떤 의미로 사용해 왔는가? 우리말의 '역사'를 한자로 표기하면 '歷史'이다. 중국의 경우 歷史라는 말 자체는 명나라 말기부터 사용된 것으로 알려져 있다. 그러나 역사에 관련된 용어가 사용되기 시작한 것은 훨씬 오래 전부터였다. 명말(明末) 이전에도 사(史)라는 말을 사용했는데, 그 말의 사용은 적어도 후한(後漢, 23 ~ 220)까지 거슬러 오른다. 당시의 史라는 말도 '과거의 사건 그 자체'와 '과거 사건에 대한 재구성'이라는 이중의 의미를 가지고 있었다.

그러나 史라는 말은 그보다는 역사기록자(歷史記錄者) 즉, 사관(史官)이라는 의미가 더 강하였다. 후한의 허신(許愼)이 저술한 설문해자(說文解字)를 보면 史는 '사(事)를 기록하는 사람'으로 풀이하고, 史라는 글자를 손 수(手)자와 가운데 중(中)자의 합성어로 분석하였다. 中은 바를 정(正)자를 뜻하므로 史는 곧 정수(正手), 즉 바르게 쓴다는 의미라는 것이다.[3] 事와 史를 구분한 허신의 분석을 통하여 우리는 事는 '과거의 사건'을 의미하고, 史는 '과거의 사건을 기록하는 사람(사관)'을 의미했다는 것을 알 수 있다.

이상의 고찰에서 우리는 동양과 서양 모두에서 역사라는 말이 어원적으로 적어도 '과거의 사건 그 자체'와 더불어 그에 대한 탐구의 결과인 '과거 사건에 대한 재구성'이라는 이중적인 의미를 지니고 있음을 알 수가 있다. 더불어 동양사회에서는 '사관'이라는 의미로도 사용하였다는 것을 알 수가 있다.

2. 역사의 의미

그러면 오늘날 우리들은 어떤 의미로 역사라는 말을 사용하는가? 오늘날 역사라는 말은 세 가지 뜻을 갖는 것으로 정리할 수 있다.[4] 두 가지는 앞서 설명한 바와

2) 베른하임(Ernst Bernheim), 『사학개론』(*Einleitung in die Geschichtswissenschaft*), 조기준 역(삼성출판사 1993), p. 13; 임희완, 『역사학의 이해』(건국대학교 출판부 1995), pp. 22 ~ 24.

3) 중국문헌에 나오는 태사(太史), 내사(內史), 좌사(左史), 우사(右史), 소사(小史) 등은 중요한 사건을 기록하는 관리인 사관(史官)을 의미하는 것이었다. 전해종, "중국인의 전통적 역사관", 『사관의 현대적 조명』, 차하순 편저(청람문화사 1978), pp. 184 ~ 189.

4) 키른(Paul Kirn), 『역사학 입문』(*Einfuhrung in die Geschichtswissenschaft*), J. C. Traut, 한기영 공역(정음사 1985), p. 15.

같이 '과거의 사건'과 '과거 사건에 대한 재구성'이라는 의미이다. 세 번째 뜻은 '학문으로서의 역사학'이다. 앞의 두 가지 의미는 동양과 서양 모두 전근대사회에서 역사라는 단어가 가졌던 공통된 의미였다. 오늘날에는 이 같은 전통적인 의미에 '학문으로서의 역사학'이라는 의미가 덧붙여진 셈이다.

'학문으로서의 역사학'이라는 의미가 덧붙여진 것은 서양에서 여러 학문이 정립된 19세기 이후이다. 대학에서 전공 영역으로서 역사학이 설치된 덕분이었다. 동양의 경우도 서양학문을 받아들인 19세기 후반 이후 대학에 사학과가 설치되어 '학문으로서의 역사학'이 시작되었다.5)

1) 과거의 사실

우리들은 우리 역사에서 위대한 인물이나 혹은 큰 사건에 대하여 말할 때 흔히 세종대왕, 이순신 장군, 3·1 운동, 6·25 전쟁 등을 열거한다. 이 경우 역사는 과거에 생존했던 인물이나 또는 과거에 일어났던 사건 혹은 사실들을 의미한다. 이처럼 역사는 과거에 일어났던 사건이나 사실, 인물들에 관계되고 있다.

그러면 그 같은 과거의 사건이나 사실들은 오직 인간에게 관련된 것들인가? 혹은 자연에 관련된 것들도 포함될 수 있는가? 콜링우드(R. G. Colling- wood, 1889~1943)에 의하면 역사는 인간에게만 국한되는 현상이다. 역사가 다루는 대상이 "사고의 과정"을 내포한 "인간의 행위들"이기 때문이다. 인간은 사고를 하는 주체로서 행위를 하나 자연은 그렇지 못하다. 그러므로 자연의 과정은 역사의 대상에 적합하지 못한 것이다.6)

현대의 역사가 로빈슨(James Harvey Robinson)이나 베커(Carl Becker) 등도 역사란 인간이 생각하고 말하고 행한 모든 것을 고찰의 대상으로 삼는 학문으로 규정하여, 역사의 대상을 인간에게만 국한시키고 있다.

---

5) 일본의 동경제국대학에는 1887년과 1889년에 사학과와 국사학과가 개설되었다. 우리나라는 1926년에 경성제국대학에 3년제 법문학부가 설치되면서 사학과가 처음 개설되었다. 법문학부에는 법과, 문과, 철학과, 사학과의 4개 학과가 있었다.

6) 콜링우드(R. G. Collingwood), 『역사의 인식』(*The Idea of History*), 소광희, 손동현 공역(경문사 1985), pp. 32, 211~217.

그에 비하여 자연의 역사도 하나의 역사라는 생각 역시 일찍부터 존재해 왔다. 예컨대 16세기 프랑스 사상가 보댕(Jean Bodin, 1530 ~ 1596)은 역사에는 인간의 역사, 자연의 역사, 신의 역사가 있다고 보았으며, 헤르더(Johannes Herder, 1744 ~ 1803)나 마이어(Eduard Meyer, 1855 ~ 1930)도 자연현상을 역사의 탐구대상에 포함시켜야 한다고 주장했다. 현대의 역사가 툴민(Stephen Toulmin)은 진화의 관점에서 역사를 볼 때에는 인간뿐만 아니라 모든 식물과 동물, 그리고 광물의 역사를 이야기 할 수 있다고 주장한다.[7)]

인간사만을 역사의 대상으로 삼으려는 것은 인간의 정신적 측면을 중요시하는 것이며, 자연계에까지 확대하려는 것은 역사를 진화의 한 과정으로 보려는 것이다. 그렇지만 인간의 역사와 자연의 역사는 다르다. 자연의 변화는 외적인 변화만이 있을 뿐이나 인간사의 변화 속에는 사상과 심리의 변화인 내적인 변화가 수반되기 때문이다. 그렇지만 자연의 변화 가운데 일부는 인간의 행위 및 사상과 심리에 영향을 미친다. 바로 이 같은 점에서 우리는 역사의 대상으로서 자연현상을 포함시킬 수 있다. 공룡의 출현과 멸종은 자연사로서는 중요하나 인간의 행위와 사상과는 관련이 없다. 그러므로 인간과 관련이 없는 자연현상은 역사에 포함되지 않는다. 자연현상은 인간과 깊은 관계를 맺는 경우에만 '역사적 사건'에 포함될 수 있다. 예컨대 태평양 바다 한가운데서 일어나 인간에게 아무런 영향을 미치지 않은 지진은 '역사적 사건'으로서 의미가 없으나, 2011년 3월 일본 후쿠시마를 휩쓴 지진은 그렇지 않다. 지진으로 사망자와 실종자만 1만 9천명 가까이 되었고, 원자력발전소가 파괴되어 현재까지 큰 피해를 주고 있기 때문이다.

그렇다면 '인간에 관련된 사건'은 모두 역사 연구의 대상인가? 인간에 관련된 과거의 일들 즉, 개인이나 집단의 생각과 행동, 사회 제도, 국가 간의 대립과 전쟁 등 '인간에 관련된 과거'는 수없이 많다. 그러나 이들이 모두 역사연구의 대상은 아니다. 우선 순전히 동물적인 행위에 속하는 것, 예컨대 먹고 마시고 잠자고 사랑을 나누는 것 등의 본능적인 행위는 역사가의 관심 밖이다. 또 개별 인간에게만 국한되는 행위와 사고 역시 역사 연구의 대상이 아니다. 아무리 영향력이 큰 사람일지라도 혼자 방안에 누워 공상한 내용이 역사가의 관심을 끌 수는 없다. 요컨대 인간사회에

7) 차하순, 『역사의 본질과 인식』(학연사 1991), pp. 17 ~ 24.

영향을 미치지 않은 개인적인 행동이나 생각 등은 과거의 역사적 사실로서 의미가 없다. 달리 말하면 인간의 사회에 영향을 미쳤던 사건과 사실들만이 역사연구의 대상이 되는 과거의 역사적 사실들이 되는 것이다. 예컨대 A라는 국가의 대통령이 술을 좋아하는 것은 개인적인 일이나, 만약 그가 술에 취해 부실한 내용의 외교문서에 서명하여 그 국가의 외교정책에 영향을 주었다면 그의 음주는 역사에 남는 역사적 사건이 되는 것이다.

헤겔이 과거의 '사건 자체'를 객관적 의미의 역사로 규정했다 하더라도 그 '사건 자체'는 사회에 영향을 미쳤을 경우에만 '단순 과거'를 넘어 '역사적 과거'가 된다. 이는 과거 사건이 갖는 영향력의 중요성에 따라 '역사적 과거'가 결정된다는 것을 말해준다. 달리 말하면 역사연구에 사용되는 '역사적 사건'은 사회에 영향을 미친 과거의 사건들로서, 그것은 개인의 경험을 넘어서는 것이다. 즉, 사회라는 집단이 영향을 받은 집단적인 경험을 가리키는 것으로, 사건, 사상, 제도, 자연환경 등에 의한 영향을 의미한다. 이런 의미에서 역사를 "인간의 집단 경험"으로 정의하고 있는 로버트 다니엘즈(Robert V. Daniels)의 표현은[8] 매우 적절한 것으로 생각된다.

2) 과거의 재구성

우리들은 흔히 '나는 위인들의 역사를 잘 안다', 혹은 '나는 고려사에 관심이 많다'라고 말한다. 그 때 내가 아는 위인들의 역사나 관심이 있는 고려사는 무엇인가? 위인들의 과거 행위나 고려에서 일어났던 사건 자체인가, 아니면 그에 대한 기록인가? 물론 내가 알거나 관심이 있는 내용은 위인들이나 고려에 관한 기록이나 문헌을 통해서이다. 기록이나 문헌은 과거의 사실 자체가 아니라, 과거에 대한 기록을 의미한다. 여기서 우리는 위인들의 역사나 고려사가 위인들의 행위나 고려의 과거 사실 자체가 아니라, 그것을 바탕으로 탐구한 결과인 역사서(歷史書)를 의미한다는 것을 알 수 있다.

과거 자체는 지나가 버려 현재 우리의 눈앞에 없는 것이다. 따라서 거의 대부분

---

8) 다니엘즈(R. V. Daniels), 『역사연구: 어떻게 왜 해야 하나』(*Studying History: How and Why*), 이호민 옮김(민지사 1993), p. 21.

우리들이 직접 경험한 일이 아니다. 눈앞에서 전개되지도 않고 또 직접 경험하지도 않은 지나간 일들(과거의 사건 그 자체)은 우리의 망각된 세계 속에 존재할 뿐이다. 즉, 헤겔이 말하는 객관적인 사건 자체가 현재 어디에도 존재하지 않는 것이다. 그럼에도 우리는 '79년 8월 24일 로마의 베수비우스(Vesuvius) 화산이 폭발하여 폼페이(Pompei)와 헤르쿨라네움(Herculaneum) 두 도시가 용암과 화산재로 묻혀버렸다'거나, '1592년 4월 13일 고니시 유키나가(小西行長)의 일본군 제1군이 절영도(絶影島)에 상륙하여 임진왜란이 시작되었다'라는 사실을 알고 있다. 우리는 어떻게 먼 옛날의 일을, 더구나 우리나라에서 일어나지도 않은 일까지도 자세히 알 수 있는가?

우리가 폼페이의 매몰과 임진왜란에 대하여 아는 것은 '과거의 사실 자체'를 통해서가 아니라 과거의 사실에 대한 기록을 통해서이다. 바로 '과거의 사건에 대한 재구성'으로 정의되는 역사를 통해서이다. 이 경우 역사란 기록된 자료나 역사서를 의미한다. 우리는 사회적으로 지탄받는 지도층 인사들이 자신의 행위가 정당하다는 것을 강조하며 흔히 '역사의 심판을 받겠다'고 말하는 것을 볼 수 있다. 여기서 말하는 '역사의 심판'은 장차 역사가들의 서술을 통하여 평가를 받겠다는 의미이다. 따라서 그들이 말하는 역사는 과거의 사실 자체라기보다는 과거의 사실을 통해 평가된 기록으로서의 역사를 의미한다.

우리는 인류의 역사가 문자사용의 유무에 따라 선사시대(先史時代)와 역사시대(歷史時代)로 나뉜다는 것을 잘 알고 있다. 인류가 문자를 사용하여 사회에서 일어난 사건이나 사실들을 기록함으로써 '기록으로서의 역사'가 가능해진 것이다. 만약 기록이 없었다면 지나가 버린 먼 옛날의 일들을 어떻게 알 수 있겠는가? 기록은 우리들을 과거의 역사로 안내하는 길잡이인 것이다. 우리는 이 길잡이 기록을 따라 과거로 들어가 옛날의 일들을 알아내는 것이다.

그러면 역사의 길잡이가 반드시 문자로만 기록된 것인가? 기록이 무엇을 의미하는가에 대하여 우리는 서양인들이 사용하는 '써진 기록'(written records)과 '써지지 않은 기록'(unwritten records)이라는 분류를 참고할 수 있다. 이 같은 구분은 문자로 표현된 것은 물론 그렇지 않은 것도, 우리에게 과거에 대하여 무엇인가를 알려줄 수 있는 것은 모두 기록이 될 수 있다는 것을 의미한다. 서양인들의 구분처럼 우리는 기록을 문자로 써진 것과 그렇지 않은 것으로 구분할 수 있다. 물론 기록의 대부분은 문자로 써진 것이며, 우리는 주로 이를 이용하여 역사를 연구한다. 삼국사기나 조선왕조실록, 영국의 둠스데이 북(Doomsday Books)이나 중세 촌락문서(Medieval Village Notes)[9] 등이 그러한 예이다. 그러나 유물이나 유적, 전설 등 써지지 않은 기록도 무시할 수 없는 것이다. 역사를 연구하는 사람들은 역사의 연구에서 그 같이 문자로 기록되어지지 않은 자료들을 이용하기도 한다. 우리는 이들 두 기록들을 통틀어서 '사료'라 부른다.

3) 학문으로서의 역사학

우리들은 '당신의 전공이 역사입니까?'라는 물음이 상대방의 전공이 학문으로서 역사학인가를 묻는 질문이라는 것을 잘 알고 있다. 이 질문에서처럼 역사는 학문분야로서의 역사학을 의미하기도 한다. 역사학은 역사연구의 자료인 사료를 수집하여 평가하고 해석하여 서술해 나가는 이론과 방법론 등을 일컫는 학문으로 정의할 수 있다.

그러면 학문으로서의 역사학은 어떻게 연구가 이루어지고 있는가? 역사연구를 위하여 역사가는 기존에 연구가 이루어지지 않은 분야이거나 혹은 연구가 미흡했다고 판단되는 분야, 또는 기존 연구자들 사이의 연구 성과가 서로 모순이 되는 분야 등을 선택하여 연구를 시작한다. 또 드물기는 하지만 현재까지 알려지지 않은 전혀 새로운 역사적 자료가 발견되었을 때도 그를 바탕으로 새로운 연구를 시작한다.

연구 분야를 설정한 역사가는 현재까지의 연구 성과를 비판적으로 검토하고, 관련 사료들을 수집한다. 역사가에게 있어서 사료의 수집은 매우 중요하다. 사료의 수집 여부가 연구의 성패를 결정할 수 있기 때문이다. 그런데 사료는 광범위한 지역에 분포되어 있을 수 있고, 또 여러 사람이 관련되어 일부분씩을 소유할 수도 있어 수집이 쉽지 않은 경우가 많다. 특히 관련 사료가 어디에 존재하는지 조차 모를 경우가 허다하다. 소재를 아는 경우에도 현대사의 경우 국가나 개인의 비밀주의나 공개거부로 인하여 구할 수 없는 경우도 많다. 어떤 이유든 사료가 충분히 수집되지

9) 둠스데이 북은 잉글랜드를 정복한 정복왕 윌리엄 1세(William I, 재위 1066~87)가 1086년에 완성한 토지대장문서이다. 촌락문서는 영국촌락에 대한 여러 기록들로, 발간된 대표적인 것으로는 레스터셔(Leicestershire)의 중세 촌락문서 6권이 있다.

못한 경우에는 연구가 제대로 이루어질 수 없다.

사료가 수집된 후에는 수집된 사료가 과연 믿을 만한 것이지 그 신빙성에 대한 검토가 이루어져야 한다. 우선 사료가 언제, 어디서, 누구에 의하여 작성되었는가를 검토하여 진본인가 여부를 가려야 한다. 그리고 사료 내용의 신빙성도 여러 측면에서 검토되어야 한다. 이 같은 작업이 바로 다음에 상술될 사료의 비판 작업이다. 역사가의 역사서술은 이렇게 비판 작업을 거쳐 믿을 만한다고 인정된 사료를 바탕으로 이루어지는 것이다.

이상에서와 같이 연구 주제가 정해지고 사료가 수집되어 비판이 이루어진 다음에는 역사적 사건들을 인과관계에 따라 서술하게 된다. 인과관계에 따라 서술한다는 것은 사회과학적인 방법론에 따라 일반화를 추구한다는 것이다. 학문으로서 역사학을 전공하면서 역사를 서술하는 연구자들이 추구하는 사료의 수집과 비판, 그리고 서술에 대한 문제는 다음 장에서 설명한다. 아울러 그 과정에서 개입될 수 있는 역사가의 사관에 대한 문제 역시 다음 장에서 설명한다.

3. 역사연구의 필요성

우리는 왜 역사에 관심을 갖는 것일까? 왜 과거의 일들을 알려고 하며 과거와 현재를 비교하려는 것일까? 우리 국민들은 흔히 현 정부의 정책을 이전 정부의 정책들과 비교하여 비판하거나 지지하고 있다. 그런가 하면 일본이나 중국의 우리나라와 관련된 역사인식에 대하여 관심을 가지면 비판하고 있다. 2014년 현재 우리나라 사람들은 일본의 안중근 의사에 대한 인식, 독도에 대한 인식, 중국의 동북공정에 대한 인식에 우려를 나타나며 비판하고 있다. 특히 국가 사이에 놓여 있는 역사인식 문제와 영토에 대한 문제는 앞으로도 오랫동안 논쟁의 대상으로 남아 있을 가능성이 큰 문제들이다.

취업과 관련하여 대학에서 역사학을 전공하는 문제에 대하여는 많은 학생들과 학부모들이 긍정적으로 생각하지 않는다. 역사학 전공이 취업에 직결되지 않는다고 생각하기 때문이다. 그럼에도 역사와 직결되는 주요한 사건인 남북문제, 선거문제,

복지문제 등의 현안문제에 대하여는 민감하게 반응한다. 역사와 관련된 문제에 민감하게 반응하는 것은 국내문제뿐만이 아니다. 독도문제나 위안부 할머니들과 관련된 한일문제, 동북공정과 관련된 한중문제 등이 대표적이다. 역사를 배경으로 하는 사극의 시청률이 대부분 고공행진을 하는 것 역시 역사에 대한 관심 때문이다. 그렇다면 역사학 전공이 취업에 직결되지 않는다고 생각하면서도 역사적인 문제에 관심이 큰 것은 어떤 이유에서인가? 역사를 아는 것이 실제 생활에 어떤 도움이 되어 그러는 것인가?

1) 자아의 정체성 확립

이 글을 읽고 있는 여러분 자신이 지금 잠시 동안 눈을 감았다 떠보니 갑자기 전혀 알지 못하는 낯선 행성에 놓여 있다고 생각해 보자. 물론 아는 사람도 없고, 말도 통하지 않고, 건물도 도로도 주변 환경 모두가 낯설어 어디가 어딘지 전혀 알 수 없는 곳이다. 그렇다면 내가 지금 이곳의 존재들과 어떤 관계에 있는가를 알 수 있겠는가? 어디로 가서 무엇을 해야 하는가를 알 수 있겠는가? 너무도 막막하여 어찌할 줄 모를 것이다. 동서남북도 모르는 낯선 외계에서 어디로 가서 무엇을 해야 하는지를 알 수 없을 것이다. 즉, 앞으로의 생존은 물론 당장의 배고픔조차 해결할 방법을 알 수 없을 것이다.

그런데 실제는 어떠한가? 우리들 각자는 지금 수업이 끝나면 어디로 가서 무엇을 해야 하는지를 너무도 잘 알고 있다. 왜 그런가? 우리 모두는 태어나면서부터 역사적인 환경 속에 놓여 생활해왔기 때문이다. 그러므로 우리 모두는 내가 누구이며, 내 가족과 우리 사회에서 어느 위치에 놓여있는가를 잘 알고 있다. 또 내가 무엇을 해야 하고 무엇을 할 수 있는가를 잘 알고 있다. 그것은 내가 어떤 가정에서 태어났고, 내 가정은 어떤 환경에 놓여 있으며, 내 고장은 어떠한가를 알고 있기에 가능하다. 나는 이미 우리의 역사에 친숙한 것이다. 그러기에 우리 사회에서 살아가는데 큰 불편함을 느끼지 못하는 것이다. 그러나 만약 내 자신이 역사와 전적으로 유리되어 있다면, 이 세상에 막 태어난 어린아이와 같은 존재일 뿐이다. 내가 누구이고 당장 생존을 위해 무슨 일을 어떻게 해야 할지를 모르기 때문이다.

역사는 우리 주위에 있는 공기와 같다. 우리는 평소 살아가면서 공기의 존재를 의식하지 않는다. 그러나 공기가 없으면 살아갈 수가 없다. 역사 역시 마찬가지다. 우리는 살아가면서 역사를 의식하지 않는다. 그러나 우리는 누구도 역사와 무관하게 존재할 수 없으며, 역사에서 빠져나갈 수도 없다. 우리 모두는 각각의 역사를 지닌 개인으로, 그리고 가족의 구성원 겸 사회의 구성원으로 살아가고 있다. 존재와 시간이라는 거대한 씨줄과 날줄의 한 부분을 점하며 역사의 한 가운데 놓여 있는 것이다.

우리 개인들이 나를 둘러싸고 있는 가족과 사회를 인식하고 나의 위치를 인식하는 것이 역사인식의 출발이다. 나를 둘러싸고 있는 가족과 사회를 인식하고 나의 위치를 인식하는 것은 역사를 통하여 '내가 누구인가'를 아는 자아발견, 곧 자기 자신에 대한 정체성(正體性: Identity)을 깨닫는 것이다. 자신에 대한 정체성을 깨닫고 확립하는 것은 시간을 거슬러 오르며 나의 부모와 조부모 등 조상에 대하여 정확히 인식하고, 그들이 무엇을 했고 무엇을 남겼는가를 알게 되면서 자신의 뿌리를 정확하게 인식하는 것이다. 또 동시대의 형제와 이웃, 사회구성원들과의 관계를 인식하여 자신의 위치를 깨닫는 것이다. 이를 통하는 우리는 시간과 공간, 혈연과 지연 등으로 그물처럼 종횡(縱橫)으로 연결된 사회와 역사 속에서 어느 특정한 위치에 속하는 하나의 존재라는 사실을 정확하게 인식할 수 있는 것이다. 즉, 자신의 존재에 대한 정체성을 확립하는 것이다.

역사를 통하여 자신의 정체성을 확립한다는 것은 콜링우드의 말대로 "자신이 무엇을 할 수 있는가를 아는 것이다."[10] 우리는 '내가 누구인가' 하는 정체성의 확립으로부터 내가 무엇을 할 수 있으며, 또 내가 무엇을 해야 하는가에 대한 실마리를 얻을 수 있는 것이다. 우리는 한 가족의 일원일 뿐만 아니라 한 사회의 일원이기도 하다. 한 가족, 한 마을, 한 사회의 일원으로서 우리는 과거로부터의 유산을 물려받고 있다. 우리는 자신이 물려받은 유산이 무엇이며 또 나 자신이 누구인가를 명확히 인식함으로써, 스스로가 사회의 일원으로서 무엇을 할 수 있고 또 무엇을 해야 하는가에 대한 정확한 인식을 가질 수 있는 것이다. 따라서 다니엘즈(R.V. Daniels)의 주장처럼 만약 우리들이 역사를 전혀 알지 못한다면 우리는 모두 자신의 정체성을 파악하지 못해 어둠 속을 헤매는 집단적 기억상실증 환자들이 되고 말 것이다.[11]

10) 콜링우드, 『역사의 인식』, p. 33.

역사인식을 통한 자신의 정체성 인식과 존재와 역할의 당위성 인식, 그리고 그를 통한 사회에서의 역할인식은 곧 개인으로서의 인생관과 가치관을 정립시키는 계기가 되는 것이다. 요컨대 역사인식을 통하여 우리들은 인간과 사회에 대하여 깊이 이해하고 인류의 집단적 경험을 성찰하여 사회구성원으로서 나 자신이 어떤 인간으로서 어떤 인생을 살아갈 것인가를 스스로 결정하게 되는 것이다.

2) 삶의 교훈

역사책 속에는 동서고금(東西古今)의 흥미로운 사실과 사건, 그리고 인물들에 대한 이야기들이 가득 차 있다. 따라서 우리들 대부분은 그와 같은 내용을 읽는 것만으로도 새로운 무엇인가를 깨닫는 즐거움을 누린다. 역사가 블로크(Marc Bloch, 1886-1944)가 역사책 속에서 끊임없는 즐거움과 위안을 찾았던 것도, 그리고 다니엘즈가 역사를 호기심만으로도 연구할 가치가 있는 학문으로 규정한 것도 다 그런 까닭이다.

그런데 역사에서 얻는 즐거움과 깨달음은 문학작품이나 영화 속에서 얻는 그것들과 동일한 종류의 것이 아니다. 문학이나 영화는 인간사에서 일어날 가능성이 있는 가상이나 허구의 세계를 그린 것이나, 역사는 인간사에서 실제로 일어났던 일만을 기록한 것이기 때문이다. 문학작품을 읽거나 영화를 보면서 우리는 '인간에게는 그런 일도 일어날 수 있는 거구나'를 이해하면서 인간에 대한 이해의 폭을 넓힐 수 있다. 그렇지만 실제로 일어났던 일이 아니기 때문에 생생한 교훈으로 다가오지는 않는다. 그러나 역사에서 일어났던 일들은 다르다. 과거에 실제로 일어났던 사실들이므로 현재의 우리의 삶과 직·간접으로 연결되어 있을 수 있고, 또 실재했던 삶의 흔적들이므로 그를 통하여 생생한 교훈을 얻을 수 있다.

우리는 역사 속에서 삶의 교훈을 얻을 수 있을 뿐만 아니라 인생을 살아가는 수많은 지식과 지혜를 얻을 수 있다. 우리들 개인의 삶과 경험은 시공(時空)으로 극히 제한되어 있으나, 집단으로서 인류가 겪어온 경험들은 너무 넓고 다양하기 때문이다. 그것은 한 개인으로서는 도저히 직접 체험할 수 없는 것들이다. 그럼에도 우리들

11) 다니엘즈, 『역사연구: 어떻게 왜 해야 하나』, p. 21.

은 인류가 겪어온 중요한 경험들을 잘 알고 있다. 바로 역사를 통해서이다. 역사가 인류가 경험한 넓고 깊고 다양한 온갖 지식과 지혜를 말해주기 때문이다. 그러므로 우리들은 다니엘즈가 정확히 언급한 바처럼 공적으로는 물론 사적으로도 인간사의 제반 문제들에 대한 해결책을 역사 속에서 찾고 있는 것이다.

역사 속에서 문제의 해결책을 찾는 것은 역사가 지식과 지혜의 보고(寶庫)이며 원천이기 때문이다. 키케로(Marcus Tullius Cicero, 106 ~ 43 BC)의 표현에 의하면 역사가 "인생의 교사(教師)"이기 때문이다. 키케로의 말대로 만약 우리 인간이 자신들이 태어나기 전의 일들을 모른다면 인간은 집단적으로 영원히 어린아이의 단계에 머물러 있을 수밖에 없을 것이다. 실로 우리는 역사를 통하여 인류가 축적해온 지식과 지혜를 통하여 인성을 발달시킬 수 있는 것이다. 이런 점에서 리비우스(Titus Livius, 59 BC ~ 17 AD)는 역사란 교훈적이고 교육적이어야 한다고 강조하였다.[12] 역사가 시민으로서 지녀야 할 도덕과 덕목을 가르치고 애국심을 고취시켜야 한다고 보았던 것이다. 리비우스의 주장이 아니더라도 우리들은 동서고금을 통하여 수많은 사람들이 역사 속에서 지식과 지혜를 얻고 교훈을 얻어왔음을 알고 있다. 바로 이런 점이 왜 역사를 배우고 연구해야 하는가에 대한 필요성과 효용성을 말해주고 있다. 역사학은 토목공학이나 컴퓨터공학과과 같은 실용학문은 아니다. 토목기술이나 컴퓨터기술은 실생활에 직접 사용되고 활용되는 가시적(可視的)이고 실용적인 효용성을 갖는다. 역사학은 그렇지 않다. 그럼에도 역사학은 차원 높은 효용성을 갖는 학문이다. 역사학을 통하여 현재의 삶을 올바르게 통찰하고 미래를 살아가는 지침을 얻을 수 있기 때문이다. 요컨대 역사학은 우리들에게 자아의 정체성을 확립하게 하고 올바른 인생관과 가치관을 갖고 세상을 살아가게 하는 항해자의 나침반과 같은 학문이다.

3) 미래에 대한 전망

역사학이 다른 학문과 구별되는 가장 두드러진 특징은 시간에 매개된 과거의 사건을 다루는 학문이라는 점이다. 역사는 시간에 대한 개념과 중요성을 인식시켜준

12) 『서양의 역사학 I』, p. 40.

다. 시간에 대한 인식은 과거와 현재, 그리고 미래가 서로 연결되어 있다는 것을 깨닫게 해 준다. 우리는 바로 이와 같은 시간에 대한 인식을 통하여 과거로부터 교훈을 얻고, 또 과거와 현재에 대한 인식을 바탕으로 미래를 전망할 수 있다. 그렇다면 역사가들이 어떻게 미래를 전망할 수 있는 것인가?

역사가들이 미래를 전망할 수 있다는 것은 미래를 점치는 것을 의미하는 것이 아니다. 그것은 다니엘즈의 주장처럼 현재의 상황에서 계속되거나 변화할 미래의 상황을 예측하고, 미래의 문제들을 예상하려는 진지한 노력을 의미한다. 미래의 문제를 예상하려 한다는 점에서 미래에 대한 예측은 역사가뿐만 아니라 모든 사람들이 일상적으로 행하는 일이라 할 수 있다. 그러나 역사가들의 미래에 대한 예측은 일반인들의 미래에 대한 예측과는 다르다. 일반적인 사람들이 행하는 미래의 예측은 주로 개인적인 일에 관련된 문제들로, 대체로 개인 자신의 경험을 근거로 하기 때문에 주관적인 성격이 강하다. 그에 비하여 역사가들의 미래 예측은 사회에 영향을 미칠 사건들에 관련된 문제들로, 인류가 동서고금을 통하여 집단적으로 경험한 사실들을 근거로 하기 때문에 객관적인 성격이 강하다.

미래에 대한 예측이 인류사회의 집단적 경험에 근거한다는 것은 곧 역사적 사실의 일반화에 근거한다는 것을 의미한다. 우리는 역사적 사실의 일반화를 통하여 역사로부터 교훈을 얻고 현재와 미래의 삶에 대한 지침을 얻을 수 있다. 그런데 역사적 사실의 일반화가 가능한 것은 개별적인 역사적 사건 속에 보편적인 인간성이 내재되어 있기 때문이다. 역사가는 역사적 사건 속에 내재된 이 같은 보편성과 일반성을 통하여 역사적 사건을 일반화한다. 역사가는 바로 그 같은 일반화를 통하여 현재의 사건들이 앞으로 어떻게 진행되거나 변화할 것인가를 전망할 수 있는 것이다. 또 그 같은 전망을 통하여 우리들이 무엇을 어떻게 해야 할 것인가에 대하여도 일반적인 지침을 제시할 수 있다.

역사를 통한 미래의 전망은 타당하고 쓸모 있는 것이기는 하나, 구체적인 사건을 예측할 수 있는 것은 아니다. 카(E.H. Carr)의 말대로 구체적인 사건이란 각각 하나밖에 없는 독특한 것이기 때문이고, 따라서 거기에는 "우연"이란 요소가 끼어들기 때문이다.[13] 예컨대 어떤 학교에서 두세 명의 아이들이 홍역에 걸린다면, 여러분은

13) 카(E.H. Carr), 『역사란 무엇인가』(*What is History*), 이연규 역(단우 1992), p. 103. 역사에

홍역이 다른 아이들에게도 퍼져나갈 것이라고 예측할 수 있을 것이다. 바로 그 같은 예측은 과거의 경험에서 이끌어낸 일반화에 바탕을 두고 있는 것으로, 앞으로 어떤 행동을 취해야 하는가를 알려주는 타당하고 유익한 지침이 되는 것이다. 그러나 여러분은 구체적으로 A나 B처럼 특정한 누가 홍역에 걸릴 것이라고 예측할 수는 없을 것이다.

역사가도 마찬가지다. 2013년 말 현재 북한의 문제가 좀 더 염려스러워졌다. 정상적인 남북대화는 물론 6자회담도 이루어지지 않고 있는데다, 2인자라는 장성택을 공개처형하고(2013년 12월 12일로 보도됨), 이른바 백두혈통이라는 김정은에 대한 충성을 유난히 강조하고 있기 때문이다. 북한이 대내·외적으로 위기에 처할 때마다 핵실험을 통하여 외적인 긴장조성과 내적인 체제결속을 다졌던 때와 유사한 환경이 조성되고 있다. 그렇다고 역사가는 이 비슷한 양상을 보고 반드시 북한이 4차 핵실험을 할 것이라고 예측하지는 않는다. 북한이 '개성~평양~신의주'를 연결하는 고속도로 및 고속철도 건설에 한국기업이 참여하게 된다면, 그리고 금강산 관광이나 이산가족 상봉이 다시 이루어진다면, 남북의 긴장완화는 물론 4차 핵실험은 없을 것이라 전망할 수 있다. 현재는 지난 12월 8일 북한 국가경제개발위원회와 중국 상지그룹 컨소시엄 사이에 철도 등 개발에 관한 MOU를 체결하였고, 상지그룹 컨소시엄에 한국 측 파트너가 참여하고 있는 것으로 알려졌다. 북한은 개성~평양~신의주 전체 376km 건설 구간 가운데, 개성부터 평양까지 189km는 우리 기업이, 평양부터 신의주까지 187km는 중국 기업이 맡는 것으로 합의한 것으로 전해졌다.

그러나 철도건설 협상이 깨어지고, 남북의 비난전이 거세어지고, 군사훈련이 더 강화된다면, 머지않아 북한이 4차 핵실험을 강행하여 긴장을 고조시킬 가능성이 크다는 점을 예상할 수 있을 뿐이다. 물론 이 같은 예측은 여러 전제조건들이 사실로 나타날 때 실현될 수 있는 것이지만, 그것은 세상이 어떻게 돌아가는가를 이해하는 열쇠가 되는 것이다.

서의 '우연'에 대한 정의는 본서 11장의 설명을 참고할 것.

| 제9장 |

사실과 역사

1. 사실과 사극

현재 우리나라 TV에서 방영되는 사극(史劇)은 매우 인기가 높다. 내용이 재미있고 흥미진진하며 아슬아슬한 전개가 시청자들의 마음을 사로잡기 때문이다. 그래서 많은 시청자들은 다음 회에 전개될 내용에 대하여 큰 관심을 갖는다. 사극의 주인공으로 연기를 한 배우와 탤런트들도 덩달아 인기가 급상승하기도 한다. 왜 이처럼 사극이 재미가 있을까? 그렇다면 역사책은 어떤가? 역사책의 내용이 사극처럼 재미있다고 생각하는 사람은 아마도 거의 없을 것이다. 왜 그런가?

이유는 명확하다. 역사는 과거에 일어났던 실제의 사실만을 다루나, 사극은 허구가 가미되어 있기 때문이다. 사극이 역사적인 내용을 소재나 주제로 사용하기는 하나, 이야기의 전개는 역사적 사실에만 의존하는 것은 아니다. 오히려 많은 이야기를 창작하여 알려진 역사적 사실에 덧붙인다. 특히 극적인 내용들을 그렇게 한다. 그러니 역사적 사실에 근거한 역사 이야기보다 허구가 가미된 사극의 이야기가 훨씬 재미있을 수밖에 없다.

예컨대 2003년 9월부터 2004년 3월까지 MBC에서 방영되었던 「대장금」(大長今)

은 시청률이 50%를 넘었고, 중국, 일본, 동남아 등 아시아를 넘어 중남미까지 한류 열풍을 일으킨 인기 있는 퓨전사극이었다. 의녀였던 장금은 '큰' 또는 '위대한'을 뜻하는 '대'(大)를 써서 대장금으로 불렸다고 전해지나, 출생연도, 성씨와 본관, 출생 배경 등에 대해서 남아있는 기록이 없다. 역사문헌에 기록된 대장금은 조선왕조실록의 중종(中宗) 10년에 장금(長今)이란 이름으로 처음 나타난다. "의녀(醫女)인 장금(長今)은 호산(護産)하여 공이 있었으니 당연히 큰 상을 받아야 할 것인데, 마침내는 대고(大故)가 있음으로 해서 아직 드러나게 상을 받지 못하였다. 상은 베풀지 못한다 하더라도 또한 형장을 가할 수는 없으므로 명하여 장형(杖刑)을 속바치게 하였으니, 이것은 그 양단(兩端)을 참작하여 죄를 정하는 뜻이다."(중종 10년, 1515 을해년 3월 21일) 중종 19년에는 장금의 이름 앞에 '대'자가 붙어 의녀 대장금으로 불린 기록이 나온다. "의녀(醫女)의 요식(料食)에는 전체아(全遞兒)가 있고 반체아(半遞兒)가 있는데,[1] 요즈음 전체아에 빈자리가 있어도 그것을 받을 자를 아뢰지 않으니, 아래에서 아뢰기 어렵다고 생각하기 때문일 것이다. 다만 의녀 대장금의 의술이 그 무리 중에서 조금 나으므로 바야흐로 대내(大內)에 출입하며 간병(看病)하니, 이 전체아를 대장금에게 주라."(중종 19년, 1524 갑신년 12월 15일) 대장금에 대한 마지막 기록은 중종 39년인 1544년 10월 29일로 중종의 병환이 호전되고 있다는 내용이다.

의녀 장금이 인종(仁宗)이 태어날 때 호산(護産)하였고, 대전(大殿) 안에서 임금을 치료했다는 것에서 알 수 있듯이, 중종의 주치의로 역할을 수행했다는 것을 알 수 있다. 또 기록을 통하여 중종으로부터 쌀과 콩을 포상으로 받았다는 것도 알 수 있다. 당시 천한 신분이었던 의녀가 남자 의관(醫官)을 제치고 왕의 총애를 받는 주치의가 되었다는 것은 그녀의 의술이 뛰어났던 것을 말해준다.

기록을 통하여 대장금에 대하여 알 수 있는 것은 이런 정도이다. 이런 정도의 역사적 사실만으로 대중들의 관심을 끄는 역사 논문이나 역사책을 쓸 수는 없다. 그러나 사극은 다르다. 대장금이 뛰어난 의녀로서 왕의 주치의가 되었다는 사실에 덧붙여질 내용들은 작가의 상상력을 통하여 매우 흥미로운 이야기들로 구성될 수

---

1) 체아직(遞兒職)이란 정해진 녹봉이 없이 계절마다 근무 성적을 평가하여 녹봉을 지급하는 관직으로 직전(職田)은 지급되지 않았으며, 대부분 거관(去官) 이후 체천(遞遷)될 자리가 없는 경우 체아직에 임명되었다. 따라서 전체아(全遞兒)는 급료의 전부를 받는 체아직이다.

있다. 더구나 남성위주의 엄격한 관료제도 하에서 천한 신분인 의녀의 이야기라 더욱 감동적으로 그려낼 수 있다. 사극에 등장하는 장금의 수라간 나인 스승 한 상궁과 경쟁자 최 상궁, 장금의 라이벌 금영, 연인 민정호 등은 순전히 창작된 극중 인물일 뿐이다. 또 조선왕조실록에 나타난 기록을 보면 장금이 사극에서처럼 궁녀로서 수라간 나인으로 일하다가 의녀가 되었을 가능성은 거의 없다. 기록은 중종 10년부터 39년까지 적어도 29년 동안 장금이 의녀로서 왕과 왕의 가족을 진찰하고 간호했다는 사실만을 전할 뿐이다.

2009년 5월부터 12월까지 MBC에서 방영된「선덕여왕」역시 전형적인 퓨전사극이다. 이 사극은 한민족 최초의 여왕인 신라시대 선덕여왕(善德女王, 재위 632～647)의 일대기를 그린 드라마로, 많은 시청자들의 사랑을 받았으며 시청률이 평균 35%를 상회하였다. 사극으로서「선덕여왕」은 신라의 왕실과 화랑도, 역사적 사건, 당시의 풍습, 백성들의 생활 모습 등을 잘 보여주었으나, 역사적 사실과 다른 내용으로 대중들에게 잘못된 역사적 관념을 심어줄 수 있다는 우려가 제기되기도 했다.

그 같은 우려는『삼국사기』(三國史記)나『삼국유사』(三國遺事)의 내용과 다른 필사본『화랑세기』(花郎世記)에 많이 의존하였고, 역사서에는 나오지 않는 인물을 창작하기도 했기 때문이었다. 진흥왕(재위 540～576)은 실제로는 43세로 사망하였으나, 사극에 등장하는 진흥왕은 70대의 노인으로 분장하였다. 진평왕(제위 579～632)을 계승한 덕만공주(德曼公主) 선덕여왕이 실제로는 진평왕의 맏딸이고 천명공주(天明公主)가 둘째 딸이나, 사극에서는 덕만공주가 둘째 딸이었다. 이는 필사본 화랑세기에 따른 것이다. 덕만과 천명이 쌍둥이라는 것은 작가의 설정에 불과하다. 진평왕의 재위 기간은 579년부터 632년까지 53년이었지만, 사극에서는 30년 정도로 설정하였다. 진평왕 즉위 당시 20세 전후였을 소화, 칠숙, 하종 등이 진평왕 승하 시에는 70세정도가 되어야 하고, 30대였을 미실, 세종, 설원 등은 80대 노인이 되어야 하는데, 사극의 전개상 곤란했기 때문이었다. 태종무열왕인 김춘추의 아버지는 김용춘인데, 사극에서는 화랑세기에만 기록되어 있는 김용춘의 형인 김용수의 아들로 나온다.

『화랑세기』는『삼국사기』의 열전 권 46에 의하면 진골귀족(眞骨貴族) 출신으로 704년인 성덕왕(聖德王) 3년에 한산주(漢山州) 도독(都督)이 된 김대문(金大問)이『고승전』(高僧傳),『악본』(樂本),『한산기』(漢山記),『계림잡전』(鷄林雜傳)과 함께 저술하였다고 기록되어 있는데, 오늘날에는 모두 전하지 않는다. 그런데 『삼국사기』에 "현명한 재상과 충성스런 신하가 여기서 솟아나오고, 훌륭한 장수와 용감한 병졸이 이로 말미암아 생겨났다"라는 『화랑세기』의 한 구절이 인용되어 있는 것으로 보아, 『삼국사기』가 편찬되던 고려 때까지는 남아 있었을 것으로 추정된다.

그런데 사극 「선덕여왕」의 내용에 이야기를 제공한 필사본 『화랑세기』가 1989년과 1995년에 발견되어 학계의 관심과 논란이 되고 있다. 1989년 부산에서 발견된 것은 32쪽짜리 발췌 필사본이고, 1995년 공개된 것은 162쪽짜리 필사본으로 발췌 필사본의 모본(母本)으로 밝혀졌다. 문제의 필사본은 1930~40년대 일본 왕실도서관인 궁내청 서릉부(書陵部)에서 일하던 박창화(1899~1962)라는 인물이 베껴 적은 것으로 전해진다. 이 필사본 『화랑세기』에는 화랑의 기원, 540~681년 화랑의 우두머리였던 풍월주(風月主) 32명에 대한 계보 및 행적 등이 향가(鄕歌)와 함께 기록되어 있다. 역사학계의 일부는 책의 내용이 사실적이라면서 김대문의 『화랑세기』를 필사한 것이 맞다고 인정하였지만, 다수는 가족과 국가가 유지될 수 없는 정도의 문란한 성문제, 『삼국사기』와 다른 모습으로 그려진 화랑, 수록된 향가의 위작성(僞作性) 등을 이유로 위작으로 보고 있다.

이처럼 역사적 사실에 근거하지 않은 사극이나 역사 소설이 역사와는 분명히 다르다는 것을 확실히 인식하여야 한다. 역사적 사실에 근거하지 않고 조작하여 서술한 위서(僞書) 역시 마찬가지이다. 현재 일부 재야사학자들은 근거가 명확하지 않고 위서로 의심되는 문헌을 믿고 그 내용을 주장하는 경우도 있다. 『환단고기』(桓檀古記)와 그 내용이 대표적인 예이다.

『환단고기』는 한국 상고사에 대한 책으로, 1911년에 계연수(桂延壽)가 편찬하였다는 『삼성기』(三聖記), 『단군세기』(檀君世記), 『북부여기』(北夫餘記), 『태백일사』(太白一史)를 하나로 묶어 1979년에 발간된 책이다. 『삼성기』는 환인(桓因)과 환웅(桓雄), 단군(檀君)시대의 이야기를 담고 있으며, 『단군세기』는 1대부터 47대까지의 단군들의 역사를 편년체로 담고 있다. 『북부여기』에는 졸본(卒本)에 도읍한 동명왕(東明王) 이야기가 실려 있는데, 국사학계에서 말하는 고구려 시조로 생각된다. 『태백일사』는 『환단고기』의 중심을 이루는 부분으로, 우리나라 원시국가 시대로부터 고려에 이르는 내용을 담고 있다.

이 책은 출간되자마자 진·위에 대하여 많은 논란을 일으켰으나, 2006년 남북한 역사학계에서 공동연구를 통하여 위작으로 평가하였다. 그 이유는 『환단고기』가 범례에서는 1911년에 완성되었다고 주장하나 1979년이 되어서야 등장한 이유가 불명확하고, 서술된 내용에 대한 원본이 제시되어 있지 않으며, 후대에 등장한 용어나 학설이 반영되어 있고, 기존의 역사와 문화발전 내용과도 모순된다는 점 때문이다. 중국은 동북공정을 통해 대한민국의 역사학계가 『환단고기』를 이용하여 고조선에 대해 비학술적인 주장을 한다고 비판하기도 하였다.

2. 역사연구와 사실

역사책에서는 흥미진진한 내용을 서술하려 해도 그 내용을 뒷받침해주는 역사적 사실이 존재하지 않는 한 불가능하다. 역사책에 추리와 상상에 근거한 내용을 실제의 사실처럼 서술하는 것은 역사를 왜곡하는 것이다.

실제로 역사왜곡은 종종 있어 왔다. 특히 이적(異蹟)을 행했거나 국가를 세우거나 국가의 운명을 구했다고 알려진 위인들에 대한 역사기록이 그렇다. 국가와 종교 사이에도 국가와 국가 사이에도 역사왜곡은 존재했고, 지금도 존재하고 있다. 국가와 종교 사이에서 지배권을 놓고 역사를 왜곡했던 가장 유명한 예가 콘스탄티누스의 기진장(Constitutum Constantini)[2]이다. 서기 313년 기독교를 공인한 로마의 콘스탄티누스(Flavius Valerius Aurelius Constantinus, 재위 306～337) 황제가 교황에게 로마의 전 영토를 바쳤다는 내용이다. 그런데 중세시대에 기독교에서는 이를 근거로 국가와 교회와의 지배권 싸움에서 교황의 황제에 대한 우위권과 성·속 지배권의 정당성을 주장하였다. 독도를 죽도라 부르며 자기들 고유의 영토라 주장하는 일본의 주장 역시 역사 왜곡이며, 동북 3성의 역사를 중국사로 주장하는 것 역시

2) 이시도르스(Isidore, 560경~636) 위서(僞書) 속에 있는 위작문서(僞作文書). 로마 황제 Constantinus I(306～337)가 자신의 나병을 기적적으로 치료해주고 기독교로 개종시켜준 데에 대한 감사의 표시로 로마 교황 Silvester I(314～335)에게 로마제국에 대한 세속적인 지배권과 동방교회에 대한 우위권을 부여했다는 내용을 기록한 문서이다. 750～800년경에 위조된 문서로, 1440년 Lorenzo Valla에 의하여 허위문서임이 밝혀졌다.

중국의 역사 왜곡이다.

역사는 인간사회에서 실제로 일어났던 과거의 일을 다룬다. 문학은 인간사회에서 일어날 수 있다고 상상할 수 있는 허구의 세계를 다룬다. 그래서 역사의 내용은 딱딱하고 무미건조하나, 소설의 내용은 아기자기하고 애절하며 감성을 자극하는 흥미를 유발한다. 사극은 역사적 사실성에 문학적 허구가 가미되어 있다. 역사적 내용에 문학적 상상력을 결부시킨 결과 일반 시청자들은 소설이나 드라마처럼 흥미진진하게 전개되는 사극 속의 이야기가 과거에 실제로 일어났던 역사적인 내용으로 생각하는 경향이 있다.

그러면 우리는 어떻게 허구를 배제하고 실제로 일어났던 과거의 사실들을 알 수 있는가? 과거는 이미 지나가 버린 시간이다. 그런데 지나가버린 과거는 모두 사라지지 않고 흔적을 남긴다. 역사가들이 과거의 사실들은 알아낼 수 있는 것은 블로크가 지적한 바처럼 바로 "과거가 남긴 흔적"[3]을 통해서이다. 과거가 남긴 흔적은 과거의 사건에 대한 메모, 보고서, 회고록 등과 법령, 신문, 잡지 등의 문헌 기록뿐만 아니라 비문, 회화, 조각, 건축물, 생활용품 등에 이르기까지 아주 다양하다. 이들은 과거 인간이 남긴 삶의 흔적들로, 만델보움의 표현에 의하면 "인간이 지나간 과거에 행하고 말하고 느끼고 생각한 것들에 대하여 접근할 수 있는 일체를 포괄하고 있는 증거들"[4]이다. 이를 역사학에서는 사료(史料: historical records: historical sources)라 칭한다. 역사가는 바로 이 사료를 통하여 과거의 사실들을 밝혀내고 있다. 따라서 사료는 역사연구의 원료로서 '역사적 사실'(historical facts)의 증거물인 셈이다.

사료가 '역사적 사실'의 증거물이며 원천이 된다는 점은 영어나 독일어의 어의(語義)를 통해서도 확인할 수 있다. 영어에서 사료를 뜻하는 단어는 source이며 독일어에서는 Quelle이다. 이 말들은 물이 처음 솟아나는 수원(水源)을 의미한다. 영어와 독일어 모두에서 사료란 역사가가 연구하는 역사적 사고의 수원이라는 점을 말해주는 것이다. 수원 없이 흘러내리는 물이 존재할 수 없듯이, 사료 없이 역사가 존재할 수 없는 것이다.

---

3) 블로크(Marc Bloch), 『역사를 위한 변명』(*L' Apologie pour L' histoire, ou Metier D' historien*), 정남기 역(한길사 1981), p. 68.
4) 만델보움(M. Mandelbaum), 『역사지식의 해부』(*The Anatomy of Historical Knowledge*), 임희완 역(집문당 1987), p. 10.

3. 역사적 사실

그러면 사료를 통하여 밝혀진 과거의 사실들은 모두 역사연구의 자료로 사용되는가? 즉, 과거의 사실들이 모두 역사연구를 위하여 사용되는 '역사적 사실'이 되는가? 아니라면 어떤 조건하에서 그렇게 되는가?

우리는 8장에서 이미 인간의 사회집단에 영향을 미친 사실만이 역사에서 사용하는 '역사적 사실'로 규정할 수 있다는 것을 알았다. 그러므로 사회집단에 영향을 미치지 않은 과거의 사실들은 역사연구를 위하여 사용할 가치가 없는 것이다. 달리 말하면 문헌이나 유물로 남겨진 사료 가운데 순전히 개인적인 차원의 과거의 사실들은 역사연구의 자료로서 별 가치가 없는 것이다. 예컨대 어느 특정 개인이 집을 사기 위하여 계약서에 서명했다든가, 또는 가족과 함께 박물관에 갔다든가 하는 사실들은 역사가의 흥미를 끌지 못할 것이다. 반면에 6.25 전쟁, 4.19혁명, 한미 FTA 조약체결, 제 18대 대통령 선거 등은 그 결과가 우리 사회에 미치는 영향이 큰 사건들이기 때문에 주요한 '역사적 사실'로 등장하게 된다.

그런데 사회에 영향을 미쳤던 과거의 사실들은 수없이 많다. 그리고 그 수많은 '과거의 사실들'이 모두 역사연구에 사용되지도 않는다. 즉, 사회에 영향을 미쳤던 수많은 과거의 사실들이 모두 역사적 사실들이 되는 것은 아니다. 그러면 역사가는 어떻게 그 많은 과거의 사실들 가운데에서 '역사적 사실'을 선택하는가? 이에 대하여 E.H. 카는 다음과 같이 설명하고 있다.

> 사람들은 종종 사실은 스스로 말한다고 일컫곤 합니다. 하지만 당연하게도 이 말은 진실이 아닙니다. 사실들은 역사가가 그것들을 **불러 낼 때**만 말을 합니다. 어떤 사실들에게 발언권을 줄 것인가, 그리고 그 사실들이 어떤 순서로 또는 어떤 맥락에서 말을 하도록 만들 것인가를 결정하는 것은 바로 역사가입니다. … 1066년에 헤이스팅스에서 전투가 벌어졌다는 사실을 알고자 하는 데 우리가 관심을 쏟는 이유는 단 하나 역사가들이 그것을 중요한 역사적 사건으로 본다는 점에 있을 뿐입니다. 케사르가 루비콘이라는 이름의 자그마한 강을 건넜다는 사건은, 바로 역사가가 앞서 자기 나름의 이유들 때문에 그것을 역사적 사건으로 삼고자 마음먹었던 덕분에 **역사적 사실**이 되어 있는 것입니다.[5](고딕체: 저자)

'역사적 사실'은 수많은 과거의 사실들 가운데 역사가의 선택에 의하여 결정된다. 카의 말대로 수많은 과거의 사실들 가운데 역사가에 의하여 불러내져 발언권이 주어졌을 때 그것이 '역사적 사실'로 결정되는 것이다. 만델보옴의 표현에 따르면 "거시적인 역사과정의 양상 속에서 구체적인 사실이 선택되었을 때"[6] '역사적 사실'이 결정되는 것이다. 과거의 사실들은 스스로 말을 하지 않는다. 역사가가 그것들은 선택하여 불러냈을 때에만 말을 할뿐이다. 어떤 과거의 사실들에게 발언권을 줄 것인가, 그리고 그 사실들이 어떤 맥락에서 말을 하도록 할 것인가를 결정하는 것은 바로 역사가 자신인 것이다. 예컨대 660년 신라와 백제 사이의 황산벌 전투라는 과거의 사실은 역사가들이 그 사건의 중요성으로 인하여 역사적 사건으로 삼고자 마음먹었기 때문에 '역사적 사실'이 되어 있는 것이다.

그렇다면 역사가는 과거의 사실들 가운데 어느 것을 구체적인 '역사적 사실'로 선택하는가? 당연히 역사가 자신이 연구하는 문제에서 중요하다고 생각하는 사실들이다. 그 때 역사가는 자신이 선택할 과거 사건의 중요성의 정도를 판단하기 위하여 그것을 기존의 연구나 다른 사건들과의 관계 속에서 검토하게 된다. 그런데 그렇게 선택된 '역사적 사실'은 역사가들 사이에 일치하지 않을 수도 있다. 말하자면 어느 특정한 역사가가 다른 역사가들이 중요하다고 생각지 않았던 과거의 사실을 제시할 수도 있다. 이 경우 특정 역사가가 새롭게 제시한 과거의 사실이 곧 '역사적 사실'로 인정되는 것일까? 그렇지는 않다. 카의 말대로 어느 한 역사가에 의해서 처음 제시된 과거의 사실은 '역사적 사실'로 추천되어 있는 위치에 불과하다. 그것도 "역사적 사실들을 회원으로 하는, 들어가기가 까다로운 클럽에 새로운 회원으로 추천되어 있는 위치"에 불과하다. 추천되어 있는 과거의 사실이 다른 많은 역사가들에 의해서 중요성이 인정될 때 그 '과거의 사실'은 비로소 '역사적 사실'로 인정되는 것이다. 우리들이 교과서나 역사책을 통하여 알고 있는 과거의 사실들은 이렇게 하여 역사가들에게서 인정된 '역사적 사실들'인 것이다.

요컨대 '역사적 사실'은 수많은 과거의 사실들 가운데 역사연구와 서술에 중요하다고 생각되어 역사가에 의하여 선택된 과거의 사실들을 의미한다. 그리고 그처럼

---

5) 카, 『역사란 무엇인가』, p. 14.
6) 만델보옴, 『역사지식의 해부』, p. 124.

선택된 과거의 사실들이 많은 역사가들에 의하여 중요성이 공인될 때, 그 과거의 사실들은 '역사적 사실'로 자리 잡게 되는 것이다.

4. 역사적 사실의 객관성과 주관성

그러면 이처럼 역사가들에 의하여 선택된 '역사적 사실'은 객관성을 갖는 것인가? 아니면 역사가들의 선택에 의한 주관성을 갖는 것인가? 이 문제에 대해서는 오래 전부터 논란이 되어왔다. 대립된 견해의 하나는 역사적 사실은 실제로 존재했던 것이므로 사실이 객관적으로 구성될 수 있다는 견해이고, 다른 하나는 역사적 사실은 역사가에 의해서 구성되므로 그것은 결코 사실 그 자체는 아니라는 것이다.

서술된 역사가 역사 그 자체와는 부합되지 않는다는 주장은 일찍이 데카르트(René Descartes, 1596～1650)에 의하여 제기되었다. 데카르트가 제기한 역사의 객관성에 대한 회의는 그 후 객관적인 역사서술을 위한 노력에 큰 자극이 되었다. 역사가의 편견을 배제하고 객관적인 역사를 서술하려는 노력은 랑케(Leopold von Ranke, 1795~1886)에 의해서 절정에 달하였다. 랑케는 과거의 객관적인 사실만을 밝히는 것을 지상과제로 삼아, '오직 역사적 사실들로 하여금 스스로 이야기하게 해야 한다'고 주장하였다. 랑케에 의하면 '일어난 사실'은 어느 누구도 건드릴 수 없는 성스러운 영역이다. 만약 역사가가 사실 자체를 왜곡하거나 잘못된 해석을 첨가하는 것은 신(神)을 모독하는 것이다.[7] 이 같은 랑케의 입장은 역사가는 역사를 서술할 때 그 자신이 지니고 있는 일체의 선입관, 편견, 가치판단 등 모든 주관적인 판단과 감정을 배제해야한다는 것이다.

랑케와 랑케의 지지자들에게는 개별사건들은 이미 객관적인 사실로, '역사적 사실'은 실재성이 있는 것이다. 그래서 역사적 사실의 객관적 존재를 믿는 역사가들은 액튼(Lord Acton, 1834～1902)[8]처럼 완벽한 자료를 가지고 역사를 쓰려고 노력하

7) 차하순, "랑케의 방법과 이론", 『현대의 역사사상』(탐구당, 1994), pp. 22 ~ 48.
8) 영국의 정치가, 사상가, 역사가이다. 하원의원으로 활동했고, 1869년 남작으로 봉해졌다. 만년에 케임브리지 대학 근대사 교수를 역임했다. 대표저서는 『자유의 역사』(*The History of Freedom and Other Essays*, 1907), 『프랑스 혁명 강의』(*Lectures on the French*

였다. 이들에게 완벽한 자료는 궁극적으로 완성된 역사를 가능케 하는 것이었다. 그렇지만 불완전하다고 생각하는 자료를 가지고는 결코 쓰려하지 않았던 이들 역사가들에게 당면했던 문제는, 자료가 언제나 완벽하지 못했다는 것이다. 확실한 사실들을 산처럼 쌓아가는 것이 역사의 바탕이 되고, 또 그런 사실들이 스스로 말을 하기 때문에 사실들은 아무리 많아도 넘치지 않는다는 믿음이 항상 자료의 부족을 가져왔던 것이다.

그에 대하여 드로이젠(Johann Gustav Droysen, 1808 ~ 84)은 역사적 사실의 객관성을 인정하지 않았다. 그에 의하면 과거의 사건들은 이미 지나가 버려 현재 존재하지 않으므로 결코 일어났던 대로 재구성될 수 없는 것이다. 드로이젠에게 '역사적 사실'은 오직 '파악된 사실'일 뿐이었다. 이후 딜타이(Wilhelm Dilthey, 1833 ~ 1911), 크로체(Benedetto Croce, 1866 ~ 1952), 콜링우드 등에 의해 랑케사학에 대한 대대적인 반격이 이루어졌다. 이들은 역사가 자연과학적인 실증주의에 의해서 연구되는 것을 거부하였다. 이들은 사실에 의해서 정신이 움직이는 것이 아니라, 오히려 정신에 의하여 사실이 해석된다고 주장하였다. 베커(Carl Becker)나 카도 이들의 노선에 따르고 있다. 특히 베커는 '역사적 사실'은 인식주체의 현재의 주관성에 의존한다는 점을 강조하여, '역사적 사실'이란 역사가가 창조하기 전까지는 존재하지 않는다고 주장하였다.[9] 카에게 '역사적 사실'은 역사가가 수많은 과거의 사실들 가운데 가려 뽑아 발언권을 준 것이다. 물론 어떤 사실들에게 발언권을 줄 것인가, 그리고 그 사실들이 어떤 순서로 또는 어떤 맥락에서 말을 하도록 만들 것인가를 결정하는 것도 역사가이다. 따라서 어느 사건이 '역사적 사실'의 지위에 오르느냐 마느냐는 그를 취급하는 역사가의 해석에 달려있는 것이다. 역사가의 선택으로 결정된 '역사적 사실'에 대해 배러클로우(Geoffrey Barraclough)는 "널리 받아들여지는 일련의 판단들"[10]로 표현하고 있다.

이 같은 의미에서 '역사적 사실'이 순수하게 객관적이라 말할 수는 없다. '역사적 사실'의 선택에 역사가의 주관이 개입되었기 때문이다. 그렇다고 '역사적 사실'이

Revolution, 1910)가 있다. 권력은 부패하며 절대권력은 반드시 부패한다(Power tends to corrupt, and absolute power corrupts absolutely)는 그가 남긴 말이다.

9) 차하순, 『역사의 본질과 인식』, p. 35.

10) 배러클로우(G. Barraclough), 『현대 역사학의 추세와 방법론』(*Main Trends of Research in the Social and Human Sciences*), 이연규 역(풀빛 1983), p. 22.

주관적이라는 말은 아니다. '역사적 사실'이 갖는 보편성 때문이다. 물론 '역사적 사실'은 특정한 시기와 장소에서 일회적으로 발생한 사건이라는 특수성을 갖는다. 그렇기는 하나 '역사적 사건'은 당대의 여러 다른 사건들과 긴밀히 연관되어 발생한 것으로 시대적 보편성도 아울러 지니고 있는 것이다. 따라서 '역사적 사건'이 역사가의 선택에 의하여 결정된다 하더라도, 그 '역사적 사건' 속에는 시대적 보편성이라는 객관성이 담보되어 있는 것이다.

최근에는 '역사적 사실'이 갖는 이 같은 이중적인 의미를 인정하는 학자들도 등장하였다. 샤프(A. Schaff)와 볼하겐(P. Bollhagen) 등은 사실의 실재성을 인정하면서도 그것의 재구성 가능성을 강조하고 있다. 이들에게 '역사적 사실'은 역사적 인식에 관계없이 객관적 성격을 갖고 있는 것으로, 인식의 차이에 따라 구별되는 것이 아니다. 그럼에도 이들은 '역사적 사실'이 인식주체에 의해서 재구성된다는 점을 인정하고 있다. 그러면 어떻게 객관적 사실이 인식주체에 의해서 주관적으로 재구성될 수 있는가? 그것은 인식주체인 역사가가 시대의 산물이고 역사 속에서 형성된 존재이기 때문에, 그의 의식은 단순히 주관적인 것이 아니라 시대적이고 역사적인 객관성을 갖기 때문이다. 또 인식대상으로서의 '역사적 사건'은 수많은 다른 사건들과의 복합성과 연속성 속에 존재하는 것이므로, 역사가의 자의가 아닌 다른 사건과의 일정한 연관 속에서만 파악되기 때문이다.[11)]

이상에서 살펴본 바와 같이 '역사적 사실'은 객관성과 주관성을 아울러 지니고 있다. '역사적 사실'에 대한 극단적인 객관성이나 주관성을 신봉하는 것은 극단적인 인식론적 상대성에 함몰되는 것이다. 우리는 '역사적 사실'이 객관적이냐 주관적이냐 하는 문제보다는 그것이 과거 사실 자체와 얼마나 부합(符合)하는가에 판단의 초점을 두어야 할 것이다. 드레이(William H. Dray)가 지적하는바 "무엇이 역사를 객관적으로 만드는가? 달리 말하면 우리가 역사가에서 어떤 종류의 객관성을 기대할 수 있는가?"[12)]라는 문제로 판단의 기준을 전환해야 할 것이다. 카의 말대로 역사에서의 객관성이란 '역사적 사실'의 객관성이라기보다는 '역사적 사실'과 해석 사이의 객관성을 의미해야 할 것이다. 그래야만 과거와 현재와 미래 사이에 맺어지는

---

11) 샤프(A. Schaff), 『역사와 진실』(*History and Truth*), 김택현 역(청사 1982), p. 223.
12) 드레이(William H. Dray), 『역사철학』(*Philosophy of History*), 황문수 역(문예출판사 1990), p. 83.

역사적 관계의 객관성이 확보될 수 있기 때문이다.[13]

5. 역사적 사실의 특수성과 보편성

이 같은 '역사적 사건'은 일회적이고 독립된 특수성을 갖는 것인가? 아니면 다른 사건과 공통되는 보편성을 갖는 것인가?

역사적 사실이 특수성을 갖는다는 것은 그것이 다른 사건과 구별되는 개별성과 고유성, 그리고 일회성을 갖는다는 것을 말한다. 따라서 역사의 특수성을 주장하는 사람들은 특정한 역사적 사건이나 인물, 제도, 국가, 문화 등이 모두 각각 다른 것과 구별되는 독특성과 일회성을 갖는다고 생각한다.

역사연구와 서술은 고대부터 개별적인 인물이나 사건들을 중심으로 이루어지기 시작하였다. 고대의 철학자 헤라클레이토스(Herakleitos, B.C. 540 ~ 480경)에 의하면 만물은 항상 유전(流轉)하는 것이므로, 역사 역시 되풀이 될 수 없는 것이었다. 근대의 프랑스 철학자 데카르트(Rene Descartes, 1596 ~ 1650)도 수학은 변치 않는 과학적 진리를 다루는 학문이나, 역사는 과학적 진리가 아닌 끊임없이 변화하는 것을 다룬다고 보았다.[14] 역사가 변화하는 세상 속에서 반복되지 않는, 개별적이고 특수한 사실을 다룬다는 생각이 19세기에는 하나의 학문적 이론과 방법론으로 정립되기도 하였다. 그리하여 역사적 사건의 개별성과 일회성, 그리고 고유성 등의 특수성을 강조하는 '역사주의'(historicism)가 나타났던 것이다.

그에 비하여 역사적 사실이 보편성을 갖는다는 것은 역사상 어느 사건이든 그 사건이 일어난 사회적 환경 속에 놓여 있으므로, 어느 특정한 사건은 그 사회 환경의 일반적인 경향성을 갖는다는 것을 의미한다. 그러므로 역사의 보편성을 주장하는 사람들은 역사적 사건은 개별적인 특수성을 뛰어넘는 일종의 법칙과도 같은 보편성을 갖는다고 생각한다.

이 같은 주장도 오랜 옛날부터 제기되어 왔다. 고대의 실체론부터 18세기 계몽사

---

13) 카, 『역사란 무엇인가』, pp. 183 ~ 184.

14) 데카르트(R. Descartes), 『방법서설』(*Discours de la Methode*), 이현복 역(문예출판사 1997), pp. 150 ~ 155.

상과 19세기 실증주의에 이르기까지 역사는 개별현상을 뛰어넘는 일반적이고 보편적인 현상을 추구하는 것이라고 주장되어 왔다.

그렇다면 역사적 사실들은 각각 독립된 개별적이고 특수한 사건들인가, 혹은 보편적인 성격을 갖는 사건들인가? 역사적 사건이 두 가지 성격을 동시에 지닌다면 어떤 측면에서 그렇게 규정할 수 있는가?

역사의 보편성을 주장하는 학자들은 역사학 역시 자연과학적 방법에 따라 인과적인 귀납법으로 일반법칙을 추구해야 한다고 말한다. 그러나 자연과학에서의 일반법칙의 추구와 역사에서의 일반화 사이에는 근본적인 차이가 있다. 주지하다시피 자연과학자는 지속적으로 반복되는 현상을 연구한다. 그런데 자연과학에서는 현상들 사이의 공통성이 해명되고 나면, 사실 그 자체나 사실의 독자성, 또는 공간과 시간상에서의 사실의 위상은 아무런 관심의 대상이 되지 못한다. 사실은 결론이 나지 않고 법칙이 확인되지 않은 상태에서만 독자적으로 의미가 있을 뿐, 법칙이 확인되고 나면 그 사실은 다른 수많은 사실들과 함께 과학자의 시야에서 사라져 버린다. 말하자면 자연과학에서의 사실들은 무시간성(無時間性)에 놓이게 되는 것이다. 예컨대 밤하늘을 수놓으며 떨어지는 유성들에 대해 우리는 인력의 법칙이 밝혀진 지금 그 개별적인 현상에는 아무도 주목하지 않는다. 예컨대 여러분은 누구도 어제 밤에 떨어진 유성과 오늘 밤에 떨어진 유성과는 어떤 차이가 있는가를 생각하지 않는다. 오직 인력의 법칙에 의하여 유성이 지구의 대기권 안으로 끌려 들어와 공기와 충돌하여 빛을 냈다는 일반적인 사실만을 생각할 것이다.

그에 비하여 역사적 사실들은 자연과학에서의 현상처럼 다시 재현되지 않는다. 역사가들이 연구하는 사실들은 각각 특정한 시기와 특정한 장소에서 일회적으로 발생한 사건들이다. 이런 점에서 역사적 사건은 독자적이고 일회적이며 각각의 고유한 특수성을 갖는다. 그렇기는 하나 역사에서 다루는 사실들은 밤하늘에 떨어지는 유성들처럼 그들 사이에 서로 관련이 없는 개별자적인 현상은 아니다. 오히려 역사적 사건들 사이에는 시간의 흐름에 따라 전후로 이어져 인과관계로 연결되어 있다. 또 역사적 사건들에는 자연과학에서의 사건들과는 달리 인간의 정신이 내재되어 있다. 이런 점에서 역사적 사건들 사이에는 보편성을 갖는다. 역사에서 개별적인 사건이란 그 자체가 당대의 여러 다른 사건들과 긴밀히 연관되어 있는 역사적으로 형성된 존재인 것이다. 달리 말하면 각각의 역사 현상은 개별적이고 일회적인 것이기는 하나, 이미 그 발생에서 다른 역사적 사건들과 시대적 보편성을 공유하는 존재로 생성된 것이다.

요컨대 역사적 사실들은 개별적이고 일회적인 특수성과 더불어 보편성도 아울러 지니고 있는 것이다. 예컨대 프랑스 혁명과 러시아 혁명은 서로 다른 별개의 혁명으로, 그 혁명이 일어난 시기와 장소가 다를 뿐만 아니라 그 전개과정도 상이하다. 그러나 두 사건은 모두 혁명이라는 이름이 시사하듯이 기존의 사회제도를 급격히 변화시키고 새로운 제도를 창출한 공통점을 갖고 있다. 즉, 두 사건은 서로 독립되고 개별적인 사건이라는 특수성과 더불어 혁명이라는 보편성을 동시에 지니고 있는 것이다.

이상에서 살펴본 바와 같이 역사적 사실은 독자적이고 일회적인 사건이라는 점에서 개별적이고 특수한 성격을 갖는다. 동시에 역사적 사실은 해당 시대의 사회적 관계와 더 나아가서 역사생활의 한 단면을 보여주는 보편성도 아울러 지니고 있다. 그러므로 '역사적 사실'은 그것과 연관되어 있는 전후 관계 속에서 분석되어야만 그 의미를 파악할 수 있다. '역사적 사실'을 하나의 독립된 개별적이고 특수한 존재로만 생각한다면 그것은 그 사건이 발생한 배경을 무시하는 것으로, 결국은 그 사건의 의미를 제대로 인식할 수 없게 될 것이다. 우리들이 역사적 사실들을 이해할 수 있는 것은 그들이 비록 특정한 시간과 장소에서 특정한 행위자들에 의해서 일어나는 특수성을 지니고 있지만, 사회적·역사적 현상으로서 일반적인 보편성도 아울러 지니고 있기 때문이다.

역사가 중요하고 의미 있는 것으로 인식되고 또 지속적으로 새롭게 연구·서술되고 있는 것은 '역사적 사실'이 특수성과 보편성을 아울러 지니고 있기 때문이다. 우리는 개별적이고 독립적으로 일어나는 역사적 사건들의 연구를 통하여 그 사건이 지닌 보편성까지 인식하게 된다. 이 같은 과정을 통하여 우리는 앞서 논의한 바와 같이 과거로부터 교훈을 얻고 미래에 대해 예측할 수 있는 것이다. 그러므로 역사적 사건은 당시뿐만 아니라 후세에도 중요한 의미를 지닌다. 예를 들어 기원전 133~123년 사이 로마에서 시도되었던 그락쿠스(Gracchus) 형제의 개혁에 대하여 생각해 보자. 그락쿠스 형제의 개혁은 로마 공화정 말기 로마 시민들의 사회경제적 불만이 고조되었을 때 그것을 해결하기 위하여 시도되었던 일종의 사회개혁이었다. 그러나 빈민들에 대한 토지분배를 반대하던 귀족들의 저항에 부딪쳐 개혁은 실패로 돌아가게 되고, 더욱 고조된 사회경제적 불만은 내란으로 이어져 결국 로마 공화정이 붕괴되었다. 그락쿠스 형제의 개혁은 역사상 로마의 공화정 말기에 나타났던 사건이라는 점에서 특수성을 갖는다. 그러나 동시에 그락쿠스 형제의 개혁은 사회개혁을 시도했으나 실패했을 때 그 사회가 어떻게 되는가를 전형적으로 보여주는 역사의 보편성도 아울러 지니고 있다. 우리들은 그락쿠스 형제의 개혁을 통해 기득권자들이 너무 욕심을 부리면 사회개혁이 성공할 수 없으며, 사회개혁이 시도되고도 성공하지 못하면 그 사회는 더 큰 혼란과 어려움에 빠져들게 된다는 역사적 교훈을 얻을 수 있다.

| 제10장 |

사료의 분류와 비판

1. 사료의 종류

앞서 우리는 역사가들의 연구가 사료를 통하여 이루어진다는 것을 알았다. 그렇다면 역사적 사실을 담고 있는 사료, 즉 역사 연구의 원천인 사료에는 어떤 종류들이 있는가?

서양 고대시대 역사서술이 시작되었을 때에는 역사가들이 사용한 사료는 역사가 본인이 직접 경험하고 목격했던 사실이거나, 또는 다른 목격자의 진술을 토대로 한 것이었다. 헤로도토스와 투기디데스가 서술한 『역사』가 바로 그런 것들로, 각각 자신들이 경험하고 목격자의 진술을 토대로 한 페르시아 전쟁과 펠로폰네소스 전쟁을 대상으로 하고 있다. 그러나 시대가 흐름에 따라 직접 경험하거나 목격한 사실에 의존하는 것이 점차 불가능하게 되었다. 인류가 남긴 방대한 양의 사료에 비하면 역사가 개인이 직접 경험하거나 목격한 사실은 양적으로나 질적으로 너무 미미하기 때문이다. 따라서 블로크의 말처럼 "역사에서 직접 관찰이란 거의 망상에 지나지 않는다."[1)]

1) 블로크, 『역사를 위한 변명』, p. 64.

또 역사가들이 직접 경험하거나 관찰한 사실은 신뢰성 못지않게 부정확성도 지닐 수 있다. 역사가의 관심의 방향과 기억력의 정도에 따라, 그리고 사건이나 관찰 대상에 대한 역사가의 이해 정도에 따라, 사실과 얼마든지 달라질 수 있기 때문이다. 영국의 랠리(Sir Walter Raleigh, 1552 ~ 1618)의 일화가 그 같은 상황을 잘 말해주고 있다. 랠리는 당시 세계사 제 2권을 집필 중이었는데, 그가 창을 통하여 내려다보며 관찰한 노상의 소요사태가 다른 목격자들에 의한 보고와 본질적으로 다른 것을 보고, 그 초고를 불 속에 던져버렸다는 것이다.[2] 직접 목격의 경우 녹음테이프나 비디오테이프 등에 의해 역사가의 직접 경험과 관찰이 보강된다 하더라도, 역사가의 이해정도에 따른 왜곡 가능성의 문제는 여전히 남아 있다.

그런데 이 보다 더 큰 한계점은, 현대사회로 올수록 역사가와 동시대의 사건들일지라도, 역사가가 직접 경험하거나 관찰할 수 있는 일들이 너무나 제한되어 있다는 것이다. 한 국가 내의 사건만 하더라도 하루에도 중요한 사건이 여러 지방에서 동시다발적으로 일어나기 때문에, 역사가가 자신이 직접 경험하거나 관찰한 사실들이란 전체에 비하면 거의 무시할 정도에 가까운 것이다. 또 현대사회의 비밀주의 때문에 국가나 사회의 수많은 중요한 일들을 역사가가 직접 목격할 수도 없고 알 수도 없는 것이다. 역사가가 어떻게 자신이 참석하지도 못하고 또 알지도 못하는 국내나 국제적인 비밀회의 등에서 논의된 내용을 바탕으로 역사를 서술할 수 있겠는가?

이와 같은 이유로 오늘날 역사가들은 대체로 다른 방법으로 사료를 분류하고 있다. 우선 문헌으로 남아있는 '문헌사료'와 그렇지 않은 '비문헌사료'로 크게 구분하고 있다. 이 같은 구분법은 사료의 외적인 특징만을 가지고 구분하는 것으로, 그 내적 성격인 사료의 내용과 신빙성과는 무관한 것이다. 그렇지만 역사가들이 사용하는 사료 모두가 문헌사료이거나 또는 유물이나 유적 등 비문헌사료라는 점에서, 실제로 중요하게 사용되는 구분법이다. 전통적으로 이러한 구분법은 사료를 '기록자료'와 '물적자료'로 나눈 랑글로아(Langlois)와 세뇨보(Seignobos) 등 많은 역사가들에 의해서 오랜 동안 사용된 방법이다.

흔히 사용되는 또 다른 분류방법에는 '1차 사료(원사료)'와 '2차 사료'로 나누는 구분법이다. 이는 사료 작성의 시기와 연관된 신빙성의 정도에 따른 구분으로, 대체

---

2) 베른하임, 『사학개론』, p. 116.

로 1차 사료는 연구대상과 동시대에 형성된 사료를 말하며, 2차 사료는 그 이후에 형성된 사료를 말한다.

2. 문헌 사료

문헌사료란 문자로 기록된 사료를 말한다. 문헌사료는 인류가 문자를 발명한 이후부터 남겨진 사료로, 법령, 조약, 외교문서, 의회기록 등 정부의 공문서를 비롯하여, 일기, 편지, 회고록, 자서전, 계산서, 청구서, 영수증, 장부, 유언장, 메모 등 개인적인 일들에 관한 사문서, 신문, 잡지, 팜플렛, 광고물, 소설, 시, 서적 등 출판물, 금석문, 비문 등 다양한 형태가 있다. 그런데 이들 문헌들을 잘 살펴보면 내용의 신빙성 정도에 따라 크게 두 종류로 나눌 수 있음을 알 수 있다. 기록되어 있는 그대로 믿을 수 있는 문헌들과 그렇지 못한 문헌들이다. 이를 역사가들은 잔적(殘跡) 사료에 속하는 문헌과 전고(傳告)사료에 속하는 문헌으로 구분한다.[3)]

1) 잔적사료

잔적사료란 뒷날에 증명하거나 확인하기 위하여 작성되어 남겨진 문서들로 그 내용의 신빙성에 문제가 없는 사료들을 말한다. 즉, 남겨진 문서 내용의 허위, 왜곡, 편견, 부정확 등을 염려할 필요가 없는 사료들이다. 법령, 조약, 외교문서, 의회기록 등 정부의 공문서가 대표적이다. 이들 문서는 일정한 형식에 따라 기록되어 당시에 어떠한 일이 일어났는가와 사실이 어떠했는가를 정확하게 확인할 수 있는 증명서류와 같은 것이다. 이 같은 성격의 문서는 근대뿐만 아니라 시대를 거슬러 올라 중세나 고대에도 다수가 존재하고 있다. 우리들의 주민등록과 학교의 성적기록, 국회 속기록, 한미 FTA 조약, 1949년 NATO 조약문서, 로마의 12표법, 바빌로니아의 함무라비 법전 등이 이에 속한다.

잔적의 성격을 갖는 문헌사료들은 그 성격상 역사연구의 기본사료로, 역사가들이

3) 양병우, 『역사의 방법』(민음사 1988), p. 33.

특정사회를 연구할 때에 가장 소중한 사료가 되고 있다. 역사가들이 이들 잔적사료를 통하여 특정사회의 기본적인 역사흐름을 파악할 수 있기 때문이다. 예컨대 우리나라 제3공화국의 역사를 연구하는 역사가들은 당시의 국무회의록을 통하여 국가정책의 기본적인 내용을 파악할 수 있다. 또 국회 상임위원회에서 정책을 토론한 기록과 대정부 질의기록을 통하여 정책의 방향과 결정과정에 대하여 더 자세히 파악할 수 있다. 그런 다음 그 같은 정책이 실제로 어떻게 시행되었는가를 정부 각 부처의 기록들을 검토하여 알아낼 수 있다.

우리는 잔적사료를 통하여 전고사료의 신빙성의 정도를 가늠하는 척도로서도 중요하게 사용할 수 있다. 전고사료는 다음에 상술하는 바와 같이 신빙성에 의심이 가는 경우가 많다. 작성자의 식견이나 편견, 또는 고의적인 왜곡이나 심지어는 날조 등이 개재되었을 개연성이 높기 때문이다. 이 같은 전고사료에 대한 내용의 진실성 여부를 잔적사료와의 비교를 통하여 확인할 수 있는 것이다. 예컨대 현재에도 일제치하에서 독립운동을 한 후손이라고 주장하며, 조부나 증조부를 독립유공자로 등록해줄 것을 요구하는 사람들이 있다. 그들의 주장이 사실인가의 여부는 그들의 주장만으로는 알 수가 없다. 그 당시 활동했던 사람들이 모두 사망하여 현재는 그 사실 여부를 증언해줄 사람도 없다. 그렇지만 우리는 그 같은 주장의 사실 여부를 당시의 잔적문서를 통하여 확인할 수 있다. 즉, 일제에 의해서 조사되거나 검거된 독립운동 관련자들의 기록과 재판기록, 그리고 그와 관련하여 옥고를 겪었던 수형기록, 임시정부에서 작성한 독립운동의 활동 기록 등을 통해서이다.

대표적인 잔적사료인 국가의 공문서는 국가의 역사를 대변해주는 가장 중요한 문서이다. 이 같은 이유로 오늘날 대부분의 국가는 자국의 공문서를 법률에 의하여 함부로 파기하거나 훼손할 수 없도록 규정하여 관리하고 있다. 우리나라도 2000년 1월 1일부터 「공공기관의 기록물관리에 관한 법률」로 국가의 모든 기관에서 작성된 문서들은 문서관리사에 의해서 관리하도록 규정하고 있다.[4)]

4) 「공공기관의 기록물관리에 관한 법률」은 기록유산을 안전하게 보존하고 기록정보를 효율적으로 활용하기 위하여 1999년 1월 29일 법률 제 5709호로 제정되었다. 이 법은 부칙에 의하여 2000년 1월 1일부터 시행되었다.

2) 전고사료

전고사료는 잔적사료에 비하여 사실의 전달자나 기록자의 편견과 오해 등이 개재되어, 그 내용의 신빙성이 떨어지는 사료를 말한다. 가장 신빙성이 의심되는 전고사료의 대표적인 예로 전설을 들 수 있다. 전설은 과거의 역사적 사실을 반영하고 있는 경우가 많이 있다. 그러나 구전되어 내려오는 동안에 과장되거나 첨가되어 윤색된 것들이 많아, 그 자체로는 역사적 사실로 받아들이기 힘들다. 그런데 전설이 아닐지라도 대부분의 문헌사료는 신빙성의 문제를 내포하고 있다. 예컨대 일기나 서한, 회고록 등은 사료로서 중요한 가치가 있을 수 있으나, 그들 내용이 항상 신빙성이 있는 것은 아니다. 일기나 서한을 남긴 사람의 사회적 직업과 지위, 식견, 관심과 의도 등에 따라 실제의 사실이 왜곡되어 기술되거나 심지어는 날조된 사실이 기록될 수도 있기 때문이다. 그러므로 이들 전고사료를 역사연구에 사용하기 위해서는 철저한 비판작업이 불가피하다.

우리들은 흔히 접할 수 있는 신문이나 인터넷의 기사 내용에 대하여 주의해야 한다. 많은 경우 보도된 기사 내용을 믿으려는 경향이 있기 때문이다. 그러나 보도 내용이 기사 작성자나 신문사의 견해가 개재되어 실제의 사건이나 사실과 다를 수 있다. 이런 점에서 신문이나 인터넷의 기사 내용도 전형적인 전고사료로 분류된다. 각종 잡지나 정당의 당보, 통계자료나 영화, 녹음테이프 등도 역시 전고사료이다. 통계자료는 특히 작성자의 의도에 따라 왜곡되거나 조작될 수 있는 가능성이 매우 높아 사용에 주의해야 한다. 전쟁 시 전과에 대하여 전쟁 당사국 양자가 제시하는 통계수치와 선거 시 주민들의 지지율에 대하여 경쟁 후보들이 제시하는 통계수치가 너무 다른 것을 생각해 보면, 사료로서 통계자료의 이용에 어느 정도 주의를 기울여야 하는지 짐작할 수 있다.

우리들은 김부식의 『삼국사기』(三國史記)나 티투스 리비우스의 『로마사』같은 유명한 역사서(歷史書) 역시 잔적사료가 아니라 전고사료라는 점에 특히 주의해야 한다. 김부식의 『삼국사기』는 우리나라 고대사 연구의 기본이 되는 사료이고, 리비우스의 『로마사』는 고대 로마사 연구의 기본이 되는 사료이다. 그렇기는 하나 이들 사료는 특정 역사가에 의해서 서술된 역사서로, 서술된 내용이 과거의 사실 자체와 정확히 일치한다고 확신할 수 없다. 김부식은 당시에 수집할 수 있었던 많은 잔적과 전고사료를 근거로 『삼국사기』를 서술한 것이다. 그러므로 『삼국사기』의 내용은 완전하지도 못할 뿐만 아니라 서술자 김부식의 식견과 판단, 그리고 역사관이 개재되어 있는 것이다. 리비우스의 『로마사』도 마찬가지다.[5] 그럼에도 우리들은 우리나라 삼국시대와 고대 로마시대를 연구하는데 『삼국사기』와 『로마사』에 절대적으로 의존하고 있다. 그 같은 이유는 간단하다. 삼국시대나 로마시대에 대하여 『삼국사기』나 『로마사』를 능가하는 사료가 남아있지 않기 때문이다. 『삼국사기』나 『로마사』가 당시대 연구의 가장 중요한 기본사료로 잔적사료처럼 취급되는 것은 사료의 부족과 부존(不存) 때문에 나타나는 불가피한 현상일 뿐이다.

3) 사료의 혼재성

이상에서 설명한 바와 같이 사료는 문헌사료와 비문헌사료로 크게 분류되고, 문헌사료는 다시 잔적사료와 전고사료로 세분될 수 있으나, 모든 사료가 하나의 종류로만 분류되는 것은 아니다. 우리들이 매일 읽고 있는 신문의 경우가 대표적인데, 신문의 내용 모두가 전고사료만으로 구성된 것은 아니다. 새로 제정된 법률의 게재나 정부의 포고령, 고시문 등은 전고사료가 아니라 잔적사료이다. 따라서 신문에는 전고사료의 내용과 잔적사료의 내용이 혼재(混在)되어 있는 것이다.

신문처럼 하나의 이름으로 불려지는 사료가 성질상 여러 종류의 사료로 분리될 수 있는 것은 고대에도 존재한다. 유명한 고구려의 광개토대왕능비(廣開土大王陵碑)가 그렇다. 이 비문은 3단으로 구성되어 있는데 각 단에 따라 사료의 성격이 다르다. 제1단에는 시조 주모왕(鄒牟王)의 건국부터 17세손 광개토왕까지의 업적에 대한 훈적을 기록하였고, 제2단에는 대왕의 혁혁한 전공을 기록하였고, 제3단에는 수묘인(守墓人)에 대한 자세한 규정과 위반자에 대한 벌칙을 기록하였다. 여기서 제1단과 제2단은 모두 전고사료에 해당되지만, 제3단은 로마의 12표법이나 함무라비 법전, 오늘날의 문화재 관리법과 마찬가지로 잔적사료에 해당된다. 또 제1단과 제2단이

5) 리비우스 자신도 『로마사』에 기술된 내용 가운데 국가의 창건 이전과 창건 당시의 내용은 역사적 증거가 아닌 시적인 내용들로 윤색되어 전승된 내용에 의거하고 있음을 밝히고 있다. 『서양의 역사학 I』, pp. 39~40.

모두 전고사료이기는 하나, 제1단의 신화 및 전설과 제2단의 연대기적 기록은 그 내용의 신빙성에 따른 사료적 가치에서 크게 차이가 난다. 우리들은 이처럼 하나의 사료가 경우에 따라서는 부분마다 종류를 달리할 수 있다는 점에 주의해야 한다.

3. 비문헌 사료

비문헌사료는 문헌으로 작성된 사료를 제외한 나머지 사료들을 통틀어 말한다. 이들 비문헌사료는 성격상 모두 잔적사료에 속한다. 잔적사료의 성격을 갖는 비문헌 사료 역시 사료의 성격에 따라 유물(遺物)과 유사(遺事)로 나눌 수 있다.

1) 유물

유물이란 역사상 남겨진 물적 사료들로서, 건축물, 생활용품, 생산도구, 예술품 등 인간이 남긴 과거의 물적 잔존물들이다. 우리들이 여행이나 학술답사에서 흔히 볼 수 있는 성터, 고찰, 서원, 탑, 고인돌, 박물관의 유물들이 이에 속한다. 중원의 <온달산성>, 경주의 <불국사>, 안동의 <도산서원>, 해남의 <지석묘>, 국립 경주박물관의 <천마총 금관> 등이 그 예이다. 외국의 유명한 건축물인 <파르테논 신전>, 로마의 <원형 경기장>, 영국의 <스톤헨지>, 피사의 <사탑> 등과 유명한 그림이나 조각인 레오나르드 다 빈치의 <모나리자>, 벨라스케스의 <시녀들>, 밀로의 <비너스>, 로댕의 <생각하는 사람> 등도 마찬가지이다.

2) 유사

유사란 역사상 유전(遺傳)하여 오는 사적(事蹟)으로서, 마치 화석처럼 습속이나 언어 또는 법제 속에 남아 있는 과거 사업(事業)이나 사건(事件)의 흔적들을 말한다. 동지에 팥죽을 쑤어먹고 대문이나 벽에 뿌리는 것이나 아기가 태어났을 때 대문에 금줄을 치는 것 등이 그 예이다. 정월 대보름의 쥐불놀이와 지신밟기도 그 예이고,

우리나라 중요무형문화재 제8호인 강강수월래도 마찬가지다. 영국이나 호주에서 재판관들이 법정에서 하얀 가발을 쓰는 것도 같은 예이다.

4. 1차 사료와 2차 사료

1차 사료(primary sources or raw materials)는 역사연구의 대상 시기와 동시대 혹은 거의 동시대에 저술되거나 제작된 문헌사료나 비문헌사료들을 말한다. 이들 사료는 저술가의 사상이나 해당시대를 연구하는데 정확하고 생생한 정보와 지식을 제공해주는 것으로 생각된다. 그에 대하여 2차 사료(secondary sources)는 연구 대상의 시기보다 후대에 만들어진 사료들로서, 흔히 1차 사료에 대한 설명, 해석, 판단 등 1차 사료를 보충하는 내용이 포함된다. 그러므로 1차 사료는 사건의 생생한 목격자가 기록한 직접적인 증거이고, 2차 사료는 그 후대인이 당시의 상황을 전달하는 간접적인 증거인 셈이다.

사료의 형태로 보아 1차 사료에는 금석문, 비문, 공문서, 서간, 저술, 메모, 신문, 잡지, 연설문, 지도, 통계, 도표 등의 잔적과 전고사료 성격을 갖는 문헌사료들과 예술품, 유적, 고고학적 유물 같은 잔적의 성격을 갖는 비문헌사료가 모두 포함된다. 반면에 2차 사료에는 1차 사료들을 근거로 서술된 논문이나 서적, 1차 사료들에 대한 해석과 각주, 그리고 해제나 비평 등이 포함되는 것으로 주로 전고적인 성격을 갖는다.

그런데 막상 사료를 분류하다 보면 1차 사료와 2차 사료로 엄격히 구분하기가 곤란한 경우도 생겨난다. 대표적인 것이 옛날에 서술된 역사서들이다. 김부식의 『삼국사기』나 리비우스의 『로마사』는 엄격히 말해 2차 사료이다. 김부식은 고려시대 인물로 삼국시대를 서술했고, 리비우스는 기원전 59년에서 기원 후 17년까지 생존한 인물로 기원전 8세기부터의 로마사를 서술했기 때문이다. 그럼에도 이들 역사서들이 1차 사료로 취급되는 것은 삼국시대나 로마시대를 연구하는 데 필요한 다른 문헌들이 남아있지 않기 때문이다.

또 일부 사료는 사용되는 목적에 따라 1차 사료가 되기도 하고 2차 사료가 되기도

하는 양면적인 특성을 지니고 있다. 예컨대 이순신 장군의 『난중일기』(亂中日記)는 임진왜란 당시 조선시대의 역사를 연구하는 데에는 2차 사료이나, 임진왜란 당시의 수군전투나 이순신 장군의 전술을 연구하는 데에는 귀중한 1차 사료인 것이다. 1818년 다산(茶山) 정약용(丁若鏞)에 의하여 저술된 『목민심서』(牧民心書) 역시 마찬가지이다. 당시의 조선 정치상황 연구에는 2차 사료이나, 다산의 사상연구에는 1차 사료인 것이다. 외국문헌도 동일하다. 1513년에 저술된 마키아벨리(Nicolo Machiavelli, 1469 ~ 1527)의 『군주론』은 당시의 이탈리아 역사를 연구하는 데에는 2차 사료이나, 마키아벨리의 정치사상을 연구하는 데에는 1차 사료인 것이다. 1748년에 저술된 몽테스키외(Charles Baron de Montesquieu, 1687 ~ 1755)의 『법의 정신』, 1776년에 저술된 아담 스미스(Adam Smith, 1723 ~ 90)의 『국부론』, 아리스토텔레스의 『아데네인의 국제』 등도 모두 그 같은 예이다.

일반적으로 1차 사료가 사료 작성자의 사상을 연구하는 데는 가장 중요한 사료이나, 과거의 사건이나 사실을 전달하는 기록의 신빙성에서는 반드시 그런 것만은 아니라는 점에 주의해야 한다. 1차 사료를 남긴 사건이나 사실의 기록자들이 항상 정확하게 내용을 기록할 수 있었던 것은 아니기 때문이다. 사건의 와중에 놓인 목격자가 사건의 본질이 무엇이며 전체적으로 어떻게 진행되고 있는가를 정확하게 파악하기란 쉽지 않기 때문이다. 그런 이유로 2차 사료가 1차 사료보다 더 정확하게 사건의 내용을 전달할 수도 있다. 사건이 완전히 끝난 이후에 여러 사람들의 관점과 견해를 비교하여 종합적으로 작성될 수 있기 때문이다.

5. 사료비판의 의미와 역사

역사의 연구에 사료는 필수적이다. 사료가 '역사적 사실'을 전달하는 매개수단이기 때문이다. 따라서 사료가 없다면 역사연구도 역사가도 있을 수 없다. 그렇기는 하나 앞에서 살펴본 바와 같이 사료가 곧 '역사적 사실'은 아니다. 역사가는 사료에 의존하되 사료를 그대로 믿지는 안는다. 수집된 사료를 철저히 분석하여 진짜인지 가짜인지를 밝히고, 진짜일지라도 어느 정도 믿을 수 있는가를 평가한 후 사용한다.

이 같은 사료의 평가작업을 사료비판이라 한다.

사료는 문헌이든 비문헌이든 과거의 모습을 단편적으로만 전달할 뿐이다. 또 원본이 훼손되었을 수도 있고, 원본이 보존된 경우라도 작성자가 고의든 아니든 사실이나 사건을 왜곡하거나, 잘못 이해하여 기록했을 가능성도 있다. 따라서 역사 연구자는 수집된 사료가 진짜인지 가짜인지를 가려내고, 또 그 내용이 어느 정도 실제와 부합하는지를 비판적으로 검토한 후에 사용할 수밖에 없는 것이다.

그러면 이 같은 사료비판은 언제부터 가능하게 되었는가? 서양의 경우 사료비판이 가능하게 된 것은 르네상스시대부터였다. 많은 부분 전설과 전승에 의존했던 고대나 신학적 역사관이 지배하던 중세는 사료에 대한 비판작업을 기대할 수 없는 시대였다. 오히려 중세시대에는 많은 문서들이 위조된 시기였다. 르네상스시대의 비판정신에 힘입어 문헌에 충실하고 사료를 비판적으로 검토하는 역사서술이 등장하였다. 피렌체 출신의 비온도(Flavio Biondo, 1388 ~ 1463)와 나폴리 출신의 발라(Lorenzo Valla, 1407 ~ 1457) 등이 대표적이다. 특히 발라는 언어학자이며 역사학자로서, 역사문헌의 언어를 비판적으로 분석하여, 사료의 진위를 밝혀내는 획기적인 능력을 보여주었다. 『콘스탄티누스 기진장의 허위성에 관하여』(De falso credita et ementita Constantini Donatione declamatio, 1440)가 대표적인 저술로, 발라는 언어학적 지식과 역사적 지식을 통하여 콘스탄티누스의 기진장이 허위문서임을 밝혀냈던 것이다.

르네상스시대의 사료비판작업은 17세기와 18세기로 이어졌다. 벨기에의 예수회 회원이었던 볼랑(Jean Bolland, 1596 ~ 1665)과 그의 공동연구자들은 사료비판작업의 붐을 일으켰다. 볼랑학파는 1643년에서 1794년에 이르는 동안 53권의 『성자들의 행전』(Acta Santorum)을 편찬하면서, 과거의 문헌을 체계적으로 수집하여 비판하는 방법을 발전시켜다. 1618년 프랑스의 성 제르멩 데 프레(St. Germain des Prés) 수도원을 중심으로 조직된 성 모르회(Congrégation de St. Maur)의 연구자들 역시, 체계적인 사료수집과 사료비판의 붐을 일으켰다. 이들 모르학파는 베네딕트 교단의 문헌들을 수집·편찬하며, 연대기학, 고문서학, 고문자학, 금석문학, 사전편찬법 등의 보조과학을 체계적으로 이용하였다. 또 이들은 특정 분야의 사료들을 체계적으로 완전히 수집하여, 해석·비판하고 개관하려 했던 최초의 인물들이었다. 특히 마비용(Jean

Mabillion, 1632 ~ 1707)은 자료의 신빙성을 분석하여 해명하는 방법에 대한 원칙을 수립하였다. 1681년에 간행된 『고문서학에 대하여』(De re diplomatica)라는 책이 바로 그것이다.

볼랑학파와 모르학파의 사료비판은 주로 사료가 만들어진 시기와 작성자가 누구인가를 밝혀, 사료의 진위를 알아내는데 중점이 두어졌다. 사료의 내용의 신빙성에 대한 비판의 방법은 19세기에 들어 독일의 자비니(F. K. Savigny, 1779 ~ 1861), 덴마크의 니부르(B. G. Niebuhr, 1776 ~ 1831) 등에 의해서 크게 개척되었다. 이들은 사료작성자가 왜 그 같은 내용을 기록했는가에 대한 의도를 분석하기 위하여 언어학적 비판방법을 사용하였다.

사료비판은 사료의 진위에 대한 정확성과 그 내용의 신빙성에 대하여 확실한 판단을 할 수 있게 하여, 역사학을 하나의 학문으로 고양시키는데 큰 공헌을 하였다.

6. 사료의 외적비판

역사연구를 위한 사료비판은 크게 외적비판과 내적비판으로 구분할 수 있다. 외적비판은 사료가 진짜인지 가짜인지 그 진위를 밝혀내는 조사연구를 말한다. 즉, 사료 자체를 검토하여 그 사료의 원형이 원래 어떠했는가를 밝혀내는 작업이다. 그에 비해 내적비판은 사료 내용의 신빙성을 밝혀내는 조사연구를 말한다.

문서의 진위를 가릴 수 있는 과학기술이 발달된 오늘날에도 문서위조가 심심찮게 이루어지고 있는 것을 생각해 보면, 옛날에는 가짜문서가 얼마나 판을 쳤을까 짐작할 수 있다. 동서양을 막론하고 옛날에는 위조문서들이 많았다. 황제의 옥새와 서신이 위조되었고, 주교와 제후의 인장과 서신도 위조되었다. 종교적 필요에 의해 존재하지도 안았던 『콘스탄티누스 기진장』이 만들어졌다. 특히 예술작품에는 위조품이 많다. 2007년 위조품으로 판명된 이중섭과 이수근 화백의 그림 2,827점이 대표적인 예이다.[6] 위조는 심지어 고고학적 유물에서도 이루어지고 있다. 2000년 일본의 도

6) 2007년 8월 감정단은 서명, 은지화에 사용된 은지, 그림의 물감을 근거로 감정을 벌여 위조품으로 판명하였다. 2007년 4월 3일과 8월 3일의 파이낸셜뉴스 등 신문기사 참고.

후쿠 석기문화 연구소 부이사장 후지무라 신이치(藤村新一)가 위조한 구석기 유물의 경우가 대표적이다. 그는 미야기(宮城)현 가미타카모리(上高森) 유적을 발굴하여, 약 60만 년 전 원인(原人)의 건물터로 보이는 주혈적(柱穴跡)과 70만 년 전 석기 등 31점을 발견했다고 2000년 10월 하순 발표하였다. 그런데 후지무라 신이치가 10월 22일 새벽 유적지에 혼자 몰래 들어가 구덩이를 파고 석기를 묻는 장면이 비디오에 촬영되어, 석기 조작 사실이 밝혀진 것이다.[7] 사정이 이러하다 보니 전 세계 박물관과 미술관에 소장된 예술품과 유물들 가운데 과연 얼마만큼이 위조품일지는 아무도 알 수 없는 실정이다.[8]

이처럼 돈이나 명예 등을 위한 위조가 언제든 이루어질 수 있기 때문에, 역사가들은 우선 사료가 진짜인지 가짜인지부터 정확히 판별해야 한다. 문서가 가짜인 경우에도 문서 전체가 가짜인 경우도 있지만 그 일부만이 가짜인 경우도 있어, 문서의 진위 판별은 치밀하게 이루어져야 한다. 이를 위해 먼저 사료가 만들어졌을 당시와 같은 상태로 존재하는가, 훼손된 점은 없는가를 조사하게 된다. 이를 위하여 사료의 출처, 필적, 어투, 서체 등을 조사하게 된다. 이 같은 조사는 여러 학문과 과학기술의 도움을 받아 진행되는 경우가 많다. 특히 언어학, 고문서학, 고문자학, 금석학, 인장학, 공문서학, 문장학(紋章學), 계보학, 화폐학 등이 유용한 학문이다. 또 컴퓨터, 전자현미경, 적외선, X선, 탄소연대측정법, 방열광측정법(放熱光測定法) 등의 과학기술이 판독이 어려웠던 글자나 연대에 대하여 더욱 정확한 판독을 가능하게 하고 있다.

이처럼 사료의 작성 시기와 작성자가 누구인가를 밝히고, 또 그 사료가 원본과 일치하는가를 분석하는 사료의 외적비판은 사료비판의 첫 번째의 과정이다. 이러한 사료의 외적비판은 크게 전거(典據)비판과 원문(原文)비판으로 나누어 고찰할 수 있다.

1) 전거비판

전거비판은 언제 어디서 누가 사료를 작성했는가를 밝히는 사료비판 작업을 말한다.

---

7) 이 사실은 2000년 11월 5일 일본 마이니치(每日) 신문에 보도되고, 국내 신문에는 11월 6일 보도되었다.

8) 베른하임, 『사학개론』, p. 152 참고.

작성자와 작성 시기, 그리고 작성 장소 등이 전혀 밝혀지지 않은 정체불명의 문서가 있다고 한다면, 누구도 그 문서를 믿지 않을 것이다. 사료에 있어서도 마찬가지이다. 그래서 역사가들은 미지의 사료가 발견되면, 언제 어디서 누가 그 문서를 작성했는가를 밝히려 한다. 그래야만 그 다음으로 문서내용에 대한 신빙성을 논할 수가 있기 때문이다.

사료에 작성자와 작성 시기가 기록되어 있는 경우에는, 동일 저자의 다른 사료들과 비교하여 작성자와 작성 시기의 조작 여부를 비교적 쉽게 확인할 수 있다. 그런데 오래된 사료일수록 작성자와 작성 시기에 대한 기록이 없는 경우가 많다. 이런 경우에는 사료의 서체, 어법, 문체 등을 조사한다. 서체와 어법, 그리고 문체는 시대에 따라 달라지고, 또 장소에 따라서도 달라진다. 우리들은 이를 통하여 사료의 작성 시기를 밝혀낼 수 있고, 작성자도 대체로 알아낼 수 있다. 또 사료 속에 기술된 어떤 특정한 사실이 이미 알려진 다른 사료의 내용과 일치할 경우에는, 그것을 근거로 사료의 작성 시기 등을 알아낼 수 있다.

2) 원문비판

원문비판은 사료의 문장들 사이에 상이한 내용을 가려내어 원래대로 바로잡는 사료비판 작업을 말한다. 이때 잘못된 부분은 비교하거나 추정하여 원문복구를 시도하게 된단. 이러한 과정에서 비판자는 첨가, 삭제, 개찬, 오기 등을 가려내어 바로잡아야 한다. 특히 오늘날 전해지는 고대 사료의 대부분은 원본이 분실되어 사본만 남아 있으며, 그 사본도 사본의 사본인 경우가 허다하다. 이런 경우에는 정확한 원문비판 작업이 더 필수적으로 요청된다. 예컨대 우리나라의 『삼국사기』도 김부식이 쓴 원본은 남아있지 않고, 후에 간행되거나 필사된 3종류의 사본만이 존재하고 있다. 그러므로 이들 사본이 원본과 일치하는가를 조사할 필요가 있다. 말하자면 사본을 조사하여 잘못 옮겨졌거나 왜곡된 부분을 바로잡아, 원문을 되찾는 작업이 필요한 것이다. 사본의 경우 여러 손을 거치는 동안 원본과 틀려질 확률이 높아지는 것이 사실이다. 그러나 반드시 그런 것만은 아니다. 원본과 틀려질 확률은 어떤 원문을 어떤 사람이 옮겨 적었느냐에 따라서 크게 달라질 수도 있기 때문이다. 그 같은 이유로 후대의 필사본이 더 정확할 수도 있다. 원문비판은 대체로 다음과 같은 세 경우를 생각할 수 있다.

첫째, 저자가 자필한 원본이 있는 경우. 이 경우에는 원본이 그대로 있고 다른 사람에 의하여 수정되거나 부가나 삭제가 되지 않았으면, 원본을 그대로 믿을 수밖에 없으니 비판의 여지가 없다.

둘째, 원본은 없으나 사본이 여러 가지가 있는 경우. 이 경우에는 사본과 사본을 비교하여 상이한 부분에 대하여 정확한 원형을 밝혀낼 수 있다. 예컨대『삼국사기』의 경우, 조선초기의 것으로 추정되는 조병순(趙炳舜) 소장본, 중종 7년(1512년)에 간행된 일명 중종본, 영조 36년(1759년)에 간행된 주자본(鑄字本)을 비교하여, 의미를 알 수 없었던 설총전(薛聰傳)의 내용을 정확히 밝혀낼 수 있었다. 설총에 대한 설명 가운데 조병순본부터 차례로 생지도술(生知道術), 생지도대(生知道待), 생지도대(生知道待)라는 표현이 나온다. 이 경우 세 판본을 비교해 보면, 필사자가 술(術)을 대(待)로 잘못 필사한 경우임을 알 수 있다. 세 사본 가운데 조병순본이 가장 오래된 것이나, 가장 늦게 발견되었다. 그래서 조병순본이 발견되기 전에는 설총전의 生知道待라는 의미를 제대로 파악할 수 없는 실정이었다. 사본이 많이 남아 있는 경우의 원문비판 방법은 19세기 독일에서 중세사료의 대대적인 간행을 계기로 다듬어졌다.

셋째, 원본은 없어지고 사본도 하나밖에 없는 경우. 이 경우는 원본과의 대조는 물론 사본 사이의 대조도 불가능하다. 따라서 사본의 내용이 해석이 되지 않는다든가 혹은 미심쩍은 부분이 있다면, 잘못 필사한 것으로 생각할 수 있다. 그런데 필사자가 고의로 내용을 바꾸었다면 원문의 내용을 알아내기가 매우 어렵다. 그렇지만 단순한 실수나 판단착오, 그리고 문자나 단어의 혼동 등으로 잘못 필사되었을 경우에는, 추정에 의하여 바로잡을 수 있다. 예컨대 문헌학을 의미하는 philology를 philogy로 잘못 표기한 경우, 필사자가 중음탈자(重音脫字)한 것으로 보고 사본의 내용을 수정할 수 있는 것이다.

7. 사료의 내적비판

사료의 내적 비판은 사료 내용의 신빙성을 분석하여 사료의 증거능력을 밝혀내는 사료비판 작업을 말한다. 말하자면 사료 내용의 신빙성 정도가 어느 정도인가를 밝히는 작업이다. 따라서 모든 사료들은 내적비판에 의한 신뢰도에 따라 역사연구에서 얼마나 중요한 사료가 될 것인가가 결정된다고 볼 수 있다. 이처럼 사료의 내용을 검토하는 내적비판은 사료의 진본 여부를 검토하는 사료의 외적비판에 이어지는 다음 단계의 사료비판 작업이다.

사료의 외적비판에 의하여 진짜 사료로 밝혀졌더라도, 그 사료의 내용 속에는 의식적으로나 무의식적으로 거짓이나 오류, 과장 등이 담겨 있을 가능성이 있다. 예컨대 헤로도토스는 페르시아 전쟁사인 『역사』를 서술하면서, 마라톤(Marathon) 전투에서 페르시아인은 6,400명이 전사했고 아테네인은 겨우 192명만이 전사했다고 기록하고 있다.[9] 그런데 당시의 전투가 마라톤 만에서 이루어진 보병들의 백병전임을 감안하면, 헤로도토스의 기록은 아테네에게 유리한 쪽으로 상당히 과장된 것이었다고 판단할 수 있다. 역사가는 사료의 내적비판을 통하여 이 같은 과장이나 그 밖의 거짓이나 오류 등을 가려내야 한다. 내적비판의 목적이 사료의 신뢰성을 결정하기 위한 것이므로, 역사가들은 이 작업에 신중하면서도 많은 노력을 기울여야 한다. 사료의 내적비판이 정확히 이루어지지 않으면 역사서술의 내용에 대한 신뢰성에 문제가 생길 수 있기 때문이다. 이 같은 사료의 내적비판 작업은 사료에 사용된 단어의 의미를 정확히 파악하는 어의(語義) 분석 작업과, 저자의 저술의도를 정확히 파악하는 저술의도 분석 작업으로 나누어 설명할 수 있다.

1) 어의 분석

사료는 역사적 산물이기 때문에 시대나 지역에 따라 사용되는 단어의 의미가 달라질 수 있다. 따라서 사료의 해석은 먼저 정확한 자의(字義)를 알아야만 가능하다. 말하자면 사료에 대한 해석학적인 비판이 필요한 것이다. 인간이 사용하는 언어는

9) 헤로도토스, 『역사』, p. 461.

자연과학에서 사용하는 기호와는 달라서, 같은 단어라 할지라도 시대, 지방, 저자에 따라 여러 뜻으로 달리 사용될 수 있다.

예컨대 동양에서 오래전부터 사용하던 사농공상(士農工商)이라는 말을 생각해보자. 이 단어의 의미가 한국과 일본, 중국에서 모두 같은 뜻으로 사용되었을까? 중국과 한국에서는 선비, 농부(農夫), 공장(工匠), 상인(商人) 등 백성의 네 가지 신분을 아울러 이르는 말로서, 봉건시대(封建時代)의 계급관념(階級觀念)을 순서대로 일컫는 말이었다. 그러나 일본에서는 달랐다. 사(士)의 의미가 선비가 아닌 무사(武士)를 의미하였기 때문이다. 이는 일본 봉건시대 최고의 지배계급이 선비가 아닌 무사였다는 역사적 사실에서 기인하는 것이다.

다른 예로 각하(閣下)라는 말의 의미를 생각해보자. 처음부터 대통령을 의미하는 존칭어였을까? 각하라는 말은 원래는 중국의 전제왕권시대에 만들어진 판서(判書 : 장관)를 높여 부르던 호칭이었다. 당시 황제는 폐하(陛下), 제후(諸侯)는 전하(殿下), 제후의 자녀들은 저하(邸下), 재상(宰相)은 합하(閤下)로 불렸고, 판서들이 각하(閣下)로 불렸다. 이런 호칭들이 근세 일본에서 부활해 칙임관(勅任官 : 왕이 임명하는 벼슬) 이상의 문관, 육군 소장 이상의 무관에게 사용되었다. 이런 관행이 일제강점기에 우리나라에 들어와 처음에는 일본 관례에 따라 국무총리, 국회의장 등 고급관료를 호칭하는데 사용되었으나, 점차 대통령에게만 쓸 수 있는 말로 굳어진 것이다.

참고로 황제의 호칭인 폐하(陛下)는 황제 궁(宮)의 9계단이 있는 '섬돌(陛) 아래'라는 뜻으로, 그 계단 밑에 있는 시종(侍從)을 의미하였다. 신분질서가 엄격했던 중국의 왕조시대에 신하는 황제와 직접 대화할 수 없었다. 반드시 시종, 즉 폐하를 통해서만 의사를 전달할 수 있었다. 용상 밑 계단 아래에 시종이 있고 다시 그 아래에 대신들이 도열해 있다가 신하가 먼저 "폐하"하고 시종을 불러 의견을 아뢰면, 시종은 그 말을 황제에게 전달했던 것이다. 그런 과정에서 폐하는 시종을 가리키는 말에서 황제를 호칭하는 말로 변한 것이다. 폐하는 원래 제후(諸侯)에 대한 존칭이었는데, 진시황이 천하를 통일한 뒤 황제인 자신에게만 붙이도록 하였다 한다. 대신 제후에게는 '전하(殿下)'로 칭하게 하였다. 전하는 7계단의 섬돌이 있는 '궁(宮)의 계단 아래에 있는 사람이'라는 뜻이었다. 궁궐의 정문 옆 좌우에는 샛문이 있었는데 이를 합(閤)이라 하였다. 정문으로는 임금이 다니고 합은 신하의 출입문이었다. 여기서 재상을 호칭하는 합하(閤下)라는 명칭이 나왔다. 합하와 판서를 부르던 각하(閣下)는 폐하와 전하, 저하처럼 섬돌 밑이 아니라 문 밖에서 고하기 위하여 부르던 칭호였다. 당시 서민들의 집은 마당에서 1계단, 즉 1척(一尺) 높이의 토방이었다.

영국의 경우 villein이란 말은 중세 초에는 일반농민을 가리키는 말이었으나, 노르만 정복 이후에는 예속농민을 나타내는 대표적인 말이 되었다. 또 1215년 영국의 대헌장(大憲章)에 나오는 자유민은 귀족층과 같은 봉건지배계층을 말하므로, 고대시대나 20세기의 자유민과는 다른 의미였다. 이상의 몇몇 예에서처럼 역사가는 사료에서 사용되고 있는 어의를 정확히 이해하여야만 그 내용을 정확히 파악할 수 있는 것이다.

그런데 단어 자체의 뜻을 정확히 파악한 후에도 문장의 의미를 정확히 알아내기가 어려운 때가 있다. 이 경우에는 사용된 언어의 표현 방식에 저자가 비유나 상징, 혹은 과장이나 반어적인 표현을 함축하고 있는지 생각해 보아야 한다. 예컨대 '날이 새다'라는 표현은 '날이 밝아 오다'라는 의미이나, '기회가 지나갔다, 이제는 끝났다'라는 의미로 사용하기도 한다. '날이 새다'가 무슨 의미로 사용되고 있는가는 문맥을 잘 살펴보아야 할 것이다. 고대 로마의 경우 기원전 49년 시저(Julius Caesar)가 루비콘 강을 건너 로마로 진격하면서 부하들에게 행한 "주사위는 던져졌다. 이후의 일은 칼이 해결할 것이다"라는 말은 매우 비유적이고 상징적인 표현이다. '주사위가 던져졌다'는 것은 이미 마음속으로 거사를 결심했다는 의미이며, '칼이 해결할 것이다'라는 말은 무력으로 사태를 해결하겠다는 의미였다.

2) 저술의도 분석

사람들은 과거에 유명했던 인물이 남긴 글의 내용이나 또는 희귀한 고문헌의 내용을 사실로 믿으려는 경향을 가지고 있다. 그러나 사료로 사용하는 문서에 기술된 내용이 반드시 역사적 사실 자체를 나타내는 것은 아니라는 점에 주의해야 한다. 물론 사료에 기술된 내용이 얼마나 진실에 가까운 것인가를 측정하는 것은 매우 어렵다. 그렇기는 하나 역사가들은 사료를 남긴 사람들이 어떤 목적에서 어떤 의도를 가지고 당시의 사건이나 사실을 기록했는가를 분석해내야만 한다. 기록된 내용이 사실과 다를 가능성이 얼마든지 있기 때문이다. 그것은 기록자의 정치적, 종교적 신념에 따른 고의적인 왜곡일 수도 있고, 지적, 사회적, 지리적 환경 등에 따른 무지와 편견의 산물일 수도 있다. 따라서 역사가는 다음과 같은 여러 문제에 대하여 비판적으로 분석해야만 한다.

첫째, 진술한 내용의 진의가 글자 그대로의 의미와 같은가? 사용된 용어가 오늘날의 의미와 같은가? 풍자적이거나 반어적으로 진술하지 않았는가?

둘째, 사실의 기록자는 그것을 얼마만큼 잘 관찰할 수 있었는가? 관찰자의 사회적 위치와 사회적 능력은 믿을만한가? 그가 기술한 내용이 그의 사회적 직책과 지위로는 피상적으로 밖에는 알 수 없는 내용은 아닌가?

셋째, 그의 기록은 정확하고 편파적이지 않은가? 개인적, 종교적, 당파적, 계급적 이해관계나 환경의 영향, 감정 등에 의하여 사실을 왜곡하거나 조작하여 기술했을 가능성은 없는가?

넷째, 기록된 내용이 상식적으로 있을 수 없는 내용은 아닌가? 즉, 기록된 내용이 인간성에 반하는 내용이거나 내적인 자기모순을 갖지 않는가?

이 같은 여러 상황들을 고려하여 역사가는 남겨진 사료의 저술의도를 정확히 파악한 후에 사용하여야 한다. 예컨대 성군(聖君)으로 기록된 왕과 폭군(暴君)으로 내쫒긴 왕에 대한 기록을 살펴볼 때에는 매우 주의해야 한다. 그 왕들에 대한 기록자들의 선입견이 반영되었을 가능성이 크기 때문이다. 임진왜란 당시 조선 수군의 전공에 대해서도 마찬가지이다. 예컨대 이순신 장군(李舜臣 將軍, 1545~1598)의 공적은 이미 잘 알려져 있다. 그러나 원균(元均, 1540～1597)에 대해서는 왜군에 패한 패장(敗將)으로만 평가되는 면이 있다. 원균이 경상우도 수군절도사(慶尙右道 水軍節度使)로 임진왜란이 일어났던 1592년에 왜군에 대패했고, 1597년 7월 15일 칠천해전(漆川海戰)에서 참패하고 전라우도 수군절도사 이억기 등과 함께 전사한 것은 사실이다. 그렇지만 이순신과 합세하여 적선 26척을 격침시킨 1592년 5월 7일 옥포해전(玉浦海戰)과 이후에 이어진 합포해전(合浦海戰, 1592.5.7), 적진포해전(赤珍浦海戰, 1592.5.8), 사천포해전(泗川浦海戰, 1592.5.29～6.1), 당포해전(唐浦海戰, 1592.5.29～6.1), 당항포해전(唐項浦海戰, 1592.6.5～6.6), 율포해전(栗浦海戰,

1592.6.7), 한산도대첩(閑山島大捷, 1592.7.8), 안골포해전(安骨浦海戰, 1592.7.8), 부산포해전(安骨浦海戰, 1592.7.8) 등에 참전하여 이순신과 함께 왜군을 무찌른 장수였다. 임진왜란이 끝난 뒤 선조 36년(1603년)에 이순신, 권율과 함께 선무공신(宣武功臣) 1등[10]에 책록되었다는 것도 원균을 객관적으로 평가하게 해줄 수 있는 자료이다.

역사가는 수집된 사료를 철저히 분석하여 신빙성을 확인한 이후에 역사연구의 자료로 삼아야 한다. 철저한 사료비판은 역사가의 의무이며, 역사가의 연구가 객관적인 설득력을 얻기 위해 필요로 하는 최소한의 필수조건이다.

10) 1등은 이순신, 권율(權慄), 원균, 2등은 신점(申點), 권응수(權應銖), 김시민(金時敏), 이정암(李廷馣), 이억기(李億祺), 3등은 정기원(鄭期遠), 권협(權鋏), 유사원(柳思瑗), 고언백(高彦伯), 이광악(李光岳), 조경(趙儆), 권준(權俊), 이순신(李純信), 기효근(奇孝謹), 이운용(李雲龍) 등 모두 18명이다.

| 제11장 |

역사서술

1. 역사의 인과관계

역사가는 사료를 수집하여 이들 사료의 진위와 신뢰성을 비판적으로 검토한 다음, 이들 사료를 이용하여 과거의 역사적 사실을 설명한다. 이 때 역사가는 과거에 '무엇이 왜 일어났는가?'를 설명하는 것이다. 그런데 그 같은 설명은 논리적으로 이루어져야 한다. 논리적으로 설명한다는 것은 역사적 사건의 서술이 인과관계(因果關係)로 이루어져야 한다는 것이다. 그러면 역사에서의 인과관계는 정확히 무엇을 의미하는가? 그것은 자연과학에서의 인과관계와 어떻게 다른가?

몽테스키외가 『법의 정신』에서 인간의 행위가 사물의 본질에서 비롯되는 특정한 법칙 또는 원리에 따라 이루어진다고 주장한 이래, 역사가와 역사철학자들은 오랫동안 역사적 사건의 원인과 그 원인들을 지배하는 법칙을 밝혀내려 노력해 왔다. 물론 오늘날에는 '역사의 법칙'이라는 말을 사용하지는 않고 있으며, 심지어는 원인이라는 말의 사용을 꺼리는 사람까지 생겨나고 있다. 이들은 '사건이 왜 일어났는가?'라는 인과적인 접근보다는 '사건이 어떻게 일어났는가?'라는 상황적 접근방법을 더 자주 사용하고 있다. 그러나 '사건이 어떻게 일어났는가?'라는 물음은 필연적으로

'사건이 어떻게 해서 일어나게 되었는가?'라는 물음으로 이어지게 마련으로, 궁극적으로 '왜'라는 물음으로 되돌아가게 만든다. 따라서 역사가들이 '사건의 원인'이라는 말 대신에 '사건의 조건'이라는 사건이 일어난 상황적 표현을 사용한다 하더라도 그것은 실제로는 사건의 원인을 의미하는 것이다.

실제로 역사가들은 '왜냐하면', '~라는 이유로', '~으로 인하여' 등의 표현으로 '사건이 왜 일어났는가?'를 직접 설명하려 하고 있다. 그런가 하면 '그 같은 상황하에서는~하는 것이 불가피하였다', '~함으로 어쩔 수 없는 상황이었다'라고 표현하거나 또는 '~을 초래하였다', '~하도록 고무하였다', '~하도록 만들었다' 등의 표현도 사용하고 있다. 표현 자체가 어떻든 이들은 모두 '사건이 왜 일어났는가?'라는 물음에 답을 하기 위한 표현들이다.

그런데 그 같은 원인은 단일하지가 않고 다양하다. 역사적 원인이 다양한 것은 하나의 역사적 사건에 하나의 원인만이 작용하는 것이 아니라, 여러 원인이 복합적으로 작용하기 때문이다. 예컨대 제2차 세계대전의 원인을 단 하나만 제시하는 역사가는 없을 것이다. 적어도 그가 전문적인 역사가라면 제2차 세계대전의 원인으로 여러 가지를 제시할 것이다. 즉, 1939년 9월 1일 히틀러의 폴란드 침공 및 9월 3일 영국과 프랑스의 선전포고, 1939년 3월 히틀러의 체코슬로바키아 침공, 1939년 7월 영국과 프랑스의 군사동맹, 1차 세계 대전 패전국의 경제적 빈곤과 사회적 불안, 세계 경제 공황, 파시즘과 나찌즘의 대두, 사회주의 팽창, 1차 세계대전 전승국의 유화정책, 뭇솔리니의 이디오피아 공격, 히틀러의 재무장, 스페인 내란 등 다양한 원인들이 복합적으로 작용하였다고 말할 것이다. 다시 말하면 그는 제2차 세계대전의 원인을 정치적, 경제적, 사회적, 사상적 원인들로 나누어 제시할 것이고, 또 장기적인 원인과 단기적인 원인으로 분류해서 제시하기도 할 것이다.

역사적 사건의 원인들이 다양하고 다원적이라는 것은 그것이 중요성에 따라 분류될 수 있다는 것을 의미한다. 실제로 역사적 원인들은 그 사건이 일어나는데 미친 영향의 비중에 따라 일종의 서열이 매겨지고 있다. 예컨대 역사가들은 원인을 분류할 때 큰 범주로는 사건의 '제1차적 원인'과 '제2차적 원인'으로 구분하기도 하고, 사건의 '직접적인 원인'(또는 '원인')과 '배경적인 조건'(또는 '조건')으로 나누기도 한다. 그런가 하면 '직접적인 원인', '가까운 원인', 먼 원인'으로 더 세분하기도 한다. 또는 가장 중요한 원인임을 나타내기 위하여 '근본적인' 원인, '참다운' 원인, '진정한' 원인 등으로 수식어를 붙여 사용하기도 한다. 어쨌든 원인들 사이에 서열을 매기기 위하여, 역사가는 경우에 따라서는 사건의 최종적인 원인과 그 최종적인 원인의 원인들, 혹은 그 보다도 더 앞선 원인들을 분류해야 한다.

역사적 사건은 인과의 사슬로 이어져 있다. 따라서 역사가들이 역사적 사건의 원인들을 추적하여 오르다 보면 어디까지를 그 사건의 원인으로 보아야하는가를 결정해야 한다. 달리 말하면 드레이(W.H. Dray)의 표현대로 '인과적 조건'과 '비인과적 조건'을 구분해야 하는 것이다.[1]

이 문제에 대하여 블로크(M. Bloch)는 어떤 사람이 산길을 가다가 실족하여 낭떠러지에서 추락한 경우를 예를 들어 설명하고 있다. 블로크에 의하면 이 사건이 일어나기 위해서는 많은 결정요소들이 결합되어야 했다. 그렇지만 낭떠러지에서 추락한 원인은 누구든지 실족 때문이라 말할 것이다. 그것이 최후에 일어난 사건으로 가장 중요하기 때문이다. 이를 블로크는'가장 특수한 선행 조건'으로 부르고 있다. 일반적으로 역사가들이 말하는 '원인'이라는 의미이다.

그런데 우리들은 실족만을 가지고 낭떠러지에서 추락한 사건에 대하여 모든 궁금증이 풀리지는 않는다. 왜(어떻게) 실족했는가에 대한 의문이 여전히 남아 있기 때문이다. 우리들은 실족의 원인들을 중력의 작용, 지질학적 변동에 의한 땅의 기복, 계절적인 이동 목축 등등으로 생각할 수 있다. 그런데 그 같은 많은 조건들이 모두 제시되어야 하는 것은 아니다. 그 가운데 중력의 작용과 같이 '가장 지속적이고 일반적인 조건들'은 생략되고, 방목장으로 가는 험한 산길과 계절적 이동 목축이라는 '보다 특수하지만 어느 정도 지속적인 조건들'만이 문제가 되는 것이다. 즉, 추락의 직접적인 원인은 '가장 특수한 선행 조건'인 실족이지만, 추락 사고가 일어날 수 있었던 조건들은 '보다 특수하지만 어느 정도 지속적인 조건들'인 험한 산길과 이동 목축이라는 지리적, 경제적 상황 때문이었던 것이다.[2]

그런데 역사적 사건이 일어난 '원인'과 '원인'의 원인이라 할 '조건', 즉, '가장 특수한 선행 조건'과 '보다 특수하지만 어느 정도 지속적인 조건들'을 명확하게 구분

1) 드레이, 『역사철학』, p. 89.
2) 블로크, 『역사를 위한 변명』, pp. 181 ~ 182.

하는 일이 쉬운 것만은 아니다. 예컨대 제2차 세계대전의 직접적인 '원인'은 일반적으로 세 가지가 제시되고 있다. 1939년 9월 1일 히틀러의 폴란드 침공 및 9월 3일 영국과 프랑스의 선전포고, 1939년 3월 히틀러의 체코슬로바키아 침공, 1939년 7월 영국과 프랑스의 군사동맹이 그것이다. 역사가들은 이들 세 가지 원인 가운데 어느 것이 제외되어도 제2차 세계대전이라는 복잡하고 거대한 역사적 사건이 왜 일어났는가를 제대로 설명할 수 없다고 생각하는 것이다. 즉, 각각의 원인은 제2차 세계대전을 야기한 서로 다른 직접적인 도화선이 되어, 제2차 세계대전의 '직접적인 원인'으로 작용했다고 생각하는 것이다. 그런데 만약에 위의 세 사건만을 제2차 세계대전의 '직접적인 원인'으로 설명한다면, 1936년 이후 히틀러의 재무장은 제2차 세계대전의 '배경적인 조건'으로 설명해야 할 것이다. 그렇지만 히틀러가 영국과 프랑스의 경고를 무시하고 체코슬로바키아와 폴란드를 침공한 것은 1936년 이후 재무장에 의해서 가능했던 것이므로, 히틀러의 재무장이라는 사건을 그 중요성에서 독일의 체코슬로바키아와 폴란드의 침공과 확연히 분리하기는 어려운 것이다. 이 같은 점에서 '역사적 사건'의 '원인'에 대한 해석이 역사가에 따라 달라질 수 있는 여지가 있다. 예를 들어 1950년대 초와 1970년대 말에 벌어졌던 '봉건제에서 자본주의로의 이행'에 대한 세계적인 대논쟁을 살펴보면, 이 논쟁에 참여한 많은 학자들이 그 같은 이행이 왜 일어났는가에 대해 서로 다른 원인들을 제시하고 있다는 것을 알 수 있다.[3)]

역사가들은 역사적 사건에 대하여 끊임없이 '왜'라는 질문을 던지며 도전하고 있으나, 항상 만족할 만한 답을 얻어내는 것은 아니다. 그 같은 이유로 우선 '역사적 사건'의 원인을 밝히는 일 자체가 어렵다는 점을 지적할 수 있다. '역사적 사건'이 오래되었거나 또는 기록이 남아 있지 않은 경우에는 그 사건이 왜 일어났는가를 정확히 알아낼 수가 없다. 예컨대 1～2세기경 가야의 수로왕과 허황후의 결혼이 왜, 어떻게 이루어졌는가는 정확히 알 수가 없다. 전설만이 존재할 뿐 믿을 만한 문헌기록이 존재하지 않기 때문이다. 기원전 12세기경에 일어났던 것으로 알려진 미케네(Mycenae)와 트로이(Troy)와의 전쟁도 마찬가지이다.

그런가 하면 최근에 일어난 사건의 경우에는 국가의 비밀주의 때문에 역사가가

3) 김대환 편역, 『자본주의 이행논쟁』(동녘 1984); 애스턴(T. H. Aston)·필핀(C. H. E. Philpin) 편, 『농업계급구조와 경제발전-브레너 논쟁』(*The Brenner Debate: Agrarian Class Structure and Economic Development in Pre- Industrial Europe*), 이연규 역(집문당 1991).

그 사건의 진상을 알아낼 수가 없는 경우가 많이 있다. 예컨대 1999년 유고에 대한 나토의 공습이 진행될 때 발생한 중국대사관에 대한 폭격은 왜 일어났는가를 정확히 알 수가 없다. 중국은 미국의 계산된 폭격이라 주장한 반면에, 미국은 오폭이라 주장하였다. 계산된 폭격인지 단순히 실수에 의한 오폭인지는 미국의 국가기밀 문서가 해제된 이후에나 정확히 밝혀질 것이다.

2. 역사에서의 필연과 우연

1) 역사에서의 필연

역사가는 역사현상을 인과관계에 의해서 설명하려 한다. 그리고 그들은 어떤 사건을 '피할 수 없었던 일'이라거나 '불가피한 현상'으로 설명하곤 한다. 그렇다면 그들은 역사현상이 자연과학처럼 법칙적이며 필연적인 인과관계에 의해서 지배되는 것으로 생각하는가?

역사의 경우에도 자연과학과 마찬가지로 인과관계를 법칙으로 일반화해서 설명해야한다는 주장이 제기되기도 하였다. 이른바 포괄이론(subsumption theory)이 그것이다. 과학적 설명은 설명되는 것을 보편적인 경험법칙에 포섭함으로써 그것을 예측할 수 있게 한다는 것이다. 칼 헴펠(Carl Hempel)은 이러한 과학적 방법의 설명을 역사의 설명에도 적용하여, 역사적 사건은 어떤 선행 조건을 통하여 예견될 수 있는 일로 설명하려 하였다.[4] 즉, 헴펠에 의하면 역사적 설명은 과학적 설명과 동일하여, 어떤 사건 E는 법칙 L에 의하여 선행조건(원인) A로부터 야기되는 것으로 설명된다는 것이다. 그래서 선행조건 A를 알고 법칙 L을 알면 사건 E를 알 수 있고, 사건 E를 알고 법칙 L을 알면 선행조건 A를 추정할 수 있다. 따라서 법칙 L은 양쪽 모두에 포괄되고 있다. 포괄이론은 역사적 사건의 원인 - 법칙 - 결과 사이의 관계를 마치 물리적 현상의 관계에서처럼 설명하여, 원인과 결과 사이의 필연적인 관계를 상정하는 것이다.

---

4) 드레이, 『역사철학』, pp. 16~17.

그렇다면 역사적 사건이 자연과학에서의 의미와 동일한 의미의 필연성을 띠는가? 자연과학의 현상은 동일한 조건 하에서는 동일한 현상이 반복하여 일어날 수 있어 실험이 가능하다. 그러나 역사 현상은 인간의 의지가 개입하여 나타나는 현상이며, 그 같은 현상은 자연과학의 현상처럼 실험으로 재현이 가능하지도 않으며 법칙적으로 설명되지도 않는다. 예컨대 영국혁명이 찰스 1세의 무능에서 야기되었고 프랑스 대혁명이 루이 16세의 무능에서 야기되었다 하더라도, '혁명의 원인은 통치자의 무능에서 야기된다'라는 역사의 일반법칙을 만들어낼 수가 없는 것이다. 또 역사는 과학처럼 가설을 검증하는 것을 목표로 실험을 하여 입증할 수 있는 현상도 아니다. 요컨대 역사적 사건은 자연과학의 사건과는 다르며, 그에 대한 설명의 방법 또한 달리한다.

그럼에도 역사가들은 종종 어떤 사건을 '피할 수 없었던 일'로 표현하여, 마치 그 사건이 필연적으로 일어난 것처럼 강조하고 있다. 그 경우 역사가가 말하고자 하는 바는, 여러 가지 요인들이 매우 강력하게 합쳐져서 과거에 그 사건이 일어났으리라는 것을 충분히 예상할 수 있다는 것뿐이다. 이것은 헴펠이 포괄이론에서 제시하는 필연성을 의미하지 않는다. 역사적 사건들은 이미 지나가 버린 일들이고, 역사가는 사건이 실제로 일어난 다음이 아니면 그 사건을 '피할 수 없었던 일'이라고 표현하지 않는다.

2) 역사에서의 우연

우리들은 역사에서의 필연과는 반대로 역사에서의 '우연'을 말하기도 한다. 역사가들은 우연을 어떤 의미로 사용하고 있는가? 우리들은 자연과학에서는 우연이란 말을 사용하지 않는다. 예를 들어 갑이라는 어떤 사람이 '우연히 교통사고로 죽었다'고는 말하지만, '눈이 우연히 내렸다'고 말하지는 않는다. 오늘날 사람들은 눈이 내리는 원인을 분명히 알고 있어서, 더 이상 눈이 내리는 것을 우연적인 현상으로 생각하지 않기 때문이다.

그러나 인간 사회의 현상에는 인간의 사고와 의지가 개입하므로, 어느 특정한 현상과 관련되는 인과관계가 너무나 많다. 역사가는 그 많은 인과관계 가운데에서 사건을 합리적으로 설명한다고 생각하는 것들만을 가려 뽑아, 사건의 설명에 사용한다. 물론 선택은 인과의 사슬을 얼마나 합리적으로 설명할 수 있는가의 여부에 달려 있다. 만약 어떤 인과관계가 그 사건을 합리적으로 설명하지 못하는 것으로 판명되면, 그것은 무시될 수밖에 없다. 사건의 설명에 소용이 되지 않기 때문이다. 물론 사건을 합리적으로 설명하지 못하여 무시되는 인과관계 속에는, 역사가가 그 사건 발생의 합리성을 모두 찾아내지 못하여 무시되는 것도 있을 수 있다. 어쨌든 우리는 사건에 대한 합리적인 인과관계를 찾아내어 설명할 수 없을 때, 그 사건이 우연히 발생했다고 말하는 것이다.

예를 들어 갑의 교통사고를 가지고 좀 더 생각해 보자. 갑이 어느 날 자신의 원룸 아파트에서 혼자 술을 마시다가 갑자기 담배가 피우고 싶어졌다. 그래서 큰길을 가로질러 슈퍼마켓으로 담배를 사러가다가 마침 달려오던 승용차에 부딪쳐 교통사고를 당하였다. 이 때 갑의 교통사고의 원인은 무엇인가? 사고를 조사한 교통순경은 사고의 원인을 갑의 무단횡단, 운전사의 과속, 또는 노면상태의 미끄러움 등으로 기록하여 보고할 것이다. 그런데 갑이 왜 도로를 건넜는가? 담배를 사러가기 위해서였다. 그럼에도 교통순경은 담배를 사러 간 것을 교통사고의 원인으로 생각하여 보고하지 않았다. 무단횡단, 과속, 노면상태 불량 등은 교통사고의 원인을 합리적으로 설명해 주나, 담배를 사러간 사실은 교통사고를 합리적으로 설명해주지 않기 때문이다. 이 경우 담배를 사러 간 것은 교통사고에서 우연적인 일에 불과한 것이다. 교통순경은 이 점을 인식하여 교통사고가 일어나는 합리적인 원인만을 보고한 것이다.

역사에서도 마찬가지다. 합리적인 원인은 다른 시대와 다른 나라, 그리고 다른 상황에서도 잠재적으로 적용할 수 있는 것이다. 그래서 유용한 일반화가 가능하고, 우리들은 그러한 일반화에서 교훈을 얻어낼 수 있다. 그러나 우연적인 원인은 일반화가 될 수 없으며, 또 아무런 교훈도 주지 못한다. 앞에서 예를 든 교통사고의 경우, 도로의 무단횡단이나 과속은 교통사고를 일으킬 수 있다는 일반화가 가능하며 그로부터 교훈을 얻을 수 있다. 그러나 담배를 피거나 사러 가면 교통사고를 당한다는 일반화는 불가능하다.

요컨대 역사에서 우연이란 그 사건을 합리적으로 설명해주는 인과관계를 알지 못하거나 찾아내지 못한 것을 의미한다.

3. 개념총괄

우리들이 역사의 연구에서 인과관계를 추구하는 것은 '무엇이 왜 일어났는가'를 합리적으로 설명하기 위해서이다. 역사가들은 어떤 사건을 설명할 때 그 사건을 특징짓는 일군의 사건이나 사정을 인과적으로 설명하여, 그 사건을 전체적인 개념으로 총괄(總括: Colligation)하고 있다. 총괄의 개념은 휴얼(William Whewell)이 자연과학적 연구방법론을 설명하기 위하여 사용했던 것으로, 월쉬(W. H. Walsh)에 의하여 역사서술의 개념에 도입되었다.[5] 월쉬에 의하면 어떤 '역사적 사건'의 원인이 되는 사건들은 서로 긴밀한 관계로 연결되어 단일한 과정을 구성한다. 이 경우 원인이 되는 각각의 사건들은 하나의 전체인 그 '역사적 사건'의 단일한 과정의 일부분으로, 서로 밀접한 연관을 갖으며 전체의 일부분에 속한다. 그러므로 역사가가 어떤 역사현상을 설명하는 것은 그러한 원인이 되는 사건들 사이의 상관관계를 설명하여 전체적인 개념으로 총괄하는 것이다.[6]

예컨대 우리들은 우리나라의 현대사에서 중요한 사건인 1960년 4월 19일 학생과 시민이 중심세력이 되어 일으킨 반독재 민주주의 운동을 '4.19 혁명'으로 부른다. 그런데 그 같은 '4.19 혁명'은 서로 밀접히 연관되어 있는, 1960년 3월 15일의 제4대 정·부통령 부정선거, 학생 및 시민의 군중시위와 유혈사태, 이승만 정권의 몰락 등 일군의 사건들로 구성되어 있다. 역사가들은 그 같은 일군의 사건들이 인과관계에 의하여 어떻게 연관되는가를 설명한 후, 그 같은 사건들을 전체적으로 '4.19 혁명'이라는 개념으로 총괄한 것이다. 1789년 프랑스에서 구체제를 무너뜨리고 새로운 시민사회를 건설한 사건인, 삼부회의 소집, 테니스 코트의 서약, 바스티유 감옥의 함락 등 일군의 사건들을 '프랑스 대혁명'으로 설명하는 것도 개념총괄에 의한 것이다.

역사에서 무엇이 일어났는가를 설명하는 개념총괄은, 월쉬의 표현에 의하면 '저수준의 진술'(low-level statements)을 '고수준의 진술'(high-level statements)로 요약하는 것이다. 그러나 후자가 필연적으로 전자를 수반하는 귀결은 아니라고 말한다. '고수준의 진술', 즉 개념총괄은 저수준의 진술들을 단순히 요약하는 것이 아니라,

---

5) 만델보옴, 『역사지식의 해부』, p. 172.
6) 월쉬(W. H. Walsh), 『역사철학입문』(*Philosopy of History*), 이진표 역 (열음사 1987), pp. 21~22, 60~63.

저수준의 진술들에 내포된 사건의 본질적인 성격을 드러내는 것으로 '해석'하는 것이기 때문이다.7) 예컨대 '4.19 혁명'이라는 고수준의 진술은 '정·부통령 부정선거', '군중시위와 유혈사태', '이승만 정권의 몰락' 등을 단순히 요약한 것이 아니라, 그 같은 저수준의 진술들을 해석하여 '혁명'이라는 보다 높은 차원의 개념으로 규정한 것이다.

4. 비교

역사적 현상에 대한 설명은 인과적인 관계의 맥락에 따라 총괄하여 설명하는 방법 외에, 역사현상을 비교하여 설명하는 방법이 있다. 이를 비교사라 한다. 예컨대 중세 유럽에 존재했던 도시를 고대도시나 근대도시들과 비교하여 중세도시의 특징을 설명하고, 더 나아가서 그 같은 특징의 원인이 무엇이었는가를 설명할 수 있는 것이다.8)

비교사 연구는 왜 필요한가? 비교사가 필요한 이유는 단 하나의 구체적인 사실로부터 일반화를 도출하는 것이 불가능하기 때문이다. 예컨대 중세 유럽의 도시는 단 하나의 구체적인 현상으로 일반화를 도출할 수가 없다. 그래서 중세 도시와 유사한 고대 도시나 현대 도시와 비교하여 설명할 수밖에 없는 실정이다. 이런 비교사적 설명을 통하여 연구하려는 주요 문제는 두 가지이다. 하나는 상이한 사회적 환경 속에서 어떻게 유사한 현상들이 나타났으며 그 원인은 무엇인가이고, 다른 하나는 유사한 환경 속에서 상이성은 왜 나타났으며 그 원인은 무엇인가이다. 달리 말하면 비교사는 비교 가능한 비교단위 사이의 상이성과 유사성을 비교함으로써, 역사현상에 대한 진정한 원인들을 밝혀내기 위한 방법이다

7) W. H. Walsh, "Colligatory Concepts in History", *The Philosophy of History*, ed., Patrick Gardiner(Oxford University Press, 1974), p. 139.

8) 비교사에 대한 일반적인 내용은 다음의 글들을 참고할 것. 양병우, "비교", 『역사의 방법』, pp. 133~151; 차하순, "비교사의 기원과 방법", 『현대의 역사 사상』(탐구당 1994), pp. 241~293; 배러클로우, "비교사", 『현대역사학의 추세와 방법론』, pp. 256~268.

1) 비교사의 기원과 정립

비교사가 하나의 역사연구방법으로 제창되기 시작한 것은 1920년대이나, 역사연구에서 그 같은 방법을 적극적으로 수용하기 시작한 것은 1960년대에 이르러서였다. 비교사의 방법이 역사학계에 처음 제시된 것은 1923년 브뤼셀에서 개최된 제5차 국제역사학대회에서 피렌느(Henri Pirenne, 1862 ~ 1935)에 의해서였다. 피렌느는 1차 대전 이후 민족적인 대립과 국가 우위의 풍토 속에서 좁은 민족사적 성격을 탈피하기 위하여, 역사연구를 공간적·시간적으로 확대한 비교사 연구의 필요성을 제안하였다. 당시의 지나친 자기 민족 중심적인 역사연구는 '두더지가 파놓은 흙덩이를 산이라고 믿는' 우를 범할 수도 있는 분위기였다.

피렌느는 비교분석을 통한 문화사의 개념을 제시한 람프레히트(Karl Lamprecht, 1856 ~ 1915)에서 영향을 받아, 사학사적으로 두드러진 저술들을 많이 남겼다. 『중세도시』(1925)와 「모하메드와 샤를마뉴」(1935)가 대표적이다.[9] 『중세도시』는 저지대 도시들과 서유럽 및 북유럽 도시들의 특징과 개념을 비교·연구한 것이며, 「모하메드와 샤를마뉴」는 지중해 문명의 연속성과 단절성을 비교하여, 중세의 시작을 8세기 이슬람의 침공으로 제시하여 많은 논란을 일으킨 논문이다.

피렌느의 뒤를 이어 비교사학을 정립한 역사가는 블로크였다. 블로크의 비교사학은 종합과 비교에 의해서 이루어졌는데, 이 방법을 이용하여 그는 『기적을 행하는 왕』(1924), 『프랑스 농촌사의 기본성격』(1931), 『봉건사회』(1939 ~ 40) 등과 같은 탁월한 업적을 남겼다.[10] 예컨대 『봉건사회』에서 블로크는 하나의 사회형태로서 봉건사회의 개념을 규정하고, 비교사적 관점에서 일본의 봉건제도에 대하여 언급하고 있다.

---

9) Henri Pirenne, *Medieval Cities*, trans. by Frank D. Halsey(New York, 1956), 강일휴 역, 『중세 유럽의 도시』(신서원 1997) 참조; "모하메드와 샤를마뉴", 『서양중세사 연구)』(*The Middle Ages: Readings in Medieval History*, B. 타이어니(B. Tierney) 엮음, 박은구 외 옮김(탐구당 1987), pp. 61 ~ 77.

10) 블로크(Marc Bloch), 『프랑스 농촌사의 기본성격』(*Les Caracteres Originaux de l Histoire Rurale Francaise*), 김주식 역(신서원 1994); 『봉건사회, I, II』(*Feudal Society*), 한정숙 역(한길사 1986).

2) 비교사의 유용성

이와 같은 비교사의 유용성을 좀 더 구체적으로 설명하면 다음과 같다.

첫째, 비교사를 통하여 우리는 역사적 현상의 원인이나 상관관계를 밝혀낼 수 있다. 비교되는 서로 다른 사회 속에서 유사한 현상을 발견했을 경우, 역사가는 상호 비교를 통하여 그 현상의 원인과 그 현상들 사이의 상관관계를 밝혀낼 수 있다.

예컨대 프랑크(Frank) 왕국에서 카롤링(Caroling) 왕가와 교회와의 관계는 메로빙(Meroving) 왕가와 교회와의 관계와 전혀 다른 모습을 보여주고 있는데, 블로크는 비교사를 통하여 그 원인을 밝혀내고 있다. 메로빙 왕가가 교회에 대하여 평신도적 입장을 벗어나지 않았던 반면, 카롤링 왕가는 교회를 왕의 지배하에 두고자 하였다. 교회에 대한 두 왕가 사이의 차이점의 원인은 피레네 산맥 너머에 존재하던 서고트(Visigoth) 왕국과 카롤링 왕가 사이의 관계를 통하여 밝혀냈다. 카롤링 왕가의 왕들이 도유식(塗油式: chrism)을 통하여 신의 대리자로 군림하고자 했던 것은 서고트 왕국의 영향이었던 것이다.

유럽의 근대혁명을 분석한 브린튼(Crane Brinton)의 『혁명의 해부』(1938, revised 1965)나 산업혁명의 제단계를 설명한 로스토우(W. W. Rostow)의 『경제성장의 제단계』(1960) 역시 비교를 통한 원인분석의 훌륭한 예이다.[11)]

둘째, 비교사를 통하여 우리는 설명가설을 검증할 수 있다. 역사가들은 비교사의 방법을 통하여 특정한 가설이 보편적으로 적용될 수 있는지를 확인할 수 있다. 대표적인 예가 피렌느의 「모하메드와 샤를마뉴」이다. 이 논문은 8세기 중엽 프랑크 왕국의 메로빙 왕조가 카롤링 왕조로 교체되고 봉건제가 성립된 이유는 이슬람에 의한 지중해 무역의 단절에 있다는 피렌느 자신의 가설을 입증하기 위해 연구된 것이다.[12)]

셋째, 비교사를 통하여 우리는 역사현상의 모델을 설정할 수 있다. 예컨대 피렌느는 『중세도시』에서 중세도시들의 특성과 기원을 고찰한 후, 중세도시에 대한 개념을 정의하고 있다. 피렌느는 중세도시의 특징을 마치 한장 한장의 사진을 겹쳐 놓아

---

11) 브린튼(Crane Brinton), 『혁명의 해부』(*The Anatomy of Revolution*), 차기벽 역(문명사 1982); 로스토우(W. W. Rostow), 『경제성장의 제단계』(*The Stages of Economic Growth: A non-communist manifesto*), 이상구·강명규 역(법문사 1969).

12) 피렌느, "모하메드와 샤를마뉴", pp. 61~77.

모두에게 공통되는 것이기는 하나, 어느 것에도 꼭 들어맞는 것은 아닌 하나의 추상적인 이상형을 제시하고 있다.[13] 이와 같이 비교사는 광범위하게 수집된 사례들을 서로 비교한 후, 그 중복된 특성을 추출하여 일반적인 공통성에 도달할 수 있다. 개별적인 사례들에서 추출된 일반적인 공통성은 결국 개별현상들의 특성을 대표하는 하나의 모델이 되는 것이다. 블로크 역시 『봉건사회』에서 비교사의 방법을 통하여 봉건제의 개념을 세우고 있다. 또 이를 통하여 일본의 봉건제와도 비교하고 있다.

넷째, 비교사를 통하여 우리는 개별적 역사현상의 특성을 더 명확히 부각시킬 수 있다. 다시 말하면 비교사는 비슷한 다른 역사현상과의 비교를 통하여, 개별 현상 각각의 특징을 명확히 밝혀줄 수 있는 방법이다. 실례로 우리는 블로크의 『프랑스 농촌사의 기본성격』을 들 수 있는데, 블로크는 비교사를 통하여 프랑스 농촌사의 성격을 파악하고 그것이 전체 유럽과 비교해서 어떤 특징이 있는가를 밝혀내고 있다.

3) 비교사의 조건

비교사 연구가 그 목적을 달성하기 위해서는 다음과 같은 조건들이 충족되어야 한다.

첫째, 비교의 단위가 적절히 설정되어야 한다. 비교의 전제조건이 만족되어야만 우리가 비교하려는 것이 타당성이 있고 또 비교할 가치가 있기 때문이다. 적절한 비교의 단위는 타당한 공통성이 함께 묶일 수 있는 것이어야 한다. 우리들이 역사에서 비교하는 대상들은 흔히 제도나 문화, 사상이나 사건 등이다. 즉, 인류가 형성한 사회 속의 사건이나 문화현상들이 비교의 대상인 것이다. 이들 비교 단위가 같아야만 상호비교가 의미를 가질 수 있다는 것은 당연하다. 그런데 많은 경우 비교단위의 선택은 역사연구에서의 개념정의와 밀접한 연관을 갖는다. 예컨대 봉건제에 대한 개념이 정의가 되지 않으면 서유럽 봉건제와 일본의 봉건제를 적절히 비교하여 그 유사성과 상이성을 설명할 수가 없는 것이다. 따라서 역사가들이 개념을 정의한 후 그것을 비교단위로 설정했을 경우, 그것은 역사가들 사이에 합의된 개념이거나 또는 이른바 베버의 이상형과 같은 것이 될 것이다.

---

13) Pirenne, *Medieval Cities*, p. 150.

둘째, 블로크가 제시하는 바와 같이 비교되는 사례들 사이에 유사성과 동시에 상이성이 있어야 한다. 이는 비교사의 대상들이 발생한 환경이 다소간 달라야 한다는 것을 의미한다. 그래야만 비교의 대상이 되는 역사적 사실이 그 객관적인 발생조건에서는 서로 다르지만 유사한 특성을 나타낼 수가 있기 때문이다. 만약 상호간의 차이가 비교의 초점이 될 경우에는, 같은 유형에 속하는 현상들을 하나로 묶어서 서로 비교하여야 한다. 예컨대 중세시대 북유럽의 도시와 남유럽의 도시들을 비교할 경우, 북유럽의 도시들을 하나의 유형으로 파악하여 남유럽의 도시와 비교하여 양 유형 사이의 유사성과 상이성을 밝혀내야 하는 것이다.

셋째, 비교단위는 상호간의 관계로부터 의미 있는 일반화가 도출될 수 있도록 설정되어야 한다. 그러기 위하여 연구자들은 시간과 공간의 두 차원을 고려하여 비교단위를 설정해야 한다. 피렌느의 말대로 역사가의 주제는 시·공간에서 이루어진 인간사회의 발전과정이기 때문이다. 여기서 우리는 종적인 시간적 비교와 횡적인 수평적 비교가 비교사의 두 축인 것을 알 수 있다.

4) 광역비교와 협역비교

시간과 공간을 비교의 기준으로 삼았을 때 우리들은 비교사의 유형을 광역(廣域)비교와 협역(狹域)비교로 나눌 수 있다. 광역비교는 공간적으로 멀리 떨어진 지역들 사이의 비교이며, 협역비교는 인근의 좁은 지역 내에서의 비교이다. 이를 좀 더 자세히 살펴보면 다음과 같다.

광역비교

광역비교는 지리적으로 멀리 떨어져 있어 문화적으로 서로 영향을 미치지 않은 사회들 사이를 비교하는 것이다. 이 경우 나타나는 유사성은 공통의 기원이나 상호영향의 관점에서 설명될 수 없는 것으로, 비교의 단위가 서로 다른 문화들 사이의 비교나 또는 서로 다른 사회들 사이이다. 또 여기에 대응되는 시간적 차원을 생각해보면 대체적으로는 동시대적인 비교보다는 통시대적인 비교가 일반적이다. 말하자면 장기간에 걸친 변화 속에서 조건을 달리하는 서로 다른 사회 속에서 발생한 유사한 유형의 현상을 비교·분석하는 것이다.

대표적인 예가 프레이저(James George Frazer)의 『황금가지』(The Golden Bough)이다. 프레이저는 로마의 디아나(Diana) 신전 사제직의 비밀을 아프리카의 미개관습과 비교하여 푼 것이다. 로마시대 로마 남쪽의 네미(Nemi) 호반에 있던 디아나 사제는 여성으로, 괴이하게도 그 직은 사제를 죽인 사람이 차지하는 관습이 있었다. 그래서 사제는 겨우살이(황금가지)가 기생한 한 나무를 지키면서 그 자신의 생명과 지위를 보전하기 위하여 밤낮으로 칼을 든 채 경계를 게을리 하지 않았다는 것이다. 로마 제정시대의 문헌들은 그러한 사실들을 단편적으로 전하고 있을 뿐, 그런 관습이 본래 어떤 의미를 지녔던 것인지를 전하지 않고 있다. 또 그런 관습이 고전고대에 유래가 없어 그 의미를 알 수가 없었다.

프레이저는 문화와 시대가 다른 아프리카 미개사회에서 주술을 행하는 사제와의 비교를 통하여 그 원인을 밝혀냈다. 아프리카의 미개사회에서는 주술사가 주술이나 마술로 자연을 지배하는 것으로 생각하였는데, 특히 비를 내리게 하는 주술사가 신망과 경외의 대상이 되어 추장이나 왕이 되기도 하였다. 그런데 그가 비를 내리지 못해 가뭄과 기근을 막지 못하면, 책임을 지고 추방되거나 살해되었다. 프레이저는 이 같은 아프리카 미개사회의 관습을 연구하여 로마시대 디아나 사제직에 얽힌 관습의 동기를 알게 된 것이다.

광역비교에 대한 최근의 성과는 서유럽의 봉건제를 기준으로 중국, 일본, 메소포타미아, 이집트, 인도까지 상이한 지역과 시기를 비교한 쿨본(Rushton Coulborn)의 『봉건제의 이해』(1965)를 들 수 있다. 또 파시즘이나 공산주의를 세계사적 차원에서 다룬 무어(Barrington Moore)의 『독재와 민주주의의 사회적 기원』(1966)도 들 수 있다. 그런가 하면 프랑스혁명, 러시아 혁명, 그리고 중국혁명을 비교·분석한 크레인 브린튼의 『혁명의 해부』(1938, revised 1965)나 스카치폴(Theda Skocpol)의 『국가와 사회혁명』(1979)도 광역비교사의 훌륭한 보기이다.[14)]

---

14) 러시톤 쿨본(Rushton Coulborn) 편, 『봉건제의 이해』(*Feudalism in History*), 김동순 역(민음사 1996); 무어(Barrington Moore), 『독재와 민주주의의 사회적 기원』(*Social Origins of Dictatorship and Democracy: Lord and Peasant in the Making of the Modern World*), 진덕규 역(까치, 1985); 브린튼, 『혁명의 해부』; 테다 스카치폴(Theda Scocpol), 『국가와 사회혁명』(*State and Social Revolution– A Comparative Analysis of France, Russia and China*), 한창수·김택현 역(까치 1983).

협역비교

협역비교는 지리적으로 인접해 있어 역사적으로나 문화적으로 서로 영향을 미친 사회들 사이의 비교를 말한다. 이 경우 서로 비교되는 사회들은 모두 하나의 커다란 문화권에 속해, 비교되는 사회현상이나 사건들에 공동의 큰 원인과 더불어 부분적으로 상이한 원인들이 작용하고 있다. 그러므로 비교 대상은 하나의 문화권에 속하는 조금씩 상이한 현상들이다. 대표적인 예가 블로크의 『프랑스 농촌사의 기본성격』이다. 이 연구에서 블로크는 프랑스 농촌사의 특징을 유럽적인 특징과 비교하여 밝혀내고 있다.

협역비교는 큰 범주에서 문화적으로 동질적인 사회 내에서의 비교이므로, 지리적으로 인접한 지역들 사이의 비교이며 시간적으로도 동시대의 비교가 대부분이다. 예컨대 블로크의 프랑스의 인클로저에 대한 연구를 들 수 있다. 영국은 16세기에서 19세기 사이에 인클로저 운동이 활발하였다. 그런데 농촌에 구조적인 변화를 가져온 인클로저가, 블로크가 연구할 당시만 하더라도 영국 외에는 알려져 있지 않았다. 그렇지만 블로크는 근대 영국과 프랑스의 농업사회를 비교할 때 양국은 유럽 농촌사회라는 하나의 커다란 문화권에 속하므로, 영국의 인클로저 운동이 프랑스에서도 발견될 수 있을 것이라고 생각하였다. 그리하여 블로크는 프랑스 농촌을 연구하여 남부의 프로방스 지방에서 15세기부터 유사한 운동이 있었던 것을 밝혀내고 있다.

협역비교에 대하여 일부 연구자들은 비교단위의 지리적 범위가 협소하여 진정한 비교가 가능할 것인가에 대해 의문을 제기하기도 한다. 그러나 비교의 대상인 지리적 범위에 대한 문제에 너무 집착할 필요는 없을 것으로 생각한다. 왜냐하면 비교사의 공간적 문제는 비교되는 사회현상에 의해 결정되어야 하기 때문이다. 비교사의 지리적 범위를 블로크는 "외부적으로가 아니라 내부적으로 결정되는 그것의 고유한 지리적 테두리"[15]로 설명하고 있다. 즉, 비교단위가 되는 사회현상의 지리적 경계선은 외부적으로 정해진 국경선을 의미하지 않는다. 그것은 비교의 대상이 되는 사회현상이 퍼져 있는 범위인 '내부적으로 결정되는 그것의 고유한 지리적 테두리'인 것이다.

---

15) 블로크, "유럽 사회의 비교사를 위하여", 『아날학파의 역사세계』, 김응종(아르케 2001), pp. 151~152.

5) 비교사의 한계와 유의점

비교사의 목적은 역사적 사례의 상호비교를 통하여 지역사나 국가사의 편협성 문제를 극복하고, 역사적 현상이나 사건의 진정한 원인을 구명하는데 있다. 실제로 19세기말 이래 역사가들은 인류학과 민속학 등의 성과에 힘입어, 그 뜻을 알지 못했던 오래된 관습과 제도들을 해명하는데 성공하고 있다.

그러나 비교사의 연구수행에는 큰 주의가 요구된다. 무엇보다도 중요한 문제는 비교의 타당성이다. 상이한 두 사회의 유사한 현상이라 해서 무조건 비교사의 대상은 아니다. 비교할 수 없는 것, 비교할 가치가 없는 것을 비교해서는 의미가 없다. 예컨대 영국과 한국의 농업구조를 비교하는 것은 의미가 있으나, 계절에 따른 농업노동의 증감 상태는 비교사로서 무의미하다. 북반구의 비슷한 위도에 위치한 지역에서는 어느 곳에서나 봄의 파종부터 가을의 추수까지 노동력 투하의 패턴이 동일하기 때문이다. 요컨대 비교사에서 가장 중요한 것은 정말로 비교할 만한 가치가 있는 현상을 비교하는 것이다.

| 제12장 |

역사관과 시대구분

1. 역사관의 의미와 성격

우리는 역사가들의 연구를 통하여 과거의 역사에 대하여 알고 있다. 9장에서 살펴본 바와 같이 역사적 사실들은 과거의 수많은 사실들 가운데에서 역사가들이 의미있다고 생각하여 선택한 사실들이다. 역사책은 그 같은 역사적 사실들로 구성되어 있고, 우리는 그 같은 역사책을 통하여 과거의 역사를 알고 있다. 그렇다면 역사는 역사가의 판단과 사고체계에서 완전히 벗어날 수는 없는 것이 아닌가?

우리는 전문적인 역사가들이 서술한 역사책을 읽으며, 그 역사가의 역사에 대한 관점에 대하여 이야기한다. 역사가들이 역사에 대하여 갖는 관점, 달리 말하면 역사가들이 역사를 전체적으로 조망하는 하나의 사고체계를 우리는 역사관(歷史觀 또는 史觀)이라 일컫는다. 그러므로 일정한 역사관 하에서 역사를 고찰하는 것은 모든 사건과 시대, 그리고 모든 민족과 문화를 통일적인 사고체계 속에서 이해하고 분석하는 것이다. 그러므로 역사관이 확립된 전문적인 역사가의 역사연구 속에는 그 역사가의 역사관이 반영되어 있는 것이다.

그러면 이 같은 역사관의 성격과 특징은 무엇인가?

첫째, 역사관은 역사가가 역사를 일관성 있게 바라보는 독자적이며 독특한 지적 직관으로, 역사가가 역사를 판단하는 기준이 된다. 예를 들면 자유주의 역사관을 가진 역사가는 역사를 일관하는 자유의 전개과정을 높이 평가하여 역사발전의 주요 원동력으로 서술할 것이다. 그에 대하여 유물사관(唯物史觀)의 역사가는 인간생활의 물질적 토대가 되는 경제생활을 높이 평가하여 역사발전의 주요 원동력으로 서술할 것이다.

둘째, 역사관은 통일적이고 종합적이며 통시대적인 사고체계이다. 역사관은 역사적 사건을 판단하는 하나의 관점이다. 이 점에서 역사관은 우리가 일반 사물을 관찰하는 관점과 비슷하다고 볼 수 있다. 그러나 근본적으로 다르다. 일반 사물을 판단하는 기준은 사물마다 다르고 또 시간과 공간에 따라 달라질 수 있는 반면, 역사관은 통일적이고 종합적이며 통시대적인 관점이다. 역사관은 역사적 사건을 판단하는 사고의 틀로서, 인적, 물적, 자연적 힘들의 복합적인 작용과 영향, 그리고 전후 사건들과의 연관관계를 통일적으로 파악하는 과정 속에서 형성된다. 그러므로 그 같은 사고의 틀은 특정 사건이나 특정 민족, 그리고 특정 문화에 대해서는 물론, 모든 시대와 모든 문화권에 대해 일관성 있게 적용되는 하나의 관점을 갖는다. 예컨대 건축물이나 미술작품의 미적 가치를 판단하는 기준은 시대에 따라 달라져 왔다. 그에 대하여 역사관은 시대가 변하여도 역사적 사건을 판단하는 기준이 달라지지 않는다. 예컨대 유물사관은 동서고금(東西古今)의 인류역사 전체를 생산력과 생산관계의 변증법적 전개라는 일관된 관점을 통하여 파악한다.

셋째, 역사관은 역사진행에 대한 특정한 관념 속에서 형성된다. 역사는 불변의 진리를 추구하는 학문이 아니라, 항상 변화하는 것을 대상으로 하는 학문이다. 따라서 역사관은 역사진행에 대한 특정한 관념 즉, 역사가 '어떻게 변화하는가'를 제시하고 있다. 즉, 역사가는 역사가 어떻게 연속적으로 진행되는가에 대해 인식할 수 있어야만, 지금 진행되고 있는 현재를 포함하여 역사 전체를 파악할 수 있는 역사관을 세울 수 있는 것이다. 예컨대 기독교의 신학적 역사관은 중세 기독교의 관념이 반영된 것으로, 최후의 심판을 향해 역사가 직선적으로 진행하는 것으로 보고 있다. 그러므로 역사는 과거와 현재뿐만 아니라 앞으로도 최후의 심판이라는 역사의 종말을 향해 움직여간다고 생각한다. 그에 대하여 나선형적 순환사관은 18세기 진보사상이 반영된 것으로, 역사가 나선상으로 순환함과 동시에 상승하면서 끝없이 진행하는 것으로 보고 있다. 따라서 현재는 과거에 비해 진보된 역사이며, 이 같은 진보는 앞으로도 끝없이 계속될 것이라 생각한다.

넷째, 역사관이 확고히 정립되어 있는 역사가가 역사의 흐름을 정확히 파악할 수 있다. 역사의 흐름을 정확히 파악할 수 있다는 것은 전체 역사의 흐름 속에서 개별사의 움직임을 정확히 파악할 수 있다는 의미이며, 동시에 구체적인 사건 속에서도 거대한 역사 진행의 흐름을 이해할 수 있다는 의미이다. 즉, 일반 역사의 큰 흐름 속에서 특수한 개별연구의 역사적 의미를 파악할 수 있고, 동시에 특수한 사례 연구에서 일반 역사의 큰 흐름을 올바르게 읽어낼 수 있는 것이다. 이 때 역사가는 구체적인 사건에 대한 해석을 자의적으로 할 수 없게 되는 것이다. 역사를 전체적인 관계 속에서 통일적으로 이해하기 때문이다.

다섯째, 역사관 속에는 역사진행의 방향과 원동력, 그리고 역사발전에 대한 보편적 법칙 등이 내포되어 있다. 인류역사 전체의 흐름을 통일적으로 이해하고 설명할 수 있기 위해서는 역사의 진행방향과 원동력, 그리고 역사발전에 대한 이해가 전제되지 않으면 불가능하다. 기독교의 신학적 역사관의 경우, 역사의 진행방향은 일직선적이며 역사의 원동력은 신의 섭리이다. 또 역사는 발전하는 것이 아니며, 신의 섭리가 인간을 통하여 실현되는 것으로 최후의 심판에서 종말을 맞게 되는 것이다. 이처럼 역사관은 역사진행의 방향과 원동력, 그리고 역사발전에 대한 보편적 법칙 등 역사철학적 성격의 내용들을 내포하게 된다.

2. 역사관의 유형

1) 순환론적 역사관

순환론적 역사관이란 인간의 역사는 비슷한 유형의 사건들이 반복된다는 역사관이다. 이러한 역사관은 고대 동양과 서양에 모두 있었다. 고대 중국인들은 역사상 유사한 현상이 일정한 기간을 두고 반복된다고 보았다. 이 같은 순환사상을 제시한 대표적인 학자는 공자와 맹자로, 예를 들어 맹자의 일치일란설(一治一亂說)에 의하면 역사는 안정되고 이상적인 과거와 쇠퇴와 무질서한 현재가 반복되고 있다.[1] 대표적인 예로 하(夏) 나라와 은(殷) 나라 그리고 주(周) 나라이다. 세 나라 모두 창시자는 덕이 있는 성군이었으나 하의 걸왕(桀王)이나 은의 주왕(紂王)처럼 폭군이 등장하여 쇠퇴하였다는 것이다. 그리스와 로마의 역사가들도 마찬가지였다. 그리스의 투기디데스는 인간사는 비슷한 일들이 반복하여 일어나기 때문에 과거로부터 많은 것을 배울 수 있다고 생각하였다. 로마의 타키투스 역시 역사는 사계절의 변화처럼 순환된다고 보았다.

이 같은 고대시대의 순환사관은 몇 가지 공통된 특징을 지니고 있다.

첫째, 역사를 유기체의 탄생, 성장, 노쇠, 사멸의 과정과 동일한 것으로 파악하여, 한 국가의 역사든 세계의 역사든 탄생, 성장, 번영, 그리고 쇠퇴와 몰락의 과정을 겪는 것으로 이해하였다. 그 같은 생각은 특히 초기 기독교사가들에서 두드러졌는데, 예를 들면 성 아우구스티누스(St. Augustinus, 354 ~ 430)의 경우 『신국론』(De Civitate Dei, 413 ~ 427)에서 지상의 역사인 아담, 노아, 아브라함, 다윗, 바빌론 유수, 크리스트의 6시기를 인간의 유년기, 소년기, 청년기, 장년기, 중년기, 노년기와 결부시켰다.

둘째, 순환론적 역사관은 과거에 행복했던 황금기가 있었고, 그 후로 역사가 점차 타락의 방향으로 나아가고 있다는 사상을 가지고 있다. 고대 중국인들이 가졌던 요순시대에 대한 개념이 그렇고, 기원전 8세기 그리스의 헤시오도스가 역사를 금의 시대, 은의 시대, 청동의 시대, 영웅의 시대, 철의 시대로 구분한 것도 그런 발상이었다.

셋째, 순환론적 역사관은 과거의 이해로부터 현재의 삶에 대한 교훈을 얻으려 하였다. 역사는 인간성의 항속적(恒續的)인 요소에 의하여 비슷한 상황이 반복되는 것이므로, 과거를 통하여 현재와 미래의 삶에 유익한 지식을 제공받을 수 있다고 생각하였던 것이다. 고대인들이 볼 때에 역사는 키케로의 표현대로 '생의 교사'였던 것이다.

1) 전해종, "중국인의 전통적 역사관", pp. 181 ~ 213.

2) 기독교의 신학적 역사관

기독교의 신학적 역사관이란 인간의 역사를 신의 섭리가 구현되는 과정으로 보는 역사관을 말한다. 즉, 인간의 역사는 신의 주재 하에 있고, 지상의 역사는 신의 의지가 전개되는 것을 의미한다. 따라서 지상에 나타나는 수많은 사건과 국가와 사회의 융성과 몰락은 모두 신의 섭리가 실현되는 것에 불과하다. 이 같은 신의 섭리는 선택된 자들에 의해서 전달되는데, 성 아우구스티누스에 의하면 예수의 탄생 이전에는 유대민족이, 그 이후에는 기독교회가 그 사명을 떠맡고 있다.

기독교의 신학적 역사관은 교부(敎父) 아우구스티누스의 『신국론』에 의하여 정립되었는데, 가장 두드러진 특성은 신의 섭리에 의한 역사, 역사의 직선적 진행, 목적론적 종말론이다. 신의 주재 하에 전개되는 인간 역사의 시작은 천지창조이고 끝은 최후의 심판이다. 이 같은 인간의 역사는 천지창조 이래 최후의 심판을 향하여 계속 직선적으로 진행되고 있다. 최후의 심판이라는 역사의 목적지에 다다르면 인간의 역사는 종말을 고하고 신이 계획한 신국으로 인도된다.

『신국론』에서 정립된 기독교의 역사관은 서유럽 최초의 역사철학으로 이후의 역사관에 큰 영향을 미쳤다. 무엇보다도 그리스와 로마인들의 순환적 역사인식을 극복하고, 서양 중세시대의 역사관으로 자리 잡아 오랫동안 서양인들의 역사사상과 사고형식을 지배하였다. 또 기독교의 역사관이 내포하고 있는 역사의 원동력과 진행양식, 그리고 역사의 목표 등에 대한 관념은 헤겔(Georg Whilhelm Friedrich Hegel, 1770～1831)과 마르크스(Karl Marx, 1818～83)의 역사관에 이르기까지 많은 역사사상에 큰 영향을 미쳤다.

3) 나선형적 순환사관

18세기에 들어 역사는 진보의 과정 속에서 반복한다는 새로운 역사관이 제시되었다. 1725년 이탈리아의 철학자 비코(Giambattista Vico, 1668～1744)는 『새로운 과학』(Principi di Scienza Nuova)이라는 저서 속에서 인간의 역사는 신의 시대, 영웅의 시대, 인간의 시대를 거치며 일련의 주기 혹은 단계로 발전해간다고 주장하였다.

비코는 자신의 시대까지 두 번의 순환주기가 있었다고 주장하였다. 첫 번째 순환주기는 애초에 시작된 신들의 시대를 거쳐, 호메로스(Homeros)의 영웅의 시대, 그리고 그리스와 로마의 인간의 시대로 끝이 났다. 두 번째 순환주기는 게르만 민족의 침입으로 다시 시작된 신의 시대로부터, 중세 성직자로 대표되는 영웅시대, 그리고 합리주의로 대표되는 인간의 시대를 거치면서 종결지으려 하고 있다는 것이다.

신의 시대는 인류의 미약한 이성과 상상력 및 공포가 지배하던 야만적인 시대로, 시적 지혜에 의하여 공동체가 형성된 시기이다. 영웅의 시대는 귀족들의 힘과 폭력에 의해 지배되던 시대이다. 인간의 시대는 이성과 문명이 지배하는 시대로, 인간성의 평등에 기초한 민주적 공화제가 탄생한 시기이다. 그런데 이 세 번째 인간의 시대는 필연적으로 쇠퇴의 과정을 겪으며 다시 야만의 시대로 되돌아간다. 이렇게 하나의 순환주기가 끝나면 새로운 순환주기가 시작된다. 첫 번째 순환주기의 끝은 로마제국의 멸망이다. 기독교의 성립은 새로운 순환주기의 시작인 신의 시대를 열었고, 중세는 영웅의 시대를 대변하고, 근대는 철학 또는 이성의 시대로 새로운 인간의 시대를 대변한다. 이 시대는 새로운 형태의 야만시대를 향하게 된다. 문명이 더욱 발달된 상태의 인간들일지라도 폭력과 격정에 호소하며 파괴, 전쟁, 불안, 혼란 등이 따르는 야만시대로 전락하게 되는 것이다.

신의 시대, 영웅의 시대, 인간의 시대가 반복된다하여 문명이 정체되는 것은 아니다. 각 시대의 정신이 복귀한다는 뜻이지 역사가 반복되는 것이 아니기 때문이다. 두 번째 순환주기는 첫 번째 순환주기의 복사판이 아니라, 첫 번째 순환주기와 나선처럼 중첩된다. 첫 번째 순환주기인 고대의 영웅시대 귀족들처럼 두 번째 순환주기인 중세의 성직자들이 사회를 지배했고, 고대의 호메로스에 해당하는 단테가 존재했다. 이것이 순류(順流: corso)와 역류(逆流: recorso)이다. 그러므로 순류가 발전, 역류가 퇴보를 의미하는 것이 아니다. 역류는 하나의 여과과정으로 역사의 흐름에 따라 나사가 한 바퀴씩 휘돌아 솟구쳐 돌아온 새롭게 발전된 차원의 사회인 것이다.

요컨대 역사는 상이한 차원에 따라 수정·반복하면서 나선상의 상승(spiral ascent)을 겪으며 끝없이 발전해 가는 것이다.[2] 이 같은 비코의 역사관은 고대인들의 단순

2) 비코(Giambattista Vico), 『새로운 과학』(*Principi di Scienza Nuova*), 이원두 옮김(동문선 1997), pp. 133, 522.

한 순환론을 극복한 역사관이며, 순류와 역류의 반복적 교대를 통하여 종결이나 완성이 없이 계속된다는 진보적 역사관이다.

4) 헤겔의 관념주의 역사관

관념주의 역사관이란 역사진행을 정신과 이념의 작용으로 파악하는 역사관을 말한다. 헤겔은 궁극적인 실체를 감각으로 파악되는 물질세계가 아닌 불변의 원형을 이루는 것으로 생각되는 이념으로 보았다. 따라서 세계사 속의 모든 현상은 정신현상인 것이다. 그런데 그 정신은 하나의 완성된 것이 아니라 끊임없이 활동하는데, 그 본질은 자유이다. 그러므로 역사는 자연과는 달리 스스로의 자기운동(自己運動)인 자유가 지배한다. 이 같은 맥락에서 우리가 역사에서 추구해야 할 것은 인간의 정신의 발전과정 즉, 자유의 진보과정이다.

헤겔에 의하면 세계사는 자유가 전개되어 온 단계를 보여주고 있는데, 중국과 인도, 그리고 페르시아의 동양사회로부터 시작하여, 그리스와 로마사회로 이어지고, 서유럽의 게르만 민족의 기독교문화에서 절정에 이르렀다. 구체적으로 고대 동방에서는 통치자인 전제군주(專制君主) 한 사람만이 자유로웠고, 그리스와 로마에서는 소수의 사람들만이 자유를 누렸다. 그에 비하여 서유럽의 기독교적 게르만 사회에 이르러서는 인간이 인간으로서 자유롭게 되었다. 그것은 인간의 정신 단계가 동양의 유년기, 그리스의 청춘기, 로마의 청년기를 거쳐 게르만 기독교 세계에서 성숙기에 도달했다는 것을 의미한다.[3] 말하자면 역사는 한 사람이 자유로웠던 시대에서 모든 사람이 자유로운 시대로 발전해 가는데, 현대는 바로 그 마지막 단계가 실현되어야 할 시대인 것이다.

그러면 어떻게 이러한 목표에 도달할 수 있는가? 헤겔에 의하면 정신이 실현될 수 있는 유일한 길은 의지에 의해서이다. 헤겔은 역사상 일어나는 일들이 개별적인 인간들의 의지에 의해서 야기된다고 주장하나, 자유가 의도적이고 계획적으로 성취될 수 있다고 생각하지는 않는다. 인간은 일반적으로 자신이나 타인의 정신적 발달

---

3) 헤겔(Georg Wilhelm Friedrich Hegel), 『역사철학 강의 I』(*Vorlesung uber die Philosophie der Geschichte*), 김종호 역(삼성출판사 1982), pp. 52~53.

을 목표로 삼지 않고, 오히려 개인적인 정열과 이기적인 욕구를 추구한다. 이런 면에서 역사는 여러 민족의 행복, 국가의 지혜, 개인의 덕이 희생되는 살육장이다. 그러나 역사 속에는 이성이 작용하고 있다. 역사는 정신이 구체화된 것이고 정신은 자유를 추구하며, 그 같은 과정 속에서 이성이 작용하는 것이다.

여기서 헤겔은 세계사의 궁극적인 목표와 구체적인 현실과의 관계를 설명하기 위하여 '이성(理性)의 간계(奸計)'라는 개념을 도입하고 있다.[4] 인간의 행동은 인간이 알지 못하는 보다 높고 보다 넓은 목적의 수단과 도구로 사용되어, 자기 자신의 의지와는 관계없이 합리적인 목표를 향해 나아가고 있다. 그것은 일반 대중뿐만 아니라 위인들도 마찬가지이다. 역사상 위인들은 시대의 요구에 대한 통찰은 있었을지라도 그들의 행위를 넘어서는 더 큰 의의를 이해하지 못했기 때문이다. 그들도 그들 자신들의 개인적 목표를 추구한 것이고, 그러한 개인적 목표가 단지 자유의 발전을 위한 요구와 일치했을 뿐이었다. 따라서 위인들이 이룩한 업적은 반드시 그들 스스로가 의식적으로 계획한 것만은 아니었다. 그들은 자신이 무엇을 하는지를 모르면서도 결국에는 역사의 일반적인 목적을 수행한 것이다. 달리 말하면 그들은 역사적으로 '이성의 간계'에 따라 행동했을 따름이다. 따라서 역사적 행동의 결과와 역사의 흐름은 항상 인간들이 의도했던 바대로 실현되는 것은 아니며, 때로는 전혀 예기치 않았던 것으로 나타나기도 한다. 그러나 그것은 우연한 것이 아니라 역사의 본질인 것이다.

헤겔에게 역사는 자유의 전개과정이므로, 자유정신이 곧 세계정신이다. 헤겔의 사상에서 세계정신은 지고의 절대정신이며, 개별 인간들의 정신이란 이 절대정신이 개별적으로 구현된 것이다. 헤겔은 그 같은 정신의 전개를 정, 반, 합의 변증법적 발전과정으로 설명하고 있다.[5] 즉, 역사의 전개가 민족적 원리의 변증법을 보여주는 것이다. 예컨대 로마는 그리스 민주정의 쇠퇴에 대한 반동으로 자유의 이념을 표현하고 있는 사회이며, 게르만 국가는 그리스의 자유로운 개성과 로마의 추상적인 법률주의의 구체적인 종합이다. 헤겔은 이러한 변증법적인 설명을 통하여 단순한 인과적 분석이 보여주는 것보다 더 심원하게 역사의 운동을 이해할 수 있다

4) 헤겔, 『역사철학 강의 I』, p. 68.
5) 헤겔(G. W. F. Hegel), 『역사속의 이성』(*Die Vernunft in der Geschichte*), 임석진 역(지식산업사 1992), pp. 208~249.

고 주장한다.

그런데 그 같은 헤겔의 변증법적 역사해석은 역사의 필연성이라는 논리가 기저를 이루고 있다. 역사적 사건의 발생을 그와 같은 상황이 요구되었기 때문에 일어났다는 의미에서 필연적으로 보기 때문이다. 예컨대 로마 공화정 말에 시저가 최고의 권좌에 오른 것은 필연적인 것인데, 당시 로마사회가 그 같은 상황을 요구했기 때문이었다. 역사의 필연성에 대한 주장에도 불구하고 헤겔은 역사과정에 대해 예언할 수 있다고 주장하지는 않았다. 헤겔의 변증법적 역사발전과 필연성의 논리는 그 난해성과 모호성으로 인해 많은 논란의 대상이 되어왔다.

5) 마르크스의 유물사관

유물사관(唯物史觀)이란 사회의 물질적 조건에 따라 역사가 결정된다고 파악하는 역사관을 말한다. 역사의 형성과 진행을 물질적 조건의 바탕에서 살펴보려는 시도는 오래된 것으로, 고대 그리스의 자연철학자들까지 거슬러 오를 수 있다. 그러나 가장 정교한 물질주의적 역사이론은 산업혁명기 마르크스(Karl Marx, 1818~83)에 의해 제시된 유물사관이다. 마르크스 유물사관의 기본전제는 인간생활을 지배하는 사회구조가 생산력(生産力: Productive forces)과 생산관계(生産關係: Relation of production) 속에서 형성된다는 것이다. 달리 말하면 경제적이고 물질적인 요소가 인간의 역사를 지배한다는 것이다. 인간사회는 의식주를 해결하기 위한 생산 활동에서 시작된다. 그 같은 생산 활동에서 생산력은 자연과 인간이 가지고 있는 힘으로, 사회의 생산관계 즉, 경제조직 속에서 인간을 통해 구현된다. 그런데 생산력은 중단 없이 증가하여 기존의 생산관계(소유관계)에 모순을 가져오고, 그럼으로써 생산양식(生産樣式: Mode of production)을 변화시킨다. 마르크스에 의하면 인류역사는 생산양식의 변화에 따라 시대를 구분할 수 있는데, 원시 공산사회로부터 고대 노예제사회, 중세 농노제사회, 그리고 근대 자본주의사회로 이어져왔다.

그런데 마르크스의 유물사관에 의하면 물질관계의 생산양식이 생활관계인 정치, 사회, 문화를 제약한다. 인간의 의식이 존재를 규정하는 것이 아니라, 반대로 인간의 사회적 존재가 의식을 규정하는 것이다. 즉, 법률, 종교, 예술, 문화, 학문 같은 사회의 상부구조(上部構造: super structure)가 경제구조인 하부구조(下部構造: substructure)의 제약을 받으며 결정되는 것이다. 그러므로 상부구조에 해당하는 인간의 여러 가지 의식형태들은 자율적인 역사도 없고 발전도 없는 것이다. 역사진행에 대한 마르크스의 이러한 이해는 변화의 원인을 오로지 생산양식과 교환양식의 변화에서 찾으려는 물질주의적 역사관에 기반을 둔 것이다.[6]

마르크스의 유물사관은 19세기 산업사회의 전개과정 속에서 탄생하였다. 그 결과 신학적, 추상적 개념들이 유물사관에서는 현실적, 물질적 개념으로 대체되었다. 또 역사진행을 진보의 과정으로 보고 미래에 대한 강한 전망을 제시하였다. 그러나 역사진행에서 정신과 의지의 작용을 간과하고 물질적 구조와 그 법칙적 논리만을 과도하게 강조하였다. 역사진행은 물질적인 힘만으로 이루어지는 것은 아니며, 인간의 정신적인 요소 또한 독자성을 가지고 있다. 이러한 점에서 역사는 마르크스가 생각한대로 도식적으로만 진행되는 것은 아닐 것이다. 마르크스의 유물사관이 인류의 역사사고에 미친 막대한 영향을 부인할 수는 없으나, 특정한 시대의 산물이라는 한계점을 초월하지는 못하였다.

3. 역사관의 한계

앞서 살펴본 바와 같이 역사관의 순기능은 전체 역사의 흐름 속에서 개별 사건의 의미를 제대로 파악하게 해주는 것이다. 그러면 역기능은 무엇인가? 그것은 역사를 왜곡하여 해석하게 할 수 있다는 것이다. 역사관이 역기능을 갖는 것은 그것의 한계 때문이다. 그러면 역사관이 갖는 한계점은 어떤 것들인가?

첫째, 어느 역사관이든 역사적 사실에 모두 들어맞을 수는 없다는 점이다. 그것은 어느 역사관도 모든 개별사건이나 모든 민족, 모든 시대에 대한 경험적 관찰과 구체적인 인식 위에서 형성된 것이 아니기 때문이다. 그러므로 어느 역사관이든 구체적인 사실에 의해서 입증될 수 있는 것은 아니다. 오히려 역사관은 비역사적이거나

6) 마르크스·엥겔스(Karl Marx·Friedrich Engels), 『독일이데올로기』(*Deutsche Ideologie*), 김대웅 역(두레 1989); 마르크스, 『정치경제학비판』(*Zur Kritik der Politichen Okonomie*), 김호균 역(중원문화사 1989); 이상현, 『역사철학과 그 역사』, pp. 317~329.

비사실적인 성격을 갖는다. 또 경우에 따라서는 과거의 특정한 사실들이나 특정한 시대가 특정한 역사관 속에서는 지나치게 단순화되거나 강조되기도 한다.

둘째, 어느 역사관이든 역사 전체의 구조와 진행을 모두 설명하지는 못한다는 점이다. 역사관은 형성된 시대의 관념에 바탕을 두고 있으므로, 각각의 역사관은 그 시대의 역사적 인식을 반영하고 있기 때문이다. 따라서 역사관은 특정 시대의 산물이라는 한계를 지닐 수밖에 없다. 예컨대 기독교의 역사관은 서양 중세시대의 산물이며, 유물사관은 서양 19세기의 산업화시대의 산물인 것이다. 요컨대 어느 역사관도 완성적인 것이 될 수 없다는 것이다.

역사는 끊임없이 지속되고 있고 역사에 대한 관념도 계속 변하고 있다. 따라서 어느 한 시대의 관념을 반영하는 역사관이 완성적일 수는 없다. 그러므로 역사를 연구하는 역사가들은 특정한 사관에 매몰되어 역사를 편협하게 해석하는 우를 범해서는 안 될 것이다. 오히려 여러 역사관들의 이론을 상호 보완적으로 종합하여, 과거 역사를 현재와의 연속선상에서 새롭게 이해하고 해석하려는 노력이 바람직할 것이다.

4. 시대구분의 의미와 타당성

1) 시대구분의 의미

역사가의 판단과 사고체계가 반영되는 것은 사관에서 뿐일까? 우리들은 인류 전체의 역사를 통째로 이해할 수 없다. 그래서 역사를 시대별, 지역별, 혹은 주제별 등 여러 방편으로 나누어 이해하려 하고 있다. 그 가운데 시대에 따른 역사 구분이 곧 시대구분인데, 고대사, 중세사, 근대사, 현대사 등이 그 예이다. 시대구분이 가장 보편적이기는 하나 지역별, 혹은 주제별 구분도 경우에 따라서는 유용한 구분법이다. 한국사, 일본사, 동양사, 서양사 등이 지역별 구분이고, 사상사, 사회경제사, 문화사 등이 주제별 구분이다. 이들 구분 가운데에서 가장 논란이 되고 있는 것이 시대구분이다.

역사는 시간의 흐름에 따라 변화하는 것을 연구하는 학문이다. 그런데 과거에서 현재와 미래로 끊임없이 계속되는 물리적 시간은 변함없이 동질적으로 이어지고 있다. 반면에 그 같은 물리적 시간에 매개된 인간사는 끊임없이 다양한 모습을 보이며 변화하고 있다. 그러므로 물리적 시간에 인간사가 매개된 역사적 시간은 끊임없이 지속되는 속성과 끊임없이 변화하는 속성을 동시에 지니고 있다. 시대구분은 이처럼 상반된 두 속성을 동시에 지니는 역사적 시간 속에서 단절적인 변화를 인식하여 이루어지는 것이다. 즉, 시대구분은 지속성과 단절성을 동시에 지니는 역사진행의 과정 속에서 발전관계의 특성에 따라 역사를 서로 다른 시기로 구분하는 것을 말한다.

이러한 시대구분은 역사 전체에 대한 발전관계들을 종합하여 하나의 통일성 속에서 파악하는 것이 지극히 어렵기 때문에 시도되는 것이다. 그렇기는 하나 시대구분은 하나의 역사 전체를 전제하고 있다. 그런 전제 속에서 역사진행을 역사가의 특정한 관점에 따라 구분하는 것이다. 그러므로 시대구분에는 역사가의 주관 개입이 불가피한 것이며, 이 점에서 시대구분에 대한 논란이 제기되고 있다. 시대구분의 근거에 대한 논란이 불가피하기는 하나, 시대구분의 필요성은 무엇보다도 역사 전체를 명료하게 파악할 수 없다는 데에 있다. 역사현상이 매우 방대하고 복잡하기 때문에, 역사의 전개과정 속에서 파악할 역사의 범위를 설정하지 않고는, 역사를 제대로 이해하거나 전망한다는 것이 거의 불가능하기 때문이다. 그래서 역사가들은 역사의 흐름을 그 발전관계들에 비추어 보다 더 정확히 전망할 수 있는 시기들로 구분하고 있다. 달리 말하면 역사가들은 끝없이 지속되는 역사의 흐름 속에서 시작과 끝을 구분해 낼 수 있는 한 시대의 성격을 파악하고, 그를 기준으로 시대를 나누는 것이다. 따라서 역사가들에 의한 시대구분은 역사의 흐름을 더 정확히 인식하기 위한 수단이라고 볼 수 있다.

시대구분의 이와 같은 기능을 고려해 보면, 시대구분에는 각 시대의 본질적인 특성을 나타내는 내용, 구조, 이념 등 발전관계의 맥락이 설명되어야 하며, 또 그러한 발전의 내적 논리가 설명되어야 한다. 그래야만 특정 시대의 시작과 발전 및 절정, 그리고 전환과 끝을 합리적으로 설명할 수 있기 때문이다.

2) 시대구분의 타당성

이러한 시대구분에 역사가의 사고체계가 반영되기는 하나 자의적일 수는 없다. 시대구분의 목적이 역사의 흐름을 더 정확히 파악하기 위한 것이기 때문이다. 그러므로 시대구분은 타당성을 가져야한다. 그렇다면 그 타당성은 어떤 것인가?

첫째, 시대구분은 역사적 사실에 근거해야 한다. 한 시대에서 다른 시대로의 전환을 명백히 이해하기 위해서는 도식적인 가설을 합리화해서는 안 될 것이며, 각 시대의 역사발전 성격을 명확히 규명해야 할 것이다. 이 같은 작업은 무엇보다도 관련 사실들을 광범위하게 검토한 역사적 사실에 근거해야 한다. 시대구분이 구체적인 역사적 사실에 근거하지 않고 단순히 철학적이거나 사상적인 가설에 입각한다면, 그 같은 시대구분은 역사를 더 정확히 이해하는데 기여하기는커녕 역사를 왜곡하여 잘못 이해하게 만들기 때문이다.

둘째, 시대구분은 다른 역사가를 비롯한 많은 사람들로부터 공감과 찬성을 얻을 수 있어야 한다. 시대구분에는 역사에 대한 해석이 반영되어 있어, 역사를 해석하는 역사가들의 관점에 따라 시대구분이 달라질 수 있다. 예컨대 근대의 시작을 종교사가들은 종교개혁으로, 문화사가들은 르네상스로 잡고 있다. 근대의 시작을 종교개혁으로 보든 또는 르네상스로 보든, 그 나름대로 합리적인 내적 발전의 과정을 설명하여, 다른 사람들로부터 광범위한 지지를 얻어야 시대구분으로서 타당성을 인정받게 된다. 만약 시대구분이 다른 사람으로부터 타당성을 인정받지 못한다면 그것은 독선에 불과하다. 시대구분이 많은 사람들로부터 지지를 받는 것은 사회변화와 발전과정을 합리적으로 설명하여 설득력을 얻었다는 것을 의미한다.

5. 시대구분의 역사

1) 근대의 시대구분

이미 살펴본 바처럼 고대인들은 동서양을 막론하고 역사가 순환을 하는 것으로 보았다. 예컨대 폴리비우스(Polybios, B.C 201경 ~ 120경)는 군주정, 귀족정, 민주정의 좋은 정치형태들이 참주정, 과두정, 중우정의 나쁜 형태들과 서로 교대하면서 순환하는 것으로 생각하였다.[7]그에 비하여 서양 중세는 기독교의 종말론적 역사관이 지배하였다. 인간의 역사는 천지창조에서 시작되어 최후의 심판에서 끝이 나는 것으로 생각하였기 때문이다.

그러면 언제부터 오늘날처럼 역사를 고대, 중세, 근대로 나누기 시작하였는가? 르네상스 시대부터였다. 르네상스시대의 인문주의자들은 자신들이 살고 있는 시대가 과거와는 다른 '새로운 시대'라고 생각하였다. 그들의 이 같은 생각은 곧 그리스 로마의 찬란했던 문화의 시대와, 그 시대를 다시 잇는 자신들의 '새로운 시대', 그리고 그 사이에 끼인 열등한 시대라는 인식으로 이어졌다.

중세를 고대와 분리하여 독립적인 시대로 기술한 인물은 바사리(Giorgio Vassari, 1511 ~ 1574)였다. 바사리는 예술사를 정리하면서 고대와 중세, 그리고 13세기말 이후의 '새로운 시대'(즉 근대)로 역사를 3시기로 구분하였다. 오늘날 우리들이 사용하는 근대라는 개념이 처음 도입된 것이다. 바사리에 의하면 중세는 야만적인 게르만인들의 침공으로 인하여 고대의 우수한 조각가, 화가, 건축가들이 사라지고, 그들의 예술이 매장된 시기였다. 그런데, 치마부에(Cimabue, 1240경 ~ 1302경)와 지오토(Giotto di Bondone, 1266경 ~ 1337)가 고대의 훌륭한 예술을 부흥시키고, 나아가 근대적인 예술을 창건하였다. 또 이들의 새로운 전통이 레오나르도 다 빈치(Leonardo da Vinci, 1452 ~ 1519)와 라파엘로(Raffaello Sanzio, 1483 ~ 1520)에 의해서 더 발전되었고, 미켈란젤로(Michelangelo Buonarroti, 1475 ~ 1564)에 이르러 그림, 조각, 건축이 가장 위대한 예술의 경지에 도달하였다.[8]

르네상스시대에 시작된 예술분야의 3분법이 17세기에는 역사학분야에 파급되었다. 보에티우스(Giesebert Voetius, 1588 ~ 1676)가 교회사를 서술하면서 처음으로 역사를 3시기로 구분하였다. 그는 성 아우구스티누스까지를 고대, 루터까지를 중간시대, 그 이후의 시대를 새로운 시대라고 구분하였다.

---

7) 반스(Harry E. Barnes), 『서양사학사』(*A History of Historical Writing*), 허승일·안희돈 역(한울아카데미 1994), p. 52.

8) Giorgio Vassari, *The Lives of the Painters, Sculptors and Architects*, ed., William Gaunt(1963), Vol. Ⅰ, p. 9; 이상현, 『역사철학과 그 역사』(박문각, 1991), pp. 184 ~ 187.

교회사가 아닌 세속사로서 일반 역사분야에 오늘날의 3분법을 확립시킨 사람은 네덜란드의 켈라리우스(Christian Cellarius, 1634 ~ 1717)였다. 켈라리우스는 역사를 고대사, 중세사, 근대사로 나누고, 고대를 창세부터 콘스탄티누스 시대까지, 중세를 게르만 민족이동부터 1453년 동로마의 몰락까지, 그리고 근대를 그 이후로 보았다. 그 후 기조(Pierre G. Guizot, 1787 ~ 1814), 미슐레(Jules Michelet, 1798 ~ 1874)에 이르러 역사를 세 시기로 구분하는 방법이 보편화되었다.[9)]

2) 근대사에 대한 논란과 현대사의 등장

르네상스시대를 근대의 시작으로 보려는 견해는 스위스 출신의 역사가 부르크하르트(Jacob Burckhardt, 1818 ~ 1897) 이래로 정설처럼 여겨져 왔다. 부르크하르트는 『이탈리아 르네상스의 문화』(1860)에서 14 ~ 15세기 이탈리아 르네상스를 세계와 자연에 대한 인간의 인식에서 중세와는 단절적인 성격을 갖는 새로운 문화형성의 시기로 제시하였다.[10)]

그런데 20세기 초 이 같은 견해에 대한 반론이 제기되었다. 네덜란드의 호이징가(Johan Huizinga, 1872 ~ 1945)가 『중세의 가을』(1919)에서 르네상스를 중세정신의 만개이자 쇠퇴로 보았고, 또 고대정신의 재생이 아니라 후기 고딕문화의 전개로 보았던 것이다.[11)] 이는 중세시대와 르네상스 시대가 문화적으로 단절된 것이 아니라 연속된다는 견해로, 14 ~ 15세기 르네상스가 특별한 의미를 지닐 수 없다는 주장이다. 그 같은 맥락에서 12세기의 르네상스가 15세기의 르네상스를 능가한다는 미국의 해스킨스(Charles H. Haskins, 1870 ~ 1937)의 주장도 나왔다.[12)]

르네상스를 근대의 시작으로 보려는 견해는 시대구분의 기준을 새로운 문화현상에서 찾은 것이다. 그런데 시대구분의 기준이 문화현상만 되는 것은 아니다. 정치적

---

9) 반스, 『서양사학사』, p. 229.

10) 부르크하르트(Jacob Burckhardt), 『이탈리아 르네상스의 문화』(*Die Kultur der Renaissance in Italien*), 안인희 역(푸른숲 1999).

11) 호이징가(J. Huizinga), 『중세의 가을』(*The Waning of the Middle Ages*), 최홍숙 역(문학과 지성사 1988).

12) Charles H. Haskins, *The Renaissance of the Twelfth Century*(Harvard University Press, 1971).

사건이나 종교적 사건, 새로운 사상 등에서 근대사의 시작을 찾으려는 시도들도 꾸준히 있어 왔다. 예컨대 근대의 시작을 종교개혁, 계몽주의 시대, 심지어는 프랑스 혁명으로 삼으려는 학자들도 나타났다. 근대의 시작에 대한 논란은 이어지고 있으나, 대다수 역사가들은 여전히 르네상스를 새로운 시대의 시작으로 받아들이고 있다.

근대의 시작에 대한 논란 못지않게 '좀 더 새로운 근대'에 대한 시대구분 역시 문제가 되고 있다. 그것은 세월이 흐름에 따라 르네상스 이후의 근대가 점차 장기화되면서 나타난 현상이다. 1800년에 살았던 사람들에게 근대는 르네상스 이후 약 400년간이었으나, 2010년대 우리들에게는 600년간이며, 앞으로 점점 더 장기화될 것이기 때문이다. 여기서 제4의 시대구분 문제가 대두된 것이다. 학자들이 '최근세사' 혹은 '현대사'로 부르는 네 번째 시기를 설정하여 역사의 구분이 확대되고 있다. 그런데 현대의 시대구분 역시 절대적인 기준을 제시할 수가 없어 논란이 되고 있다. 특히 서양을 중심으로 시대를 구분했던 고대, 중세, 근대와는 달리, 현대사의 시대구분은 전 세계 모든 민족과 국가가 관여되는 시대구분이므로 더욱 그렇다. 따라서 현재 제시되고 있는 현대사의 기점은 관점에 따라 다양할 수밖에 없다. 예컨대 1940~50년대에는 1870년을 현대사의 전환점으로 생각했으나, 오늘날에는 1914년이나 1945년을 현대의 시작으로 생각하는 경향이 있다. 현대사에 대한 시대구분 문제는 앞으로도 시간이 흐름에 따라 새로운 기점이 제시되며 논란이 지속될 전망이다.

6. 시대구분의 문제점

시대구분의 목적은 역사과정을 좀 더 명확히 인식하기 위한 것으로, 역사가는 자의와 독선이 배제된 보편타당한 역사적인 사실에 근거하여 시대구분을 해야 한다는 점은 이미 논의한 바와 같다. 그런데 이제까지의 시대구분을 살펴보면 반드시 그랬던 것만은 아니었다. 시대구분을 시도한 역사가들은 스스로는 가장 공정하고 객관적인 시대구분을 위해 노력했을 것이나, 넘지 못하는 벽에 부딪치곤 하였다. 그것은 역사가가 갖는 역사적 지식의 한계와 더불어 역사를 바라보는 시각의 차이 때문이었다.

시대구분이 보여주고 있는 더 큰 문제점은 시대구분 자체가 강대국과 유럽 중심이라는 것이다. 19세기까지 유럽 강대국이 생각한 세계사는 유럽사에 불과하였다. 당시까지 아시아, 아프리카, 아메리카의 역사는 안중에도 없었다. 이들 지역이 제국주의 침략 이후에 겨우 세계사의 주변에서 언급될 정도가 되고는 있으나, 강대국 중심의 역사관은 지금도 지속되고 있다. 20세기 들어 달라진 점은 양 차 세계대전 이후 미국의 부상에 의하여, 유럽 중심의 역사관이 미국을 포함한 서양 중심의 역사관으로 바뀐 것뿐이다.

역사에 대한 시대구분이 서양 강대국 중심이라는 것은, 우리나라의 역사나 아시아, 아프리카의 역사가 현재 세계사의 보편타당한 구분법처럼 인식되고 있는 고대사, 중세사, 근대사, 현대사의 시대구분에 들어맞는가를 살펴보면 잘 알 수 있다. 예컨대 서양에서 고대와 중세를 구분하는 기준은 사회경제적으로 노예제사회에서 농노제사회로의 전환이었다. 우리나라 역사도 그 같은 기준에 의하여 고대와 중세를 구분하는가? 아니면 서양 강대국의 시대구분에 억지로 꿰어 맞추는 것은 아닌가?

한국을 비롯한 동양과 아프리카 등 비유럽문명의 경우, 역사발전과정이 유럽과 크게 달랐다면 역사의 시대구분 역시 달라져야 할 것이다. 한국사의 경우 한국의 역사발전과정에서 나타나는 역사적 사실들에 근거하여 새로운 시대구분의 개념을 정립할 필요가 있다.

| 제13장 |

역사연구 동향

20세기 전반까지 서양의 역사 연구는 정치사, 사회경제사, 문화사, 제도사 등 다양화 경향을 보이고는 있으나, 여전히 전통적인 정치사 중심의 서술에서 크게 벗어나지는 못하였다. 그러나 1차 세계대전 이후부터 제기되기 시작한 전통적인 역사학에 대한 비판과 사회과학적 연구방법의 도입 등으로 역사연구의 방향이 크게 바뀌기 시작하였다. 특히 2차 세계대전 이후인 1950년대를 기점으로 전통적인 역사연구 및 서술방식에서 크게 벗어나기 시작하였다. 또 각국에서 제시된 새로운 역사연구 방법론이 서로 영향을 미치면서, 국제적으로 공통성을 띤 새로운 역사연구의 경향성을 나타내기 시작하였다.

이처럼 변화된 역사연구의 동향은 다음과 같은 특징들을 보이고 있다.

첫째, 완성된 역사서술의 탄생을 예견했던 역사학자 액튼의 믿음이, 랑케적인 실증주의가 결국은 잡다한 사료의 나열일 뿐이라는 비판에 부딪쳐 사라지게 되었다.

둘째, 고고학, 인류학, 경제학, 사회학 등 인접 사회과학의 발달이 역사연구에 강한 영향을 미쳐, 사회과학적 방법론이 역사연구에 수용되었다.

셋째, 좌파 역사학자들이 독단주의와 도식주의를 버리고 사회과학적 방법론에 의한 사실규명의 필요성을 인식하였다.

넷째, 과학기술의 발달에 따라 컴퓨터를 통한 새로운 통계학적 연구가 가능해졌다.

1950년대 나타난 '새로운 역사'의 추진력은 바로 이 같은 연구경향들로부터 유래하였다. 이들 가운데 가장 큰 영향력을 미친 것이 사회과학적 방법론이었다.[1] 역사학과 사회과학의 접근이 이루어지자, 독일의 역사주의가 몰락을 고했으며, 전통적인 역사연구 방법으로는 다루기가 곤란했던 대중의 행동, 문화의식, 도시화, 엘리트의 역할 등이 사회과학적인 방법론을 통하여 새롭게 분석되기 시작하였다. 그 결과 이 시기에 유럽 각국에서 두드러지기 시작한 역사연구의 동향은 프랑스의 아날학파(Annales)의 구조사(構造史), 독일의 사회사, 영국의 사회경제사, 미국의 신도시사 등이다.

그런데 현대의 역사연구 방법으로 전 세계에 뿌리를 내린 구조사나 사회사의 역사연구 방법들이 1970년부터 포스트모더니즘에 영향을 받은 일군의 역사가들에 의하여 도전을 받고 있다. 이들은 거시적이며 장기적인 구조변화를 중시하는 역사연구로는 살아 있는 인간의 실제 관심사와 이해관계를 제대로 파악할 수 없다고 보고, 역사연구의 관심을 '문화'로 이해되는 일상생활과 일상경험으로 돌리고 있다. 이른바 '미시사'(micro history)이다.

1. 프랑스의 구조사

프랑스에서 나타난 새로운 역사연구는 1950년대부터 아날학파에 의하여 주도되었고, 그들의 주요 연구방법은 장기적인 구조분석을 통한 역사연구이다. 그 같은 새로운 역사연구의 경향은 구래의 역사주의에 반발하기 시작한 20세기 초까지 거슬러오를 수 있다. 1906년 앙리 베르(Henri Berr)가 『종합역사학지』를 창간하면서, 역사학은 사회과학 특히 사회학과의 종합을 통하여 인간의 학문으로 고양되어야한다고 주장하였다. 또 뒤르껭(E. Durkheim)과 시미앙(F. Simiand)이 정치사 중심의

---

1) 20세기 후반의 역사연구동향에 대한 자세한 내용은 다음 글들을 참고할 것. 게오르그 G. 이거스(Georg G. Iggers), 『현대사회사학의 흐름』(*New Directions in European Historiography*), 이민호·박은구 역(전예원 1982); 이광주·이민호 편, 『역사와 사회과학』(한길사 1981); 남현 양병우 박사 정년 기념논총 간행위원회, 『역사가와 역사인식』(민음사 1989).

개별화적인 역사연구를 공격하고, 통계적인 방법의 도입과 비교사적인 방법의 도입을 주장하였다. 기존의 역사학에 대한 이 같은 선구적인 비판과 새로운 역사연구방법의 시도는 페브르(Lucien Febvre, 1878 ~ 1955)와 블로크에 의하여 결실을 맺게 되었다. 이들은 1929년에 『사회경제사 연보』를 창간하여 사회사적이며 경제사적인 역사연구의 필요성을 강조하였다. 페브르는 『필립 2세와 프랑쉬-꽁테』(1911)에서 당시대 생활을 총체적으로 서술하려 시도하였다. 블로크는 『프랑스 농촌사의 기본 성격』과 『봉건사회』에서 농업사회사를 재구성하고, 총체적 사회환경으로서 중세라는 하나의 사회가 어떻게 나타났는가를 분석하고 있다.[2)]

2차 세계대전 후 아날학파는 1946년에 『경제, 사회, 문명의 연보들』을 발간하면서 새로운 세대를 맞게 되었다. 이 학술지를 통하여 아날 2세대들이 지리학, 경제학, 사회학, 인류학, 언어학 등 인접학문과의 연계 속에서 역사학을 연구하여, 본격적으로 역사학과 사회과학의 결합을 시도하였다. 아날 2세대를 대표하는 브로델(Fernand Braudel)은 『필립 2세 시대의 지중해와 지중해 세계』(1949)와 『역사와 사회과학, 장기지속』(1958)을 통하여 아날의 역사이론을 확립하였다. 그 가운데 중요한 것이 역사적 시간개념으로서 '장기지속'과 이 역사적 시간과 자연적 조건들 사이에서 형성되는 '구조'(structure)이다. 브로델은 역사가 이루어지는 시간을 개별적 시간, 사회적 시간, 그리고 지리적 시간의 세 단계로 나누었다. 그리고 그 같은 역사적 시간에 대응하는 역사적 사건을 사건사(事件史), 상황사(狀況史), 그리고 장기지속사(長期持續史)로 구분하였다.[3)]

개별적 시간에 대응되는 사건사는 종래의 정치사적인 서술을 의미하는 것으로, 그것은 '짧은 시간의 경과' 속에서 나타나는 사건들을 조명하는 것이다. 그런데 이런 사건사는 사건의 내면에 포함된 더 장기적이고 더 지속적인 현상들을 파악해야만 그 의미를 제대로 이해할 수 있는 것이다.

사회적 시간에 대응하는 상황사는 역사에서 '주기적인 경과' 속에서 나타나는 현상들을 연구하는 것이다. 인구사회학적 동향, 생산력의 동향, 가격 및 임금의 동

2) 김응종, 『아날학파』(민음사 1991), pp. 15 ~ 88; 이거스, 『현대사회사학의 흐름』, pp. 63 ~ 80.
3) 나종일, "브로델의 전체사", 『세계사를 보는 시각과 방법』(창작과 비평사 1992), pp. 211 ~ 268; 브로델(Fernand Braudel), "역사와 사회과학: 장기지속", 『역사학 논고』(*Ecrits sur l'Histoire*), 이정옥 역(민음사 1990), pp. 47 ~ 84.

향, 제도와 문화의 동향에 대한 연구들이 이에 속한다. 브로델은 상황사를 경제적, 사회적인 측면에서의 변화연구뿐만 아니라, 학문과 기술, 정치제도와 종교제도, 정신생활 측면에서의 주기적인 변화를 종합적으로 연구하는 것으로 규정하고 있다. 브로델은 이들 연구들이 모두 종합될 때 사회사 연구가 절정에 도달한다고 생각했으나, 그것으로 역사연구가 끝난다고는 생각하지 않았다. 역사에서 오랫동안 지속되고 작용하는 초개인적이고 초민족적인 힘들에 대한 연구, 즉 장기지속사의 연구가 더해져 종합되어야 하기 때문이다.

역사에서 장기지속적인 현상들은 지리와 기후의 여건들, 생산과 교역을 지배하는 경제적 관계들, 사회계급을 규정하는 정치적·사회적 법률들, 이념과 가치체계, 문화 등이다. 이러한 장기지속적인 것들이 장기적인 '구조'로서, 전체 역사의 발전 속에서 지대한 영향을 미치는 것들이다. 따라서 이들 장기지속적인 힘들이 개인 행위와 정치적 사건의 전제조건으로 파악되어야 하고, 역사 사건들은 이러한 힘들의 상호작용으로부터 인과적으로 설명되어야 한다. 이것은 또한 역사연구가 모든 시대, 모든 분야, 그리고 모든 관점에서 종합된 전체사(total history)를 지향하는 것을 의미한다.[4]

프랑스 아날학파의 역사연구 방법은 영국, 독일, 이탈리아, 폴란드, 헝가리 등 유럽의 모든 지역에 영향을 미쳤으며, 현재는 미국, 아시아, 아프리카에도 영향을 미쳐 가장 보편적인 역사연구 방법으로 자리잡고 있다. 그러나 아날학파의 역사연구가 지나치게 정치사를 무시한다는 비판과 더불어, 장기구조의 분석에 대한 연구가 19세기 이후 산업사회에서는 거의 이루어지지 않고 있다는 비판도 제기되고 있다. 또 일부 학자들은 과연 아날이 지향하는 전체사가 가능한가에 대하여도 회의적인 반응을 보이고 있다.

2. 독일의 사회사

독일에서의 새로운 역사연구 동향은 1950년대 전통적인 역사연구에 대한 극복으

4) 민석홍, "아날르학파의 성립과 이론", 『역사와 사회과학』, 이광주 외 (한길사, 1981), pp. 11~26; 오주환, "아날르학파의 역사와 사론", 『역사와 사회과학』, pp. 27~57.

로부터 본격화되었다. 그러나 독일에서의 움직임은 프랑스에서와는 달리 전통사학인 정치사에 대한 부정으로서가 아니라, 정치사를 긍정적으로 포괄하는 극복이었다. 이 새로운 역사연구 방향이 곧 사회사로, 정치사, 문화사를 배제하는 좁은 의미의 사회사가 아니라, 국가정치를 포함한 모든 영역을 포괄하는 역사연구를 의미한다. 독일의 경우 이미 세기 전환기에 람프레히트가 문화사를 지향하는 역사연구를 주장한바 있으나, 마이어나 마이네케(Friedrich Meinecke, 1862~1954) 등의 전통적인 역사주의 노선에 따르는 정치사 중심의 학풍 속에서 이단시 되어왔다. 그러나 2차 세계대전에 대한 반성과 해외 학자의 귀국, 아날학파의 구조사 연구의 영향 등으로 사회사 연구가 일어나게 되었다.

1950년대 사회사 연구를 주도한 학자는 콘쩨(Werner Conze)와 부루너(Otto Brunner)로, 사회사와 정치사의 결합을 주장하고, 사회의 내적 분석을 강조하였다. 콘쩨에 의하면 시민혁명 이후 분리된 국가와 사회가 '사회문제'가 대두된 산업사회에서는 더 이상 분리되어 서술될 수 없게 되었다. 그 같은 이유는 사회의 생성과 변화에서 정치적으로 영향을 받지 않는 사회적 형성체는 없으며, 또 그 같은 사회적 형성체가 국가의 헌법과 정치행위에 영향을 미치게 되므로, 역사는 전체의 이해를 지향해야 하기 때문이다. 그 같은 사회사를 부루너는 '인간집단의 내면적인 구성과 구조를 중심점에 세우는 관찰 양식'으로 정의하고 있다. 즉, 집단들의 행위가 그 내적인 구조에 대한 인식 없이는 이해될 수 없듯이, 지속적인 구조 역시 정치적인 사건들과 분리되어서는 안 된다는 것이다. 1960년대 들어 쉬더(T. Schieder)와 몸젠 등에 의해 독일의 사회사에 관한 논의는 더욱 왕성해져, 사회사가 더 이상 좁은 의미로 이해되지 않게 되었다. 더 나아가서 이들은 독일의 사회사 개념과 프랑스의 구조사를 종합시키려 노력하였다. 1970년대 이후에는 벨러(Hans-Ulrich Wehler)와 코카(J. Kocka) 등이 이들을 잇고 있다.[5)]

벨러는 역사학을 사회과학으로 규정하고 역사학과 사회학의 협력을 강조하였다. 즉, 역사학은 과거를 대상으로 하여 개별적인 것을 취급하고 사회학은 현재를 대상으로 하여 일반적인 것을 취급한다는 기존의 견해를 거부하면서, 역사학자들이 역사

---

5) 허승일, "현대의 역사인식과 역사서술", 『서양사학사』, 반스, pp. 543~546; 이거스, 『현대사회사학의 흐름』, pp. 113~131. 이광주, "독일사학의 사회사적 전환: 구조주의 전개", 『현대사회사학의 흐름』, pp. 61~79.

주의의 틀을 벗어나 사회학적인 연구방법들을 수용하여 역사학을 하나의 과학으로 정립시켜야 한다고 주장하였다. 역사학과 사회학은 공통의 관심사에 대해 동일한 목표를 설정할 수 있기 때문에 상대방의 방법론을 수용할 수 있는데, 특히 사회사에서 그렇다고 생각하였다. 코카는 사회사의 연구가 정치, 경제, 예술, 이념, 종교 등 모든 분야의 역사를 종합하면서, 구조사적인 연구방법에 의존해야 한다는 점을 분명히 하였다. 독일의 사회사는 모든 분야를 장기구조 속에서 종합적으로 분석하려 했다는 점에서, 정치사를 배제하려 했던 프랑스 아날학파의 구조사와는 다른 특징을 보이고 있다.[6)]

3. 영국의 사회경제사

영국의 경우는 프랑스나 독일처럼 역사연구 방법론에 두드러진 변화가 나타나지 않았다. 그렇기는 하나 1920년대 이후 문학적 역사서술 경향이나 사료에 대한 엄격한 비판 작업의 결여를 극복하기 시작하였다. 특히 네이미어(L. Namier)가 1929년 『조지 3세 즉위시의 정치구조』와 1959년 『역사의 행로』라는 저서를 통하여, 휘그당과 토리당의 정당 대립 중심으로 해석해오던 영국의 정치사를 비판하였다. 네이미어는 당시의 정당이 전국적으로 잘 조직된 단체라는 기존의 해석을 비판하고, 당시 의회정치의 구조와 기능을 구조적으로 분석하였다. 네이미어는 하원의원들의 신상관계를 조사하여 정당을 가족과 교우, 이익단체 등과 연결된 집합체로 규정하였다.[7)] 네이미어의 그 같은 결론은 의회정치의 근저에 놓인 사회구조를 분석하여 얻어진 것이다. 이로부터 영국의 역사가들은 새로운 역사연구 방법인 구조사적인 연구방법에 관심을 갖게 되었다.

구조사적인 연구방법에 관심을 가진 초기의 역사가들은 토니(R. H. Tawney), 파워(Eileen Power), 애쉬톤(T. S. Ashton) 등으로, 사회학의 비교와 추론의 방법, 사건의 구조적 접근, 사회적·경제적 현상들의 상호 연관관계의 파악 등에 관심을 보이고

6) 이거스, 『현대사회사학의 흐름』, pp. 131~180; 이민호, "사회구조사학", 『역사와 사회과학』, pp. 80~105.
7) 나종일, "네이미어의 사회경제사", 『세계사를 보는 시각과 방법』, pp. 272~274.

있다. 영국의 역사연구에서 사회경제적 요인을 강조하는 연구방법과 학풍이 두드러지기 시작한 것은, 1964년 케임브리지 대학에서 '인구사와 사회구조사를 위한 케임브리지 그룹'이 형성되면서부터이다. 이들은 각 시대의 인구관계, 가족관계, 촌락관계, 계층관계, 결혼관계, 출생 및 사망관계 등의 사회현상의 연구에 집중하고 있으며, 그 같은 현상들을 산업혁명에 수반되는 사회구조의 변화관계를 해명하는데 이용하고 있다. 이들의 노력은 1960년대 중반 이후 수많은 업적을 남겼으며, 1970년대 중반 이후부터 이들의 연구 방법론은 지역사 분야를 대상으로 확대되고 있다. 케임브리지 그룹의 대표적이 역사가로는 더스크(Joan Thirk), 호스킨즈(W. G. Hoskins), 라슬레(Peter Laslett), 스미스(Richard M. Smith), 다이어(Christopher Dyer) 등이 있다.

한편 비교적 늦게 도입된 마르크스주의적 역사연구방법이 영국에서는 사회과학적 연구방법과 융합하여 많은 성과들을 낳았다. 힐(Christopher Hill), 힐튼(Rodney H. Hilton), 톰슨(E. P. Thompson), 앤더슨(Perry Anderson), 홉스봄(Eric Hobsbawm) 등이 대표적인 연구자들로, 이들은 마르크스 이론의 기계적·유물론적 해석과 또 경제이론과 계량기술을 통한 편협한 물질주의 이론을 모두 배격하고 사회사적 연구에 합류하고 있다. 이들은 경제적, 사회적 제 조건들과 함께 계층간의 상호관계가 역사진행의 근저에 놓이는 근본적인 요소로 강조하고 있다.

4. 미국의 지성사와 사회사적 접근

19세기말 랑케적 사실주의 연구에 큰 영향을 받았던 미국에서의 역사연구는, 20세기초에 실용주의의 영향을 받아 역사의 실용성을 강조하게 되었다. 로빈슨(J. H. Robinson)은 1912년에 간행된 『신사학』에서 역사학을 실용학문으로 규정하고, 역사학이 당면한 사회문제를 해결하거나 또는 미래사회를 건설하는데 기여할 수 있어야한다고 주장하였다. 역사학이 현재에 유용한 역할을 해야 한다는 현재적 실용주의는 특히 지성사(Intellectual History)에서 잘 보여주고 있다. 지성사라는 말은 미국에서만 사용하는 용어로, 지식계급에 의하여 형성된 사상의 역사를 연구하는 것으로 정의할 수 있다. 지성사를 연구하는 목적은 지식계급의 정신 상태와 그들의 지식범위를 관찰하고, 현대사회가 물려받은 지적유산을 해명하여, 현재 이 사회에서 살고 있는 우리들이 사회환경에 더 잘 적응할 수 있도록 하는데 있다. 요컨대 지성사란 유럽에서 정신사, 사상사 등으로 불리는 분야로, 미국에서서는 그 분야의 연구목적을 실용적으로 설정하여 지식계급의 정신활동 및 그 영향력을 연구하는 역사분야를 말한다.

미국에서 지성사가 붐을 일으킨 것은 1940년대 이후로, 러브조이(J. A. Lovejoy)에 의하여 『이념사학지』가 간행되었고, 휴즈(S. H. Hughes), 브린튼, 길버트(C. Gilbert) 등에 의하여 폭넓은 연구성과가 나타났다. 휴즈는 일반대중의 사상과 그 실천을 취급하는 것을 사회사로 규정하고, 엘리트의 사상과 그 변화를 취급하는 것만을 지성사로 정의하였다. 그에 비하여 브린튼은 지성사를 철학자, 지식인, 사상가들의 사상과 더불어 이들 사상과 대중들의 사고 및 행위와의 관계를 분석하는 연구로 정의하여, 그 범위를 확대하였다. 즉, 브린튼은 지성사를 인간의 정신활동이 만들어낸 것과 그것으로부터 영향을 받은 것들을 모두 다 연구하는 것으로 본 것이다. 길버트 역시 브린튼과 비슷하게 지성사를 한 시대의 시대정신을 재건하는 것으로, 때로는 한 개인의 때로는 한 집단의 정신을 재구성하는 것으로 보고 있다. 그러나 지성사의 연구는 1960년대부터 비판의 대상이 되었다. 특히 주로 엘리트의 가치를 반영하는 소수의 역사라는 점에서 그랬다. 그와 더불어 미국의 역사연구도 프랑스의 구조사와 독일 사회사의 영향으로 역사연구의 동향이 사회사로 접근하는 경향을 보이기 시작하였다.[8)]

사회사적 연구는 1960년대 활기를 띠는 '신도시사'(New Urban History)에서 두드러졌다. 1975년 모델(J. Model)은 '미국의 신사회사'라는 논문에서 '신도시사'야말로 미국의 역사연구 방법론에 역사학적 연구 주제 및 범위 등에 새로운 시각을 제공했다고 평하고 있다. 물론 1960년대 이전에도 도시화의 사회문제를 다루던 도시사가 진행되고 있었다. 그러나 일관성 없는 연구방법 등으로 별 호응을 받지 못하였다. 사회사로서 신도시사가 활기를 띠게 된 것은 1960년대 중반 이후에 등장하는 신좌파(the New Left) 학자들의 연구와 깊은 관련을 갖는다. 이들은 기존의 도시사

8) 이상신, 『서양사학사』(신서원 1993), pp. 837~843.

가 간과했던 흑인문제, 여성문제, 소수민족문제, 노동자문제 등의 인구통계학적 사회문제를 계량적으로 분석하여 신도시사로 붐을 일으켰다. 이 같은 경향은 1964년 선스트롬(S. Thernstrom)의 『빈곤과 진보: 19세기 한 도시에서의 사회적 이동』의 연구가 분수령이 되었다. 그 후 새로운 세대의 신도시사 연구가 1974년 『도시사학지』를 간행케 했으며, 이들 새로운 세대는 다양한 차원에서 도시의 내적 구조 및 조직을 연구하고 있다.9)

한편 미국에서는 1950~1960년대를 전후하여 신경제사와 심리사학이라는 새로운 연구방법이 등장하기도 하였다. 신경제사(New Economic History) 혹은 계량경제사(Econometric History)는 1960년대부터 각광을 받기 시작하였다. 이는 계량경제학의 이론과 방법론을 경제사연구에 적용시킨 것이다. 실제로 경제정책을 수립하기 위해서는 앞으로의 경제사정의 변화에 대한 정확한 예측이 필요하다. 이를 위하여 수학 및 통계학을 동원하여 경제변화에 대한 이론과 모델을 마련하는데, 이것이 계량경제학의 연구방법이다. 그런데 그렇게 마련된 계량경제학의 이론과 모델을 이용하여, 거꾸로 과거로 거슬러 올라가 과거의 경제사정과 그 변화를 설명하는 것이 신경제사이다. 계량경제학은 원인으로서의 현재에서 출발하여 결과로서의 미래를 예측하려는 경제학인데 비하여, 신경제사는 거꾸로 결과로서의 현재에서 출발하여 원인으로서의 과거를 설명하려는 역사학인 것이다.

대표적인 예가 포겔(R. Fogel)의 『철도와 미국의 경제성장』(Railroad and American Economic Growth: Essays in Economic History, 1964)이다. 포겔은 계량경제학적 방법을 이용하여 1890년 철도가 없었더라면 미국의 GNP에 얼마나 차이가 있었을까를 추정하였다. 그 결과는 전통적 경제사가들에게 충격적인 것이었는데, 철도가 없었을 때에 비하여 GNP의 1%도 안 되는 기여를 했다는 것이었다. 신경제사에서 가장 특이하고도 논란이 되는 것은 이른바 '반사실적 분석'(counterfactual analysis)이다. 실제로 일어났던 사실과 일어나지 않았던 반사실적인 상황을 추정하여 비교한 것이기 때문이다. 포겔의 연구에서처럼 만약 철도가 없었다면, 다른 운송수단이나 다른 산업이 발달하였을 것이라는 추정은 역사에서 실제로 일어났던 '역사적 사실'

9) 배영수, "도시사의 최근 동향", 『서양사연구』, 제17집(서울대학교 서양사연구회 1995), pp. 235~257.

이 아니기 때문이다.

미국의 심리사학은 정신분석학 또는 심층심리의 결과와 개념을 역사연구에 적용하여 인간의 동기와 민중운동의 동기를 밝혀내고자 하는 시도였다. 실제로 1958년 에릭슨(E. Erikson)은 프로이드 심리학에 바탕을 둔 자신의 이론에 근거한 『청년 루터 연구』(YoungMan Luther: A Study)를 통하여 마르틴 루터를 연구하였다. 에릭슨은 루터가 10대와 20대의 청소년기에 어떤 혼란을 뚫고 그의 능력을 발휘했는가를 밝히고 있다. 그의 연구에 의하면 루터는 알코올중독자이며 포악하고 잔인한 아버지의 속박에서 벗어나고자 하는 의지에서 신학으로 방향을 전환하였다. 또 그의 두드러진 항문기적 성격과 과도한 죄의식, 선택된 인간이라는 자아의식 같은 심층심리가, 종교개혁이라는 영웅적 행동을 하게끔 충동을 일으키게 했다고 주장하였다. 에릭슨의 연구에서처럼, 역사적 인물의 연구에서 개인의 사고와 행위에 영향을 미친 잠재적 심층심리를 분석하는 것은 필요한 것으로 보인다.

5. 포스트모더니즘의 도전과 미시사

새로운 역사연구 방법의 출현은 기존의 역사연구 방법에 대한 회의에서 시작되었다. 특히 1970년대 이후 근대 자본주의의 위기와 중산층의 불안감이 확산되는 사회적 분위기를 반영하고 있다. 이 같은 분위기 속에서 기존 20세기 역사학을 주도해왔던 거시적 구조분석과 사회과학적인 분석 및 계량적 방법들에 대하여, 큰 범주로 일상사(History of Everyday Life: Alltagsgeschichte)나 신문화사(new cultural history) 등을 포괄하는 미시사(micro history) 라는 새로운 역사연구 방법이 등장한 것이다.

지난 수십 년 동안 일부 연구자들에 의해 역사연구의 주제가 아날 학파가 주도해왔던 장기적인 구조분석 대신, 일상생활이라는 미시적인 것으로 바뀌고 있다. 이들은 역사는 추상적이지 않고 구체적이어야 한다고 주장한다. 즉 구조사, 전체사라는 기존 역사연구에서는 역사의 주인인 인간 개개인의 모습이 익명의 거대집단 속으로 사라져 버렸다는 것이다. 대신 소규모 집단 내에서 개개인의 이름과 그들 간의 관계를 추적하는 미시적 접근은 역사 속의 복잡한 리얼리티를 더 잘 드러나게 한다는 것이다. 이들이 주장하는 미시사의 특징들과 한계는 다음과 같이 정리할 수 있다.

첫째, 미시사란 구체적인 개인들로 이루어진 소규모 사회적 현상을 집중적으로 연구하여, 그 현상이 지니는 역사적인 의미를 복합적인 사회관계의 그물망 속에서 구체적으로 파악하는 것을 의미한다. 이들 미시사는 특히 일상생활이라는 넓은 의미의 '문화'를 강조하면서, 기어츠(Clifford Geertz)의 인류학과 긴밀한 연관을 맺고 있다. 이들은 '문화'란 텍스트(예컨대 외국어로 쓰여진 문헌)처럼 의미를 해석해야 하는 것으로 보고 있다. 즉, 새로운 문화사로서의 미시사는 전통적인 역사학에서처럼 과거의 사실을 '설명'(explanation)하는 것이 아니라, 텍스트의 역할을 하는 문화적 표현들의 의미를 재구성하는 '해석'(explication)에 관심을 기울여야 한다고 생각한다. 또 이를 위하여 인류학에서처럼 '두꺼운 묘사'(thick description)[10]를 통하여 인간의 행위 속에 담긴 의미구조를 파악해야 한다고 생각한다.

둘째, 미시사의 연구에는 기존 연구에서 집단에 묻혀 익명 속에 존재하던 개개인의 실제 이름과 그들의 구체적인 행위가 분석된다. 예컨대 기존의 토지매매 연구에서는 매매된 토지의 단위나 가격 등이 계량적으로 처리되어, 장기간에 걸친 변화의 상황을 살펴보고 있다. 그러나 미시사에서는 구체적으로 실명을 통해 한 가계와 다른 가계 사이의 토지매매 관계를 분석하여, 그 마을의 인적 관계망을 복원하려 시도하고 있다. 이를 통해 개개인이 공동체의 층위 속에서 토지매매라는 사건을 어떻게 느끼고 경험하게 되었는가를 구체적으로 밝히고 있다.

셋째, 미시사가 소규모 공동체의 개개인들을 추적하여 그들의 행위와 그 의미를

---

10) 기어츠에 의하면 단순한 눈깜빡임과 윙크는 눈을 찡그린다는 현상적 표현으로는 동일하다. 그렇지만 윙크 속에는 단순한 눈깜박임과는 달리 특정사회가 지니고 있는 의미구조를 내포하고 있다. 이처럼 인간행위의 내면에 존재하는 의미체계를 분석하는 묘사를 '두꺼운 묘사'라 한다. 기어츠(Clifford Geertz), 『문화의 해석』(*The Interpretation of Cultures : Selected Essays*), 문옥표 역(까치 1998), pp.11~20. 현재 우리나라에서 'thick description' 이라는 용어는 '두꺼운 묘사' (조한욱), '중층 기술' (문옥표), '촘촘한 기술' (곽차섭), '치밀한 묘사' (김기봉), '두터운 묘사' (나종석) 등으로 다양하게 번역되고 있다. 헌트(Lynn Hunt), 『문화로 본 새로운 역사』(*The New Cultural History*), 조한욱 역(소나무 1996); 기어츠, 『문화의 해석』; 곽차섭 편, 『미시사란 무엇인가』(푸른역사 2000); 김기봉, 『'역사란 무엇인가' 를 넘어서』(푸른역사 2000); 알프 뤼트케(Alf Lüdtke), 『일상사란 무엇인가』(*Alltagsgeschichte*), 나종석 외 역(청년사 2002).

관계망 속에서 구체적으로 밝히려 하다 보니 미시사는 자연히 이야기 식으로 서술된다. 물론 미시사가들이 분석과 설명을 무시하는 것은 아니나, 역사를 이야기체로 서술하여 독자들에게 문학작품처럼 편안하게 접근할 수 있는 길을 열어주고 있다. 이런 이유로 데이비스의 『마르탱 게르의 귀향』[11]은 베스트셀러의 명단에 오르고, 영화로도 만들어졌다.

넷째, 미시사는 '가능성의 역사'를 지향한다. 가능성이란 역사연구의 자료인 사료적 증거와 대비되는 의미로, 사료적 증거의 단편성이 문제될 때에는 증거와 증거를 잇는 최선의 가능성을 수용해야한다는 의미이다. 이를 진즈부르그는 '추론적 패러다임' 혹은 '실마리 찾기'로 표현하고 있다.[12] 이는 전통적인 역사학의 입장에서 보면 증거에 의한 합리적인 추론이라 할 수 없다. 상상력에 의한 실마리 찾기는 자칫 문학으로 흐를 가능성을 내포하기 때문이다. 그럼에도 미시사가들의 주장에 일리가 있는 것은 기존의 문헌 기록이 엘리트의 문화에 치중되어 있다는 점이다. 즉, 사료에 의한 인과관계의 서술이 권력의 관계망에서 벗어나지 못하고 있는 것이다. 산업화 이전시대의 민중문화를 이해하려면 오직 문헌기록만으로는 한계가 있다. 다수의 유사사례를 통한 실증적 증거에만 의존하다 보면 하층계층의 목소리는 들을 수 없다. 그래서 지배계층의 입장에서는 비정상적으로 보이고 사료의 측면에서도 이례적으로 보이는 이들의 목소리가, 행위자의 입장에서는 오히려 정상적일 수 있다.

다섯째, 미시사로서 일상사나 신문화사는 기존의 구조사에서 소홀히 했던 인간경험의 새로운 측면을 부각시키고, 서민대중의 능동적이고 적극적인 삶의 모습을 구체적으로 재발견했다는 점에서 긍정적인 평가를 받고 있다. 또 그를 통하여 역사의 대중화에 이바지했다는 점에서도 긍정적인 평가를 받고 있다. 새로운 가능성들을 통하여 역사연구를 더욱 풍요롭게 할 수 있는 가능성을 제시했다는 점 역시 긍정적으로 평가해야 할 것이다. 그러나 역사연구가 구조적인 분석을 배제한 채, 소집단의 경험의 재구성만으로는 논리적이고 체계적인 해석에 도달할 수 없다는 점을 간과해서는 안 될 것이다. 미시적 경향으로 흐르는 일상사의 특수한 사례는 일반적인 역사의 흐름과 어떤 관계에 있는지를 잘 드러내 주지 못하는 취약점이 있다. 이 같은

---

11) 나탈리 제먼 데이비스, 『마르탱 게르의 귀향』, 양희영 옮김(지식의풍경 2000).
12) 곽차섭, 『미시사란 무엇인가』, pp. 27, 153~154.

문제들을 고려해 볼 때 일상사는 기존의 구조사나 사회사에 대한 대체 연구방법이 아닌, 보완적인 연구방법으로서 수용되고 발전되어야 할 것으로 전망된다.[13)]

1) 일상사

미시사로서 일상사[14)]는 서민들의 일상적인 일들이 갖는 역사적인 의미를 새롭게 해석하려는 역사연구를 말한다. 그러므로 일상사 연구자들이 다루는 주제는 대중들의 의식주, 노동과 여가활동, 질병과 죽음, 가족생활과 이웃과의 관계, 신앙과 공동체적 관습 등 평범한 개인이나 집단의 일상적인 경험들이다. 이를 통하여 일상사는 서민들로 표현되는 하층 대중의 삶이 구체적으로 어떠했는가를 보여주고 있다. 그 결과 일반대중의 관심을 얻었는데, 이유는 자신들의 고향과 뿌리를 확인하고 싶어하는 일반대중의 욕구를 충족하고 '우리 자신들의 역사'를 다루었기 때문이다.

일상사 연구는 기존의 구조사나 사회사를 '인간이 상실된 역사'로 보고, 구조적인 변화가 아닌 구조변화 속에 놓인 개인이나 집단의 경험과 인식, 그리고 해석에 더 큰 관심을 갖는다. 그러므로 구조사가 장기과정이라는 역사의 객관적인 측면을 중시하는 대신, 개인이나 집단의 인식과 경험이라는 주관적인 측면을 강조하고 있다. 따라서 일상사에서 취급하는 것은 거시적 차원의 분석대상이 아니라 미시적 차원의 분석대상들이다. 한 마을, 한 가족, 심지어는 한 개인이나 축제, 파업 같은 단일 사건을 취급하여, 일상적 경험에 대한 생활방식과 처리방식을 연구한다.

일상사 연구의 실례는 독일 루르 탄광 노동자들의 주거와 음주 형태를 연구한

---

13) 오늘의 역사연구 동향에 대하여는 다음 글들을 참고할 것. 안병직 외, 『오늘의 역사학』(한겨레신문사 1998); 헌트, 『문화로 본 새로운 역사』; 에번스(Richard Evans), 『역사학을 위한 변론』(*In Defence of History*), 이영석 역(소나무 1999); 이거스(G. G. Iggers), 『20세기 사학사』(*Historiography in the Twwntieth Century, From Scientific Objectivity to the Postmodern Challenge*), 임상우, 김기봉 역(푸른역사 1998); 곽차섭 편, 『미시사란 무엇인가』; 조한욱, 『문화로 보면 역사가 달라진다』(책세상 2000); 슐룸봄(J. Schlumbohm), 『미시사와 거시사』(*Mikrogeschichte Makrogeschichte*), 백승종 외 역(궁리출판사 2001).

14) 일상사에 대하여는 다음의 글들을 참고할 것. 알프 뤼트케 외 지음, 『일상사란 무엇인가』; "일상의 역사란 무엇인가", 『오늘의 역사학』, pp. 23~78; 김기봉, "독일 일상생활사, 어디서 와서 어디로 가는가", 『서양사론』 50, 1996; 문기상, "일상생활사", 『역사교육』 57, 1995.

브뤼게마이어(F. Bruggemeier)와 니타머(L. Niethammer)의 연구를 들 수 있다.[15] 노동자 가정에 젊은 독신 광부를 하숙시키는 반공개적인 가족구조와 목로주점과 화주(火酒)클럽에서의 음주에 대하여 기존의 연구들은 부정적이었다. 그 같은 상황이 노동자들의 성적 방종을 조장하고, 주정과 태만, 그리고 궁핍과 가정파탄을 일으키는 요인으로 분석하였기 때문이다. 그런데 일상사가들의 연구는 매우 달랐다. 이들에 의하면 그 같은 주거형태가 오히려 광산노동자들이 낯선 환경에 쉽게 적응하여 동화할 수 있게 하였고, 동시에 숙소제공자의 생계에도 도움이 되는 것이었다. 또 목로주점과 화주클럽에서의 음주가 주정과 태만, 방종으로 이끈 것이 아니라, 오히려 노동자들이 삭막한 환경에서 휴식을 취하고 동료들과 사교할 수 있는 기회를 제공하는 것이었다. 더 나아가서 일상적인 문제 해결과 상호 유대의 수단이었다는 것을 밝히고 있다.

독일의 경우 나치즘에 대한 연구도 일상사를 통하여 새로운 사료의 발굴과 이용을 통하여 기존의 연구와 다른 해석을 내놓고 있다. 이들이 볼 때 기존의 나치즘 연구는 전체주의나 파시즘의 이론처럼 거시이론에 근거한 것이고, 경험적인 것이라기보다는 연역적인 것이었다. 그리고 그것은 나치체제를 위로부터의 지배와 통치라는 관점에서 분석한 것이었다. 따라서 기존의 연구에서 일반 대중은 기껏해야 통제의 대상이었고 지배와 억압의 대상이었을 뿐이었다. 그에 비하여 포이케르트(D. Peukert)는 일기와 비망록, 서한, 사진, 비밀경찰의 여론분석보고서 등을 이용하여, 나치즘에 대한 광범위한 지지는 외면상의 모습일 뿐 내면적으로는 국민들이 일상생활을 통하여 소극적인 저항을 하였다고 분석하였다. 예컨대 1930년대 후반 군수산업 분야의 노동자들이 노동을 통제하려는 나치정권에 대하여 지각과 결근, 불량품 제조, 태업, 직장이탈 등으로 대응하려는 경향을 뚜렷이 보여주고 있다. 이는 나치정권에 대하여 일반국민들이 소극적이고 수동적이기는 하나 저항을 했다는 의미로 해석되는 것이다. 이 같은 해석을 통하여 일상사가들은 독일국민들이 무기력하게 나치정권에 순응하였다는 부끄러운 역사상을 교정하려 시도하고 있다. 또 나치즘의 출현을 '독일사의 특수성'으로 보려는 대신에, 산업사회로의 발전에서 나타나는 일반적인 병리현상으로 해석하려 하고 있다.[16]

---

15) 안병직, "일상의 역사란 무엇인가", pp. 42~52.

2) 신문화사

미시사로서 신문화사가들은 '문화'를 매개로 과거에 대하여 새롭게 이해하려 하고 있다. 이들은 현재의 분석도구를 이용해서 과거의 역사적 사실을 재구성하는 것은 과거와의 대화가 아니라 독백이라고 규정한다. 과거와의 진정한 대화는 과거인들의 삶의 의미체계를 이해해야만 가능한 것이다. 즉, 그들이 당시의 삶 속에서 무엇을 중요시했고, 또 어떤 방법으로 그것을 성취했는가를 알아야만 한다는 것이다. 과거인들도 우리와 마찬가지로 세계를 이해하는 가치체계들을 지녔고 또 그것들이 삶의 의미를 생산하고 재생산하는 데 작용했는데, 우리는 이를 '문화'의 개념으로 총칭할 수 있다. 과거인들과의 대화는 그들의 이러한 가치체계를 이해한 다음에 가능한 것이며, 그렇지 않으면 시대착오적인 것이 될 것이다. 이렇게 문화를 역사의 중심 연구대상으로 부각시켜, 문화적 현상에 담겨 있는 역사적 의미를 해명하려는 역사연구방법을 신문화사 [17]로 규정할 수 있다.

기어츠(Clifford Geertz)에 의하면 레비스트로스(Claude Levi-Strauss, 1908~1991)의 구조주의 인류학은 비역사적이다. 왜냐면 구조주의 인류학에서는 신화, 토템적 제례, 결혼의 규칙 등을 결정하는 문화적 구조가 역사적으로 형성된 것이 아니라, 본질적으로 존재하는 것으로 보기 때문이다. 따라서 이들은 문화의 보편구조를 발견하고자 노력하며, 문화를 해석의 대상이 아니라 설명의 대상으로 보고 있다. 이에 비하여 기어츠는 인류학적 주제인 낯선 원주민의 문화를 역사의 해석학적 방법을 도입하여 설명하였다. 기어츠에 의하면 원주민(과거)의 문화가 우리(현재)의 문화와 다르다면, 카가 정의하는 '현재와 과거와의 대화'는 처음부터 불가능한 것이 된다. 왜냐하면 의미와 무의미의 코드를 결정하는 것이 문화이기 때문이다. 따라서 인류학자가 원주민의 문화를 이해하려는 것은 마치 난해한 텍스트의 의미를 해석하는 것과 같다고 생각하였다. 기어츠가 원주민의 문화를 외국어로 써진 텍스트를

16) 데틀레프 포이케르트, 『나치시대의 일상사』, 김학이 역(개마고원 2003).

17) 신문화사에 대하여는 다음의 글들을 참고할 것. 정현백, "역사연구에서 '문화' 의 역할", 『역사교육』 56, 1994; 주명철, "프랑스 역사학의 새 경향-사회문화사 연구방법", 『역사비평』 23, 1993; 김기봉, "역사서술의 문화사적 전환과 신문화사", 『오늘의 역사학』, pp. 133~198; 헌트 편, 『문화론 본 새로운 역사』; 조한욱, 『문화로 보면 역사가 달라진다』.

해석하듯이 그 낯선 의미구조를 해독했던 유명한 예가 '발리섬의 수탉 싸움'이다.[18]

1958년 4월 인도네시아 발리섬에 들어간 기어츠는 전통적인 수탉 싸움을 구경하였다. 이 수탉 싸움은 야만적인 놀음에 후진적인 행위로, 퓨리턴 정신에 위배되는 것으로 생각되어, 네덜란드 식민통치 당국자는 물론 독립 후 인도네시아 정부에서도 금지했던 놀이였다. 기어츠는 수탉싸움 구경 도중 경찰의 단속에 원주민과 같이 도주하다가, 수탉싸움이 발리섬 문화의 핵심을 이루는 상징적인 행위의 복합체임을 깨닫고, 수탉싸움에서 발리섬 사람들의 삶의 의미체계를 해독하는 열쇠를 발견하였다. 발리섬 남자들이 수탉을 애지중지하고, 또 수탉을 위해서 많은 시간을 할애했던 이유는 수탉싸움에서 승리해서 돈을 번 것 때문이 아니라, 우승을 통해서 사회적 위신을 높이고 그럼으로써 상징적 권위를 획득하기 때문이었다. 원주민에게 수탉은 남성적 권위의 상징이었던 것이다. 발리섬의 원주민들은 수탉싸움을 통해서 강한 수탉을 소유하고 있다는 것을 과시하여, 강한 남자로서의 자아를 실현하고 있었던 것이다. 이는 개인의 영광이었고, 가문의 명예였다. 그 같은 명백한 증거는 수탉싸움에서 패배했을 경우 가보를 박살내거나 그런 운명을 부여한 신들을 모욕하기도 하는 것에서 드러나고 있는데, 이는 상징적인 의미에서 자살을 의미하는 것이었다. 발리섬 원주민에게 수탉싸움은 위신과 존경을 획득할 수 있는, 사회적 신분상승의 기회였던 것이다. 또 수탉싸움은 씨족 공동체와 부락공동체의 정체성을 함양하는 행사였다. 수탉싸움에 몰두하는 관중은 내기에 참여하는데, 그들은 결코 자기 가문이나 자기부락을 대표해서 출전한 수탉 이외에는 돈을 걸지 않았다. 그들은 동족의 수탉이나 같은 부락에서 나온 수탉에게 정신적, 물질적 응원을 보냄으로써 자신의 정체성을 확인하고 공동체의 의식을 배양했던 것이다. 요컨대 발리섬 원주민들은 수탉싸움이라는 상징적 의식을 통해서 남자다움, 분노, 우월, 상실감, 자비, 행운 등 인생의 주요한 테마들을 구현하고 경험했던 것이다.[19]

로버트 단턴(Robert Darnton)의 『고양이 대학살』(1984) 역시 신문화사의 대표적인 한 예이다. 1730년대 프랑스 자크벵상 인쇄공들의 삶은 매우 고생스러웠다. 이들은 새벽부터 밤늦게까지 혹사당하고, 고된 노동 외에도 주인과 주인마님의 참기

---

18) 김기봉, "역사서술의 문화사적 전환과 신문화사", pp. 133~198.
19) 기어츠, 『문화의 해석』 참고.

힘든 모욕도 받았다. 자크벵상의 한 인쇄소에서는 주인마님이 애지중지하는 고양이만한 대우도 받지 못하였다. 인쇄공들은 주인과 주인마님에게 받은 모욕을 고양이에 대한 복수에서 풀려는 음모를 꾸며, 고양이 소리에 능한 한 직공이 밤마다 지붕 위에 올라가 주인 침실 근처에서 오싹할 정도로 고양이 울음을 반복하여 그들의 수면을 방해하였다. 그 결과 주인마님은 그녀가 총애하는 '그리스'라는 고양이를 놀라게 해서는 안 된다는 특별한 주의와 함께 고양이들을 없애라는 명령을 내렸다. 복수의 기회를 얻은 인쇄공들은 그리스까지를 포함하여 눈에 띄는 대로 고양이를 잔인하게 죽이는 대학살을 저질렀다. 이러한 고양이 대학살이 그들에게는 너무나 신나는 일이었다. 그래서 노동자들은 그때의 환희를 되살리기 위하여 그 일을 기념하는 축제를 만들고, 광대극을 통하여 재연하는 의식을 되풀이하였다.[20]

20년 후 콩타라는 인쇄공이 이 이야기를 기록으로 남기면서, 콩타는 그 사건을 노동자와 '부르주아' 사이의 운명적인 불평등 속에 위치시켰다. 단턴은 그 사건에서 두 문화 사이의 갈등구조를 읽어내고 그것을 역사적으로 자리매김 하였다. 단턴의 해석에 의하면 첫째, 당시 인쇄공(수공업 노동자)과 주인(수공업 장인) 사이의 관계는 온정적이지 않았다. 당시 노동자들은 '부르주아'에 대항해서 집단행동을 할 수 있는 여지가 거의 없었다. 그래서 저항이 고양이 울음소리라는 우회적인 전략으로 나타났고, '부르주아' 장인을 상징하는 고양이를 학살했던 것이다. 고양이 학살은 '부르주아'를 상징적으로 재판에 회부하여 유죄판결을 내린 것이다. 그래서 그 통쾌함을 지속하기 위하여 고양이 학살을 민중극으로 재연한 것이고, 그럼으로써 일종의 '한풀이'를 한 것이다. 둘째, 이러한 민중극은 지배계급에 대항해서 물리적 행사를 할 수 없을 때, 노동자의 한을 예술적으로 승화시키는 저항적인 민중문화의 형성으로 끝나지 않았다. 고양이 대학살은 반세기 후에 일어난 프랑스 혁명의 9월 학살[21]

---

20) 로버트 단턴(Robert Darnton), 『고양이 대학살-프랑스 문화사 속의 다른 이야기들』(*The Great Cat Massacre*), 조한욱 옮김(문학과 지성사 1996).

21) 1792년 9월 학살을 의미한다. 1792년 4월 20일 입법의회 내각이 혁명을 방해하려는 오스트리아에 선전포고를 하고 프로이센이 오스트리아 편에 가담하여 23년간 지속될 전쟁이 시작되었다. 외침의 위협에 직면한 프랑스에서는 의용군이 조직되었다. 7월 하순 프로이센군 사령관의 위협적인 선언이 발표된 후 파리는 혁명열기가 더 고조되어, 8월 10일 의용군과 시민이 왕궁을 습격하였다. 8월 하순 전선의 상황이 악화되자 흥분해 있던 파리의 민중들은 국내의 반혁명분자를 처단한다는 구실아래 9월 2일부터 7일까지 즉결재판을 통하여 1,200명의 귀족과 비선서 성직자 등을 처형하였다.

에서 확대재생산 되었기 때문이다.

우리는 단턴의 해석대로 고양이 대학살이라는 텍스트 속에서 2가지의 상징적 연관관계를 밝혀낼 수 있다. 하나는 계급투쟁의 역사적 맥락이고, 또 하나는 민중문화의 폭력적 전통인데, 두 가지 모두 프랑스 혁명을 계기로 정점에 달했던 것이다. 그런데 민중문화의 폭력적 전통은 다음과 같은 두 단계를 동시적으로 거치면서 어두운 과거의 세계로 사라졌다. 첫째, 고양이 대학살에서 나타난 민중의 전통적 투쟁방식은 자본주의 발달과 더불어 새로운 단계로 진화하였다. 즉, 자본주의 생산양식하에서 노동자층은 "계급"이라는 코드를 매개로 해서 집단적인 정치적 힘을 발휘하게 되었다. 둘째, 고양이 대학살에서 나타나는 폭력적인 양상은 근대 부르주아 사회 이전에는 모든 계층에서 일반적인 양상이었으나, 부르주아 사회 이후에는 반문명적이고 범죄적인 것으로 비판받게 되었다. 즉, 근대의 문명화 과정이 진행되면서 고양이 대학살에서 나타났던 민중의 폭력성은 낯선 것이 되어갔다.

| 제14장 |

역사의 진보

1. 진보사상

역사에서의 진보사상(Progressive Ideas: 進步思想)이란 역사가 진행되면서 인류가 더 행복한 상태로 발전해 나아간다는 사상을 의미한다. 이러한 진보사상은 18세기 계몽사상(Enlightenment: 啓蒙思想) 시대에 왕성하게 일어났다. 당시 사회구성원들은 축적된 지식과 발달된 과학, 그리고 특히 이성적 사고에 의하여 사회가 점점 더 미개사회로부터 문명사회로 전진하며 행복한 미래를 향하여 움직여 간다고 믿었던 것이다.

인류사회가 역사과정에서 어떤 방향을 향하여 움직여간다는 생각을 한 최초의 사람들은 유대인들이었다. 이들은 인류의 역사가 정해진 목표를 향해 움직인다는 목적론적 역사관을 도입한 최초의 사람들이었다. 이들의 생각을 이은 사람들이 기독교인들이었다. 그리하여 오랫동안 서양의 역사사상은 정립된 역사의 목적과 역사의 의미를 갖게 되었지만, 대신 역사의 현세적인 성격은 상실하게 되었다. 유대인과 기독교인들에 의한 역사의 인식은 역사가 정해진 목표에 도달하면 곧 끝이 나는 것이었다. 역사 자체가 하느님의 뜻이 펼쳐지는 섭리의 과정이기 때문에 최후의 심판은 역사의 종말을 의미하기 때문이었다. 바로 이러한 역사사상이 서양 중세를 지배하던 신학적 역사관이었다.

그런데 중세를 뒤이은 르네상스 시대에 이르자, 사람들은 인간이 세계의 중심을 이룬다는 생각과 더불어 신앙보다 이성이 더 우위에 있다는 믿음도 아울러 갖게 되었다. 이러한 이성에 대한 믿음은 17세기 합리주의와 18세기 계몽사상시대에 이르러 더욱 공고해지면서 이성에 의한 인류의 무한한 진보를 믿게 되었다. 즉, 우리들이 이성을 통하여 자연과 우주를 움직이고 있는 법칙을 인식하고, 인간과 사회를 움직이고 있는 기본 원리를 파악할 수 있다면, 우리 인간은 자연을 인류에게 유리하도록 이용할 수가 있고, 사회를 개혁하고 향상시킬 수 있을 것으로 믿게 되었던 것이다. 그리하여 계몽사상가들은 인류의 진보를 위해서는 계몽을 통하여, 무지와 미신을 타파하고 이성에 어긋나는 구습과 낡은 제도를 개혁할 것을 주장하였다. 요컨대 이성이 합리적인 사회변화에 작용함으로써 우리 자신이 처해 있는 사회적·경제적, 그리고 정치적인 상황을 더욱 효율적으로 개선해 나갈 수 있다는 것이다.[1] 진보는 이처럼 이성을 통하여 자기 스스로 환경을 이해하고 지배하는 인간의 능력이 신장되어 나아가는 것을 의미했다.

계몽사상가들이 낡은 종교를 배격하고 역사의 진보에 대한 믿음을 공고히 했으나, 이러한 진보사상 자체는 그들이 배격하려 했던 종교에서 연유한 것이다. 말하자면 유대교적·기독교적인 목적론적 역사관의 세속화인 것이다. 기독교적 역사관에서 역사의 시작인 천지창조가 진보사상에서는 미개사회로, 역사의 종말인 최후의 심판과 영원한 제국이 문명사회로, 역사의 원동력인 신의 섭리가 인간의 이성으로 대체된 것이다.

그렇지만 양자는 역사를 다르게 생각하고 또 다르게 해석하고 있다. 무엇보다도 기독교의 역사관이 역사의 원동력을 신의 의지로 보고 있는데 비하여, 계몽사상가들은 인간의 이성으로 보고 있다. 즉, 기독교의 역사관에 따르면 모든 민족과 모든 시대의 움직임은 다 같이 신의 의지가 구현된 것이다. 반면 계몽사상가들에 의하면

1) 주명철, "계몽주의", 『서양의 지적운동』, 김영한·임지현편(지식산업사 1994), pp. 374~404; 카시러(Ernest Cassirer), 『계몽주의 철학』*(Die Philosophie der Aufklarung)*, 박완규 역(민음사 1995); 매뉴얼(Frank E. Manuel), 『계몽사상 시대사』(*The Age of Reason*), 차하순 역(탐구신서 1976).

역사는 인간에 의하여 움직여지고 있다. 다음으로 기독교의 역사관에서는 역사의 시작과 끝이 천지창조에서 최후의 심판까지로 정해져 있으며, 그 진행과정은 일직선적이다. 계몽사상가들도 역사의 과정이 일직선적이라고 생각했으나, 그것은 종말을 향한 것이 아니라 문명화된 인류사회를 향한 끝없는 발전의 과정이었던 것이다. 이와 더불어 기독교의 역사관에서 보면 모든 사건은 다 신의 의지에 따라 형성된 것으로, 각자는 일회적으로 고유한 의미를 가지고 있다. 따라서 역사상 모든 민족과 시대는 각자의 가치를 상대적으로 인정받고 있다. 그에 비하여 진보사상에서는 모든 민족과 시대가 합리성이나 행복이라는 절대적인 기준에 의하여 상대성이 배제되고 획일적으로 평가되고 있다. 그 같은 척도에 의하여 각각의 역사적인 개체현상들은 높낮이의 단계가 평가될 수 있고, 또 역사의 진행 과정에서 보다 낮은 단계에서 보다 높은 단계로 진보해 가는 것으로 이해되고 있다.

그런데 19세기에 들어서자, 거의 종교처럼 신봉되던 18세기의 진보사상이 흔들리게 되었다. 19세기 초에 등장한 낭만주의(Romanticism: 浪漫主義) 사상과 그 뒤에 완성된 역사주의(Historicism: 歷史主義)의 영향 때문이었다. 낭만주의와 역사주의는 모든 역사현상의 유기체적 개별성과 고유성, 그리고 역사성을 강조함으로써, 상대주의적인 역사관을 강조했기 때문이었다. 그렇기는 하나 19세기를 통하여 인류는 많은 영역에서 가시적인 발전을 이룩했고, 그를 바탕으로 역사에서의 진보라는 믿음에 더욱 경도(傾倒)되기도 하였다. 특히 교회와 봉건적 국가체제로부터의 개인의 자유와 법 앞의 평등을 추구하던 자유주의(Liberalism: 自由主義) 역사가들에게 진보사상은 하나의 믿음이었다. 자연과학의 발달에 영향을 받은 실증주의(Positivism: 實證主義) 역시 사회를 과학적으로 분석하여 역사의 진보에 기여할 것이란 믿음을 공고히 하였다.

그러나 18세기와 19세기를 통하여 진보사상이 학문적 이론으로 정립된 것은 아니었다. 그것은 많은 사람들이 희구하던 염원이었다. 진보에 대한 믿음이 흔들렸던 20세기에도 마찬가지였다. 그렇기는 하나 역사에서의 진보는 오늘날에도 여전히 하나의 강력한 믿음으로 작용하고 있다.

2. 고대인과 근대인의 논쟁

인류사회가 진보해왔다던가 혹은 현대인이 과거인보다 더 뛰어나다던가 하는 생각은 17세기 이전에는 존재하지 않았다. 누구도 인류의 문명을 인간집단의 의식적인 노력의 소산으로 생각하지 못한 것이다. 특히 동양에서는 감계사관(鑑戒史觀), 상고사관(尙古史觀), 순환사관(循環史觀)이 지배적이었다.2) 서양에서의 경우도 크게 다르지 않았다. 12장에서 논의한 바와 같이 서양의 고대인들 역시 역사가 순환하는 것으로 보았다. 또는 역사가 과거의 황금시대로부터 몰락하고 있는 것으로 보기도 했다. 중세 기독교인들 역시 역사의 진행을 진보로 보지 못했다. 역사는 신의 섭리작용으로 나타나는 현상이며, 최후의 심판을 통하여 종말을 고하고 영원의 제국에 도달할 것으로 보았다. 영원의 제국은 지상이 아닌 천상의 개념이었고, 그것은 곧 지상 역사의 몰락을 의미하였다. 르네상스인들은 신학적 사고를 거부하기는 했으나, 역사진행에 대한 명확한 개념을 제시하지는 못하였다.

역사현실에 대한 이해를 기반으로 진보에 대한 개념이 처음 나타났던 것은 17세기 프랑스에서였다. 당시 프랑스를 비롯한 유럽은 과학혁명(Scientific Revolution: 科學革命)의 시대에 놓여 있었다. 베이컨(F. Bacon, 1561～1626)의 경험주의와 데카르트(R. Descartes, 1596～1650)의 합리주의에 사상적 기반을 둔 여러 법칙과 발명이 이어졌다. 데사르그(Girard Desargues, 1593～1662)와 파스칼(Blaise Pascal, 1623～1662)의 투영기하학(projective geometry), 데카르트와 훼르마(Pierre Fermat, 1601～1665)의 해석 기하학, 뉴턴(Isaac Newton, 1643~1727)과 라이프니츠(G.W. Leibniz, 1646～1716)의 미적분학과 천체 물리학, 하비(W. Harvay, 1576～1657)의 해부학, 갈릴레이(Galileo Galilei, 1564~1642)의 천문학과 망원경 발명 등이 대표적이다.

그 같은 사회 환경 속에서 유럽은 17C 중엽부터 자연철학 연구를 위한 모임이 생겨나, 이른바 '보이지 않는 대학'(Invisible College)이 형성되었다. 영국에서는

2) 감계사관은 교훈적 역사관으로 역사 속에서 귀감이 될 만한 도덕적 규범을 찾아 그것을 역사적 판단의 기준으로 삼고자 한다는 사관이고, 상고사관은 이상적 가치 기준을 고대에서 찾으려는 것으로 고대의 이상적 원형으로 되돌아 가야한다는 사관이다. 순환사관은 역사도 자연현상처럼 비슷한 양상이 되풀이 된다는 사관이다.

1660년 정식으로 '실험을 통한 물리, 수학적 지식의 증진을 꾀하기 위한 동호회'가 발족되었고, 1662년 찰스 2세(Charles II, 1630~1685)의 인가를 받아 '자연지식의 증진을 위한 왕립학회'가 정식 발족되었다. 프랑스에서는 루이 14세의 재상 콜베르(Jean Baptiste Colbert, 1619～1683)가 1666년 '프랑스 과학 아카데미'를 설립하였고, 프러시아에서는 1700년 라이프니츠의 영향아래 '베를린 아카데미'를 설립하여 프랑스 과학자를 초청하였다. 러시아에서는 1724년 피터 대제(Peter the Great, 1672～1725)가 '성 피터스부르그 아카데미'를 설립하였다.

이 같은 분위기 속에서 1687년 1월 27일 아카데미 프랑세즈[3]에서 동화(Contes de Fées)의 작가 샤를 페로(Charles Perrault, 1628～1703)에 의해서 이른바 '고대인과 근대인의 논쟁'(신구논쟁: Querelle des Anciens et des Modernes)이 시작되었다. 샤를 페로가 아카데미 전체 회원들 앞에서 근대의 시인들이 그리스·로마의 시인들보다 우월하다고 선언하는 한편의 시를 낭송했던 것이다. 즉, 당시 아카데미에서 추종하던 고전시대의 시인들 보다 당대의 시인들이 더 우월하다는 주장이었다.

고대파는 라 브뤼에르(La Bruyère, 1645～1696)의 아카데미 입회 연설로 응수하였으나 기대에 미치지 못했다. 신구논쟁은 특히 1687년에서 1697년 사이에 이른바 고대파 라 브뤼에르 및 부알로(Boileau, 1636～1711)와 근대파 페로 및 퐁트넬(Bernard de Fontenelle, 1657～1727) 사이에서 격렬하게 벌어졌다. 페로는 자신의 주장을 입증하기 위하여 1688～1697년 동안 「고대인과 근대인의 비교」(Parallèles des anciens et des modernes)를 발표하였다. 논지는 '인간 정신의 법칙은 진보이다. 과학에 있어서 우리는 고대인보다 더 많이 알고 있다. 마찬가지로 문학에 있어서도 우리가 고대인들보다 뛰어남이 분명하다'는 것이었다. 후대에 태어난 근대인은 고대인들의 지혜에 덧붙여, 그 후의 모든 인간 정신의 발전과 진보를 맛볼 수 있기 때문이라는 것이었다.

페로의 강력한 지지자는 퐁트넬이었다. 퐁트넬은 「고대인과 근대인에 관한 여담」(Digression sur les anciens et les modernes)(1688)을 발표하여 근대파를 강력히 지지했다. 그의 주장의 핵심은 다음과 같다. 자연은 언제나 같은 것으로 그 힘은

---

3) 아카데미 프랑세즈(Académie Française)는 1635년 리슐리외(Richelieu)가 창립한 프랑스의 대표적인 문화예술의 중추기관이다.

무궁무진하며 그 작용도 변함이 없다. 그러므로 오늘날도 옛날만큼 훌륭한 인물들이 태어난다. 각 시대는 다음 시대에 그의 발견을 물려준다. 그러므로 오늘날의 훌륭한 인물들은 고대의 훌륭한 인물들의 모든 사상을 소유하고 있을 뿐만 아니라, 그들 자신이 창조할 수 있는 사상도 소유한다. 그래서 근대의 시인들을 고대의 시인들을 능가할 수 있다.

'고대인과 근대인의 논쟁'에서 근대파는 유리한 위치에 있었다. 그 결과 페로와 화해한 브왈로는 페로의 견해에 동조하여, 17세기는 고대의 어떤 세기하고도 견줄 수 있다는 것을 인정하였다. 우리는 역사에서의 진보에 대한 인식의 기원을 '고대인과 근대인의 논쟁'에서 찾을 수 있다. 디드로도 약 100년 후인 1778년 자신의 『백과전서』(Encyclopédie ou dictionnaire des sciences, des arts et des métiers)에서 바로 이 페로와 퐁트넬을 계몽주의의 개척자로 지칭하였다.

3. 17~18세기의 진보사상

이상에서 살펴본 바와 같이 서구 역사상 처음으로 명확한 진보사상이 등장한 것은 17세기였다. 처음에는 순수한 문학적 논쟁에서 시작되었으나, 곧 지적, 과학적 분야로 확대되었다. 새로운 자연법칙이 발견되고, 수학, 물리학, 의학, 화학 등에서의 발전이 인류 역사에 새로운 전망을 가능케 했기 때문이었다. 즉, 축적되는 과학적 지식이 인류의 진보에 대해 낙관적인 전망을 가능케 했던 것이다. 퐁트넬이 대표적으로 축적된 지식에 근거하여 근대인이 고대인보다 더 현명하다고 주장하였다. 특히 과학과 산업분야에서 커다란 발전이 누적적으로 진행되어 미래에는 더 큰 발전이 있으리라 전망하였다. 즉, 새로운 자연과학의 발달과 산업의 진보에 힘입어 인류역사가 진보할 것임을 확신했던 것이다.

인류역사가 진보한다는 생각이 확고해진 것은 18세기였다. 당시의 계몽사상가들은 세계가 신에 의해 창조되었으나, 신은 더 이상 인간과 접촉하거나 세계의 운동에 관여하지 않는다고 생각하였다. 대신 세계는 일정한 질서 속에 형성되어 있으므로 그 자체의 법칙에 따라 움직인다고 보았다. 이들 이신론자(理神論者: Deist)들은 신을 기독교의 인격적인 신 대신에, 기계와도 같은 우주의 창조자인 동시에 그 우주를 영원히 법칙에 맞게 움직이도록 하는 원동력자(原動力者: Prime Mover)로서 설정하였다.[4)]

이탈리아의 비코(Giovan Battista Vico, 1668 ~ 1744)는 12장에서 논의한 바와 같이 독특한 진보사상을 제시하였다. 비코의 역사관은 『새로운 과학』(Scienza Nuova, 1725)에서 잘 드러나고 있는데, 그에게 역사란 인간이 언어, 관습, 법률, 정치제도 등의 체계를 만들어가는 과정으로서, 그것은 인간사회와 제도의 형성과 발전의 역사였다. 또 그 같은 발전은 신의 섭리나 입법자의 위대한 천재성이 아니라, 인간의 집단정신에 의해 나타나는 것으로 보았다. 비코는 이러한 역사진행의 발전이 순류(corse)와 역류(ricorso)의 과정을 거치면서 나선상의 순환으로 이루어진다고 보았다.

이 시기 명확하고 설득력 있는 진보사상을 제시한 사람은 뛰르고(Anne Robert Jacques Turgot, 1727 ~ 81)였다. 뛰르고는 인간성은 항상 동일한 것으로 완성을 향해 나아간다고 생각했다. 역사 역시 진행이 일시적으로 퇴보하는 현상을 겪기도 하지만 계속 전진해 완성된 형태로 나아간다고 보면서, 역사의 연속성과 동시에 누적적인 발전을 강조하였다. 특히 그는 문명이 복잡해질수록 인간의 진보가 더 빠르게 진행되어왔음을 강조하였다. 이러한 사고는 그가 여러 민족들의 발전관계들을 보편사적으로 고찰하면서, 완성을 향해 끊임없이 나아가고 있는 인간성을 근거로 이해했기 때문이었다. 또한 뛰르고는 일반적인 계몽사상가들과는 달리 진보에서 기독교의 긍정적 역할을 피력하고 있다. 즉, 인간정신의 진보에서 기독교가 공헌했다는 것이다. 그에 의하면 야만상태 속의 인간이 기독교와 철학에 의해 형제애를 느끼며 순화된 상태로 나아갔고, 또 기독교에 의해 인간의 분노가 완화되고 행동이 길들여져 국가의 멸망과 전쟁의 참화까지도 경감시켰다는 것이다.[5)]

---

4) 이신론(Deism)은 종교를 이성과 조정하는 합리주의 신학의 신조로, 17세기의 철학자 챠베리의 허버트(Herbert of Cherbury, 1583~1648)에 의해서 처음으로 정식화되었다. 이신론은 샤프츠베리(3Rd Earl of Shaftsbury, 1671 ~ 1713)에 의해서 광신의 배격과 비판의 논거로서 이용되었는데, 이 주제가 세간의 주목을 모으게 된 것은 1696년에 톨랜드(J. Toland)가 『그리스도교는 신비적이 아니다』를 간행하자, 국교회의 호교논자들이 이에 공격을 가한 것을 계기로 이른바 이신론 논쟁이 발발했기 때문이었다.

5) 뢰빗트(K. Lowith), 『역사의 의미』(*Meaning in History*), 이석우 역(탐구당, 1990), pp. pp. 137 ~ 140.

그에 비하여 볼테르(Voltaire, 본명 Francois Marie Arouet, 1694 ~ 1778)는 진보에 대한 다른 신념을 보여주고 있다. 그는 『제민족의 풍속과 정신』(Essai sur les mœurs et l'esprit des nations)(1756)이라는 글 속에서 종교와 전쟁을 역사발전의 방해물로 간주하여, 반종교적인 성격을 분명히 드러내고 있다. 볼테르에 의하면 역사상 문명이란 과학과 기술, 도덕과 법률, 상업과 산업의 진보적 발전을 의미한다. 그런데 이 같은 '진보에 방해가 되는 종교와 전쟁이라는 가장 큰 두 개의 방해물'을 제거한다면 세계는 더욱 빨리 개선될 것이다. 이성주의자로서 볼테르는 중세를 미신의 시대로 낮게 평가하는 반면, 미래사회는 인간 이성의 힘으로 더욱 진보해갈 것으로 확신하였다.[6)]

이 시기 꽁도르세(Antonie Marquis de Condorcet, 1743 ~ 94)는 진보과정에 대한 체계적인 분석을 보여주고 있다. 역시 『인간 정신의 진보에 대한 역사적 견해 개요』(Esquisse d'un tableau historique des progrès de l'esprit humain)(1795)라는 글 속에서 중세와 종교를 낮게 평가하였다. 그는 인간의 완전성을 역설하면서, 인간의 지식과 덕, 그리고 자유가 분명히 진보해나갈 것이라는 희망을 가졌다. 그리고 역사의 이러한 진보는 자연과학의 힘을 통해 가능한 것으로 생각하였다. 인간은 미래를 수학과 같은 수순과학의 경험을 근거로 합리적으로 예측할 수 있는데, 미래의 설계에서 종교적 미신과 정치적 독재를 배제할 수 있을 것으로 보았다. 그러므로 인류의 황금시대는 과거에 존재했던 것이 아니라 미래에 올 것이며, 앞으로 사회질서가 완성된 시대가 도래 할 것이라 전망하였다.

꽁도르세는 인간정신의 발달에 따라 인류의 진보가 개인의 성장처럼 일반법칙에 따르는 것으로 보고, 진보의 단계를 설정하였다. 그에 의하면 인류는 진보의 10개 단계 중 9단계를 이미 지나왔다. 즉 사냥과 수렵, 유목, 정착농업, 그리스, 로마, 중세 초, 중세 말, 인쇄술의 발견과 데카르트의 시기, 데카르트에서 1789년 혁명의 시기인 9개의 단계를 이미 지나왔다. 이제 자신의 시기는 10번째 단계의 문턱에 와 있는데, 프랑스 혁명과 근대과학이 10번째 단계로 인도하여 인류에 행복을 가져올 것이라 생각하였다. 꽁도르세가 생각하는 진보의 가장 큰 적은 광신주의와 독단주의, 그리고 비합리성이었다.[7)]

---

6) 반스, 『서양사학사』, pp. 202 ~ 204; 뢰빗트, 『역사의 의미』, 152 ~ 153.

신학적 사상의 소유자이면서도 반교회적인 계몽사상을 신뢰했던 독일의 헤르더 (Johann Gottfried von Herder, 1744 ~1803) 역시 진보사상을 드러내고 있다. 그는 『인류의 역사철학에 대한 이념』(Ideen zur Philosophie der Geschichte der Menschheit, 1784-91, 1784-1791)[8]에서 '인간성'에 근거한 각 민족의 발전을 논하고 있다. 그에게 인간성이란 덕성, 완전, 행복의 조화로운 합일을 의미하는 것으로, 이러한 인간성으로 나아가는 과정은 인간의 이성과 정의에 근거한다고 생각하였다. 그리고 역사의 과정 속에서 인간은 더 나은 인간성을 향한다고 믿었다. 그 결과 인류는 학문과 예술, 경제생활 등에서 진전을 이루었으며, 그러한 진전 속에서 각 민족의 문화가 발전하고 또한 여러 문화들 사이에 상호작용과 전파, 전승 등의 관계들이 형성된다고 보았다. 개체로서의 각 민족은 그들의 문화를 최고도로 이룩하고자 하는 욕구를 지니고 있으며, 그들의 이상과 행복에 관한 관념을 자신들의 고유한 방식으로 달성해 나아간다는 것이다. 이처럼 헤르더는 역사진행을 인간성의 끝없는 실현과정으로서 파악하였다. 또 당시의 다른 계몽사상가들과는 달리 각 민족의 고유한 특징과 발전과정을 인정하여 역사주의의 길을 개척하였다.

4. 19~20세기의 진보사상

19세기의 진보사상은 앞 세기의 사상을 이어받아 그 보다 한 걸음 더 나아간 것을 보여주고 있다. 생시몽(Saint Simon, 1760 ~ 1825)은 인류의 황금시대는 과거에 존재했던 것이 아니라 앞으로 이루어질 것이며, 그 시기에 사회질서가 완성된다고 전망하였다. 그렇지만 다른 계몽사상가들처럼 역사의 진보를 믿으면서도 중세를 혼란과 미신의 시대라고 생각하지 않았다. 생시몽은 과거의 모든 시대는 현재의 성립을 위해서 필요한 시기였다고 보아, 일반 계몽사상가들의 비역사적인 태도를 극복하면서 그들의 진보사상을 보완하고 있다. 즉, 계몽사상가들이 중세를 암흑의 시대로 역사발전에 장애가 되었던 시대로 보았던 반면, 생시몽은 각 시대를 역사의 연속성

7) 크로체(B. Croce), 『역사의 이론과 역사』, 이상신 역(삼영사 1978), p. 204; 반스, 『서양사학사』, p. 232.

8) J.G 헤르더, 『인류의 역사철학에 대한 이념』, 강성호 역(책세상 2002).

속에서 고찰하면서 각 시대의 역사적 가치를 인정하였던 것이다.

19세기 진보사상은 실증주의(實證主義: Positivism) 역사연구에 의해서도 지지되었다. 꽁트(August Comte, 1798 ~ 1857)에 의해 정립된 실증철학의 목적은 학문을 신학과 형이상학에서 해방시켜, 사회현상들은 자연과학적인 방법으로 관찰하여 그 법칙성을 규명하는 것이었다. 꽁트에 의하면 역사학의 연구방법도 자연과학적인 방법에 의해 수행되어야 하는데, 역사에서 나타나는 현상들의 법칙이란 여러 문화시기들을 비교하여 수립할 수 있기 때문이다. 그는 인간성에 의존하고 있는 사회의 진보는 동일한 단계를 경과해야 한다고 보고, 문명들 사이의 차이는 단지 그 속도에서의 차이일 뿐이라고 생각하였다. 이것이 왜 19세기 야만사회의 관습이 고대 그리스의 관습과 같고, 말레이의 봉건주의가 11세기의 유럽 사회와 거의 일치하는가 하는 이유였다. 따라서 역사연구가 실증주의적으로 되려면 구체적이라기보다는 추상적으로 진행되어야 한다고 생각하였다. 이 같은 실증적 방법(positive method)을 통하여 꽁트는 과거 인류사회의 발전과정 속에서 법칙을 발견할 수 있다고 주장하였다. 꽁트는『실증주의 철학 강의』(Discours sur l'Esprit positif, 1844)를 통하여 역사발전을 지배하는 법칙들에 대하여 논하고 있다.

꽁트는 이 방법에 대하여 구체적으로 설명하지는 않으나, 역사발전을 3단계로 구분하고 있다. 즉, 역사가 발전해온 과정을 인간의 사고형식에 따라 신학적 단계(theological phase), 형이상학적 단계(metaphysical phase), 실증적 단계(positive phase)로 구분하고 있다. 처음 단계는 원시 야만사회 및 그리스와 로마, 그리고 중세의 문명들을 포함하는 시대였다. 이 시대는 다신론을 통한 주물숭배(呪物崇拜)로부터 일신론으로의 점진적인 이행으로 특징되는 신학적 단계로, 인간은 자연현상을 신이나 초자연적 힘의 작용으로 보았던 인간 사고의 유아기적 단계였다. 다음 단계는 르네상스와 과학 및 산업의 발전으로 특징되는 형이상학적 단계가 뒤따랐다. 이 단계는 구제도들의 붕괴라는 특징을 가지고 있으며, 프랑스 대혁명에 의하여 절정에 달하였다. 형이상학적 단계는 앞 단계의 설명에 만족을 느끼지 못하고, 신 대신에 추상적인 존재를 설정하고 그를 통하여 자연현상을 설명하는 청년기적 사고 단계였다. 현재 우리는 마지막 단계에서 부분적으로만 성취된 실증주의 시대로 접어들었다. 이 시대는 미신이나 신학이 아닌 실증주의 정신에 의존하는 시대이다. 즉,

인간은 절대적 개념을 파악하는 것이 불가능함을 깨닫고, 이해 가능한 학문인 자연과학에 매진하는 단계이다. 이 단계가 인간사고의 성년기적 단계인데, 여기서 인간은 경험적 관찰과 논리적 추구의 방법을 사용하여, 자연현상들의 관계를 수학적으로 정의함으로써 환경을 보다 더 잘 알게 되는 것이다. 이 세 번 째 시기를 꽁트는 과학적 단계라고 지칭하면서, 이 단계에서 역사의 진보를 전망하였다. 즉, 수학이나 물리학 같은 자연과학의 법칙을 응용하여 사회생활을 분석할 수 있다고 본 것이다. 여기서 꽁트는 사회학을 제창하였다. 자연과학적 방법을 통하여 획득된 역사의 발전에 관한 법칙을 응용하여, 사회제도를 개혁함으로써 혁명을 피하고 도덕적 발전을 꾀할 수 있다는 신념에서였다.[9)]

19세기까지 제시되었던 진보사상은 시기마다 다양하며, 또 사상가마다 다양한 모습을 보이고 있다. 그 같은 이유는 인류의 축적되는 과학적 지식과 더불어 예술에서도 동일한 진보가 이루어졌는가, 특히 도덕생활에서도 진보가 이루어졌는가라는 질문과 결부되었기 때문이었다. 그 같은 물음에 대하여 다양한 견해들이 제시되었다. 도덕적 진보에 대한 회의는 이미 17세기에 퐁트넬에 의해 제기된 바 있다. 그는 과학과 산업을 제외한 예술에서의 진보에 회의적이었고, 인간의 도덕적 진보에 대해서는 부정적 견해를 제시하였다. 18세기 뛰고르는 인류의 진보가 하나의 전체로서 관찰할 때 나타나는 현상일 뿐이며, 여러 민족들에게서 똑같이 이루어지지는 않는다고 주장하였다. 그 밖의 많은 사상가들 역시 진보의 원동력을 이성을 통한 과학적 지식의 축적이라는 점에 동의하고 있으나, 인간정신의 진보에 대해서는 견해가 엇갈리고 있다. 19세기의 버클(Henry Thomas Buckle, 1821 ~ 1862) 역시 인간의 도덕생활과 정신에서의 진보를 부정하고 있다. 인류의 진보를 도덕적 현상으로 보는 프루동(Pierre-Joseph Proudhon, 1809 ~ 1865) 또한 진보가 보편적으로 진행되었다거나 불가피한 현상이 아니었으며, 퇴보도 있었다고 주장하였다. 도덕적 자유를 역사의 목표로 보고 그 완성을 기대했던 칸트(Immanuel Kant, 1724~1804) 역시 마찬가지의 견해를 보이고 있다.

역사가로서 인류의 진보문제에 대하여 명확한 사상을 보여준 인물은 랑케(Leopld von Ranke, 1795 ~ 1885)였다. 그에게 모든 시대는 독자적인 가치를 지니고 있으므

9) 뢰빗트, 『역사의 의미』, pp. 105 ~ 107.

로 전반적인 진보란 존재할 수 없었다. 왜냐하면 만일 역사가 진보한다면 그 배후에 역사를 진행시키는 원동력을 전제하는 것이다. 그런데 그 힘이 신적인 것이라면 신이 각 시대에 불공평하게 대하는 것이 되며, 그 힘이 인간적인 것이라면 인간이 곧 신과 같아지는 것이 되기 때문이다. 그렇기는 하나 랑케가 역사에서 진보현상을 전면적으로 부인한 것은 아니다. 랑케도 물질적 생활과 자연과학에서는 직선적인 진보가 인정될 수 있다고 보았다. 다만 도덕생활과 정신활동에서의 진보를 인정할 수 없었던 것이다.[10] 랑케는 기술과 물질적 생산에서는 지속적인 발전이 이루어지고 있으나, 철학, 예술 같은 정신활동과 도덕생활은 이미 고전고대 시대에 만개하여, 이후에 진보가 이루어졌다고 인정할 수 없다는 것이다.

이 같은 도덕적·정신적 측면에서의 진보에 대한 논란은 20세기에도 그 유산을 물려주고 있다. 20세기 초 제국주의와 사회주의 혁명, 1차 세계대전 등으로 혼란했던 시기에 독일의 철학자 슈펭글러(Oswald Spengler, 1880 ~ 1936)는 시대의 징후를 예민하게 감지하고 서구 문명의 몰락을 예견했다. 그는『서구의 몰락』(Der Untergang des Abendlandes, 1918 ~ 1922)에서 "문명이란 한 문화의 불가피한 종결이며 운명"이라고 선언하면서, 당대의 서구가 발전의 정점에 다다랐다가 곧 쇠퇴의 길로 접어들었던, 옛 그리스와 로마 문화가 보여준 양상과 유사하다는 점을 역설하였다.

슈펭글러는 역사적 사실을 연구하는 역사가로서가 아니라, 그 뒤에 존재하는 형이상학적 구조를 밝히려는 철학자로서 역사를 분석하였다. 그에게 분석의 대상은 문화들이었는데, 문화들만이 구체적이고 실제적이며 의미가 존재하기 때문이다. 문화들만이 중요한 까닭은 역사로서 세계 전체의 논리와 구조가 문화 속에서 다시 한 번 반복되기 때문이다. 그러면 '문화들' 이란 무엇인가? 문화들이란 '들꽃처럼 목적 없이 초연하게 자라나는 등급이 가장 높은 생명체'이다. 또한 '문화는 유기체이고, 세계사는 문화의 이력서이다.' 슈펭글러는 이집트, 인도, 바빌로니아, 중국, 그리스, 로마, 아랍, 마야민족의 멕시코 문화 등 8개의 문화를 조망하고 있는데, 각각의 문화는 독립적인 '고도 문화들'이다. 이들 문화들 사이는 극단적으로 낯설기 때

10) 이상신,『역사학 개론』(신서원 1994), pp. 305 ~ 306; 이상현,『역사철학과 그 역사』, pp. 339 ~ 355.

문에 문화 간의 순수한 교류란 있을 수 없으며, 참된 소통 또한 불가능하다. 철학이나 종교가 독자적으로 존재하는 것이 아니라 언제나 문화 안에 존재하는 것처럼, 인류도 문화라는 테두리 안에서 발전하는 것으로, '문화 밖의 발전' 이란 있을 수 없다.

당시 서유럽은 고대에서 중세를 거쳐 근대로 올수록 진보한다는 발전사관에 따라 타 문화들을 미개한 단계로 규정하고, 서유럽 문화의 폭력적 팽창을 정당화하였다. 이에 대해 슈펭글러는 역사를 살아 있는 하나의 문화 유기체로 파악하고, 서구 문명에만 한정되는 근대를 통렬히 비판하였다. 그에게 문화란 발생, 성장, 노쇠, 사멸의 과정을 밟는 유기체와 같아서, 이미 고도성장을 이룬 서구 문화는 필연적으로 사멸, 몰락에 이를 것이라고 예언하였다. 즉, 당시의 서구가 문화 발전의 최종 단계인 '문명'의 양상을 뚜렷이 드러내면서 소멸을 향해 치닫고 있다고 진단한 것이다.

슈펭글러는 인간의 문화를 생물학적이며 동시에 영혼적인 것으로 파악하여, 성장했다가 몰락하면 그것으로 끝나는 것으로 이해하였다. 물론 그 소멸은 다시 탄생으로 이어지는 '생명'의 순환 구조를 따르게 될 것이나, 이를 제대로 통찰하기 어려웠던 당대 서구인들에게 슈펭글러의 주장은 충격적일 수밖에 없었다. 따라서 이러한 슈펭글러의 역사사고에서 역사의 전반적인 진보란 있을 수 없었다. 그에게 진보의 현상은 자연과학과 기술의 영역에서 문명적인 개념으로서만 인정할 수 있는 것이었다.[11)]

5. 진보사상의 정립

그러면 21세기에 들어선 오늘날 우리들은 역사에서의 진보현상을 어떻게 이해하여야 할 것인가? 유럽인들은 세계 1차 대전 이전까지만 하더라도『로마제국 쇠망사』(The History of the Decline and Fall of the Roman Empire, 1776~1788)를 서술한 기번(Edward Gibbon, 1737~94)이나『케임브리지 근대사』(Cambridge Modern History)를 편집한 액튼 경(Lord Acton, 1834~1902)이 가졌던 진보에 대한 확신을 간직하고 있었다. 기번은 세계의 모든 시대가 인류의 참다운 부와 행복과 지식, 그리

11) 슈펭글러(O. Spengler),『서구의 몰락』, 박광순 역(범우사 1995).

고 미덕까지도 늘려주었다는 믿음을 가졌다. 액튼 역시 역사상 진보가 이루어진다고 확신했으며, 미래에도 인류가 자연자원을 지배하고 그것을 인류의 복지를 위해 슬기롭게 이용하는 인간의 능력이 끝없이 성장해 나갈 것을 믿어 의심치 않았다.

그러나 인류에게 큰 충격을 준 두 번의 세계 대전은, 서구인들에게 문명에 대한 불신과 역사의 진보에 대한 깊은 회의를 불러 일으켰다. 두 번의 세계적 규모의 전쟁 속에서 인간은 이제까지 발전시켜온 과학문명을 무기로 삼아 고문과 생체실험, 가스실에서의 집단 학살 등 비이성적이고 비인간적인 잔학함을 여실히 보여주었다. 적어도 900만 명과 2400만 명의 참전군인들이 살상되었고, 더 많은 민간인이 희생되었던[12] 크나큰 비극은 인간성의 상실을 의심하기에 충분하였다. 그 결과 서구인들에게 진보보다는 몰락이라는 말들이 더욱 낯익게 되어갔다.

그렇다면 역사에서의 진보는 멈추었는가? 지식과 기술의 축적이 대립과 적대감, 전쟁과 파괴, 도덕과 윤리의 몰락을 선도하는가? 아니면 생산력의 증대, 기술의 발달, 물질적 풍요가 인류를 행복한 미래로 이끌고 있는가? 더 많은 사람들이 정신적 물질적으로 더 행복해지고 있는가? 역사의 진보를 희망하는 우리들에게 50여 년 전 카의 주장은 아직도 음미할 가치가 있다. 카는 1961년 케임브리지 대학에서 '역사란 무엇인가'에 대하여 강연하면서, 기번이나 액튼 못지않게 역사에 대한 진보의 신념을 확실히 보여주었다. 카는 피지배 민족의 해방과 하층민의 자유 확대를 언급하면서, 역사의 진보에 대하여 다음과 같이 설파하고 있다.

> 아프리카에서 백인이 지배권을 잃는 것은 대영제국에 충성스런 사람들이나 보수적인 아프리카 공화국 당원들 그리고 금이나 구리를 캐는 광산의 주식에 투자한 사람들에게는 근심거리가 되겠지만, 다른 사람에게는 진보로 여겨질 수 있습니다. 저로서는 이러한 진보의 문제에서 제가 1950년대의 판단을 1890년대의 판단보다, 영어를 사용하는 세계의 판단을 러시아와 그리고 아프리카의 판단보다, 또는 중산계급에 속한 지식층의 판단을 맥밀란(Mcmillan) 씨의 말에

12) 위키피디아 사전에 의하면 1차 세계대전으로 연합국 측은 군인 사망자가 553만 명, 군인 부상자가 1283만 명, 실종자가 412만 명이었고, 동맹국 측은 군인 사망자가 439만 명, 군인 부상자가 839만 명, 실종자가 363만 명이었다. 2차 세계대전에서 연합군 측 군인 사망자는 1600만 명 이상이고, 민간인 사망자는 4500만 명 이상이었고, 주축국 측 군인 사망자는 800만 명 이상이었고, 민간인 사망자는 400만 명 이상이었다.

따르면 이렇게 잘 살아본 일이 없었던 보통 사람들의 판단보다 사실상 더 옳은 것으로 받아들여야 할 이유를 도무지 알 수 없습니다.[13]

카의 주장대로 아프리카 민족의 해방과 옛날의 하인들이 오늘날 잘 살게 된 사실은 그들을 지배하던 소수에게는 근심거리가 될지 모르나, 지배당하던 다수에게는 자유가 늘어난 것임에 틀림이 없다. 그것이 바로 역사가 진보를 향해 움직이고 있다는 증거이다. 역사는 인류에게 물질문명만의 진보를 가져온 것이 아니다. 역사는 인류가 동서고금을 통하여 자유와 정의, 그리고 평등을 향하여 부단히 투쟁하며 노력해 왔다는 것을 보여주고 있으며, 또 그 결과 오늘날 지구상의 거의 모든 인류가 물질적, 도덕적 진보의 혜택을 누리고 있다는 것을 보여주고 있다. 아시아, 아프리카의 많은 나라들이 독립하여 자유를 누리게 된 것은, 법률적 사회적으로 인종차별이 철폐되어 가는 것은, 녹색혁명과 사회정책으로 절대 빈민의 수가 줄어드는 것은, 분명 다수의 인류에게 행복의 증진을 의미한다.

그렇다면 1차 세계대전 및 2차 세계대전과 같은 현상은 어떻게 설명할 수 있는가? 과학문명과 정신문명의 관점에서 오늘날 우리들은 역사에서의 진보를 어떻게 설명할 수 있는가?

첫째, 역사에서 진보를 이룩하는 원천은 유전이 아닌 사회적 획득이다. 생물학적 유전을 통하여 인류가 진보할 수도 있겠으나, 역사가 시작된 이래로 인류에게는 측정할 만큼의 생물학적 변화가 일어나지 않았다. 따라서 역사에서의 진보는 인류가 사회적으로 획득한 지식과 지혜의 축적적인 산물이다. 이성적 존재인 인류는 지구상에 출현한 이래 끊임없이 능력을 발휘하며 사회를 발전시켜왔다. 의식주와 교통·통신 등 물질문명의 측면에서뿐만 아니라, 문학, 예술, 자유, 정의, 도덕, 인권 등 정신문명의 측면에서도 인류는 사회적으로 획득한 유산을 한 세대에서 다음 세대로 전달함으로써 지속적인 진보를 이룩해왔다.

둘째, 지식과 지혜의 축적이 물질문명의 측면에서뿐만 아니라 자유, 평등, 정의, 학문, 예술, 도덕, 인권 등의 측면에서도 이루어졌다는 것은, 역사상 진보가 물질문명에서뿐만 아니라 정신문명에서도 이루어져왔다는 것을 의미한다. 진보사상이 등

13) 카, 『역사란 무엇인가』, p. 113.

장한 17세기 이래 많은 사상가들이 윤리와 도덕을 포함한 인간의 정신문명에 대한 진보에 회의를 품어왔다. 특히 20세기 전반 두 번에 걸친 비극적인 전쟁은 유럽의 많은 일반인들마저 인류의 진보에 대하여 회의를 하게 만들었다. 그렇지만 그들의 회의에도 불구하고 21세기에 접어든 오늘날 인류는 그 어느 때보다도 더 많은 다수가 더 폭넓은 자유와 평등, 인권을 향유하고 있다. 역사는 인류의 정신문명이 잠시 주춤거리거나 심지어는 후퇴하는 모습을 보여주기도 했으나, 궁극적으로는 끊임없이 진보해왔다는 것을 증언하고 있다.

셋째, 진보는 항상 일직선적으로만 이루어진 것은 아니다. 어느 목적지를 향한 길이 꾸불꾸불하고 심지어는 돌아가거나 중간에서 끊기는 일이 있듯이, 역사에서의 진보도 항상 일직선으로 앞으로 뻗어가기만 하는 것은 아니었다. 역사에서도 불가피하게 돌아가는 길이 있다. 1차 세계대전과 2차 세계대전이 바로 그 같은 예이다. 유럽인들이 자괴감을 느끼며 역사의 진보에 회의적이었던 시기는, 바로 역사라는 길이 휘어져 되돌아가는 길로 접어들어 다시 앞으로 전진하지 못할 때였다.

역사의 진보가 항상 일직선적으로만 이루어지는 것이 아니라는 말은, 역사의 진보가 시공간적으로 연속되는 것만은 아니라는 의미이기도 하다. 한 지역에서의 쇠퇴가 다른 지역에서는 전진을 의미할 수 있고, 한 집단에서의 쇠퇴의 시기가 다른 집단에게는 발전의 시기일 수 있다. 역사는 그 같은 예를 풍부히 제공해주고 있다. 우리는 지중해 시대에서 대서양 시대로의 전환 시기, 시민혁명의 시기, 양 차 대전의 시기에 나타난 지리적 혹은 집단적인 성쇠의 갈림을 쉽게 이해할 수 있다. 20세기말에 나타났던 소련과 동구의 몰락 이후의 시기 역시 하나의 좋은 예이다. 요컨대 진보란 항상 일직선적이지도 않으며, 또 모든 지역 모든 사람들에게 똑같이 그리고 동시에 나타나는 것을 의미하지도 않는다는 것이다.

넷째, 우리 인류의 진보는 아득한 먼 옛날부터 시작되어 끝없이 미래로 이어질 것이다. 문명이 언제 시작되었는가는 불분명하나, 그것은 창조된 것이 아니라 느리기는 하나 긴 세월에 걸친 축적의 산물로 나타났다. 그러면 인류문명의 끝은 있는가? 인류문명에 대한 끝을 상정하는 것은 종말론을 신봉하는 일단의 종교적인 사고에 속할 뿐이다. 인류의 역사는 편리함과 즐거움, 풍요와 행복의 상태로 끝없이 발전해온 진보를 보여주고 있다. 역사에서의 진보는 그 끝을 알 수가 없다. 앞으로의 진보과정에 놓일 이정표들은 우리가 그곳을 지날 때에만 하나씩 눈에 띌 것이다. 여행에서의 나침반은 우리에게 나아갈 방향만을 가르쳐 줄 뿐, 우리가 가야할 길을 알려주지는 않는다. 마찬가지로 역사에서의 나침반은 우리가 나아갈 진보의 방향을 가리키고 있으나, 그 내용이 무엇인가는 우리 인류가 직접 경험할 때에만 비로소 드러날 것이다.

참고문헌

곽차섭 편, 『미시사란 무엇인가』, 푸른역사, 2000.

기어츠(Clifford Geertz), 『문화의 해석』(*The Interpretation of Cultures : Selected Essays*), 문옥표 역, 까치, 1998.

김기봉, 『'역사란 무엇인가'를 넘어서』, 푸른역사, 2000.

김대환 편역, 『자본주의 이행논쟁』, 동녘, 1984.

김영한.임지현 편, 『서양의 지적운동』, 지식산업사, 1994.

김응종, 『아날학파의 역사세계』, 아르케, 2001.

김종규, 『기후와 역사』, 한울, 2004.

김진, 『종교란 무엇인가』, 울산대학교 출판부, 2008.

김호연, 『그리스 로마의 문화유산』, 울산대학교 출판부, 2012.

김호연, 『역사란무엇인가』, 울산대학교 출판부, 2002.

나종일, 『세계사를 보는 시각과 방법』, 창작과 비평사, 1992.

나탈리 제먼 데이비스, 『마르탱 게르의 귀향』, 양희영 옮김, 지식의풍경, 2000.

남현 양병우 박사 정년 기념논총 간행위원회, 『역사가와 역사인식』, 민음사 1989.

다니엘즈(R. V. Daniels), 『역사연구: 어떻게 왜 해야 하나』(*Studying History: How and Why*), 이호민 옮김, 민지사, 1993.

데이비드 캐너다인 엮음, 『굿바이 E.H 카』, 문화사학회 옮김, 푸른역사, 2005.

데카르트(R. Descartes), 『방법서설』(*Discours de la Methode*), 이현복 역, 문예출판사, 1997.

데틀레프 포이케르트, 『나치시대의 일상사』, 김학이 역, 개마고원, 2003.

도영환, 『신화와 상징을 통해본 노아홍수신화 이해』, 영남신학대학교 석사학위논문, 2010.

드레이(William H. Dray), 『역사철학』(*Philosophy of History*), 황문수 역, 문예출판사, 1990.

러시톤 쿨본(Rushton Coulborn) 편, 『봉건제의 이해』(*Feudalism in History*), 김동순 역, 민음사, 1996.

로버트 단턴(Robert Darnton), 『고양이 대학살들』(*The Great Cat Massacre*), 조한욱 옮김, 문학과 지성사, 1996.

로스토우(W. W. Rostow), 『경제성장의 제단계』(*The Stages of Economic Growth: A non-communist manifesto*), 이상구·강명규 역, 법문사, 1969.
뢰빗트(K. Lowith), 『역사의 의미』(*Meaning in History*), 이석우 역, 탐구당, 1990.
마르크스, 『정치경제학비판』(*Zur Kritik der Politichen Okonomie*), 김호균 역, 중원문화사 1989.
마르크스·엥겔스(Karl Marx·Friedrich Engels), 『독일이데올로기』(*Deutsche Ideologie*), 김대웅 역, 두레, 1989.
막스 베버, 『프로테스탄티즘의 윤리와 자본주의 정신』, 김덕영 옮김, 길, 2010.
만델보옴(M. Mandelbaum), 『역사지식의 해부』(*The Anatomy of Historical Knowledge*), 임희완 역, 집문당, 1987.
매뉴얼(Frank E. Manuel), 『계몽사상 시대사』(*The Age of Reason*), 차하순 역, 탐구신서, 1976.
무어(Barrington Moore), 『독재와 민주주의의 사회적 기원』(*Social Origins of Dictatorship and Democracy: Lord and Peasant in the Making of the Modern World*), 진덕규 역, 까치, 1985.
박성수, 『새로운 역사학』, 삼영사, 2006.
반스(Harry E. Barnes), 『서양사학사』(*A History of Historical Writing*), 허승일·안희돈 역, 한울아카데미, 1994.
배러클로우(G. Barraclough), 『현대역사학의 추세와 방법론』(*Main Trends of Research in the Social and Human Sciences*), 이연규 역, 풀빛, 1983.
배영수, "도시사의 최근 동향", 『서양사연구』, 제17집, 서울대학교 서양사연구회, 1995.
베른하임(Ernst Bernheim), 『사학개론』(*Einleitung in die Geschichtswissenschaft*), 조기준 역, 삼성출판사, 1993.
봉천서양사연구실 엮음, 『서양의 역사학 I 』, 청년사, 1997.
부르크하르트(Jacob Burckhardt), 『이탈리아 르네상스의 문화』(*Die Kultur der Renaissance in Italien*), 안인희 역, 푸른숲, 1999.
브라이언 페이건, 『기후, 문명의 지도를 바꾸다』, 남경태 옮김, 예지, 2007.
브라이언 페이건, 『기후는 역사를 어떻게 만들었는가』, 윤성옥 옮김, 도서출판 중심, 2002.
브로델(Fernand Braudel), 『역사학 논고』(*Ecrits sur l'Histoire*), 이정옥 역, 민음사, 1990.
브린튼(Crane Brinton), 『혁명의 해부』(*The Anatomy of Revolution*), 차기벽 역, 문명사, 1982.
블로크(Marc Bloch), 『봉건사회, I, II』(*Feudal Society*), 한정숙 역, 한길사 1986.
블로크(Marc Bloch), 『역사를 위한 변명』(*L'Apologie pour L'histoire, ou Metier D'historien*), 정남기 역, 한길사, 1981.
블로크(Marc Bloch), 『프랑스 농촌사의 기본성격』(*Les Caracteres Originaux de l Histoire Rurale Francaise*), 김주식 역, 신서원, 1994.
비코(Giambattista Vico), 『새로운 과학』(*Principi di Scienza Nuova*), 이원두 옮김, 동문선, 1997.
샤프(A. Schaff), 『역사와 진실』(*History and Truth*), 김택현 역, 청사, 1982.
서봉남, 『기독교미술사』, 집문당, 1994.
소형근, "고대 메소포타미아 신화와 구약성서 비교 연구", *The Journal of Namseoul University*,

Vol. 17, no. 2(2011).
슈펭글러(O. Spengler), 『서구의 몰락』, 박광순 역, 범우사, 1995.
슐룸봄(J. Schlumbohm), 『미시사와 거시사』(*Mikrogeschichte, Makrogeschichte*), 백승종 외 역, 궁리출판사, 2001.
스튜어트 매크리디(Stuart NcCready) 엮음, 『시간에 대한 거의 모든 것들』, 남경태 옮김, 휴머니스트, 2010.
스튜어트 메크리디(Stuart NcCready), 『시간의 발견』(*The Discovery of Time*), 남경태 옮김, 휴머니스트, 2002.
안병직 외, 『오늘의 역사학』, 한겨레신문사, 1998.
알프 뤼트케(Alf Lüdtke), 『일상사란 무엇인가』(*Alltagsgeschichte*), 나종석 외 역, 청년사, 2002.
앙드레 그라바(Andre Grabar), 『기독교 도상학의 이해』, 박성은 옮김, 이화여자대학교 출판부, 2007.
앙리 피렌느(Henri Pirenne), 『중세 유럽의 도시』(*Medieval Cities*), 강일휴 역, 신서원, 1997.
애스턴(T. H. Aston)·필핀(C. H. E. Philpin) 편, 『농업계급구조와 경제발전-브레너 논쟁』(*The Brenner Debate: Agrarian Class Structure and Economic Development in Pre-Industrial Europe*), 이연규 역, 집문당 1991.
양병우, 『역사의 방법』, 민음사, 1988.
에번스(Richard Evans), 『역사학을 위한 변론』(*In Defence of History*), 이영석 역, 소나무, 1999.
오강남, 『세계종교 둘러보기』, 현암사, 2003,
오병남, 『미학강의』, 서울대학교 출판부, 2003.
요시다 아츠히코, 『세계의 신화 전설』, 하선미 옮김, 혜원출판사, 2010.
움베르토 에코(Umberto Eco), 『중세의 미와 예술』(*Arte e bellezza nell'estetica medievale*), 손효주 옮김, 열린책들, 1998.
월쉬(W. H. Walsh), 『역사철학입문』(*Philosopy of History*), 이진표 역, 열음사, 1987.
위르겐 슐룸봄, 『미시사의 즐거움』, 백승종·장현숙 공편역, 돌베게, 2003.
이거스(G. G. Iggers), 『20세기 사학사』(*Historiography in the Twwntieth Century, From Scientific Objectivity to the Postmodern Challenge*), 임상우·김기봉 역, 푸른역사, 1998.
이광주·이민호 편, 『역사와 사회과학』, 한길사, 1981.
이부영, 『분석심리학-C.G. Jung의 인간심성론』, 일조각, 1993.
이상신, 『서양사학사』, 신서원, 1993.
이상신, 『역사학 개론』, 신서원, 1994.
이상현, 『역사철학과 그 역사』, 박문각, 1991.
이재섭, 『성서에 나타난 물의 의미와 상징에 관한 연구』, 총신대학교 석사학위논문, 2005.
임희완, 『역사학의 이해』, 건국대학교 출판부, 1995.
정현백, "역사연구에서 '문화'의 역할", 『역사교육』 56, 1994.
제카리아 시친(Zecharia Sitchin), 『수메르, 혹은 신들의 고향』(*The 12th Planet*), 이근영 옮김, 도서출판 AK, 2009.

조셉 캠벨(Joseph Campbell), 빌 모어스(Bill Moyers), 『신화의 힘』(*The Power of Myth*), 이윤기 옮김, 이끌리오, 2007.

조셉 캠벨(Joseph Campbell), 『천의 얼굴을 가진 영웅』(*The Hero with a Thousand Faces*), 이윤기 옮김. 민음사, 2010.

조지프 캠벨(Joseph Campbell), 다이엔 K. 오스본(Diane K. Osbon), 『신화와 인생』(*Joseph Campbell Companion: reflections on the art of living*), 박중서 옮김, 갈라파고스, 2009.

조지프 캠벨(Joseph Campbell), 『신의 가면 I: 원시 신화』(*The Mask of God vol 1: Primitive Mythology*), 이진구 역, 까치, 2003.

조철수, 『수메르신화』, 서해문집, 2003.

조한욱, 『문화로 보면 역사가 달라진다』, 책세상, 2000.

죠지 딕키(George Dickie), 미학 입문(*Introduction to Aesthetics: An Analytic Approach*), 오병남 외 옮김, 서광사, 1980.

주명철, "프랑스 역사학의 새 경향-사회문화사 연구방법", 『역사비평』 23, 1993.

진중권, 『미학 오디세이』, 1~3권, 휴머니스트, 2004.

차하순 편저, 『사관의 현대적 조명』, 청람문화사, 1978.

차하순, 『역사의 본질과 인식』, 학연사, 1991.

차하순, 『현대의 역사 사상』, 탐구당, 1994.

카(E.H. Carr), 『역사란 무엇인가』(*What is History*), 이연규 역, 단우, 1992.

카를로 진즈브르그, 『치즈와 구더기』, 김정하·유제분 옮김, 문학과 지성사, 2001.

카시러(Ernest Cassirer), 『계몽주의 철학』(*Die Philosophie der Aufklarung*), 박완규 역, 민음사, 1995.

콜링우드(R. G. Collingwood), 『역사의 인식』(*The Idea of History*), 소광희·손동현 공역, 경문사, 1985.

크로체(B. Croce), 『역사의 이론과 역사』, 이상신 역, 삼영사, 1978.

크리스토퍼 델(Christopher Dell), 『세계의 신화』(*Mythology*), 정은아, 민지현 옮김, 시그마북스, 2012.

키른(Paul Kirn), 『역사학 입문』(*Einfuhrung in die Geschichtswissenschaft*), J. C. Traut·한기영 공역, 정음사, 1985.

타임 라이프 북스, 『위대한 주제: 세계의 신화들』(*The Great Themes: World Myth*), 김석희 옮김, 이레, 2008.

테다 스카치폴(Theda Scocpol), 『국가와 사회혁명』(*State and Social Revolution- A Comparative Analysis of France, Russia and China*), 한창수·김택현 역, 까치, 1983.

테오 W. 무디(Theo W. Moody), 프랭크 X. 마틴(Frank X. Martin), 『아일랜드의 역사』, 박일우 옮김, 한울, 2009.

프랜시스 로빈슨 외, 『사진과 그림으로 보는 케임브리지 이슬람사』, 손주영 외 옮김, 시공사, 2002.

필립 윌킨슨, 『세계 신화 사전』(*Mythology*), 안성찬 옮김, 웅진닷컴, 2002.

하인리히 E. 야콥, 『빵의 역사』, 곽명단·임지원 옮김, 우물이 있는 집, 2002.
헌트(Lynn Hunt), 『문화로 본 새로운 역사』(*The New Cultural History*), 조한욱 역, 소나무, 1996.
헤겔(G. W. F. Hegel), 『역사속의 이성』(*Die Vernunft in der Geschichte*), 임석진 역, 지식산업사, 1992.
헤겔(Georg Wilhelm Friedrich Hegel), 『역사철학 강의 I 』(*Vorlesung uber die Philosophie der Geschichte*), 김종호 역, 삼성출판사, 1982.
헤로도토스, 『역사』, 박광순 역, 범우사, 1987.
호이징가(J. Huizinga), 『중세의 가을』(*The Waning of the Middle Ages*), 최홍숙 역, 문학과 지성사, 1988.
B. 타이어니(B. Tierney) 엮음, 『서양중세사 연구)』(*The Middle Ages: Readings in Medieval History*), 박은구 외 옮김, 탐구당, 1987.
Charles H. Haskins, *The Renaissance of the Twelfth Century*, Harvard University Press, 1971.
E.G. 리처즈, 『시간의 지도: 달력』, 이민아 옮김, 까치, 2003.
G. von Rad, 『국제성서주석 1: 창세기』, 박재순 역, 한국신학연구소, 1981.
H. Pirenne, *Medieval Cities*, trans. Frank D. Halsey, Doubleday Anchor Books: N.Y., 1965.
H.H. 램, 『기후와 역사』, 김종규 옮김, 한울, 2004.
J.G 헤르더, 『인류의 역사철학에 대한 이념』, 강성호 역, 책세상, 2002.
Josef F. Blumrich, *The Spaceships of Ezekiel*, Bantam Books, 1973.
게오르그 G. 이거스(Georg G. Iggers), 『현대사회사학의 흐름』(*New Directions in European Historiography*), 이민호·박은구 역, 전예원, 1982.

색인